PENHOR *e* AUTONOMIA PRIVADA

O GEN | Grupo Editorial Nacional, a maior plataforma editorial no segmento CTP (científico, técnico e profissional), publica nas áreas de saúde, ciências exatas, jurídicas, sociais aplicadas, humanas e de concursos, além de prover serviços direcionados a educação, capacitação médica continuada e preparação para concursos. Conheça nosso catálogo, composto por mais de cinco mil obras e três mil e-books, em www.grupogen.com.br.

As editoras que integram o GEN, respeitadas no mercado editorial, construíram catálogos inigualáveis, com obras decisivas na formação acadêmica e no aperfeiçoamento de várias gerações de profissionais e de estudantes de Administração, Direito, Engenharia, Enfermagem, Fisioterapia, Medicina, Odontologia, Educação Física e muitas outras ciências, tendo se tornado sinônimo de seriedade e respeito.

Nossa missão é prover o melhor conteúdo científico e distribuí-lo de maneira flexível e conveniente, a preços justos, gerando benefícios e servindo a autores, docentes, livreiros, funcionários, colaboradores e acionistas.

Nosso comportamento ético incondicional e nossa responsabilidade social e ambiental são reforçados pela natureza educacional de nossa atividade, sem comprometer o crescimento contínuo e a rentabilidade do grupo.

Pablo **Renteria**

PENHOR *e* AUTONOMIA PRIVADA

■ A EDITORA ATLAS se responsabiliza pelos vícios do produto no que concerne à sua edição (impressão e apresentação a fim de possibilitar ao consumidor bem manuseá-lo e lê-lo). Nem a editora nem o autor assumem qualquer responsabilidade por eventuais danos ou perdas a pessoa ou bens, decorrentes do uso da presente obra.

Todos os direitos reservados. Nos termos da Lei que resguarda os direitos autorais, é proibida a reprodução total ou parcial de qualquer forma ou por qualquer meio, eletrônico ou mecânico, inclusive através de processos xerográficos, fotocópia e gravação, sem permissão por escrito do autor e do editor.

Impresso no Brasil – *Printed in Brazil*

■ Direitos exclusivos para o Brasil na língua portuguesa
Copyright © 2016 by
EDITORA ATLAS LTDA.
Uma editora integrante do GEN | Grupo Editorial Nacional
Rua Conselheiro Nébias, 1384 – Campos Elíseos – 01203-904 – São Paulo – SP
Tel.: (11) 5080-0770 / (21) 3543-0770
faleconosco@grupogen.com.br / www.grupogen.com.br

■ O titular cuja obra seja fraudulentamente reproduzida, divulgada ou de qualquer forma utilizada poderá requerer a apreensão dos exemplares reproduzidos ou a suspensão da divulgação, sem prejuízo da indenização cabível (art. 102 da Lei n. 9.610, de 19.02.1998).

Quem vender, expuser à venda, ocultar, adquirir, distribuir, tiver em depósito ou utilizar obra ou fonograma reproduzidos com fraude, com a finalidade de vender, obter ganho, vantagem, proveito, lucro direto ou indireto, para si ou para outrem, será solidariamente responsável com o contrafator, nos termos dos artigos precedentes, respondendo como contrafatores o importador e o distribuidor em caso de reprodução no exterior (art. 104 da Lei n. 9.610/98).

■ Capa: Nilton Masoni

■ Fechamento desta edição: 17.08.2016

■ CIP – Brasil. Catalogação na fonte.
Sindicato Nacional dos Editores de Livros, RJ.

R333p

Renteria, Pablo
  Penhor e autonomia privada / Pablo Renteria – São Paulo: Atlas, 2016.

Inclui bibliografia
ISBN 978-85-97-00889-0

1. Processo civil - Brasil. I. Título.

16-35429   CDU: 347.91./95(44)

À Milena.

Nota da Editora: o Acordo Ortográfico foi aplicado integralmente nesta obra.

AGRADECIMENTOS

Gostaria de expressar minha gratidão mais sincera aos que me prestaram o auxílio indispensável à conclusão deste livro, que resulta da tese de doutoramento elaborada sob os auspícios do Programa de Pós-Graduação da Faculdade de Direito da UERJ.

A Carlos Konder, Gisela Sampaio da Cruz, Gustavo Espirito Santo Alves, Ivens Hübert, João Paulo Godoy, Marcus Dantas, Otavio Luiz Rodrigues Junior, Paulo Cezar Aragão, Roberta Mauro e Teresa Negreiros, agradeço pela bibliografia gentilmente franqueada, bem como pela profícua troca de ideias.

Aos professores Anderson Schreiber, Daniela Vargas, Francisco Amaral e Heloísa Helena Barboza, que integraram a banca de doutorado, fico grato pela leitura atenta e a instigante arguição, que trouxe à tona importantes pontos de reflexão.

Devo um agradecimento especial ao meu orientador, professor Gustavo Tepedino, com quem aprendi a importância do estudo do direito das coisas para a compreensão das bases dogmáticas do direito privado brasileiro. Ao longo da orientação, ofereceu-me lições valiosas sobre coerência metodológica e rigor científico.

À minha esposa Milena Oliva, devo tanto que palavras não bastam para expressar a minha gratidão. Dela recebi o exemplo e o apoio indispensáveis para perseverar na pesquisa jurídica e no aprimoramento do texto da obra. Milena foi também a minha principal interlocutora, tendo sempre me ajudado, com a ternura e a tenacidade que lhe são próprias, a depurar o raciocínio jurídico.

Este livro contou ainda com o auxílio de importantes instituições de ensino e pesquisa. Agradeço aos professores e funcionários do Programa de Pós-Graduação em Direito da Faculdade de Direito da UERJ pela oportunidade que me foi dada para cursar o doutoramento em direito civil. Também agradeço ao Instituto Max-Planck de Direito Comparado e Internacional Privado, com sede em Hamburgo, Alemanha, que, generosamente, concedeu-me bolsa de estudo e franqueou-me acesso à sua rica biblioteca. O período que ali permaneci foi decisivo para o desenvolvimento da tese.

Por fim, dirijo os meus agradecimentos aos professores, funcionários e alunos do Departamento de Direito da PUC-Rio. Não ousaria escrever um livro sobre garantias reais – tema que já foi tratado por renomados juristas – se não fosse a convicção de que ele pode ajudar na renovação do ensino jurídico.

Rio de Janeiro, agosto de 2016

PREFÁCIO

A despeito de sua expressiva relevância no mundo dos negócios, o desenvolvimento doutrinário do penhor encontrava-se há muito paralisado, na experiência brasileira, por duas circunstâncias ironicamente antagônicas: de um lado, a frequente alusão à sua estrutura milenar, herdada do direito romano, que o associa frequentemente a bens e negócios cuja dinâmica não se compadece com a prática do direito civil e comercial contemporâneos. O penhor reclama justamente rapidez e agilidade em sua execução, para que possa atender às suas finalidades precípuas – e tais atributos lhe foram, por muito tempo, injustamente negados, por mero apego à sua tradição histórica. De outra parte, em sentido oposto, o penhor padece de certo preconceito ideológico contra a execução eficiente das garantias que, por favorecerem o credor, tornam-se alvo da injustificada antipatia, ainda persistente da cultura jurídica brasileira, dirigida à iniciativa econômica privada, como se a excussão eficiente de bens representasse o menoscabo de camadas vulneráveis da população. Nessa direção, não é exagero registrar – em imagem que invoca Macunaíma, o anti-herói imortalizado por Mário de Andrade – a glamorização do inadimplemento; mesmo em se tratando de relações paritárias, no âmbito das quais, não raro, se procura induzir o Judiciário em erro, associando os ardis do mal pagador à iníqua desigualdade econômica que, posto endêmica na pirâmide social, torna-se ainda mais cruel à conta do malogro do sistema de crédito.

Em tal cenário hostil transita a presente obra de Pablo Renteria, destinada a revisitar os contornos doutrinários do penhor, ressaltando a sua extraordinária importância e potencialidade funcional como mecanismo atual de garantia. Para tanto, o autor demonstra, já em seu primeiro capítulo, a compatibilidade dogmática do penhor com o amplo espaço de autonomia reservado pelo ordenamento jurídico aos agentes econômicos, suplantando, de maneira erudita, a percepção corrente e equivocada segundo a qual os princípios da taxatividade e da tipicidade engessariam os institutos e serviriam de barreira intransponível para a autonomia privada no domínio dos direitos reais. Em seguida, a obra desenvolve, no segundo capítulo, o exame das funções atuais do penhor, a partir de suas finalidades práticas de promoção do sistema de crédito e não somente de repressão ao inadimplemento. A partir de tais resultados constrói-se o terceiro capítulo, em que a perspectiva funcional do penhor permitirá ampliar a sua operacionalidade, evidenciando-se, então, a atualidade do penhor e a sua função social como instrumento de promoção e garantia do crédito, para além do maniqueísmo infrutífero entre devedor e credor, circunscrito à vicissitude patológica da violação da relação contratual.

Ao fim de tal desafiador itinerário, a obra redimensiona o papel atual do penhor e resgata a sua solidez dogmática na legalidade constitucional como mecanismo de promoção do sistema de crédito. E o resultado não poderia ser mais bem-sucedido, na refinada redação do Prof. Pablo Renteria. Professor da PUC-Rio, autor de numerosos textos já consagrados pela comunidade jurídica (destaca-se, em particular, seu livro *Obrigações de Meios e de Resultado*: Análise Crítica, publicado pela Editora Método em 2011), Pablo Renteria oferece, com o presente trabalho, ampla análise de matérias cruciais do direito civil, abrangendo categorias de teoria geral, obrigações e direitos reais. Vale-se, nessa empreitada, de sua experiência teórica e prática, como advogado profundamente atento à realidade do sistema de crédito brasileiro, ocupando hoje o cargo de Diretor da Comissão de Valores Mobiliários (CVM).

O leitor tem em mãos obra com vocação para se tornar clássica, quer por sua densidade doutrinária, quer pela reconstrução de categorias e institutos, a qual, certamente, norteará o intérprete na adoção do penhor e do sistema de garantias disponível no direito privado brasileiro.

Petrópolis, agosto de 2016

Gustavo Tepedino

SUMÁRIO

INTRODUÇÃO 1

1. PENHOR E REALIDADE 7

  1.1 O discurso doutrinário dominante sobre o direito real 7

     1.1.1 Poder imediato sobre a coisa e eficácia *erga omnes* 7

     1.1.2 O sistema do *numerus clausus* 11

     1.1.3 Síntese da doutrina dominante sobre os direitos reais 17

  1.2 Crítica ao poder imediato como estrutura específica do direito real 18

     1.2.1 Direitos reais sem poder imediato 18

     1.2.2 Direitos pessoais com poder imediato 25

     1.2.3 Crítica à relação entre sujeito e coisa. A importância da cooperação no âmbito dos direitos reais na coisa alheia 29

  1.3 Crítica ao formalismo da teoria personalista. Eficácia *erga omnes* e *neminen laedere*. A tutela externa do crédito 43

  1.4 A teoria da aderência (*inerenza*) do direito real de Michele Giorgianni 48

  1.5 Adesão parcial do direito brasileiro à teoria da aderência.... 55

     1.5.1 A sequela e a tutela externa do crédito. A tutela do terceiro adquirente de boa-fé 55

     1.5.2 Correlação entre a coisa e a situação subjetiva real.... 65

  1.6 *Numerus clausus* e autonomia privada 68

     1.6.1 Superação do *numerus clausus*? 68

     1.6.2 A relevância da distinção entre taxatividade e tipicidade dos direitos reais 72

1.6.3 A individuação do bem objeto do direito real............ 75

1.6.4 Direitos reais típicos e contratos atípicos.................. 76

1.6.5 A negação da suposta especificidade interpretativa dos direitos reais 79

1.7 A relevância da categoria do direito real para a disciplina do penhor 82

2. A FUNÇÃO DE GARANTIA DO CRÉDITO............................. 85

2.1 Necessidade de delimitação do conceito de garantia à luz do dado normativo.. 85

2.2 Garantia e acessório do crédito... 93

2.2.1 O conceito de acessório no direito brasileiro............. 93

2.2.2 Acessório civil e garantia do crédito 100

2.2.3 A graduação dos efeitos da acessoriedade das garantias do crédito. Crítica às chamadas garantias autônomas 103

2.3 Garantia e extinção satisfativa do crédito.............................. 110

2.3.1 A garantia como meio de realização do crédito independente da cooperação do devedor 110

2.3.2 Diferenciação entre garantia e modo de pagamento.... 117

2.4 Garantia e risco de insolvência do devedor............................ 120

2.4.1 Garantia e responsabilidade patrimonial do devedor.... 120

2.4.2 Liberdade, igualdade e responsabilidade. A origem da insolvabilidade 132

2.4.3 As garantias e as técnicas de proteção diante do risco de insolvabilidade do devedor 140

2.5 A função da garantia do crédito no direito brasileiro........... 147

3. PENHOR E AUTONOMIA PRIVADA 157

3.1 A escolha do modo de execução do penhor............................. 157

3.1.1 Pacto marciano e pacto comissório............................. 158

3.1.2 A validade do pacto marciano inserido no contrato constitutivo de penhor.. 176

3.2 A individuação do objeto do penhor...................................... 181

3.2.1 O penhor pecuário rotativo.. 188

| | 3.2.2 | O penhor industrial e mercantil sobre universalidades | 194 |

3.2.2 O penhor industrial e mercantil sobre universalidades 194

3.2.3 O penhor de créditos futuros 201

3.3 A pluralidade de penhores sobre o mesmo bem 205

3.3.1 Ampla admissão do penhor de segundo grau no direito brasileiro 205

3.3.2 Aspectos fundamentais do regime do penhor de segundo grau 211

3.4 Perspectiva funcional e potencialidades do penhor no sistema de garantias contemporâneo 215

4. CONSIDERAÇÕES FINAIS 229

BIBLIOGRAFIA 239

INTRODUÇÃO

Pode soar um tanto despropositado, no século XXI, com tantas e sofisticadas técnicas de garantia, o estudo do penhor, figura tradicional cujas origens remontam ao direito romano,[1] e que teria conservado os seus caracteres fundamentais, não obstante a formidável transformação vivenciada pelo direito civil brasileiro. Uma evidência dessa aparente continuidade pode ser obtida a partir do exame dos manuais, que tratam do penhor de forma semelhante à doutrina elaborada na primeira metade do século XX, sob a vigência do Código Civil de 1916.[2] Essa situação permaneceu mesmo após a promulgação do Código Civil de 2002, limitando-se os autores a salientar o que não passaria de mudanças pontuais provocadas pelo novo texto.[3]

---

[1] Cf., sobre as origens romanas do penhor, Alberto Burdese. Pegno (diritto romano). *Enciclopedia del Diritto*. Milano: Giuffrè, 1982, v. 23, p. 662-666; Ebert Chamoun. *Instituições de direito romano*. 4. ed. Rio de Janeiro: Forense, 1962, p. 281-290.

[2] V., dentre outros, Affonso Fraga. *Direitos reaes de garantia*: penhor, antichrese e hypotheca. São Paulo: Saraiva, 1933; Mário Neves Baptista. *Penhor de créditos*. Recife: [s.n], 1947; Clóvis Beviláqua. *Código Civil dos Estados Unidos do Brasil comentado*. 10. ed. Rio de Janeiro: Francisco Alves, 1955, v. 3, p. 271-300; João Manuel de Carvalho Santos. *Código Civil brasileiro interpretado*. Rio de Janeiro: Freitas Bastos, 1964, v. 9, p. 103-228; Pontes de Miranda. *Tratado de direito privado*. São Paulo: Revista dos Tribunais, 2012, edição atualizada por Nelson Nery Júnior e Luciano de Camargo Penteado, t. XX, p. 561-659; Pontes de Miranda. *Tratado de direito privado*. São Paulo: Revista dos Tribunais, 2012, edição atualizada por Nelson Nery Júnior e Luciano de Camargo Penteado, t. XXI, p. 57-201.

[3] Cf. Arnaldo Rizzardo. *Direito das coisas*. Rio de Janeiro: Forense, 2007, p. 1.015-1.029; Carlos Roberto Gonçalves. *Direito civil brasileiro*. São Paulo: Saraiva, 2008, v. 5, p. 488-514; Marco Aurélio Bezerra de Melo. *Direito das coisas*. Rio de Janeiro: Lumen Juris, 2007, p. 375-394; Cristiano Chaves de Farias e Nelson Rosenvald. *Direitos reais*. Rio de Janeiro: Lumen Juris, 2009, p. 579-590; Luciano de Camargo Penteado. *Direito das coisas*. São Paulo: Revista dos Tribunais, 2008, p. 430-465.

E mais: por que se dedicar a instituto que, de acordo com autorizada opinião,[4] seria incapaz de satisfazer às necessidades da sociedade contemporânea? O penhor estaria, na visão de muitos, destinado a cair em desuso, sendo substituído por técnicas de garantia do crédito reputadas mais eficientes, como a alienação fiduciária em garantia.[5]

No entanto, como se pretende evidenciar neste trabalho, essa percepção acerca do envelhecimento do penhor pode ser creditada, em larga medida, à falta de renovação dos estudos sobre o tema.[6] A doutrina, porque continua a reproduzir acriticamente o discurso tradicional, acaba por descurar da formidável capacidade adaptativa do penhor à evolução das práticas negociais e, conseguintemente, das suas potencialidades funcionais na ordem jurídica vigente.

A reação a essa situação deve partir do exame do penhor em perspectiva funcional.[7] A análise da função desempenhada pelo penhor permite, com efeito,

---

[4] Nessa direção, José Carlos Moreira Alves destaca: "O que é certo, portanto, é que, a partir, precipuamente, do século passado, se tem sentido, cada vez mais, a necessidade da criação de novas garantias reais para a proteção do direito de crédito. As existentes nos sistemas jurídicos de origem romana – e são elas a hipoteca, o penhor e a anticrese – não mais satisfazem a uma sociedade industrializada, nem mesmo nas relações creditícias entre pessoas físicas, pois apresentam graves desvantagens pelo custo e a morosidade em executá-las, ou pela superposição a elas de privilégios em favor de certas pessoas (...)" (*Da alienação fiduciária em garantia*. 2. ed. Rio de Janeiro: Forense, 1979, p. 3).

[5] Afirma-se, com efeito, que "a alienação fiduciária em garantia atende melhormente às exigências do comércio jurídico do que os clássicos direitos reais de garantia, tudo indicando que os substituirá na generalidade dos casos" (Orlando Gomes. *Alienação fiduciária em garantia*. 3. ed. São Paulo: Revista dos Tribunais, 1972, p. 160).

[6] Problema este que atinge não apenas o penhor, mas, de maneira geral, os direitos reais. Na década de sessenta do século passado, José de Oliveira Ascensão já ressaltava: "O Direito das Coisas, porque vai definhando, não desperta a atenção dos estudiosos; e como não desperta a atenção dos estudiosos, não se renova" (*A tipicidade dos direitos reais*. Lisboa: Petrony, 1968, p. 13).

[7] Como ressalta Gustavo Tepedino: "As situações jurídicas subjetivas apresentam dois aspectos distintos – o estrutural e o funcional. O primeiro identifica a estruturação de poderes conferida ao titular da situação jurídica subjetiva, enquanto o segundo explicita a finalidade prático-social a que se destina. O aspecto funcional condiciona o estrutural, determinando a disciplina jurídica aplicável às situações jurídicas subjetivas" (Notas sobre a função social dos contratos. In: Luiz Edson Fachin e Gustavo Tepedino (orgs.). *O direito e o tempo*: embates jurídicos e utopias contemporâneas. Rio de Janeiro: Renovar, 2008, p. 400). Na mesma direção, Anderson Schreiber destaca: "A função corresponde aos interesses que um certo instituto pretende tutelar, e é, na verdade, o seu elemento de maior importância, já que determina, em última análise, os traços fundamentais da estrutura" (Função social da propriedade na

descortinar o profícuo espaço de atuação reservado à autonomia privada na modelação dos efeitos dessa garantia. Às partes se reconhece ampla liberdade para a estipulação, nos contratos constitutivos de penhor, de variadas cláusulas contratuais, ainda que não previstas no texto legal, desde que orientadas à realização de interesses legítimos. O penhor sai, assim, revigorado, dotado de estrutura flexível apta a se ajustar às concretas necessidades das partes contratantes.

No entanto, duas dificuldades, em particular, se antepõem a essa perspectiva. Mencione-se, em primeiro lugar, que, na doutrina brasileira, a disciplina do penhor é examinada tendo em conta, primordialmente, a sua natureza real,[8] descurando-se de outros efeitos, essenciais para a sua qualificação. Cuida-se de visão incutida na formação dos juristas, que vem sendo perpetuada pelos cursos universitários, nos quais a matéria continua a ser abordada, junto com as demais garantias reais, nas disciplinas relativas ao aprendizado do Direito das Coisas.[9]

---

prática jurisprudencial brasileira. *Revista Trimestral de Direito Civil*, v. 6, abr.-jun. 2001, p. 161. V., ainda sobre o tema, Pietro Perlingieri. *Perfis de direito civil*. 2. ed. Rio de Janeiro: Renovar, 2002, p. 105-107 e 116-117.

[8] Seguindo a exposição do Código Civil, os doutrinadores tratam do penhor no âmbito do direito das coisas. Cf., dentre outros, Caio Mário da Silva Pereira. *Instituições de direito civil*. 21. ed. atual. por Carlos Edison do Rêgo Monteiro Filho. Rio de Janeiro: Forense, 2012, v. 4, p. 287-307; Orlando Gomes. *Direitos reais*. 19. ed. atual. por Luiz Edson Fachin. Rio de Janeiro: Forense, 2008, p. 391-403; Paulo Nader. *Curso de direito civil*. 2. ed. Rio de Janeiro: Forense, 2008, v. 4, p. 411-435; Pontes de Miranda. *Tratado de direito privado*, cit., p. 61 e ss.; Washington de Barros Monteiro. *Curso de direito civil – direito das coisas*. 37. ed. atual. por Carlos Alberto Dabus Maluf. São Paulo: Saraiva, 2003, v. 3, p. 355 e ss. As principais monografias sobre o tema também partem do conceito de direito real para investigar as características do penhor. Confira-se, nesse sentido, Affonso Fraga. *Direitos reaes de garantia*, cit., especialmente p. 1-60; Mário Neves Baptista. *Penhor de créditos*, cit., especialmente p. 3-6; e Mauro Bardawil Penteado. *O penhor de ações no direito brasileiro*. São Paulo: Malheiros, 2008, especialmente p. 33-84. Destaca-se, em direção diversa, a obra de Visconde de Ouro Preto. *Crédito móvel pelo penhor e o bilhete de mercadorias*. Rio de Janeiro: Laemmert & Cia Editores, 1898, na qual o caráter real do penhor, embora diversas vezes mencionado, não domina a análise.

[9] A ausência de manuais didáticos destinados à exposição sistemática dos diversos instrumentos de garantia do crédito é sintomática da fragmentação do tema no currículo dos cursos universitários de direito. Com efeito, no âmbito da disciplina de Direito das Obrigações e Contratos, é normalmente analisada a fiança. De outra parte, por ocasião do estudo do Direito das Coisas, examinam-se as garantias reais. E, no direito comercial, são abordadas algumas outras figuras (aval, garantias bancárias etc.) e examinados os efeitos da recuperação empresarial e da falência sobre as garantias. O resultado disso é uma abordagem tópica e parcial, que não oferece ao

Disso resulta o enquadramento do penhor no tradicional rigorismo da dogmática dos direitos reais. Em particular, os princípios da taxatividade e da tipicidade são acriticamente invocados pela doutrina para reproduzir a opinião segundo a qual o conteúdo dos direitos reais seria inflexível e, por isso mesmo, insensível à atuação da autonomia privada. Chega-se a dizer, nessa direção, que "os direitos reais têm estrutura rígida que não pode ser modificada por pactos entre as partes contratantes".[10]

Além dessa dificuldade, de cunho técnico, há ainda a resistência à atuação da autonomia privada no âmbito das garantias reais, a qual se nutre da percepção, difusamente presente na cultura jurídica, de que elas estariam a serviço exclusivo dos interesses do credor ganancioso, que se vale da necessidade do devedor para apropriar-se de seus bens. Nesse sentido, nos seus célebres comentários ao Código Civil francês, publicados em 1847, Troplong já ressaltava que:

> De ordinário, o penhor de bens móveis é empregado apenas em empréstimos medíocres; ele é pouco utilizado pelos prestamistas escrupulosos que fazem negócios com regularidade, pois a usura, à qual serve frequentemente de manto, não deixa a sua reputação ilesa. (...) Ele é sobretudo o expediente lucrativo dos agiotas do submundo, que exploram os tomadores de empréstimo pobres e envergonhados e que cobiçam a prataria, as joias, os tecidos rendados, os últimos vestígios de uma antiga opulência, o último recurso de um crédito à beira do esgotamento.[11]

---

aluno perspectiva crítica e compreensiva sobre a proteção do crédito no direito pátrio. Nesse particular, o ensino jurídico brasileiro não tem acompanhado a tendência, observada em outros países, em favor da autonomia didática da matéria. Assim, na França, muitos são os manuais que desenvolvem análise unitária e transversal das *sûretés*, que abrangem tanto as garantias pessoais como as reais, incluindo ainda o exame dos aspectos processuais e falimentares pertinentes. Veja-se, por exemplo, a obra de cunho didático de Philippe Simler e Philippe Delebecque. *Droit Civil* – les sûretés – la publicité foncière. 5. ed. Paris: Dalloz, 2009. Em Portugal, tem-se observado a reação da doutrina ao tratamento deficiente do direito das garantias das obrigações no plano de estudos da licenciatura em Direito. Confiram-se, a propósito, as palavras introdutórias de Luís Manuel Teles de Menezes Leitão em *Garantias das obrigações*. 2. ed. Coimbra: Almedina, 2008, p. 11-13.

[10] José Carlos Moreira Alves. *Da alienação fiduciária em garantia*, cit., p. 105. De acordo com Mauro Bussani, esta rigidez traduz característica peculiar aos ordenamentos dos países latinos, em contraposição a países como Alemanha, Países-Baixos e Suíça (Il diritto delle garanzie reali nella prospettiva transnazionale. *Studi in onore di Piero Schlesinger*. Milano: Giuffrè, 2004, t. II, p. 858).

[11] Raymond-Théodore Troplong. *Droit civil expliqué* – du nantissement, du gage et de l'antichrèse. Paris: Charles Hingray, 1847, t. XIX, p. I-II, tradução livre.

INTRODUÇÃO | **5**

Na experiência brasileira, essa visão estigmatizada se reforçou em razão do cabimento, no âmbito do penhor especial e da alienação fiduciária em garantia, da prisão civil do devedor inadimplente, a qual somente em passado recente foi definitivamente proscrita do ordenamento vigente.[12] A garantia real[13] seria, desta feita, instrumento da opressão do forte sobre o fraco e, por conseguinte, todo ajuste que escape à disciplina estabelecida no texto legal é recebido com desconfiança, pois se acredita que, nessa seara, a liberdade contratual aproveita apenas à dominação do credor.[14]

É diante desse cenário nada confortador que se procura, neste trabalho, problematizar a concepção dominante sobre o espaço de atuação da autonomia privada no âmbito do direito real de penhor, com vistas a evidenciar as potencialidades funcionais deste instrumento no ordenamento vigente. Dado esse escopo, será estudado, exclusivamente, o penhor de fonte convencional, em relação ao qual à autonomia negocial é chamada a agir de maneira mais incisiva, deixando-se de lado o penhor legal. Além disso, e pela mesma razão, será privilegiado o exame do penhor em relações paritárias, abordando-se, de maneira apenas perfunctória, a incidência das normas de proteção ao consumidor.

Para cumprir com esta tarefa, este trabalho desenvolve-se em três capítulos. No primeiro, analisa-se a atual relevância da categoria dos direitos reais no ordenamento brasileiro. Não se pretende, com isso, a elaboração de uma teoria geral dos direitos reais, mas apenas verificar a sua efetiva influência

---

[12] A incompatibilidade da prisão civil do depositário infiel com a ordem constitucional foi declarada pelo Supremo Tribunal Federal no julgamento do RE 466.343/SP, em cuja ementa se lê: "Depósito. Depositário infiel. Alienação fiduciária. Decretação da medida coercitiva. Inadmissibilidade absoluta. Insubsistência da previsão constitucional e das normas subalternas. Interpretação do art. 5º, inc. LXVII e §§ 1º, 2º e 3º, da CF, à luz do art. 7º, § 7, da Convenção Americana de Direitos Humanos (Pacto de San José da Costa Rica). Recurso improvido. Julgamento conjunto do RE nº 349.703 e dos HCs nº 87.585 e nº 92.566. É ilícita a prisão civil de depositário infiel, qualquer que seja a modalidade do depósito" (Pleno, Rel. Min. Cezar Peluso, j. 03.12.2008). Tal posição já vinha sendo defendida pelo Superior Tribunal de Justiça, como se vê da seguinte decisão: HC 24.931/SP, 3ª T., Rel. Min. Pádua Ribeiro, j. 24.06.2003.

[13] Não há no direito brasileiro definição precisa do termo "garantia real", que muitas vezes é empregado como sinônimo de direito real de garantia. Para evitar qualquer dúvida, tal expressão é utilizada neste trabalho para designar qualquer garantia que vincule determinado bem à satisfação do crédito, o que abrange os direitos reais de garantia e a propriedade fiduciária em garantia.

[14] A observação não vale apenas para a experiência brasileira. V. sobre a postura refratária dos tribunais italianos ao exercício da autonomia privada no âmbito das garantias reais e, em especial em relação à alienação fiduciária em garantia, Franco Anelli. *L'alienazione in funzione di garanzia.* Milano: Giuffrè, 1996, p. 2.

na disciplina do penhor e, notadamente, se, de fato, impõe a este conteúdo rígido e avesso à autonomia privada.

O segundo capítulo dedica-se ao exame da função de garantia desempenhada pelo penhor. Busca-se identificar as finalidades práticas a que se dirige o penhor, bem como os elementos fundamentais para a valoração do merecimento de tutela do ato de autonomia negocial conducente à modelação dos seus efeitos. Além disso, por meio da correta individuação de sua função, procura-se afastar a ideia preconcebida de que o penhor teria apenas vocação repressiva, agindo, sempre, ao reboque da violação do crédito.

O terceiro capítulo , ao final, ilustra o redimensionamento da autonomia privada no âmbito do penhor e as potencialidades funcionais daí decorrentes. Nele são examinadas características tidas por fundamentais no regime jurídico do penhor, de maneira a verificar em que medida, à luz da perspectiva funcional, as partes podem legitimamente alterá-las. A finalidade deste capítulo é verificar a validade das proposições formuladas ao longo do trabalho e evidenciar, por meio do estudo de problemas práticos, a vivacidade e a utilidade que o penhor ainda possui nos diais atuais.

1

PENHOR E REALIDADE

1.1 O DISCURSO DOUTRINÁRIO DOMINANTE SOBRE O DIREITO REAL

1.1.1 *Poder imediato sobre a coisa e eficácia* erga omnes

De acordo com entendimento amplamente adotado na doutrina brasileira, as duas características fundamentais dos direitos reais seriam (a) o poder imediato sobre a coisa, e (b) a eficácia *erga omnes*.[1]

A ideia de que o direito real confere ao titular um poder imediato deita suas raízes na chamada teoria realista ou clássica, que é oriunda do jusnaturalismo do século XVII.[2] De acordo com essa corrente de pensamento, o poder (*potestas*) do indivíduo sobre as coisas traduz predicado da personalidade humana, constituindo extensão natural da liberdade individual.[3] A formulação

---

[1] Veja-se, por todos, a lição de Eduardo Espinola: "É corrente em doutrina a afirmação de que, no conceito ou na definição do direito real, entram dois elementos de capital importância: *a)* um elemento interno, que é o poder (*la signoria*, na doutrina italiana) imediato sobre a coisa; *b)* um elemento externo, que é a faculdade de se opor a qualquer outra pessoa" (*Posse, propriedade, compropriedade ou condomínio, direitos autorais.* Campinas: Bookseller, 2002, p. 13).

[2] V. nesse sentido Giovanni Pugliese. Diritti reali *Enciclopedia del Diritto*, cit., p. 764; Marco Comporti. *Contributo allo studio del diritto reale.* Milano: Giuffrè, 1977, p. 10-11; e António Menezes Cordeiro. *Direitos reais.* Lisboa: Lex, 1979, reimpressão de 1993, p. 224.

[3] V. Marco Comporti. *Contributo allo studio del diritto reale*, cit., p. 10-11.

mais bem acabada da teoria clássica é atribuída à Escola Histórica Alemã,[4] que, reivindicando para si a tradição romanista,[5] propõe a construção do direito privado a partir do dogma da autonomia individual e do primado do direito subjetivo.[6] Nessa esteira, o direito real constituiria espécie de direito subjetivo que vincularia o sujeito à coisa, a qual se submeteria ao poder imediato (*rectius*, à vontade) daquele.[7]

Nessa concepção sobressai a ênfase ao conteúdo do direito como elemento específico do direito real. O direito real se caracterizaria por atribuir ao titular poder imediato sobre a *res*, ao passo que o direito pessoal consubstanciaria o poder sobre o ato do devedor.[8] Ainda que a prestação tenha por objeto uma coisa – *e.g.*, a obrigação de entregar determinado bem –, o credor não seria titular de direito real, já que dependeria, fundamentalmente, da cooperação do devedor para satisfazer o seu crédito. No direito real, ao reverso, a coisa basta à pessoa. Por isso que, enquanto no direito pessoal a relação jurídica se instaura entre sujeitos, no real, o vínculo liga o sujeito à coisa.[9]

---

[4] Sobre essa corrente de pensamento, que se desenvolveu na primeira metade do século XIX, veja-se António Manuel Hespanha. *Panorama histórico da cultura jurídica europeia*. Lisboa: Publicações Europa-América, 1997, p. 181-185. V., ainda, Franz Wieacker. *História do direito privado moderno*. 2. ed. Trad. António Manuel Hespanha. Lisboa: Fundação Calouste Gulbenkian, 1980, p. 397-491.

[5] Embora a distinção *actio in rem* e *actio in personam* fosse conhecida do direito romano, é incerto que os juristas romanos tenham formulado conceito unitário de *direito real*. Sobre o ponto, confira-se a lição de Marcel Planiol e Georges Ripert. *Traité pratique de droit civil français*: les biens. 2. ed. Paris: LGDJ, 1952, t. 3, p. 41). V., ainda, Giovanni Pugliese. Diritti reali. *Enciclopedia del Diritto*, cit., p. 755-756; e Marco Comporti. *Contributo allo studio del diritto reale*, cit., p. 5-8.

[6] V. Marco Comporti. *Contributo allo studio del diritto reale*, cit., p. 11; António Manuel Hespanha. *Panorama histórico da cultura jurídica europeia*, cit., p. 187-188.

[7] V. Marco Comporti. *Contributo allo studio del diritto reale*, cit., p. 12. Sublinhe-se, desde logo, que o estudo sobre o conceito de direito real se inscreve no contexto maior do riquíssimo debate acerca do conceito de direito subjetivo. No entanto, tal problemática não será desenvolvida neste trabalho, em razão do seu escopo, assumindo-se a premissa de que, no sistema jurídico atual, o direito subjetivo traduz situação subjetiva complexa, como será explicitado mais adiante (cf. seção 1.2.3 *infra*).

[8] Na doutrina brasileira, no sentido exposto no texto, veja-se a lição de Lafayette Rodrigues Pereira: "O *direito real* é o que afeta a coisa direta e imediatamente, sob todos ou sob certos respeitos, e a segue em poder de quem quer que a detenha. (...) Os *direitos pessoais* (*obrigações*) têm por objeto imediato, não coisas corpóreas, senão atos ou prestações de pessoas determinadas" (*Direito das coisas*. Rio de Janeiro: Editora Rio, edição histórica, v. 1, p. 21-23, grifos no original).

[9] Assim ensinava o jurista francês Charles Demolombe (Traité de la distinction des biens. In: DEMOLOMBE, Charles. *Cours de Code Napoléon*. 4. ed. Paris: Auguste

De outra parte, a ideia segundo a qual o direito real tem por atributo a eficácia *erga omnes* desenvolveu-se por obra da chamada teoria moderna ou personalista.[10] Sob a influência da ética kantiana, concebe-se o direito como conjunto de condições que possibilitam a convivência entre as pessoas, de acordo com a lei universal da liberdade.[11] Por conseguinte, a relação jurídica, entendida como vínculo intersubjetivo, torna-se conceito estruturante do direito privado, concebendo-se todo direito subjetivo como corolário lógico da imposição de um dever a outrem.[12] Desse modo, "todo direito se constitui entre humanos",[13] sendo desprovida de significado a ideia de relação entre sujeito e coisa.[14]

Nessa ordem de ideias, o conteúdo do direito subjetivo (isto é, da faculdade que este assegura ao titular) não teria relevância, uma vez que consubstanciaria elemento meramente fático ou econômico, desprovido de significado jurídico. Cumpriria examinar o direito subjetivo apenas a partir do seu perfil externo, qual seja, a proteção reconhecida ao titular do direito frente aos demais sujeitos do ordenamento.[15]

Sendo assim, direitos pessoais e reais não se diferenciariam em razão de seu conteúdo, mas em virtude da diversa fisionomia da relação jurídica na qual se inserem. Enquanto nas relações pessoais o direito de crédito se contrapõe ao dever imposto a determinados sujeitos, nas relações reais há

Durand & L. Hachette et Cie, 1870, v. 9, t. I, p. 340-341).

[10] Cf. Marco Comporti. *Contributo allo studio del diritto reale*, cit., p. 14 e ss.; António Menezes Cordeiro. *Direitos reais*, cit., p. 231 e ss.

[11] Como destaca Franz Wieacker, nos seus "Fundamentos da metafísica dos costumes", Kant chega à "conclusão de que a pessoa não deve constituir um meio para um fim que resida fora dela e que a ordem jurídica deve deixar livre um espaço de liberdade através do qual a livre circulação da autonomia ética possa coexistir com a liberdade de todos os outros" (Franz Wieacker. *História do direito privado moderno*, cit., p. 427).

[12] V. Marco Comporti. *Contributo allo studio del diritto reale*, cit., p. 16.

[13] Caio Mário da Silva Pereira. *Instituições de direito civil*. 21. ed. rev. e atual por Carlos Edison Rêgo Monteiro Filho. Rio de Janeiro: Forense, 2012, v. 4, p. 4.

[14] Como ressalta Marco Comporti: "De fato, criticando a doutrina jurídica então dominante, Kant nega que as coisas possam ser fonte de direitos e deveres e sustenta que a relação jurídica, na qual estão entrelaçados direitos e deveres, se constitui sempre entre pessoas, formulando, nesses termos, a primeira configuração da teoria personalista do direito real" (*Contributo allo studio del diritto reale*, cit., p. 18, tradução livre).

[15] V. Giovanni Pugliese. Diritti reali. *Enciclopedia del Diritto*, cit., p. 768-769. V., ainda, Marco Comporti. *Contributo allo studio del diritto reale*, cit., p. 15-16.

dever geral de abstenção para todos os sujeitos, que devem, assim, se abster de qualquer ingerência sobre a coisa.[16] Em outras palavras, os primeiros são relativos ao passo que os segundos, absolutos.[17]

Não tardou, contudo, para que se procurasse demonstrar que as divergências entre as duas teorias não eram insuperáveis. Surgiram, assim, propostas de compromisso que buscaram articular as ideias centrais das duas teses, de modo a distinguir dois elementos no conceito de direito real: de um lado, o interno, que se identifica com o poder imediato conferido ao titular, e, de outro lado, o externo, que se traduz no dever de abstenção imposto a todos os demais indivíduos.[18] Tal solução obteria grande repercussão na doutrina de diversos países,[19] inclusive na brasileira,[20] em razão da sua capacidade de oferecer uma síntese das teorias anteriores, que atende tanto à estrutura como à tutela do direito.[21]

---

[16] V., a propósito, a formulação personalista de Mario Allara, considerada uma das mais bem acadabadas da doutrina italiana (*Le nozioni fondamentali del diritto civile*. 4. ed. Torino: Giappichelli, 1953, v. 1, p. 372).

[17] Assim ensina San Tiago Dantas: "Qual é a diferença entre o direito subjetivo absoluto e o direito subjetivo relativo? A diferença reside no dever jurídico que corresponde ao direito. Quando o dever jurídico toca exclusivamente a certas pessoas que interferem na relação, que seja a uma, a duas, ou a mais pessoas, temos o direito relativo. Porém, quando o dever jurídico toca a todas as pessoas que se encontram na sociedade, temos o direito subjetivo absoluto. (...) Dividimos nós o direito absoluto em dois grupos: direitos da personalidade e direitos reais. E dividimos os relativos, por sua vez, em direitos pessoais ou de crédito, e de família" (*Programa de direito civil*. 3. ed. atual. por Gustavo Tepedino *et al.* Rio de Janeiro: Forense, 2001, p. 125-126).

[18] Confira-se sobre o ponto António Menezes Cordeiro. *Direitos reais*, cit., p. 240 e ss.; e, ainda, Marco Comporti. *Contributo allo studio del diritto reale*, cit., p. 24-25.

[19] V. as referências à doutrina francesa, italiana, portuguesa, espanhola e alemã contidas em António Menezes Cordeiro. *Direitos reais*, cit., p. 241.

[20] V., nessa direção, San Tiago Dantas. *Programa de direito civil*, cit., p. 129; Eduardo Espinola. *Posse, propriedade, compropriedade ou condomínio, direitos autorais*, cit., p. 13; Miguel Maria de Serpa Lopes. *Curso de direito civil*: direito das coisas. 5. ed. rev. e atual. por José Serpa de Santa Maria. Rio de Janeiro: Freitas Bastos, 2001, v. 6, p. 28-29; Gustavo Tepedino. Direito das coisas (arts. 1.196 a 1.276). In: Antônio Junqueira de Azevedo (coord.). *Comentários ao Código Civil*. São Paulo: Saraiva, 2011, v. 14, p. 27-31; Marco Aurélio Bezerra de Melo. *Direito das coisas*. 2. ed. Rio de Janeiro: Lumen Juris, 2008, p. 2.

[21] Nas palavras de Orlando de Carvalho "(...) é preciso atender, no direito real, à sanção e ao conteúdo, à *protectio* e ao *licere*, ao lado externo e ao lado interno, ou, com mais precisão, ao seu lado instrumental e ao seu lado essencial" (*Direito civil (direito das coisas), apud* António Menezes Cordeiro, *Direitos reais*, cit., p. 243).

1.1.2 O sistema do numerus clausus

Às duas características acima destacadas costuma-se acrescentar a taxatividade dos direitos reais. Significa que a lei somente reconhece eficácia real aos tipos de direito por ela estabelecidos – daí decorrendo, como corolário lógico, o princípio da tipicidade dos direitos reais.[22] Haveria, portanto, reserva legal para a criação dos tipos reais, que formariam, desse modo, um *numerus clausus*.

Da taxatividade resulta a impossibilidade de constituição de direitos reais não previstos em lei. Se o conteúdo do direito concretamente criado por determinadas pessoas não corresponder a um dos tipos legais, o ordenamento não lhe reconhece efeitos reais, admitindo, quando muito, a sua natureza obrigacional.[23]

A regra do *numerus clausus* é fruto do liberalismo econômico que se afirmou progressivamente no direito privado europeu durante o século XIX.[24] O pensamento jusnaturalista não se opunha à livre criação de direito reais. Admitia, ao revés, que o poder sobre a coisa reconhecido ao proprietário poderia ser fragmentado em tantos direitos reais "quantas as frações de utilidade econômica em que se possa desmembrar o

---

[22] V. Gustavo Tepedino. *Multipropriedade imobiliária*. São Paulo: Saraiva, 1993, p. 82; e ainda do mesmo autor, Autonomia privada e obrigações reais. In: Gustavo Tepedino. *Temas de direito civil*. Rio de Janeiro: Renovar, 2005. t. II, p. 287. Na doutrina portuguesa, v. José de Oliveira Ascensão. *A tipicidade dos direitos reais*. Lisboa: Livraria Petrony, 1968, p. 104-105.

[23] Nessa hipótese, em vez de direito real sobre a coisa, haveria vínculo pessoal, em que o titular do direito em apreço poderia exigir da outra parte no negócio o cumprimento de uma prestação. Sobre o tema, cf. José de Oliveira Ascensão. *A tipicidade dos direitos reais*, cit., p. 95-102. No direito pátrio anterior ao Código Civil de 1916, tal solução era expressa. Assim, a Lei Imperial 1.237, de 1864, art. 6º, § 1º, previa que os outros ônus, além daqueles previstos no dispositivo, "que os proprietários impuserem aos seus prédios se haverão como pessoais". Ver em sentido semelhante o art. 6º do Decreto 169-A de 1890.

[24] Confira-se a investigação das condicionantes sociais e culturais da afirmação da taxatividade dos direitos reais na doutrina francesa e italiana do século XIX em Angelo Belfiore. *Interpretazione e dommatica nella teoria dei diritti reali*. Milano: Giuffrè, 1979, p. 448 e ss.

domínio".[25] Ademais, a complexa teia de *direitos feudais*,[26] que se desenvolvera no período medieval, permaneceu presente nas sociedades ainda predominantemente rurais dos séculos XVII e XVIII,[27] respondendo pela organização do aproveitamento econômico dos imóveis rurais.[28] Nesse contexto histórico, o surgimento de novas *posições de poder* sobre os imóveis representava fenômeno ordinário e até mesmo necessário para disciplinar os interesses econômicos de todas as pessoas que dependiam da renda gerada pela terra.[29]

Tal situação altera-se com a Revolução Francesa, em razão da supressão dos privilégios feudais e da introdução de regras favoráveis à livre exploração e circulação da riqueza fundiária. Nessa direção, além de consagrar o direito de o proprietário fruir e dispor da coisa da maneira mais absoluta, o *Code* de 1804 cuidou para que, por meio do *jus in re aliena*, não fossem restaurados gravames que comprometessem a liberdade do proprietário. Por isso, admitiu apenas número restrito de direitos reais na coisa alheia, estabelecendo minuciosamente o seu conteúdo e limites temporais à sua duração.[30] Muitas outras figuras, embora assentes nas práticas jurídicas da época, não foram incluídas no Código francês.[31]

No entanto, a ausência de regra proibindo expressamente a criação de outros direitos além daqueles previstos no Código, associada à afirmação da liberdade do proprietário para dispor da coisa, conduziu a doutrina

---

[25] São as palavras de Affonso Fraga. *Direitos reaes de garantia:* penhor, antichrese e hypotheca. São Paulo: Saraiva, 1933, p. 45, em referência às obras clássicas de Hahnius, Heineccio e Bornio.

[26] Sobre a concepção das relações dos homens com as coisas que se desenvolveram na Idade Média, confira-se António Manuel Hespanha. *Panorama histórico da cultura jurídica europeia*, cit., p. 105-106.

[27] Alude-se, em particular, à realidade histórica do Reino da França nos séculos XVII e XVIII, descrita por Angelo Belfiore em sua já referida obra: *Interpretazione e dommatica nella teoria dei diritti reali*, cit., p. 448-457.

[28] V. novamente Angelo Belfiore. *Interpretazione e dommatica nella teoria dei diritti reali*, cit., p. 451-453.

[29] Ainda, Angelo Belfiore. *Interpretazione e dommatica nella teoria dei diritti reali*, cit., p. 455-457, o qual se refere à difusão na sociedade francesa do século XVII da enfiteuse e de outras figuras para atender à demanda por instrumentos duradouros de exploração das terras.

[30] Marco Comporti. *Contributo allo studio del diritto reale*, cit., p. 288-289.

[31] Confira-se em Charles Demolombe a lista dos "muito numerosos e muito complicados direitos reais" reconhecidos pela antiga jurisprudência francesa que não foram recepcionados pelo Código Civil de 1804 (*Cours de Code Napoléon*, cit., p. 405 e ss.).

francesa da primeira metade do século XIX a retomar o discurso jusna-turalista que, enaltecendo o poder do homem sobre a coisa, reconhece a possibilidade de qualquer um "desmembrar sua propriedade como bem entender, desde que não contrarie as leis nem a ordem pública; nesse particular, segue-se o princípio geral: tudo que não é proibido é permitido".[32] Seguindo tal orientação, os tribunais franceses passaram a admitir outros direitos reais além daqueles estabelecidos no Código, como a enfiteuse, o direito de caça, dentre outros.[33] Consagraram, assim, a atipicidade dos direitos reais.

No entanto, tal orientação foi censurada por parcela expressiva da doutrina francesa. Objetou-se que a proliferação e o acúmulo de direitos reais sobre as coisas prejudicariam o bom uso da terra e a livre circulação da riqueza. Salientou-se, ademais, que as regras legais que disciplinam os direitos reais são de ordem pública, escapando à autonomia dos particulares, uma vez que interessam diretamente aos terceiros e à segurança das transações.[34]

As críticas repercutiram de tal maneira na doutrina que o estudo da taxatividade dos direitos reais traduz, no atual direito francês, verdadeiro paradoxo. Isto porque, não obstante a posição favorável dos tribunais, a doutrina mantem-se refratária à admissão de direitos reais atípicos. A liberdade, em tese, reconhecida pelos tribunais para a criação de outros direitos reais além daqueles previstos em lei é, na prática, pouco aproveitada, em razão do forte ceticismo disseminado no meio jurídico.[35]

Já no direito italiano, diante do silêncio do Código Civil de 1865 sobre a questão, assistiu-se, na segunda metade do século XIX, à condução de intenso debate doutrinário, ao final do qual preponderou a posição favorável

---

[32] Charles Toullier. *Le droit civil français*, t. III, *apud* Charles Demolombe. *Cours de Code Napoléon*, cit., p. 427, tradução livre.

[33] O caráter não limitativo da enumeração, bem como a liberdade dos particulares para a criação de direitos reais, foi consagrada em 1834 pela *Cour de Cassation* – a mais alta corte do Judiciário francês para causas de direito privado – no célebre *arrêt Caquelard*. Acerca dos efeitos dessa decisão na admissão dos direitos reais atípicos, veja-se a exposição de Charles Demolombe. *Cours de Code Napoléon*, cit., p. 428 e ss. Para uma análise atual e crítica do tema, confira-se Christian Atias. *Droit civil* – les biens. 9. ed. Paris: LexisNexis, 2007, p. 51-54.

[34] V., nessa direção, Charles Demolombe. *Cours de Code Napoléon*, cit., p. 431.

[35] Reproduz-se aqui a análise desenvolvida sobre o tema por Christian Atias. *Droit civil* – les biens, cit., p. 51-54.

ao *numerus clausus*.[36] Destaca-se, nesse cenário, a defesa da taxatividade por Giacomo Venezian (1861-1915), que critica "a superstição de uma vontade privada onipresente",[37] capaz de dotar de eficácia absoluta qualquer relação jurídica, impondo, dessa maneira, deveres a todas as demais pessoas. De acordo com o jurista, a lei há de prevalecer sobre os direitos reais, do que se segue a necessidade de rigoroso controle dos atos de autonomia dos particulares. Por isso, aduz que não deve ser tolerada a constituição de gravames duradouros ou até mesmo perpétuos que possam prejudicar a produtividade das coisas ou dificultar a circulação da riqueza, comprometendo, assim, o desenvolvimento da economia.[38]

No direito brasileiro, antes do Código Civil de 1916, o *numerus clausus* encontrava-se textualmente estabelecido em lei. Assim, a Lei Imperial 1.237, de 1864, que reformou as hipotecas, prescrevia que "somente se considerarão ônus reais" aqueles previstos em seu art. 6º. De acordo com o § 1º do referido dispositivo, "os outros ônus que os proprietários impuserem aos seus prédios se haverão como pessoais". O Governo Provisório da Primeira República seguiu o mesmo rumo ao promulgar o Decreto 169-A de 1890, cujo art. 6º reproduz o comando contido na aludida Lei do Império.[39]

O Código Civil 1916 não abordou a questão de maneira inequívoca,[40] suscitando, assim, controvérsia acerca da manutenção da orientação que

---

[36] V. Marco Comporti. *Contributo allo studio del diritto reale*, cit., p. 292; e Alessandro Natucci. *La tipicità dei diritti reali*. Padova: CEDAM, 1982, v. 1, p. 155 e ss.

[37] Giacomo Venezian. *Dell'usufrutto, dell'uso e dell'abitazione, apud* Angelo Belfiore. *Interpretazione e dommatica nella teoria dei diritti reali*, cit., p. 574. Tal obra de Venezian compõe-se de dois volumes. O primeiro foi publicado originalmente em 1895 e o segundo, em 1913.

[38] Giacomo Venezian. *Dell'usufrutto, dell'uso e dell'abitazione, apud* Angelo Belfiore. *Interpretazione e dommatica nella teoria dei diritti reali*, cit., p. 575-576.

[39] Sublinhe-se, ainda, que o art. 238 do Decreto 370, de 1890, que regulamentou o Decreto 169-A, prescrevia que "a lei não reconhece outros direitos reais senão" os que enumera. Na doutrina anterior ao Código Civil de 1916, confira-se sobre o ponto Lafayette Rodrigues Pereira. *Direito das coisas*, cit., v. 1, p. 25-26.

[40] Procurando manter a orientação então prevalecente no direito brasileiro, Clovis Bevilaqua elaborou projeto de Código Civil cujo art. 775 era assim redigido: "*Somente* se consideram reais, além da propriedade (...)" (grifou-se). No entanto, a Comissão Especial da Câmara, no projeto que adotou, eliminou o advérbio *somente* do dispositivo (art. 674 na versão definitiva do Código). Diante disso, iniciou-se discussão sobre o propósito da alteração da redação. De um lado, sustentou-se que

vinha do direito anterior. Posicionaram-se, de um lado, os defensores da tese que reconhece ao proprietário ampla liberdade para criar, além dos direitos reais previstos em lei, "todos os que possam resultar das convenções que importem na decomposição do domínio e possam por sua vez formar direitos reais distintos, sem ofensa à ordem pública".[41] Arguiram, contra a enumeração taxativa, que "por mais rigorosa que seja, a lei não pode contrariar a natureza das coisas".[42]

De outro, agruparam-se autores que sustentam que a taxatividade se justifica em razão de "serem de ordem pública as leis que determinam e disciplinam os direitos reais, uma vez que essas leis interessam sobremaneira aos terceiros, ao modo de transmissão dos bens e à segurança das convenções".[43] Em particular, destacaram a necessidade de proteção da esfera jurídica dos terceiros que, de outro modo, ficariam à mercê do arbítrio do proprietário, a quem se reconheceria o poder de impor, sem base legal, deveres a toda

---

a intenção foi precisamente a de permitir a criação convencional de direitos reais diversos daqueles previstos em lei. De outro, objetou-se que a supressão do advérbio consistiu em mera correção de estilo sem consequência na interpretação da norma. Confira-se sobre a disputa a exposição de Darcy Bessone. *Direitos reais*. 2. ed. São Paulo: Saraiva, 1996, p. 9.

[41] José Manuel de Carvalho Santos. *Código Civil brasileiro interpretado, principalmente do ponto de vista prático*. Rio de Janeiro: Freitas Bastos, 1982, v. 9, p. 14. V., ainda, o já mencionado Affonso Fraga. *Direitos reaes de garantia*: penhor, anticherese e hypotheca, cit., p. 45.

[42] Filadelpho Azevedo. *Destinação do imóvel*. 2. ed. São Paulo: Max Limonad, 1957, p. 68. Na mesma direção, admitindo a criação de outros direitos reais além daqueles previstos em lei, uma vez que não é proibida por nenhum texto legal, ver Washington de Barros Monteiro. *Curso de direito civil*: direito das coisas. 37. ed. atual. por Carlos Alberto Dabus Maluf. São Paulo: Saraiva, 2003, v. 3, p. 12.

[43] Eis a síntese do argumento oferecida por José Manuel de Carvalho Santos. *Código Civil brasileiro interpretado, principalmente do ponto de vista prático*, cit., v. 9, p. 15. Esclareça-se, por oportuno, que Carvalho Santos posicionava-se a favor da liberdade de constituição de direitos reais atípicos. Contrariamente à sua admissão, cf., dentre outros, Clovis Bevilaqua. *Código Civil dos Estados Unidos do Brasil comentado*. Rio de Janeiro: Francisco Alves, 1956, v. 3, p. 181: "O número de direitos reais é sempre limitado nas legislações. Não há direito real, senão quando a lei o declara". Na mesma direção, v. tb. Miguel Maria de Serpa Lopes. *Curso de direito civil*: direito das coisas, cit., v. 6, p. 38-39.

a coletividade.[44] Esta a posição que acabou por prevalecer na doutrina,[45] mantendo-se hegemônica até hoje.[46]

No direito brasileiro, contudo, a construção doutrinária do princípio do *numerus clausus* apresenta uma peculiaridade digna de nota. Trata-se do argumento, disseminado por parcela expressiva da doutrina, segundo o qual decorreria do aludido princípio que a lei é a fonte exclusiva do conteúdo dos direitos reais. Nesse sentido, afirma-se, como já visto, que "os direitos reais têm estrutura rígida que não pode ser modificada por pactos entre as partes contratantes"[47] e ainda que o seu conteúdo "não pode ser objeto de livre pactuação, e sim *corresponder exatamente ao quadro traçado pela lei*".[48]

O efeito disso é o desenvolvimento de uma hermenêutica particularmente avessa à atuação à autonomia privada no âmbito dos direitos reais. Assim, no campo das obrigações, valoriza-se a liberdade das partes para perseguirem seus interesses, estipulando as prestações que lhe convierem, ainda que disso resulte a celebração de contratos não previstos em lei. Já no âmbito dos direitos reais, prevalece o respeito ao controle exercido pelo legislador sobre

---

[44] Nesse sentido, Orlando Gomes: "Os direitos reais são *absolutos*. Implicam, portanto, o dever imposto a toda a gente de respeitá-los, dever que não pode derivar da vontade de quem cria o direito. Há de resultar, inelutavelmente, da lei" (*Direitos reais*. 19. ed. atual. por Luiz Edson Fachin. Rio de Janeiro: Forense, 2008, p. 21). V., ainda, nessa direção, Gustavo Tepedino. *Multipropriedade imobiliária*, cit., p. 84; e Ebert Chamoun. *Direito civil*: aulas do 4º ano proferidas na Faculdade de Direito da Universidade do Distrito Federal. Rio de Janeiro: Aurora, 1955, p. 9.

[45] Além dos autores mencionados nas duas notas antecedentes, v., ainda, Caio Mário da Silva Pereira. *Instituições de direito civil*, cit., v. 4, p. 5; Darcy Bessone. *Direitos reais*, cit., p. 9-10; Silvio Rodrigues. *Direito civil*: direito das coisas. 28. ed. São Paulo: Saraiva, 2003, v. 5, p. 9.

[46] Sublinhe-se que o Código Civil de 2002 não inovou em relação ao tema. Nesse tocante, ressalta Gustavo Tepedino: "Mantém-se o Código Civil, como o anterior, fiel à enumeração taxativa dos direitos reais. Ao contrário dos contratos, em que se reconhece amplo espaço à autonomia privada, inclusive para realizar contratos atípicos, os direitos reais se sujeitam aos princípios da taxatividade e da tipicidade" (Direito das coisas (arts. 1.196 a 1.276). In: Antônio Junqueira de Azevedo (coord.). *Comentários ao Código Civil*, cit., v. 14, p. 195). V. tb. Marco Aurelio da Silva Viana. Dos direitos reais (arts. 1.225 a 1.510). In: Sálvio de Figueiredo Teixeira. *Comentários ao Novo Código Civil*. Rio de Janeiro: Forense, 2003, v. 16, p. 7-9.

[47] ALVES, José Carlos Moreira. *Da alienação fiduciária em garantia*. 2. ed. Rio de Janeiro: Forense, 1979, p. 105.

[48] Miguel Maria de Serpa Lopes. *Curso de direito civil*: direito das coisas, cit., v. 6, p. 36 – grifou-se.

Cap. 1 • PENHOR E REALIDADE | **17**

as formas de aproveitamento dos bens.[49] Daí a se dizer que "as normas que regulam os direitos reais são de *natureza cogente*, de *ordem pública*, ao passo que as que disciplinam o direito obrigacional são, em regra, *dispositivas ou facultativas*, permitindo às partes o livre exercício da autonomia da vontade".[50]

1.1.3 Síntese da doutrina dominante sobre os direitos reais

Como visto acima, encontra-se difusamente presente na doutrina o entendimento segundo o qual o direito real seria dotado de conteúdo peculiar – o poder imediato sobre a coisa – e rígido, uma vez que não seria dado aos particulares alterar o quadro normativo fixado na lei. Além disso, ainda de acordo com o pensamento dominante, o direito real receberia especial proteção jurídica, consistente na eficácia *erga omnes*. A essas características se somariam outros tantos atributos mencionados pela doutrina como a ambulatoriedade, a sequela, a publicidade, a especialidade e a preferência.[51]

Se essas premissas fossem, de fato, verdadeiras, justificar-se-ia a opção – amplamente adotada pela doutrina – de individuar a disciplina jurídica do penhor a partir sobretudo de sua qualificação como direito real. Afinal, daí resultaria a incidência de regime jurídico específico, que fixaria o seu conteúdo (poder imediato sobre a coisa), a sua tutela (poder absoluto) e, ainda, o espaço (reduzido) reservado à autonomia negocial na sua constituição e no seu exercício.

No entanto, ao se manter nesse caminho, a doutrina deixa de apreender as profundas transformações ocorridas no direito civil brasileiro, perpetuando, dessa maneira, discurso que já não condiz com o dado normativo vigente. Como se passará a expor, nem o poder imediato sobre a coisa nem a eficácia *erga omnes* são atributos da realidade. A taxatividade, posto que impeça a constituição de direitos reais não previstos em lei, não inibe a legítima atuação da autonomia negocial no âmbito de cada um dos tipos reais, inclusive o penhor.

---

[49]   Em tom crítico, observa Luiz Edson Fachin: "Nas modalidades recentes dos contratos, vieram primeiro os fatos e os sucederam a regulamentação jurídica. Desse modo, pode-se constatar a existência de um regime jurídico dispositivo, ou seja, um regime no qual as partes podem dispor de seus interesses para edificar esses novos tipos contratuais. Na seara dos direitos reais, classicamente, o regime não é dispositivo. Fale-se em regime cogente, ou seja, o regime jurídico dos direitos reais é aquele que está legalmente previsto, estabelecido (...)" (*Teoria crítica do direito civil*. Rio de Janeiro: Renovar, 2000, p. 111).

[50]   Carlos Roberto Gonçalves. *Direito civil brasileiro*. 6. ed. São Paulo: Saraiva, 2011, v. 5, p. 29 – grifos no original.

[51]   V. Gustavo Tepedino. Direito das coisas (arts. 1.196 a 1.276). In: Antônio Junqueira de Azevedo (coord.). *Comentários ao Código Civil*, cit., v. 14, p. 31.

1.2 CRÍTICA AO PODER IMEDIATO COMO ESTRUTURA ESPECÍFICA DO DIREITO REAL

1.2.1 Direitos reais sem poder imediato

Como visto, na base da teoria clássica encontram-se duas ideias fundamentais: (i) a uniformidade da estrutura dos direitos reais, que corresponderia sempre ao poder imediato sobre a coisa, e (ii) a configuração de relação jurídica entre o sujeito e a coisa.

Dessa forma, a primeira distinção entre os direitos *pessoais* e *reais* residiria na *estrutura* e, por conseguinte, no *modo de exercício*.[52] Todo direito real se exerceria diretamente sobre a coisa, sem interposição de outro sujeito, ao passo que a realização do direito pessoal dependeria fundamentalmente do comportamento de alguém – o devedor. A distinção expressaria, assim, a diversa configuração dos direitos subjetivos: enquanto no direito pessoal a satisfação do interesse do titular supõe o cumprimento do dever jurídico assumido por outrem, no direito real, aquela resulta do agir do próprio titular diretamente sobre a coisa.

No entanto, se é verdade que determinados direitos reais, sobretudo a propriedade, atribuem ao respectivo titular poder imediato sobre a coisa, também é certo que o mesmo não ocorre em relação a diversos direitos reais sobre coisa alheia. Além disso, há direitos que, apesar de serem qualificados como *pessoais*, conferem ao titular verdadeiro poder direto sobre a coisa, sendo exercido sem a intervenção de terceiro.

Tal observação não é inovadora, e já em 1940, em monografia dedicada ao tema, o jurista Michele Giorgianni sustentou que no direito italiano "as relações compreendidas na categoria dos direitos reais não têm conteúdo unitário. Além daquelas que têm como conteúdo um poder imediato sobre a coisa, (...) há aquelas que, ao reverso, apresentam conteúdo diverso, nas quais os instrumentos para a satisfação do interesse do titular são diferentes".[53]

---

[52] "Voltam-se os autores modernos para a *estrutura interna* do direito real, salientando que o poder de utilização da coisa, sem intermediário, é o que caracteriza os direitos reais. Considerado, na sua devida importância, o *aspecto interno* dos direitos reais, o critério mais adequado para distingui-los dos direitos pessoais é o do *modo do seu exercício*" (Orlando Gomes. *Direitos reais*, cit., p. 15).

[53] Michele Giorgianni. *Contributo alla teoria dei diritti di godimento su cosa altrui*. Milano: Giuffrè, 1940, p. 149, tradução livre.

A lição do professor italiano mostra-se plenamente aplicável ao direito brasileiro. Vejam-se, nesse sentido, as *servidões negativas* que "impõem ao senhor ou possuidor do prédio serviente o dever de abster-se da prática de determinado ato de utilização".[54] Diversamente das *positivas*, as *negativas* não conferem ao prédio dominante o aproveitamento do prédio serviente. Ao reverso, têm por efeito restringir o uso que o dono ou possuidor do prédio serviente pode fazer do próprio imóvel, impedindo determinadas atividades, como a construção acima do nível do solo (*non aedificandi*) ou acima de certa altura (*altius non tollendi*). Por isso que impõem ao prédio serviente dever de *abstenção*.[55]

Como se vê, as servidões negativas não autorizam o prédio dominante a exercer qualquer poder imediato sobre o prédio serviente. Ao reverso, a satisfação do interesse do dono ou possuidor do prédio dominante em não se erguer no prédio vizinho construção que lhe prejudique a vista, a ventilação ou a iluminação solar depende fundamentalmente do cumprimento do dever de *abstenção* a cargo do titular do prédio serviente. Deste modo, o interesse do titular do prédio dominante se satisfaz, nas servidões negativas, em virtude da cooperação do vizinho, e não em razão de suposto poder imediato sobre o imóvel vizinho. Nesse tocante, portanto, a servidão *negativa* aproxima-se da obrigação de não fazer, em que o direito do credor se realiza mediante o adimplemento do débito.[56]

Também no direito real de hipoteca não se verifica o poder imediato do credor hipotecário sobre o imóvel dado em garantia. Com efeito, a *excussão* do bem hipotecado, isto é, a sua venda forçada, depende necessariamente da intervenção de terceiro, normalmente do Judiciário.[57] Vale dizer, a satisfação

---

[54]   Orlando Gomes. *Direitos reais*, cit., p. 322.

[55]   "Nas servidões negativas, o dono do prédio serviente, em vez de ter de tolerar, tem de se abster de algo (*non facere*). São as principais a servidão *altius non tollendi,* a *stillicidii non admittendi*, a *ne prospectu officiatur* e a *ne lumini officiatur*. (...) Se a servidão consiste em *non facere*, em vez de *pati*, o proprietário do prédio serviente deve omissão. Se a servidão não existisse, o proprietário do prédio serviente poderia fazer o que, existindo a servidão, se lhe proíbe" (Pontes de Miranda. *Tratado de direito privado:* parte especial. São Paulo: Revista dos Tribunais, 2012, t. XVIII, p. 346-347).

[56]   Michele Giorgianni. *Contributo alla teoria dei diritti di godimento su cosa altrui*, cit., p. 150. Confira-se, na mesma direção, Marco Comporti. *Contributo allo studio del diritto reale*, cit., p. 99.

[57]   Além da excussão na forma do Código de Processo Civil, o direito pátrio admite, na forma prevista no Decreto-lei 70/1966, a execução extrajudicial, por meio de *agente fiduciário*, das hipotecas convencionadas em garantia de financiamentos imobiliários

do interesse creditório, consistente na quitação da dívida, não decorre do agir do credor sobre o imóvel hipotecado.

Procurou-se preservar a doutrina clássica com o argumento de que o direito de *excussão* da hipoteca traduziria espécie de poder imediato sobre o imóvel, já que seria dado ao credor dispor juridicamente do bem, por meio da excussão, independentemente da cooperação do proprietário.[58] A ideia, contudo, não procede nos dias atuais, ainda que pudesse ser válida no direito romano.[59] A qualquer credor se reconhece o *direito subjetivo público* de exigir do Judiciário a tutela do seu direito. A penhora do imóvel hipotecado e a sua posterior alienação judicial são, contudo, atos estatais ordenados pelo juiz. Em definitivo, a agressão do bem hipotecado é um poder do Estado, e não do credor.[60]

Além disso, fosse a hipoteca direito real por atribuir ao credor o poder de vender o bem sem a colaboração do devedor, haveria de se admitir, do mesmo modo, o caráter real do direito de todo credor quirografário de agredir o patrimônio do devedor para satisfazer o seu crédito.[61] No entanto,

---

      vinculados ao Sistema Financeiro da Habitação (SFH). V., sobre o ponto, Orlando Gomes. *Direitos reais*, cit., p. 428-429. V., ainda, seção 3.1.1 *infra*.

[58] V. Alberto Montel. Garanzia (diritti reali di). *Novissimo Digesto Italiano*. 3. ed. Torino: UTET, 1957, v. 7, p. 747. Cf., na doutrina brasileira, o relato de Mário Neves Baptista. *Penhor de créditos*. Recife: [s.n.], 1947, p. 22 e 43-44.

[59] No direito romano, não se reconhecia aos credores o direito de promover a venda separada de determinado bem do devedor, visto que as vias de execução então admitidas recaiam necessariamente sobre o conjunto de bens do devedor. Desenvolveu-se, no entanto, a prática de estipular nos contratos constitutivos de penhor e de hipoteca (que à época praticamente se confundiam em único instituto – *interpignus et hypothecam tantum nominis sonus differt*) o direito de venda do bem, em caso de inadimplemento do devedor (*pactum de distrahendi*). Por isso se diz que, no direito romano, a fonte do direito de venda do bem é a própria garantia real. Cf. Ebert Chamoun. *Instituições de Direito Romano*. 4. ed. Rio de Janeiro: Forense, 1962. p. 283-286. Marcel Planiol. *Traité élementaire de droit civil refondu et complété par Georges Ripert et Jean Boulanger*. 4. ed. Paris: LGDJ, 1952, t. II, p. 1.072.

[60] Cf. Michele Giorgianni. *Contributo alla teoria dei diritti di godimento su cosa altrui*, cit., p. 151-152; e Marco Comporti. *Contributo allo studio del diritto reale*, cit., p. 98-99. Sublinhe-se que, no sistema Decreto-lei 70/1966, a execução extrajudicial da hipoteca realiza-se por meio do *agente fiduciário* nomeado pelas partes (art. 30, § 2º), o qual fica incumbido de promover a notificação do devedor para que purgue a mora (art. 31) e, caso isso não aconteça, de promover o público leilão do imóvel (art. 32).

[61] Na doutrina pátria, destaca Mário Neves Baptista que o poder de venda não é característica dos direitos reais de garantia, pois "se assim fosse, nenhuma diferença

como se examinará mais adiante,[62] essa tese não é aceitável. Mais correto se mostra o entendimento segundo o qual a excussão do imóvel não se inclui entre os efeitos da hipoteca, decorrendo, antes disso, da relação processual de execução por quantia certa movida pelo credor.

Dentre os efeitos que efetivamente decorrem da hipoteca, compreendem-se a sequela e a preferência. O primeiro autoriza a excussão do imóvel, ainda que se encontre no patrimônio de terceiro, que o tenha adquirido do constituinte da garantia. O segundo efeito assegura ao credor hipotecário, na eventualidade de se formar concurso de credores sobre o imóvel, prioridade para se pagar com o preço obtido com a venda da coisa, antes dos demais credores. No entanto, nada disso traduz poder imediato sobre a coisa e, por conseguinte, se presta a corroborar a teoria clássica do direito real.[63]

Também não há no penhor poder imediato sobre a coisa empenhada, cabendo, aqui, as mesmas observações que foram feitas em relação à hipoteca.[64] Não altera tal conclusão o fato de a lei exigir para a constituição do penhor comum a entrega da coisa ao credor pignoratício, uma vez que o exercício possessório não tem a finalidade de realizar o direito do credor. A sua função consiste, principalmente, em dar publicidade à garantia então constituída e *acautelar* o credor, que fica autorizado a reter a coisa enquanto a dívida não for quitada.[65] Aliás, o direito de retenção, como será examinado

---

existiria entre eles e os direitos de obrigação, vez que a todo credor, mesmo ao simples credor quirografário, sendo o seu crédito exigível, se permite apreender os bens do devedor, por via de execução judicial, fazendo-os vender, para sua própria satisfação" (*Penhor de créditos*, cit., p. 36).

[62] Cf. seção 2.4.1 *infra*.

[63] Daí a conhecida crítica formulada por Luiz da Cunha Gonçalves ao enquadramento da hipoteca entre os direitos reais: "O *direito real* tem como característica o ser um *jus in rem alienam*, uma fração do direito de propriedade, e, como tal, é exercido diretamente na cousa e pode ser oposto a todos os terceiros; enquanto que o credor hipotecário nenhum direito exerce *sobre a cousa*, mas sim *sobre o valor dela*, antes e depois de vendida, razão por que alguns escritores consideram a hipoteca como um *direito real de segundo grau*, quando seria mais razoável reconhecer que ela não é direito real, pelo menos no direito português" (*Tratado de direito civil*: em comentário ao Código Civil Português. São Paulo: Max Limonad, 1955, vol. 5, t. I, p. 441, grifos no original).

[64] Cf. Domenico Rubino. La responsabilità patrimoniale – Il pegno. *Trattato di Diritto Civile Italiano sotto la Direzione di Filippo Vassalli*. 2. ed. Torino: UTET, 1952, v. 14, t. I, p. 182.

[65] V. Michele Giorgianni. *Contributo alla teoria dei diritti di godimento su cosa altrui*, cit., p. 152. V. ainda nesse sentido Domenico Rubino. La responsabilità patrimoniale

oportunamente,[66] não é instrumento de realização do crédito, servindo, antes disso, a pressionar o devedor, desejoso de recuperar a sua coisa, a cumprir o débito.

O que efetivamente realiza o direito do credor em caso de inadimplemento é o recebimento da quantia devida em virtude da alienação do bem ou, como será visto mais adiante, da apropriação do bem.[67] No entanto, como já aludido, a execução não traduz o exercício pelo credor de poder imediato sobre a coisa, nem mesmo na hipótese de venda amigável, uma vez que, neste caso, é realizada em nome do proprietário do bem, com base nos poderes outorgados por este último.[68] Vale dizer, portanto, que o credor não dispõe da coisa em nome próprio, mas em nome do dono, agindo como seu representante.

Ainda a favor da teoria clássica, argumentou-se que, assim como os direitos reais de fruição, os de garantia acarretariam o desmembramento do domínio, de modo que teriam por conteúdo parte dos elementos que compõem o senhorio.[69] Sustentou-se, nessa direção, que a constituição da hipoteca ou do penhor destacaria, em favor do respectivo titular, o poder de disposição.[70]

---

[66] – Il pegno. *Trattato di Diritto Civile Italiano sotto la Direzione di Filippo Vassalli*, cit., p. 186. Na doutrina pátria, cf. Mário Neves Baptista. *Penhor de créditos*, cit., p. 21.

[67] V. seções 2.1 e 2.3.1 *infra*.

[68] Cf. seção 3.1 *infra*.

[68] De acordo com o art. 1.433, IV, do Código Civil, o "credor pignoratício tem direito (...) a promover a execução judicial, ou a venda amigável, se lhe permitir expressamente o contrato, ou lhe autorizar o devedor mediante procuração". Tal preceito, semelhante ao que dispunha o art. 774, III, do Código Civil de 1916, prevê a possibilidade de o dono – comumente, o devedor – outorgar poderes ao credor para que este realize a venda do bem em caso de inadimplemento. O instrumento da representação pode ser o próprio contrato constitutivo do penhor ou instrumento a parte (procuração). Cf., sobre o ponto, Caio Mário da Silva Pereira. *Instituições de direito civil*, cit., v. 4, p. 292.

[69] Explica Orlando Gomes que, "de acordo com esse ensinamento, a propriedade é a soma de todos os direitos possíveis que pertencem ao proprietário sobre a sua coisa, quais os da *posse, uso, gozo e livre disposição*; os outros direitos reais são parcelas daquela soma, são os próprios direitos constitutivos do domínio, são poderes que sobre a coisa se atribuem a outras pessoas. Os direitos reais na coisa alheia seriam o resultado da decomposição dos diversos *poderes jurídicos* contidos na propriedade. O proprietário desmembraria um desses poderes e o atribuiria a outra pessoa" (*Direitos reais*, cit., p. 26).

[70] Veja-se em Mário Neves Baptista. *Penhor de créditos*, cit., p. 22-23, as diversas referências, nessa direção, à doutrina alemã.

No entanto, tal opinião foi duramente combatida. Apontou-se, inicialmente, para o equívoco de perspectiva que considera os direitos reais limitados, quer de fruição, quer de garantia, como *propriedades imperfeitas* ou *fragmentadas* resultantes do desmembramento da propriedade. Objetou-se que a propriedade não consubstancia soma de poderes que se fraciona para dar espaço a outros tantos direitos. Traduz, ao revés, direito unitário e dotado de elasticidade, cujo conteúdo se limita em razão da concorrência de outros direitos reais sobre o mesmo bem.[71]

Além disso, na base dessa ordem de ideias está a concepção da propriedade como modelo paradigmático de direito real, a partir do qual a formação dos demais seria explicada. No entanto, essa visão reducionista se choca com a tendência atual em favor do reconhecimento da autonomia estrutural e funcional dos direitos reais na coisa alheia, que não devem ser disciplinados à imagem da propriedade, mas a partir da identificação da concreta função que desempenham.[72]

De mais a mais, a tese que identifica, no conteúdo do direito real de garantia, a transferência da faculdade de disposição não resiste ao fato de o credor hipotecário não adquirir a possibilidade de dispor do bem, que é conservada pelo proprietário.[73] Aliás, nesse sentido, o art. 1.475 do Código Civil reputa "nula a cláusula que proíbe ao proprietário alienar imóvel hipotecado".

A mesma conclusão é válida em relação ao penhor.[74] Ainda que a lei reconheça restrições ao poder de disposição do bem empenhado,[75] importa

---

[71]   Como ressalta Orlando Gomes: "Esta concepção do modo de formação dos *jura in re aliena* enraíza no equívoco, ainda hoje difundido, de se considerar a propriedade uma soma de faculdades, direitos ou poderes. Hoje, não mais se admite esse fracionamento, próprio da superada concepção feudal do domínio. O domínio configura-se atualmente como um direito único, embora complexo. Haveria impropriedade em qualificar os direitos reais na coisa alheia como formas de *propriedade limitada*. Não seriam, propriamente, mas, sim, *limitações ao direito único do proprietário*" (*Direitos reais*, cit., p. 27-28).

[72]   Cf., sobre o ponto, Marco Comporti. *Contributo allo studio del diritto reale*, cit., p. 208 e ss., especialmente p. 212-213.

[73]   V. Pontes de Miranda. *Tratado de direito privado:* parte especial. São Paulo: Revista dos Tribunais, 2012, t. XX, p. 80. No direito italiano, v. Michele Giorgianni. *Contributo alla teoria dei diritti di godimento su cosa altrui*, cit., p. 154.

[74]   Cf. Affonso Fraga. *Direitos reaes de garantia:* penhor, antichrese e hypotheca, cit., p. 282.

[75]   Assim, no penhor pecuário, estabelece o art. 1.445 do Código Civil que "o devedor não poderá alienar os animais empenhados sem prévio consentimento, por escrito,

observar que a iniciativa para dispor do bem permanece com o proprietário, que é o único que pode decidir transmiti-lo a terceiro ou autorizar o credor a vendê-lo.

Procurou-se, de outra parte, sustentar que os direitos de penhor e hipoteca atribuem ao titular poder imediato sobre *o valor da coisa* – considerado como elemento do domínio – já que a lei lhe assegura, em caso de inadimplemento, a faculdade de satisfazer o seu direito de crédito, independentemente da colaboração do devedor, com o *preço* apurado com a venda forçada do bem.[76] Observou-se, no entanto, que essa concepção não difere substancialmente da tese que identifica no direito real de penhor *o poder de expropriação do bem empenhado*,[77] sendo-lhe dirigidas, portanto, as mesmas críticas. Isto é, a venda da coisa, em execução da garantia, não se faz em virtude do poder imediato do credor, resultando, ao reverso, da intervenção de terceiro – como ocorre na hipoteca – ou da relação de representação mantida com o proprietário – como se verifica na venda amigável do penhor. Contra o chamado *direito ao valor da coisa*, objetou-se, ainda, que o *valor* não pode ser objeto de garantia, uma vez que não consubstancia, em si mesmo, *bem jurídico* sobre o qual incide a relação jurídica de garantia, mas apenas a valoração (interpretação) econômica desse bem.[78]

Em definitivo, não se identifica, no conteúdo dos direitos reais de hipoteca e de penhor, poder imediato algum sobre a coisa objeto da garantia. Tais exemplos, ao lado daquele da servidão negativa, demonstram que os direitos reais, ao contrário do que se afirma comumente na doutrina, não apresentam conteúdo uniforme, já que nem sempre há nesses direitos poder imediato sobre coisa.

---

do credor". Regras semelhantes estão previstas para o penhor industrial e mercantil, bem como de veículos, nos arts. 1.449 e 1.465 do Código Civil, respectivamente. V. seção 3.2.1 *infra*.

[76] Na doutrina pátria, veja-se Pontes de Miranda. *Tratado de direito privado:* parte especial, cit., t. XX, p. 77-80.

[77] Na doutrina italiana, tal crítica pode ser encontrada em Domenico Rubino. La responsabilità patrimoniale – Il pegno. *Trattato di Diritto Civile Italiano sotto la Direzione di Filippo Vassalli*, cit., p. 183; Alberto Montel. Garanzia (diritti reali di). *Novissimo Digesto Italiano*, cit., p. 745; e Gino Gorla. *Le garanzie reali delle obbligazioni:* parte generale. Milano: Giuffrè, 1935, p. 83-84.

[78] Cf. Leonardo Coviello. *Ipoteche*. 2. ed. Roma: Foro Italiano, 1936, p. 17 e ss.; Gino Gorla. *Le garanzie reali delle obbligazioni:* parte generale, cit., p. 83-84; Michele Giorgianni. *Contributo alla teoria dei diritti di godimento su cosa altrui*, cit., p. 154. V. também Mário Neves Baptista. *Penhor de créditos*, cit., p. 36-39.

Verifica-se, ao contrário, a heterogeneidade estrutural desses direitos. Alguns deles, como o usufruto e a servidão positiva, realizam o interesse do titular mediante o exercício de poder imediato sobre a coisa, sem a intervenção de outrem. Outros, em contrapartida, satisfazem o interesse do titular por meios diversos, que pode ser a pretensão ao cumprimento de obrigação de não fazer (como na servidão negativa) ou a garantia (como nos direitos reais de penhor e de hipoteca).

1.2.2 Direitos pessoais com poder imediato

A crítica acima exposta à teoria realista se completa com o estudo dos direitos pessoais de gozo,[79] cujos principais exemplos são os contratos de locação e de comodato. Ao contrário do ensinamento tradicionalmente difundido na doutrina, tais direitos, apesar de não serem considerados reais, atribuem ao respectivo titular poder imediato sobre a coisa.[80]

A locação, de acordo com a definição comumente adotada, proporciona "a alguém o uso e o gozo temporários de uma coisa restituível, em troca de retribuição pecuniária".[81] O modo pelo qual o locatário exerce seu direito sobre a coisa não difere substancialmente daquele do usufrutuário. Em ambas as situações, o titular do direito (pessoal ou real) tem a posse direta da coisa, usando e fruindo dela com autonomia. As diferenças que podem ser identificadas entre o regime do usufruto e o da locação, no que concerne aos modos de constituição,[82] à duração[83] e ao objeto,[84] entre outros aspectos,

---

[79] Por *direitos pessoais de gozo* são aqui designados os direitos que não são definidos pelo legislador como reais e que conferem ao titular poderes de uso ou fruição sobre coisa alheia. V. sobre essa terminologia, José Andrade Mesquita. *Direitos pessoais de gozo*. Coimbra: Almedina, 1999, p. 9-25.

[80] V. Michele Giorgianni. *Contributo alla teoria dei diritti di godimento su cosa altrui*, cit., p. 106.

[81] De acordo com o art. 565 do Código Civil, "na locação de coisas, uma das partes se obriga a ceder à outra, por tempo determinado ou não, o uso e gozo de coisa não fungível, mediante certa retribuição".

[82] Ao contrário da locação, o usufruto pode ser constituído mediante usucapião (Código Civil, art. 1.391).

[83] Admite-se o usufruto vitalício irrevogável ao passo que a locação sujeita ao termo incerto do falecimento do locatário pode ser extinta por denúncia de uma das partes. Além disso, o usufruto traduz direito intransmissível (art. 1.393) ao passo que a locação pode ser transferida por ato entre vivos ou *mortis causa*.

[84] Cumpre ressaltar que o usufruto se revela, nesse particular, extremamente dúctil, uma vez que pode recair sobre um patrimônio, ou parte deste (Código Civil, arts. 1.390 e 1392, § 3º) sobre bens fungíveis e consumíveis (arts. 1.392, § 1º, e 1.397) e também

não afastam a conclusão de que ambos asseguram ao titular a utilização autônoma do bem.[85]

No entanto, diversas são as construções teóricas que, rejeitando a aproximação entre os dois direitos, buscam demonstrar que o inquilino não exerce poder imediato sobre a coisa alugada. Sustenta-se, nessa direção, que o poder do locatário é *mediato*, isto é, exercido por intermédio do locador, resultando do adimplemento de prestação obrigacional, que o locador *quotidie et singulis momentis adempie*.[86]

Para alguns, tal prestação teria conteúdo positivo, consistente em proporcionar, por uma série ininterrupta de atos, o aproveitamento da coisa ao locatário.[87] No entanto, tal opinião, que prosperou no direito italiano a partir da interpretação literal de dispositivo do vetusto Código Civil de 1865,[88] não encontra base normativa no direito pátrio, uma vez que entre os deveres do locador não se inclui a obrigação de fazer o locatário utilizar a coisa.

---

de incorpóreos (art. 1.395), embora, a rigor, a natureza consumível do bem tenha por efeito desfigurar o usufruto (v. Silvio Rodrigues. *Direito civil*: direito das coisas, cit., p. 306). A locação, por sua vez, tem por objeto apenas coisas não fungíveis (art. 565).

[85] Nessa direção: "Para além de toda esta teia de obrigações que se inscrevem no regime da locação, o locatário tem direito a fruir *autonomamente*, através da sua atividade, e não através de uma prestação do locador, as utilidades que a coisa possa proporcionar-lhe, dentro do fim para o qual o contrato foi celebrado" (José Andrade Mesquita. *Direitos pessoais de gozo*, cit., p. 32). No mesmo sentido, v António Menezes Cordeiro. Da natureza do direito do locatário. *Revista da Ordem dos Advogados*, Lisboa: Ordem dos Advogados Portugueses, 1980, p. 119.

[86] V., nesse sentido, Orlando Gomes. *Contratos*. Rio de Janeiro: Forense, 2007, p. 339; Pontes de Miranda. *Tratado de direito privado*: parte especial. São Paulo: Revista dos Tribunais, 2012, t. XL, p. 61-62; Miguel Maria de Serpa Lopes. *Curso de direito civil*: fontes das obrigações: contratos. 4. ed. Rio de Janeiro: Freitas Bastos, 1993, v. 4, p. 26; e Eduardo Espinola. *Dos contratos nominados no direito civil brasileiro*. Rio de Janeiro: Gazeta Judiciária, 1953, p. 195.

[87] Nessa direção, na doutrina pátria, posiciona-se Manuel Inácio Carvalho de Mendonça: "distingue-se a locação do usufruto, embora tenham ambos por fim o gôzo da coisa sem propriedade, em que o usufruto transmite um direito real ao usufrutuário e a locação somente um direito pessoal ao locatário; ali, o senhor do domínio só é obrigado a *deixar* gozar; aqui, a *fazer gozar*" (*Contratos no direito civil brasileiro*. 3. ed. Rio de Janeiro: Forense, 1955, t. II, p. 429).

[88] Cuida-se do art. 1.569, que mencionava literalmente o dever de o locador fazer a outra parte tirar proveito da coisa. Sobre a crítica da interpretação literal desse dispositivo, v. Michele Giorgianni. *Contributo alla teoria dei diritti di godimento su cosa altrui*, cit., p. 112 e ss.

Com efeito, de acordo com a disciplina do tipo contratual estabelecida nos arts. 565 a 578 do Código Civil brasileiro,[89] as principais obrigações do senhorio são a entrega da coisa alugada ao locatário em estado de servir ao uso a que se destina, a manutenção da coisa nesse estado e, por fim, a garantia, durante todo o tempo do contrato, do uso pacífico da coisa.[90] No entanto, nenhuma delas traduz espécie de dever positivo a ser cumprido continuamente durante a relação contratual. A primeira constitui obrigação de fazer que se consome logo no início da vigência do contrato.[91] A segunda, por sua vez, implica o dever de fazer os reparos necessários à conservação da coisa. Cuida-se, portanto, de obrigação de fazer que se manifesta eventual e episodicamente ao longo da relação jurídica.[92] A de garantia, a se turno, envolve diversas prestações, como a abstenção da prática de ato que perturbe a posse do locatário[93] bem como a responsabilidade pelas turbações de terceiros e pelos vícios da coisa (anteriores à locação),[94] mas não compreende qualquer obrigação positiva de proporcionar ao locatário o aproveitamento do bem.

---

[89] V. ainda Lei 8.245/1991 sobre a locação de imóveis urbanos.

[90] Código Civil: "Art. 566. O locador é obrigado: I – a entregar ao locatário a coisa alugada, com suas pertenças, em estado de servir ao uso a que se destina, e a mantê-la nesse estado, pelo tempo do contrato, salvo cláusula expressa em contrário; II – a garantir-lhe, durante o tempo do contrato, o uso pacífico da coisa". Como ressalta Washington de Barros Monteiro, é "tríplice, portanto, a obrigação do locador: entrega da coisa, sua manutenção e garantia" (*Curso de direito civil*: direito das obrigações: dos contratos em geral, das várias espécies de contrato, dos atos unilaterais, da responsabilidade civil. São Paulo: Saraiva, 2007, v. 5, p. 161).

[91] Cf. Gustavo Tepedino, Heloisa Helena Barboza e Maria Celina Bodin de Moraes *et alii*. *Código Civil interpretado conforme a Constituição da República*. Rio de Janeiro: Renovar, 2006, v. 2, p. 256; Paulo Lôbo. *Direito civil*: contratos. São Paulo: Saraiva, 2011, p. 339.

[92] V. Silvio Rodrigues. *Direito civil*: dos contratos e das declarações unilaterais da vontade. 30. ed. São Paulo: Saraiva, 2004, v. 3, p. 224 e 161-162; Washington de Barros Monteiro. *Curso de direito civil*, cit., p. 161-162. Note-se que o dispositivo legal admite que a obrigação de conservação seja afastada contratualmente pelas partes, não se afigurando, portanto, essencial ao tipo contratual.

[93] Além de lhe ser vedado esbulhar ou turbar a posse do locatário, o locador deve se abster da prática de atos jurídicos que possam comprometer o uso pacífico da coisa, como, no exemplo referido por Orlando Gomes, a concessão de servidão que onere o bem locado (*Contratos*, cit., p. 339). V. também Sylvio Capanema de Souza. Das várias espécies de contrato: da troca ou permuta, do contrato estimatório, da doação, da locação de coisas. In: Sálvio de Figueiredo Teixeira (coord.). *Comentários ao Novo Código Civil*. Rio de Janeiro: Forense, 2004, v. 8, p. 358-359.

[94] V., sobre o ponto, Caio Mário da Silva Pereira. *Instituições de direito civil*. Rio de Janeiro: Forense, 2013, v. 3, p. 249-252. Cf. também Eduardo Espinola. *Dos contratos*

Ante a inviabilidade da tese do débito positivo continuado, sustentou-se então que a obrigação do locador que estaria na base do direito do inquilino teria natureza negativa, consistindo em deixar gozar o bem. Vale dizer, o locatário usa e frui o bem alugado *porque* o senhorio tolera tal atividade, abstendo-se de qualquer interferência.[95]

No entanto, como observa Michele Giorgianni, não se pode conceber a utilização da coisa como o resultado do adimplemento por outrem de obrigação negativa.[96] Afinal, sendo decorrente da *atividade* do inquilino (*e.g.*, que mora ou tem seu escritório no bem alugado), o aproveitamento do bem não pode ser efeito direto da *inação* do senhorio. Não há, por assim dizer, "equiparação entre uma atividade de gozo e um dever de abstenção!".[97]

Com efeito, o aproveitamento só se explica a partir do *agir* do sujeito, que corresponde precisamente ao exercício pelo inquilino do poder imediato sobre a coisa.[98] Sendo assim, embora seja verdade, como visto acima, que o locador tenha a obrigação de garantir o uso pacífico da coisa alugada, devendo, nessa direção, abster-se de perturbar a posse do inquilino, não há correspondência – como aconteceria em uma relação obrigacional – entre o cumprimento dessa obrigação negativa e a realização do direito do locatário, consistente na utilização do bem.[99]

---

    nominados no direito civil brasileiro, cit., p. 198, nota 21. Há autores que não incluem a garantia por vícios na obrigação de garantia do locador, considerando-a obrigação autônoma ao lado desta última. V. nesse sentido, por todos, Miguel Maria de Serpa Lopes. *Contrato de locação de coisas*. Rio de Janeiro: Freitas Bastos, 1956, p. 49-56.

[95]   V., nesse sentido, as diversas referências na doutrina italiana e na alemã contidas em Michele Giorgianni. *Contributo alla teoria dei diritti di godimento su cosa altrui*, cit., p. 121, notas 30, 31 e 32. V. também António Menezes Cordeiro. Da natureza do direito do locatário, cit., p. 111-112.

[96]   Michele Giorgianni. *Contributo alla teoria dei diritti di godimento su cosa altrui*, cit., p. 122 e ss.

[97]   António Menezes Cordeiro. Da natureza do direito do locatário, cit., p. 113.

[98]   Michele Giorgianni argumenta, adicionalmente, que a obrigação assumida pelo locador de respeitar o uso do bem pelo locatário não difere substancialmente do dever imposto a qualquer pessoa de respeitar a posse alheia. Também não se diferencia do dever assumido pelo proprietário de respeitar a posição do usufrutuário. Por isso, segundo argumenta, não se pode explicar com base nessa obrigação a natureza *mediata* do poder do locatário sobre a coisa. Cf. Michele Giorgianni. *Contributo alla teoria dei diritti di godimento su cosa altrui*, cit., p. 128-129. V. ainda no mesmo sentido António Menezes Cordeiro. Da natureza do direito do locatário, cit., p. 113.

[99]   V., nesse sentido, Michele Giorgianni. *Contributo alla teoria dei diritti di godimento su cosa altrui*, cit., p. 122). Na mesma direção, v. Marco Comporti. *Contributo allo studio del diritto reale*, cit., p. 95-96.

Em suma, cumpre reconhecer a insuficiência das construções teóricas que, com vistas a justificar a natureza pessoal da locação, sustentam que a utilização da coisa pelo locatário traduz o resultado do adimplemento de obrigação assumida pelo senhorio. Verifica-se, ao reverso, que, em decorrência do adimplemento (instantâneo) da obrigação de entregar a coisa, o locatário torna-se possuidor direto, exercendo poder imediato que satisfaz o seu interesse ao aproveitamento econômico da coisa (moradia, exercício da atividade profissional etc.). A mesma conclusão pode ser alcançada a respeito do comodato, haja vista sua similitude estrutural com a locação.[100]

À luz dessas observações, pode-se afirmar que não se mostra afinada com o sistema jurídico atual a tese que conceitua o direito real em razão da atribuição ao titular de poder imediato sobre a coisa. Consoante se examinou, há tipos reais que não apresentam esse atributo, como se observa na servidão negativa, na hipoteca e no penhor, assim como há direitos reconhecidamente pessoais, como a locação e o comodato, que, ao reverso, ostentam tal qualidade. Verifica-se, desse modo, que a atribuição de poder imediato sobre a coisa não é característica comum nem específica dos direitos reais, sendo incapaz, portanto, de qualificá-los.

1.2.3 Crítica à relação entre sujeito e coisa. A importância da cooperação no âmbito dos direitos reais na coisa alheia

Do ponto de vista histórico, a concepção do direito real como poder imediato sobre a coisa resulta da enorme importância reconhecida à propriedade, que representava, na primeira metade do século XIX, o principal instrumento jurídico de controle da riqueza social.[101] Refletindo tal realidade, as principais codificações desse período resgataram o *dominium* romano para consagrar o *poder absoluto e exclusivo* do proprietário sobre a coisa como direito fundamental das relações privadas.[102]

---

[100] Como esclarece Caio Mário da Silva Pereira: "Em ambos os contratos, locação e empréstimo, há utilização da coisa alheia. No empréstimo de uso ou comodato, a aproximação é maior, em razão da não fungibilidade da coisa, e obrigação de restituir sem diminuição da substância. A linha de diferenciação é, no entanto, precisa: no comodato é essencial a gratuidade; na locação, a remuneração" (*Instituições de direito civil*, cit., v. 3, p. 237).

[101] V. Marco Comporti. *Contributo allo studio del diritto reale*, cit., p. 80-81.

[102] Como destaca Eroulths Cortiano Junior: "(...) a nova forma de organização social, baseada na racionalidade econômica, faz com que a propriedade privada passe a ocupar não somente o lugar de centro da ordem social, mas que a ordem social passe a girar em torno da propriedade privada" (p. 81). De acordo com o autor, essa é a

Nesse contexto, a distinção entre direitos pessoais e reais reflete a organização jurídica da sociedade burguesa, na qual se reconhecia aos proprietários dos meios de produção um poder sobre eles superior a qualquer outro. Os trabalhadores assalariados, em oposição, tinham sobre as coisas que habitavam ou laboravam poderes *mediatos e indiretos*, já que decorrentes de relações obrigacionais mantidas com os titulares dos direitos reais. Por isso que, em caso de conflito entre as duas classes de indivíduos, prevaleceriam sempre os primeiros, em favor de quem a ordem jurídica assegura a possibilidade de excluir os demais do aproveitamento da coisa.[103]

No entanto, a partir da segunda metade do século XIX, na esteira do desenvolvimento das ciências empíricas e dos movimentos sociais de contestação ao liberalismo, tal panorama começa a mudar, deflagrando importante processo de revisão dos institutos jurídicos.[104] Em particular, criticou-se a perspectiva que justifica a proteção jurídica conferida ao ato de autonomia com base na suposta força jurígena da vontade humana, defendendo-se, em vez disso, que todo ato de autonomia é tutelado na medida (e apenas na medida) em que se orienta à realização de interesses socialmente relevantes.[105] Nessa nova ordem de ideias, ganhou destaque a interpretação teleológica que procura substituir o voluntarismo e o formalismo então dominantes por uma abordagem que privilegia, na aplicação do direito, a consideração das finalidades e dos interesses subjacentes presentes no caso concreto.[106]

---

mentalidade que orientou notadamente a elaboração dos códigos civis da França, da Alemanha e do Brasil (1916) (*O discurso jurídico da propriedade e suas rupturas* – uma análise do ensino do direito de propriedade. Rio de Janeiro: Renovar, 2002, p. 96-110).

[103] Nessa direção, cf. Marco Comporti. *Contributo allo studio del diritto reale*, cit., p. 86 e ss.; e Angelo Belfiore. *Interpretazione e dommatica nella teoria dei diritti reali*, cit., p. 472-477.

[104] V. Franz Wieacker. *História do direito privado moderno*, cit., p. 512, o qual destaca, no âmago desse movimento, a reação à ruptura que o racionalismo havia introduzido entre o estudo do direito e a realidade social.

[105] "Tal como o acaso biológico no processo da evolução, a vontade é, de facto, a causa genética dos actos humanos de que se ocupa o direito. Mas a avaliação e disciplina desses actos parte, não desse momento voluntarístico, mas da consideração dos interesses subjacentes, quer dos interesses (ou finalidades) prosseguidos pelos indivíduos *na medida em que eles sejam dignos de protecção*, quer, sobretudo, de interesses sociais objetivos que, frequentemente, não fazem parte das volições individuais (boa-fé contratual, dimensão social da propriedade, finalidades da instituição familiar, etc.). Assim, transita-se de uma concepção do direito como protecção absoluta dos *poderes da vontade* para uma outra em que o direito serve, antes de mais nada, *interesses socialmente protegidos*" (António Manuel Hespanha. *Panorama histórico da cultura jurídica europeia*, cit., p. 197-198).

[106] V. Franz Wieacker. *História do direito privado moderno*, cit., p. 514-518.

Tais críticas alcançam o seu extremo no final do século XIX e nas primeiras décadas do XX, com as correntes de pensamento próximas ao positivismo sociológico, que afirmam a prioridade da realidade social sobre as abstrações jurídicas – como a do homem livre e autônomo – e o primado dos deveres decorrentes dos laços de solidariedade social sobre os direitos subjetivos.[107] Nessa perspectiva, estes são reconhecidos aos indivíduos para que possam desempenhar o seu papel na sociedade, desincumbindo-se, assim, do dever de contribuir para o bem-estar do grupo social. A propriedade, direito individualista por excelência, torna-se *função social*, protegida pela ordem jurídica em razão da sua relevância para o funcionamento da ordem econômica do Estado.[108]

Tal preocupação prolongou-se por todo o século XX, refletindo-se na legislação de intervenção no domínio econômico e, após a Segunda Guerra Mundial, nas constituições nacionais que adotaram o modelo do Estado Social de Direito.[109] Nesse contexto, a promulgação da Constituição da República de 1988 e o consequente advento de ordem jurídica comprometida com a promoção da dignidade da pessoa humana representam o ocaso definitivo de todas as teses extremadas, que ora exacerbam ora negam a importância da autonomia privada no ordenamento jurídico. Desse modo, não são aceitáveis as concepções tradicionais que consideram a autonomia e, por extensão, a propriedade como valores em si mesmos, quando, em verdade, traduzem instrumentos que devem ser tutelados pelo ordenamento desde que persigam a realização de interesses que, à luz dos valores constitucionais, sejam dignos de proteção.[110] E se mostram igualmente inadmissíveis as opiniões que, le-

---

[107] V. António Manuel Hespanha. *Panorama histórico da cultura jurídica europeia*, cit., p. 201-202.

[108] V., ainda, António Manuel Hespanha. *Panorama histórico da cultura jurídica europeia*, cit., p. 204-207, com referência à obra de Léon Duguit, entre outros juristas positivistas.

[109] Sobre esse percurso evolutivo e seus impactos na dogmática civilista brasileira, confira-se Gustavo Tepedino. Premissas metodológicas para a constitucionalização do direito civil. In: Gustavo Tepedino. *Temas de direito civil*. 4. ed. Rio de Janeiro: Renovar, 2008, p. 2-8.

[110] De acordo com Pietro Perlingieri, são os princípios inscritos no ordenamento que "servem de base para avaliar se a autonomia privada é digna de proteção por parte do ordenamento: ela não é, portanto, um valor em si" (p. 18). O autor ressalta, ainda, que "no ordenamento moderno, o interesse é tutelado se, e enquanto for conforme não apenas ao interesse do titular, mas também àquele da coletividade" (*Perfis do direito civil*: introdução ao direito civil constitucional. Rio de Janeiro: Renovar, 2002, p. 121).

vando às últimas consequências o argumento anti-individualista, sobrepõem o utilitarismo à autonomia privada, instrumentalizando a pessoa humana ao serviço de interesses coletivos supostamente superiores.[111] Tal visão encontra-se na contramão do direito pátrio, que, ao consagrar a dignidade da pessoa humana como valor supremo, assegura ao indivíduo os espaços de liberdade indispensáveis ao pleno desenvolvimento de sua personalidade.

Daí a afirmação, no direito contemporâneo, de uma renovada concepção das relações privadas, que, se afastando das visões unilaterais acima reproduzidas, reconheça a pluralidade dos fundamentos axiológicos da autonomia privada.[112] Com efeito, toda situação subjetiva, por expressar tanto a liberdade individual como a solidariedade social, é reconhecida pela ordem jurídica para a tutela de interesses não apenas do titular, mas também da coletividade. Todos esses interesses participam da sua essência, contribuindo para a identificação de sua *função social* e dando origem a uma *situação subjetiva complexa*, que é composta tanto por poderes quanto por deveres, obrigações e ônus.[113]

Dessas observações decorre que não se mostra consentânea com a ordem vigente a teoria realista que, reduzindo os direitos reais à relação de subordinação da coisa à vontade do titular, nega a relevância dos interesses de terceiros para a qualificação desses direitos. Em vez disso, cumpre disciplinar o exercício dos direitos reais em perspectiva *relacional*, tendo em conta os diversos centros de interesses presentes no caso concreto.[114]

---

[111] Nesse ponto, mostra-se especialmente elucidativa a lição de Pietro Perlingieri sobre a passagem da concepção da propriedade privada sob a ideologia fascista, presente no Código Civil italiano de 1942, para a concepção informada pelo princípio da solidariedade social, inscrito na Constituição italiana de 1948. V. *Introduzione alla problematica della "proprietà"*. Napoli: ESI, 2011, p. 65.

[112] "Os atos de autonomia têm, portanto, fundamentos diversificados; porém encontram um denominador comum na necessidade de serem dirigidos à realização de interesses e funções que merecem tutela e que são socialmente úteis. E na utilidade social existe sempre a exigência de que atos e atividade não contrastem com a segurança, a liberdade e a dignidade humana" (Pietro Perlingieri. *Perfis do direito civil*, cit., p. 18-19).

[113] No direito pátrio, nenhum direito subjetivo expressa tais transformações de maneira mais veemente do que a propriedade, cuja função social encontra-se consagrada no texto constitucional (art. 5º, XIII) e também no Código Civil (art. 1.228, § 1º. V. a respeito Gustavo Tepedino. Contornos constitucionais da propriedade privada. In: Gustavo Tepedino. *Temas de direito civil*. Rio de Janeiro: Renovar, 2008, especialmente p. 334 e ss.

[114] "Esta perspectiva, definida como relacional, atende a uma visão moderna do ordenamento jurídico vigente que encontra fundamento nos princípios constitucionais. A concepção individualista tem raízes em ideologias de matriz oitocentista que

Cap. 1 • PENHOR E REALIDADE | 33

Sendo assim, deve ser afastada a opinião que restringe o fenômeno da cooperação social ao âmbito das relações pessoais, por entender que somente nesse domínio os sujeitos se encontram ligados por recíprocos direitos e deveres. Em razão da já destacada *complexidade* das situações subjetivas patrimoniais, verifica-se, ao reverso, que também o titular do direito real tem deveres em relação a terceiros. A propósito, no que tange ao direito de propriedade, já se observou que, sendo o seu exercício orientado à realização de interesses não só do proprietário, mas também da coletividade, o seu conteúdo é composto, ao mesmo tempo, por uma situação obrigacional e por um poder sobre a coisa.[115]

No âmbito dos direitos reais na coisa alheia, em que se verifica a presença de dois centros de interesses bem definidos – o dono da coisa gravada e o titular do direito real limitado – identifica-se, de maneira ainda mais evidente, conjunto de direitos e deveres recíprocos que integra e qualifica o direito real constituído pelas partes.[116] Tal fenômeno, contudo, era desprezado pela doutrina tradicional que, assimilando os direitos reais limitados a *fragmentos* de propriedade, apenas percebia, no conteúdo desses direitos, o poder absoluto e imediato sobre a coisa, deixando, assim, de apreender a importância da relação estabelecida entre o titular do direito real limitado e o proprietário.[117] No entanto, já se observou que os *ius in re aliena* apresentam

---

colocavam a vontade do sujeito no centro do ordenamento. Com o advento de concepções realistas e sociais o indivíduo passa a ser representado em contínua relação ou contraposição, mas sempre em coligação, com outros centros de interesses. Em uma visão conforme aos princípios de solidariedade social, o conceito de relação representa a superação da tendência que exaure a construção dos institutos civilísticos em termos exclusivos de atribuição de direitos" (Pietro Perlingieri. *O direito civil na legalidade constitucional*. Rio de Janeiro: Renovar, 2008, p. 728-729).

[115] Cf. Pietro Perlingieri. *Introduzione alla problematica della "proprietà"*, cit., p. 116-117.

[116] "Em regra, nas situações reais ditas de fruição, ao lado do dever genérico por parte de terceiros existe também uma relação entre um centro de interesses (usufruto, enfiteuse, direito de servidão) e um outro já individualizado (nua-propriedade, propriedade do senhorio, direito do prédio serviente). (...) Portanto, as situações reais não se reduzem ao exclusivo dever genérico de abstenção por parte de terceiros; elas, especialmente aquelas limitadas de fruição, caracterizam-se pela presença de deveres específicos integrativos" (Pietro Perlingieri. *O direito civil na legalidade constitucional*, cit., p. 897-898). V., ainda, nessa direção, Marco Comporti. *Contributo allo studio del diritto reale*, cit., p. 222-223.

[117] V. Marco Comporti. *Contributo allo studio del diritto reale*, cit., p. 213, com amplas referências à doutrina contemporânea italiana e à estrangeira.V. ainda Pietro Rescigno. Proprietà, diritto reale e credito. *Jus – Rivista di Scienze Giuridiche*, Milano, n. 5, 1965, p. 472 e ss.

"relatividade, que retira boa parte de verdade da afirmação segundo a qual a presença de um intermediário não é necessária nos direitos reais".[118]

Mencionem-se, nesse sentido, os deveres que devem pautar a conduta tanto do dono do prédio serviente como do dono do prédio dominante ao longo da relação de servidão predial. Assim, para além das obrigações estabelecidas no título constitutivo, o dono do prédio serviente não pode "embaraçar de modo algum o exercício legítimo da servidão".[119] O dono do prédio dominante, por sua vez, deve evitar, "quanto possível, agravar o encargo ao prédio serviente".[120] Além disso, no que tange especificamente às servidões negativas, já se mencionou que a realização do direito do prédio dominante depende, essencialmente, do comportamento do titular do prédio serviente, ao qual se atribui a obrigação de se abster de praticar determinado ato.[121]

Do mesmo modo, no usufruto, já se observou que o respeito à preservação da substância da coisa, que constitui um dos traços característicos do tipo real, se justifica, precisamente, no legítimo interesse do proprietário em recuperar o domínio pleno, uma vez findo o usufruto.[122] Vale dizer, portanto, que o interesse do proprietário se realiza por meio do cumprimento do dever imposto ao usufrutuário, a denotar, assim, a relevância da colaboração no conteúdo do usufruto.[123]

Também o direito de penhor traduz situação subjetiva complexa, no âmbito da qual se identifica feixe de direitos e deveres para as partes envolvidas.[124] No entanto, a doutrina brasileira dominante não dá a devida importância ao fenômeno, destacando apenas, no conteúdo desse direito, a sujeição do bem do devedor ao poder de agressão do credor. Ao proceder

---

[118] Fadda e Bensa *apud* Vincenzo Arangio-Ruiz. Ius in re aliena. *Dizionario pratico del diritto privato*. Milano: Dottor Francesco Vallardi, 1934, p. 121, tradução livre.

[119] Código Civil, art. 1.383.

[120] Código Civil, art. 1.385.

[121] V. seção 1.2.1 *supra*.

[122] V., nesse sentido, Gustavo Tepedino. *Usufruto legal do cônjuge viúvo*. 2. ed. Rio de Janeiro: Forense, 1991, p. 25.

[123] Cf. ainda, nessa mesma direção, na doutrina italiana, Pietro Perlingieri. *O direito civil na legalidade constitucional*, cit., p. 898.

[124] Nesse sentido ressalta Mário Neves Baptista que a "nítida contraposição entre os direitos reais e obrigacionais, em geral, uma separação em compartimentos estanques, é tão impraticável quanto enfaixar em quadros rígidos e imutáveis o próprio mundo dos conceitos e das relações humanas" (*Penhor de créditos*, cit., p. 46). Daí por que, segundo o autor, "o penhor, como todas as instituições jurídicas, deve ser considerado no seu complexo" (p. 48).

dessa maneira, deixa de apreender que a satisfação dos interesses de ambas as partes requer a cooperação entre elas. Assim, na hipótese de a coisa empenhada perecer ou deteriorar-se a ponto de o seu valor não bastar para a satisfação do crédito, impõe-se ao devedor o ônus de substituir ou reforçar a garantia prestada para que o credor possa continuar a desfrutar da segurança que lhe fora prometida.[125] De outra parte, tendo o garantidor direito à restituição da coisa uma vez quitada a dívida, o credor, no penhor comum, tem sobre ela o dever de custódia, competindo-lhe conservar a sua integridade e defender a sua posse.[126]

Ainda nessa direção, é de se notar que a venda amigável do bem empenhado deve ser compreendida como ato a ser praticado tendo em conta não apenas os interesses do credor, mas também os do proprietário do bem. Nessa direção, o art. 1.434 do Código Civil estabelece que não deve o credor vender mais bens do que o suficiente para quitar a dívida, causando prejuízo injustificado ao dono, que deseja recuperar parte das coisas empenhadas.[127] Além disso, tendo o devedor (ou o terceiro garantidor) direito à eventual diferença entre o preço de venda das coisas e o montante do crédito a ser satisfeito,[128] deve o credor cuidar para que o bem seja vendido em condições de mercado, sob pena de ser responsabilizado pelo dano que ensejar.[129]

---

[125] V., sobre o ponto, seção 2.5 *infra*.

[126] Código Civil: "Art. 1.435. O credor pignoratício é obrigado: I – à custódia da coisa, como depositário, e a ressarcir ao dono a perda ou deterioração de que for culpado, podendo ser compensada na dívida, até a concorrente quantia, a importância da responsabilidade; II – à defesa da posse da coisa empenhada e a dar ciência, ao dono dela, das circunstâncias que tornarem necessário o exercício de ação possessória; (...)".

[127] Destaca-se usualmente na doutrina a incidência da norma na hipótese de execução judicial do penhor, cotejando-a com o princípio processual segundo o qual a execução deve ser feita pelo modo menos gravoso para o executado. V., nesse sentido, Gladston Mamede. Direito das coisas. Penhor. Hipoteca. Anticrese. In: Álvaro Villaça Azevedo (coord.). *Código Civil comentado*. São Paulo: Atlas, 2003, v. 14, p. 157. No entanto, tendo a *norma* o propósito de evitar que a excussão acarrete prejuízo injustificado ao garantidor, é de se admitir a sua aplicação igualmente na venda amigável do penhor, como expressão do dever de mútua colaboração entre as partes.

[128] Código Civil, art. 1.435, V.

[129] Assim, de acordo com Affonso Fraga: "O credor, porém, deve proceder à venda *bona fide*, conformando-se às exigências da lei e agindo de modo a obter o melhor preço possível não só no seu interesse, como no do devedor, ficando sujeito ao ressarcimento das perdas e danos a este se, por ventura, prejudica-lo por culpa ou dolo" (*Direitos reaes de garantia*: penhor, antichrese e hypotheca, cit., p. 284).

Em suma, tais exemplos evidenciam que o fenômeno da cooperação social – isto é, a satisfação do interesse de um sujeito graças ao comportamento adotado por outrem – não se restringe ao campo dos direitos pessoais, sendo igualmente importante no âmbito dos direitos reais e, em particular, dos direitos reais na coisa alheia.

Se tais considerações são corretas, como parecem, há de se admitir, por conseguinte, a aplicação das normas do direito das obrigações às relações jurídicas reais naquilo que forem pertinentes para a disciplina do dever de colaboração entre os diversos centros de interesses envolvidos. Em outros ordenamentos, como o alemão e o italiano, tal tema já foi intensamente debatido, registrando-se a prevalência da opinião favorável a tal aplicação, especialmente no que tange à incidência das regras sobre pagamento, da disciplina dos fatos extintivos das obrigações e dos consectários da boa-fé objetiva, desde que compatível com o concreto regulamento de interesses estabelecido no ato constitutivo do direito real.[130]

Nesse diapasão, cumpre destacar, em particular, o amplo espectro de incidência da boa-fé objetiva nas relações contratuais constitutivas de direitos reais sobre a coisa alheia, que, "enquanto expressão do princípio da solidariedade, traduz parâmetro de valoração do exercício de qualquer situação subjetiva patrimonial".[131] Nesse sentido, a boa-fé exige do proprietário e do titular do direito real limitado que adotem comportamentos adequados aos parâmetros de lealdade, honestidade e colaboração com vistas a alcançarem os fins perseguidos com a concreta relação jurídica. Em outras palavras, os sujeitos devem agir de maneira a satisfazer os seus interesses comuns, que se encontram objetivamente contemplados no negócio constitutivo do direito real limitado.

Em particular, a boa-fé objetiva serve de critério axiológico-normativo à configuração do exercício irregular ou abusivo de poderes e faculdades por uma parte – o proprietário ou o titular do direito real menor – frente à outra parte.[132] Disso decorre a proibição não apenas dos atos emulativos,

---

[130] V. sobre o tema o texto seminal de Pietro Rescigno. *Proprietà, diritto reale e credito*, cit., p. 480. E, ainda, Marco Comporti. *Contributo allo studio del diritto reale*, cit., p. 243-244; Pietro Perlingieri. *O direito civil na legalidade constitucional*, cit., p. 758 e 892-893; e Aquila Villella. *Per un diritto comune delle situazioni patrimoniali*. Napoli: ESI, 2000, p. 15 e ss. e 82 e ss.

[131] Aquila Villella. *Per un diritto comune delle situazioni patrimoniali*, cit., p. 86, tradução livre. V. ainda, nessa perspectiva, Pietro Rescigno. *Proprietà, diritto reale e credito*, cit., p. 480.

[132] De acordo com o art. 187 do Código Civil: "Também comete ato ilícito o titular de um direito que, ao exercê-lo, excede manifestamente os limites impostos pelo seu

que visam a agravar a posição do outro sujeito sem proporcionar utilidade ao titular, mas também do exercício que, apesar de orientado à realização do interesse individual do titular, não seja conforme às finalidades do acordo constitutivo do direito real.[133]

Sublinhe-se, por oportuno, que a teoria dos atos emulativos, que no passado representou importante estágio na construção da doutrina do abuso de direito, mostra-se hoje anacrônica, visto que, no direito vigente, a configuração do exercício abusivo, nos termos do art. 187 do Código Civil, prescinde da valoração do estado anímico do titular do direito.[134] Baseia-se, em vez disso, no exame *objetivo* do exercício do direito, tendo em conta as suas finalidades e os valores que informam o ordenamento.[135]

No direito pátrio vigente, apesar do silêncio da doutrina dominante sobre o tema, pode-se identificar, em diversas situações, a aplicação do princípio da boa-fé para fins de limitação do exercício de direitos reais na coisa alheia. Assim, em matéria de servidão predial, ainda que o referido princípio não seja expressamente invocado pela doutrina, o dever de mútua colaboração entre o prédio serviente e o prédio dominante resulta dos dispositivos já aludidos, que prescrevem ao primeiro que se abstenha de qualquer ato que possa "embaraçar de modo algum o exercício legítimo da servidão" e ao segundo que evite "quanto possível, agravar o encargo ao prédio serviente".[136] Desse

---

fim econômico ou social, pela *boa-fé* ou pelos bons costumes".

[133] Tal orientação afina-se com a concepção de abuso de direito adotada na doutrina brasileira, de acordo com a qual "abusa do direito quem o exerce de forma aparentemente regular, mas em contradição com os valores que o ordenamento pretende por meio dele realizar. (...) O abuso de direito ganha, sob esta concepção, a tarefa de conformar a autonomia privada aos valores que o ordenamento jurídico pretende, por meio daquela situação subjetiva específica, tutelar" (Anderson Schreiber. *A proibição de comportamento contraditório*: tutela da confiança e *venire contra factum proprium*. Rio de Janeiro: Renovar, 2005, p. 109-110).

[134] A propósito, cf. Gustavo Tepedino. Direito das coisas (arts. 1.196 a 1.276). In: Antônio Junqueira de Azevedo (coord.). *Comentários ao Código Civil*, cit., v. 14, p. 251-252. V., ainda, Francisco Amaral. *Direito civil*: introdução. 5. ed. Rio de Janeiro: Renovar, 2003, p. 210-211.

[135] V. Gustavo Tepedino, Heloisa Helena Barboza e Maria Celina Bodin de Moraes *et alii*. *Código Civil interpretado conforme a Constituição da República*. 2. ed. Rio de Janeiro: Renovar, 2007, v. 1, p. 945. V., ainda, Heloísa Carpena. O abuso de direito no Código de 2002: relativização de direitos na ótica civil-constitucional. In: Gustavo Tepedino. *O Código Civil na perspectiva civil-constitucional* – parte geral. Rio de Janeiro: Renovar, 2013, p. 439.

[136] Código Civil, arts. 1.383 e 1.385.

modo, independentemente do que dispuser o título constitutivo, o dono do prédio serviente não pode "fazer inovações que diminuam ou prejudiquem o uso da servidão ou o tornem mais incômodo, tendo-se em vista o seu objeto e a sua natureza, ou, para usarmos da expressão legal, o seu uso legítimo".[137] Por sua vez, o dono do prédio dominante é obrigado a "exercer seu direito da maneira menos prejudicial ao prédio serviente, devendo respeitar os interesses do proprietário deste enquanto eles se conciliem com seu direito".[138] Assim, por exemplo, na servidão de trânsito, a passagem do vizinho em horas impróprias pode caracterizar o exercício abusivo do direito.[139]

A questão dos limites do exercício da servidão é suscitada, não raro, em razão da evolução das necessidades do prédio dominante, que, com o passar do tempo, podem se alargar. A esse respeito, já se observou que, sendo o direito real duradouro ou até mesmo perpétuo, o dono do prédio serviente deve tolerar a extensão da servidão, em razão de novas necessidades do prédio dominante, ainda que o título seja omisso a esse respeito, pois de outro modo o direito por eles constituído não preencheria a sua finalidade.[140] Sendo assim, e de volta ao exemplo da servidão de trânsito, admite-se que o seu exercício seja ampliado no caso de o prédio dominante vir a ser habitado por número maior de familiares. Já na hipótese de alteração da destinação

---

[137] José Manuel de Carvalho Santos. *Código Civil brasileiro interpretado, principalmente do ponto de vista prático*, cit., v. 9, p. 212.

[138] José Manuel de Carvalho Santos. *Código Civil brasileiro interpretado, principalmente do ponto de vista prático*, cit., v. 9, p. 229. A doutrina ressalta, a propósito, que a servidão deve ser exercida *civiliter*. Vale dizer: "Deve, aquele que exerce uma servidão, ser moderado e adequado nos seus atos de exercício, de modo que reduza ao mínimo possível, dentre de suas conveniências normais, o ônus que impõe ao prédio serviente" (San Tiago Dantas. *Programa de direito civil* – direito das coisas. Rio de Janeiro: Editora Rio, p. 333). V., ainda, Clóvis Beviláqua. *Código Civil dos Estados Unidos do Brasil comentado*, cit., v. 3, p. 209.

[139] Dídimo da Veiga. *Servidões reais, apud* José Manuel de Carvalho Santos. *Código Civil brasileiro interpretado, principalmente do ponto de vista prático*, cit., v. 9, p. 235. Veja-se, ainda, a seguinte decisão do Tribunal de Alçada do Estado de Minas Gerais: "A servidão é uma restrição que se impõe ao pleno exercício da propriedade, devendo ser utilizada nos estritos limites para os quais foi constituída. Se, na servidão de trânsito, se permitiu a passagem de pedestres, não pode ser utilizada para automóveis e muito menos pode o beneficiário arrancar cercas ou deixar abertas partes móveis destas, sob pena de configurar abuso de direito, que deve ser coibido pela ordem jurídica" (TAMG, Ap.Cív. 0218275-6, 2ª Câmara Cível, Rel. Des. Caetano Levi Lopes, j. 25.06.1996).

[140] José Manuel de Carvalho Santos. *Código Civil brasileiro interpretado, principalmente do ponto de vista prático*, cit., v. 9, p. 230-231.

do prédio, que deixa de ser uma moradia para se tornar um estabelecimento aberto ao público, a conclusão, à luz da boa-fé objetiva, seria oposta, uma vez que a passagem irrestrita de pessoas desconhecidas comprometeria a segurança dos possuidores do prédio serviente, acarretando-lhes, assim, prejuízo desmesurado.[141]

Outra ilustração da incidência da boa-fé objetiva no campo dos direitos reais limitados diz respeito ao célebre caso da ENCOL S/A, importante empresa do ramo de incorporação imobiliária que, no final do século XX, entrou em colapso financeiro, deixando inacabados diversos empreendimentos imobiliários.[142] Dentre outros problemas ocasionados, a construtora deixou de quitar os financiamentos vinculados ao Sistema Financeiro Habitacional (SFH) contraídos junto a instituições financeiras que, dessa forma, procuraram executar as hipotecas constituídas, em seu favor, sobre as unidades imobiliárias comercializadas pela construtora. No entanto, quando da excussão, tais unidades já tinham sido prometidas à venda a terceiros que, em muitos casos, ali residiam há tempo.[143] Tal situação gerou grande quantidade de litígios opondo as instituições financeiras aos promitentes compradores das unidades imobiliárias.

Valendo-se da jurisprudência até então dominante sobre o tema,[144] as instituições alegaram que, sendo direito real dotado de sequela, a hipoteca,

---

[141] V., sobre a questão, José Manuel de Carvalho Santos. *Código Civil brasileiro interpretado, principalmente do ponto de vista prático*, cit., v. 9, p. 231-232.

[142] A ENCOL, cuja falência foi decretada em março de 1999, deixou como legado 710 obras pelo Brasil, 23 mil funcionários desempregados e 42 mil clientes sem dinheiro e sem os imóveis que haviam comprado. Deixou ainda dívidas que, em maio de 2013, somavam aproximadamente um bilhão de reais. Disponível em: <http://g1.globo.com/goias/noticia/2013/05/relatorio-final-da-massa-falida-da-encol-e-entregue--justica-em-goias.html>. Acesso em: 13 nov. 2013.

[143] Como esclarece Roberta Mauro Medina Maia, "o terceiro adquirente da unidade autônoma hipotecada se via impossibilitado de obter a transcrição do bem em seu nome porque, mesmo após a quitação do preço da sua unidade junto à incorporadora, a hipoteca continuava a onerar o imóvel, nas hipóteses em que o contrato de financiamento da obra firmado entre o agente financeiro e a incorporadora não se encontrava adimplido" (*Teoria geral dos direitos reais*. São Paulo: Revista dos Tribunais, 2013, p. 100).

[144] Veja-se, nesse sentido, o seguinte acórdão do STJ: "I – Se a credora hipotecária não participou da avença, nem liberou os agravantes do vínculo hipotecário, sendo este real e não pessoal, qualquer negócio entre a Incorporadora e os promitentes compradores é inoponível à ora agravada e exequente que, titular do direito de sequela, pode exercer o seu direito de excutir o bem objeto da hipoteca para pagamento do seu crédito. II – O contrato de mútuo e hipoteca previa a transferência do referido

instituída antes da promessa de compra e venda, é oponível ao adquirente que, nesse caso, sequer estaria de boa-fé, haja vista a inscrição da hipoteca no Cartório de Registro de Imóveis. No entanto, prevaleceu o entendimento oposto, consolidado pelo Enunciado 308 da Súmula da Jurisprudência Predominante do STJ: "A hipoteca firmada entre a construtora e o agente financeiro, anterior ou posterior à celebração da promessa de compra e venda, não tem eficácia perante os adquirentes do imóvel".[145]

Entre outros argumentos que sustentam tal posição,[146] destaca-se a percepção de que a eficácia da hipoteca perante o adquirente colocaria este último em posição de manifesta desvantagem perante as outras partes envolvidas – a

---

débito hipotecário proporcionalmente aos adquirentes das unidades imobiliárias bem como, a responsabilidade da construtora pela liquidação do débito. Sendo esta disposição, tinham conhecimento do risco do negócio" (AgRg no Ag 161.052-SP, 3ª Turma, Rel. Min. Waldemar Zveiter, j. 15.10.1998, *DJ* 07.12.1998).

[145] Como se vê, aludido Enunciado da Súmula também estabelece a ineficácia da hipoteca firmada após a celebração do compromisso de venda do imóvel. Nesse caso, tendo o bem sido prometido ao adquirente, não estaria a incorporadora legitimada a dispor dele novamente, gravando-o com a hipoteca. Nem se poderia, nessas circunstâncias, invocar o princípio da tutela do terceiro de boa-fé para proteger o direito de garantia da instituição financeira, uma vez que esta saberia ou deveria saber que o imóvel, que foi hipotecado, fora, antes disso, comercializado pela incorporadora. V., nesse sentido, REsp 329.968/DF, 4ª Turma, Rel. Min. Sávio de Figueiredo Teixeira, j. 09.10.2001, *DJ* 04.02.2002. A hipoteca posterior ao compromisso é ineficaz ainda que tenha sido constituída pela incorporadora em virtude de poderes outorgados pelo promitente comprador por meio de cláusula mandato inserida no ajuste contratual. Cuidando-se de relação de consumo, tal cláusula reputa-se abusiva e, por conseguinte, nula. Cf. nessa direção, por todos, o seguinte acórdão: STJ, REsp 296.453/RS, 3ª Turma, Rel. Min. Carlos Alberto Menezes Direito, j. 05.06.2001, *DJ* 03.09.2001.

[146] Outro argumento importante, que fundamentou a posição do STJ, apoia-se na especificidade do regime jurídico dos financiamentos imobiliários realizados no âmbito do Sistema Financeiro Habitacional, nos termos da Lei 4.864/1965. Segundo o raciocínio, a hipoteca constituída sobre o terreno destinado à incorporação seria eficaz apenas enquanto o domínio pertencer ao incorporador. Uma vez comercializada a unidade imobiliária, a garantia em favor da instituição financeira passaria a incidir, nos termos da referida lei, sobre os créditos oriundos das promessas de compra e venda. Veja-se, nessa direção, o seguinte acórdão: "O promissário comprador de unidade habitacional pelo S.F.H. somente é responsável pelo pagamento integral da dívida relativa ao imóvel que adquiriu, não podendo sofrer constrição patrimonial em razão do inadimplemento da empresa construtora perante o financiador do empreendimento, *posto que, após celebrada a promessa de compra e venda, a garantia passa a incidir sobre os direitos decorrentes do respectivo contrato individualizado, nos termos do art. 22 da Lei n. 4.864/65*" (Emb. Divergência no REsp 187.940/SP, 2ª Seção, Rel. Min. Antônio de Pádua Ribeiro, j. 22.09.2004, *DJ* 29.11.2004).

instituição financeira e a incorporadora promitente vendedora. Isso porque, na hipótese de inadimplemento da incorporadora junto ao agente financeiro, o promitente comprador seria sacrificado, perdendo o seu imóvel em favor da satisfação do crédito da instituição financeira, ainda que tenha quitado integralmente as prestações assumidas no compromisso de compra e venda. Ou seja, a parte vulnerável, que adere aos contratos elaborados unilateralmente pelas demais partes, se tornaria responsável pelo pagamento não apenas da sua dívida mas também da dívida da incorporadora perante o financiador, assumindo inteiramente o risco financeiro do empreendimento.[147]

Como ressaltou o Superior Tribunal de Justiça ao apreciar a questão:

> Das três personagens que participaram do negócio, dois com intuito de lucro (portanto, correndo riscos) e um com o propósito de adquirir a casa própria, os dois primeiros negligentes e inadimplentes – o primeiro por escolher mal o seu financiado e por deixar de adotar as medidas permitidas na lei para receber o seu crédito sem causar prejuízo a terceiros, o segundo por não pagar o financiamento recebido –, somente correu o risco e perdeu o terceiro, que adquiriu e pagou.[148]

Ressaltou-se, ainda, a fim de demonstrar a ausência de proporcionalidade no arranjo contratual, que o agravamento da responsabilidade do promitente comprador, que decorre da instituição da hipoteca, não tinha por contrapartida a redução do preço do imóvel, que, ao reverso, era fixado contratualmente em seu valor cheio.[149] Ou seja, o promitente suportava o ônus real sem obter, em troca, vantagem alguma.

---

[147] Tal raciocínio é desenvolvido em diversas decisões do STJ, notadamente no acordão do REsp 187.940/SP, 4ª Turma, Rel. Min. Ruy Rosado de Aguiar, j. 18.02.1999, *DJ* 21.06.1999. V., ainda, Emb. Divergência no REsp 415.667/SP, 2ª Seção, Rel. Min. Castro Filho, j. 26.05.2004, *DJ* 21.06.2004, que pacificou o entendimento da Corte sobre o tema e no qual são mencionados diversos precedentes.

[148] Trecho extraído do voto do Ministro Relator Ruy Rosado de Aguiar no acordão relativo ao REsp 187.940/SP, 4ª Turma, j. 18.02.1999, *DJ* 21.06.1999.

[149] De acordo com o voto proferido pelo Ministro Relator Ruy Rosado de Aguiar no acordão relativo ao REsp 187.940/SP, 4ª Turma, j. 18.02.1999, *DJ* 21.06.1999: "No comum dos negócios, a existência de hipoteca sobre o bem objeto do contrato de promessa de compra e venda é fator determinante da fixação e abatimento do preço de venda, pois o adquirente sabe que a presença do direito real lhe acarreta a responsabilidade pelo pagamento da dívida. Não é assim no negócio imobiliário de aquisição da casa própria de edificação financiada por instituição de crédito imobiliário, pois que nesta o valor da dívida garantida pela hipoteca não é abatido do valor do bem, que é vendido pelo seu valor real, sendo o seu preço pago normalmente mediante

Daí decorre, portanto, o caráter manifestamente contrário à boa-fé objetiva da excussão da hipoteca nessas circunstâncias, que, privilegiando excessivamente a posição da instituição financeira, não leva em devida consideração o legítimo interesse do promitente comprador em manter o imóvel pelo qual pagou a integralidade do preço devido.[150] Com efeito, tal situação configuraria, nas palavras do Ministro Relator Ruy Rosado de Aguiar:

> abuso de direito em favor do financiador que deixa de lado os mecanismos que a lei lhe alcançou, para instituir sobre o imóvel – que possivelmente nem existia ao tempo do seu contrato, e que estava destinado a ser transferido a terceiro, – uma garantia hipotecária pela dívida da sua devedora, mas que produziria necessariamente efeitos sobre o terceiro.[151]

Em suma, à luz das considerações até aqui desenvolvidas, conclui-se que, sendo os direitos reais na coisa alheia situações subjetivas complexas em cujo conteúdo se identificam, entre outros elementos, deveres de cooperação, justifica-se que a disciplina legalmente delineada para os respectivos tipos reais seja integrada pelas normas de direito obrigacional, em particular pelo princípio da boa-fé objetiva, naquilo que forem pertinentes.

Nesse tocante, cumpre tecer uma última advertência. A aplicação da boa-fé objetiva no âmbito dos direitos reais limitados pode parecer desnecessária e até mesmo equivocada, haja vista que os mesmos resultados poderiam

---

a obtenção de um financiamento concedido ao adquirente final, este sim garantido com hipoteca pela qual o adquirente se responsabilizou, pois essa é a sua dívida".

[150] Mencione-se, novamente, o voto proferido pelo Ministro Relator Ruy Rosado de Aguiar no acórdão relativo ao REsp 187.940/SP, 4ª Turma, j. 18.02.1999, DJ 21.06.1999, do qual consta: "O princípio da boa-fé objetiva impõe ao financiador de edificação de unidades destinadas à venda aprecatar-se para receber o seu crédito da sua devedora ou sobre os pagamentos a ela efetuados pelos terceiros adquirentes. O que se não lhe permite é assumir a cômoda posição de negligência na defesa dos seus interesses, sabendo que os imóveis estão sendo negociados e pagos por terceiros, sem tomar nenhuma medida capaz de satisfazer os seus interesses, para que tais pagamentos lhe sejam feitos e de impedir que o terceiro sofra a perda das prestações e do imóvel. O fato de constar do registro a hipoteca da unidade edificada em favor do agente financiador da construtora não tem o efeito que se lhe procura atribuir, para atingir também o terceiro adquirente, pois que ninguém que tenha adquirido imóvel neste país, financiado pelo SFH, assumiu a responsabilidade de pagar a sua dívida e mais a dívida da construtora perante o seu financiador. Isso seria contra a natureza da coisa, colocando os milhares de adquirentes de imóveis, cujos projetos foram financiados pelo sistema, em situação absolutamente desfavorável (...)".

[151] Trecho extraído do voto do Ministro Relator Ruy Rosado de Aguiar no acórdão relativo ao REsp 187.940/SP, 4ª Turma, j. 18.02.1999, DJ 21.06.1999.

ser alcançados por meio do princípio da *função social*, que, de acordo com a doutrina, constitui pressuposto de legitimidade não apenas da propriedade mas de todas as situações subjetivas reais.[152] Afinal, se a função social serve a relativizar o conteúdo dos direitos reais e a limitar o seu exercício, qual utilidade teria, nesse domínio, a boa-fé objetiva?

A objeção, contudo, não se mostra decisiva, uma vez que função social e boa-fé objetiva constituem, ao menos à luz do direito pátrio, noções distintas e não mutuamente excludentes. Enquanto a função social volta-se à promoção de interesses sociais e coletivos, impondo aos titulares de direitos reais o respeito às situações subjetivas existenciais de terceiros,[153] a boa-fé objetiva, a seu turno, incide precipuamente nas relações entre titulares de direitos reais sobre a mesma coisa, exigindo deles que colaborem mutuamente para a plena realização de seus interesses comuns. Desse modo, ao contrário da função social, a boa-fé serve a proteger as legítimas expectativas desses sujeitos – o proprietário e titulares de direitos reais menores –, podendo ser invocada, inclusive, para a proteção dos interesses patrimoniais e individuais que estão presentes na concreta relação jurídica real.[154]

1.3 CRÍTICA AO FORMALISMO DA TEORIA PERSONALISTA. EFICÁCIA *ERGA OMNES* E *NEMINEN LAEDERE*. A TUTELA EXTERNA DO CRÉDITO

Como visto, outra característica do direito real sempre exaltada no discurso doutrinário tradicional é o poder absoluto atribuído ao titular. De

---

[152] Assim, na doutrina italiana, Marco Comporti. *Contributo allo studio del diritto reale*, cit., p. 275.

[153] V. Gustavo Tepedino. Direito das coisas (arts. 1.196 a 1.276). In: Antônio Junqueira de Azevedo (coord.). *Comentários ao Código Civil*, cit., v. 14, p. 241-251.

[154] Tendo em vista o escopo deste trabalho, examinou-se a incidência da boa-fé objetiva no âmbito específico dos direitos reais na coisa alheia. O que não significa, contudo, que tal princípio seja irrelevante para o exercício do direito de propriedade. Aliás, a jurisprudência vem admitindo a sua aplicação nas relações entre condôminos. Assim, em casos de retomada pelo condomínio edilício de área comum que, há tempo, vinha sendo utilizada exclusivamente por um dos condôminos, o Superior Tribunal de Justiça já decidiu: "Área destinada a corredor, que perdeu sua finalidade com a alteração do projeto e veio a ser ocupada com exclusividade por alguns condôminos, com a concordância dos demais. Consolidada a situação há mais de vinte anos sobre área não indispensável à existência do condomínio, é de ser mantido o *status quo*. Aplicação do princípio da boa-fé (*supressio*)" (REsp 241.680/SP, 4ª Turma, Rel. Min. Ruy Rosado de Aguiar Júnior, j. 10.08.1999, *DJ* 16.11.1999). Sobre o tema, confira-se Roberta Mauro Medina Maia. *Teoria geral dos direitos reais*, cit., p. 69 e ss.

acordo com tal ideia, recebida da teoria personalista, os direitos pessoal e real se distinguem em razão da diversa configuração da relação jurídica. Enquanto há no polo passivo da obrigação sujeitos determináveis, no direito real, toda a coletividade figura nessa situação. O direito de crédito atribui pretensão contra determinada pessoa, ao passo que a pretensão real se destina a exigir de qualquer pessoa o cumprimento do dever de abstenção de ingerência na coisa. Em poucas palavras, o direito pessoal teria eficácia relativa, o real, a seu turno, eficácia *erga omnes*.[155]

O exame da estrutura dos direitos, que, na doutrina clássica, era fundamental para a distinção entre situações pessoais e reais, mostra-se irrelevante na concepção personalista, por traduzir questão estritamente econômica, afeta à autonomia dos indivíduos. Desse modo, do ponto de vista jurídico, somente teria pertinência o estudo do perfil externo da relação jurídica, referente aos meios de proteção da situação subjetiva perante terceiros.[156]

Cuida-se, como se vê, de concepção que é fruto do formalismo positivista, que deita suas raízes no individualismo e no relativismo ético peculiares à filosofia kantiana, segundo a qual o direito estatal não deve se imiscuir nas escolhas de vida dos indivíduos, mas assegurar-lhes a liberdade para que possam perseguir as suas preferências pessoais.[157] Desta feita, o direito desempenharia a função de garante de uma organização política supostamente racional e neutra, que procura defender, sobretudo, a liberdade e a igualdade dos indivíduos.

No entanto, em reação à suposta neutralidade do direito, tem-se destacado que toda formulação dogmática constitui artefato cultural que veicula, ainda que desapercebidamente, determinados pressupostos ideológicos, que podem não estar em compasso com os valores vigentes.[158] Nesse sentido, a teoria personalista é denunciada por dissimular, debaixo do discurso científico, o seu viés profundamente individualista. Isto porque, ao enfatizar unicamente o dever negativo que pesa sobre os membros da coletividade, deixa de preocupar-se com os limites do exercício dos direitos subjetivos, abandonando tal questão ao império da vontade dos sujeitos.[159]

---

[155] V. Marco Comporti. *Contributo allo studio del diritto reale*, cit., p. 14 e ss. Cf., ainda, António Menezes Cordeiro. *Direitos reais*, cit., p. 231-236.

[156] V. seção 1.1.1 *supra*.

[157] V., nesse sentido, a explanação de António Manuel Hespanha sobre a concepção kantiana do direito (*Panorama histórico da cultura jurídica europeia*, cit., p. 187-188).

[158] V., a propósito, António Manuel Hespanha. *Panorama histórico da cultura jurídica europeia*, cit., p. 225 e 321.

[159] Assim, de acordo com Luiz Edson Fachin: "A afirmação de que não há relação entre pessoas e coisas, que se infere desta teoria, leva a algumas consequências teóricas e

Além disso, rompendo com o formalismo, a doutrina contemporânea privilegia perspectiva mais realista, procurando identificar a disciplina aplicável ao caso concreto a partir da identificação dos interesses e dos valores em jogo.[160] Nessa direção, tem-se destacado que o conhecimento jurídico é histórica e culturalmente contextualizado, devendo servir à construção de soluções normativas que estejam em sintonia com as aspirações éticas do momento e que sejam úteis para o enfrentamento dos problemas vivenciados pela sociedade.[161]

Aponta-se ainda para a esterilidade da teoria personalista, que "coloca as realidades jurídicas nos píncaros da abstração",[162] sendo incapaz de apreender as funções que os direitos reais são chamados a desempenhar no ordenamento jurídico.[163] Assim, tomando-se em exemplo o usufruto, o *dever negativo universal* de abstenção de ingerência na coisa, que a doutrina personalista enaltece, não explica o modo pelo qual se realiza o interesse do usufrutuário ao aproveitamento econômico da coisa, o que somente pode ser compreendido a partir da análise do exercício dos poderes relativos à coisa pelo titular do direito. Além disso, se o direito real se identifica com a eficácia absoluta, como diferenciá-lo de outras situações que também devem ser respeitadas por todos, como os direitos da personalidade?

Nessa direção, a ideia de um *poder absoluto que obriga a todos* foi considerada abstração vazia de significado. Observou-se que seria absurda uma pretensão contra "todos os homens vivos sobre a terra, inclusive os selvagens", fazendo dele "um homem sozinho frente a um exército interminável e em

---

práticas. A saber: se as relações só são entre pessoas, significa que todas as coisas, já que não podem estar num dos polos da relação jurídica porque não têm 'vontade', estarão sempre submetidas ao poder de alguém. E isto legitima indivíduos de se apropriarem de quase tudo e definir o querer e o não querer: eis o contrato social. Equívoco em vão. A formulação nada mais apreende do que se erigir à condição daqueles que se apropriam das coisas. É a vida contemporânea, no limiar do terceiro milênio, apropriada para se destruir. A relação jurídica entre esses sujeitos é um mecanismo de legitimação da histórica exclusão social e econômica. A retomada da principiologia axiológica e a 'constitucionalização' navegam contra essa maré" (*Teoria crítica do direito civil*, cit., p. 98-99).

[160] V., a respeito da renovação dos estudos jurídicos na perspectiva funcional-axiológica, Pietro Perlingieri. *O direito civil na legalidade constitucional*, cit., p. 117-120.

[161] A propósito, v. novamente Pietro Perlingieri. *O direito civil na legalidade constitucional*, cit., p. 137-138.

[162] António Menezes Cordeiro. *Direitos reais*, cit., p. 239.

[163] Cf. Marco Comporti. *Contributo allo studio del diritto reale*, cit., p. 37-38.

permanente renovação".[164] Nessa mesma direção, na doutrina portuguesa, ressalta Manuel Gomes da Silva: "(...) pretender que todo homem está vinculado por um número infinito de relações, tantas quantas os membros da humanidade inteira, é levar a fantasia jurídica além do que a razão pode sofrer".[165]

De outra parte, ressaltou-se que esse dever negativo de abstenção, que pesaria sobre todas as pessoas, não é outra coisa senão o dever de respeito à integridade da esfera jurídica alheia – *alterum non laedere* – que deve ser observado em relação a todas as situações subjetivas, inclusive aos direitos de crédito, e não apenas em favor dos direitos reais. Sendo assim, todo direito subjetivo é protegido pelo ordenamento da possível agressão injusta praticada por um membro da coletividade, de sorte que a eficácia contra terceiros, que segundo a teoria personalista caracterizaria o direito real, constitui, a rigor, atributo de qualquer situação subjetiva.[166]

Tal observação é confirmada pela "tutela externa do crédito" que, nas últimas décadas, vem sendo objeto de profunda investigação teórica.[167] De acordo com a doutrina hoje majoritária, cumpre superar a rígida concepção da relatividade dos efeitos do contrato,[168] segundo a qual as situações do devedor e do credor estariam enclausuradas "como em um parêntese, no interior do qual a obrigação recebe a tutela, sem qualquer relevância em relação ao externo, aos terceiros".[169] Argumenta-se, em direção oposta, que não apenas

---

[164] Santi Romano. Doveri-Obblighi. *Frammenti di uno dizionario giuridico, apud* Marco Comporti. *Contributo allo studio del diritto reale*, cit., p. 20, nota 41.

[165] Manuel Gomes da Silva. *O dever de prestar e o dever de indemnizar*. Lisboa, 1944, p. 51, *apud* António Menezes Cordeiro. *Direitos reais*, cit., p. 237.

[166] V. Marco Comporti. *Contributo allo studio del diritto reale*, cit., p. 37-38, com ampla bibliografia sobre o tema na doutrina italiana.

[167] A tutela externa do crédito é amplamente admitida pela doutrina brasileira, podendo-se consultar a propósito as diversas referências bibliográficas mencionadas por Carlos Edison do Rêgo Monteiro Filho e Luiza Lourenço Bianchini. Breves considerações sobre a responsabilidade civil do terceiro que viola o contrato (tutela externa do crédito). In: Gustavo Tepedino e Luiz Edson Fachin (coord.). *Diálogos sobre direito civil*. Rio de Janeiro: Renovar, 2012, v. 3, p. 460-461.

[168] Ilustra tal orientação mais conservadora Luiz da Cunha Gonçalves: "Um contrato só pode ser violado por quem nele se obrigou e não apenas por um terceiro; e, posto que do contrato tenha nascido para um dos contratantes determinado direito, este é relativo, é direito de obrigação; não é direito real, ou direito invocável *erga omnes*, que por toda a gente haja de ser respeitado. Portanto, um terceiro, não podendo violá-lo, porque não lhe pode ser oposto, também não incorre em responsabilidade extracontratual" (*Tratado de direito civil:* em comentário ao Código Civil português. São Paulo: Max Limonad, 1957, v. 12, t. II, p. 952-953).

[169] Pietro Perlingieri. *Perfis do direito civil*, cit., p. 141.

o devedor, mas também o terceiro que tenha contribuído para o descumprimento do contrato responde pela violação do direito do credor.[170] Ou seja, mesmo sem integrar a relação contratual, qualquer pessoa deve respeitar o direito de crédito alheio, abstendo-se da prática de ato que possa interferir no correto adimplemento da prestação prometida pelo devedor.

No estudo da tutela externa do crédito, examina-se usualmente a responsabilização do terceiro que: (i) celebra com o devedor contrato incompatível com aquele anteriormente firmado por este último com o credor, (ii) destrói ou deteriora o bem objeto da prestação, inviabilizando, assim, o adimplemento, ou (iii) impede pelas vias de fato o devedor de cumprir a prestação.[171] Das três hipóteses, a primeira é a mais intensamente debatida na doutrina, pois nela se verifica o descumprimento voluntário do devedor, em razão do compromisso incompatível assumido com o terceiro. É nessa situação, portanto, que se enfrenta o cabimento da responsabilização do terceiro pelo *inadimplemento* da obrigação alheia.

Tal questão surge como maior frequência nos contratos que estabeleçam para uma das partes uma obrigação de exclusividade ou de não concorrência após a vigência da relação contratual.[172] O caso mais célebre ocorreu em 2004, envolvendo o músico Zeca Pagodinho que, após estrear a campanha publicitária

---

[170] A doutrina diverge acerca do fundamento da tutela jurídica conferida ao credor perante o terceiro, registrando-se a polarização do debate em torno de duas principais correntes. De um lado, figuram os autores que justificam a proteção do credor frente ao terceiro na função social do contrato e, de outro lado, aqueles que a fundamentam na cláusula geral de boa-fé objetiva, informada pelo princípio constitucional da solidariedade social. A propósito dessas posições, veja-se Paula Greco Bandeira. Fundamentos da responsabilidade civil do terceiro cúmplice. *Revista Trimestral de Direito Civil*, v. 30, abr.-jun. 2007, p. 92-110. Independentemente do fundamento que se lhe atribua, a tutela externa do crédito constitui manifestação do respeito por todos devido ao direito pessoal alheio.

[171] V. Carlos Edison do Rêgo Monteiro Filho e Luiza Lourenço Bianchini. Breves considerações sobre a responsabilidade civil do terceiro que viola o contrato (tutela externa do crédito). In: Gustavo Tepedino e Luiz Edson Fachin (coord.). *Diálogos sobre direito civil*, cit., p. 455-456. E, ainda, Teresa Negreiros. *Teoria do contrato – novos paradigmas*. Rio de Janeiro: Renovar, 2002, p. 241.

[172] Assim, em seu parecer "Princípios do novo direito contratual e desregulamentação do mercado, direito de exclusividade nas relações contratuais de fornecimento, função social do contrato e responsabilidade aquiliana do terceiro que contribui para inadimplemento contratual". *Revista dos Tribunais*, n. 750, abr. 1998, p. 113-120, o professor Antonio Junqueira de Azevedo enfrentou a responsabilização da distribuidora que celebra contrato de fornecimento com posto de gasolina não obstante este ter firmado, com outra distribuidora, contrato com cláusula de exclusividade.

promovida por determinada cervejaria, aceitou protagonizar anúncio televisivo de uma concorrente, não obstante a cláusula de exclusividade ajustada com a primeira.[173] O anúncio, que teve ampla repercussão no território nacional, exibiu o artista fazendo referências jocosas ao produto da cervejaria que lhe contratara em primeiro lugar. Esta última, além de se voltar contra o artista, com quem tinha firmado acordo, demandou a concorrente, pleiteando indenização pelos danos ocasionados, notadamente o ressarcimento dos gastos com a sua campanha publicitária, que, em razão do ocorrido, teria se tornado imprestável. O Tribunal de Justiça do Estado de São Paulo, reformando a sentença de primeiro grau, julgou parcialmente procedente a apelação, condenando a ré ao pagamento de quase toda a indenização pretendida.[174]

Em definitivo, a tutela externa do crédito está a demonstrar que a diferenciação entre direitos reais e pessoais não pode ser feita com base na simplória contraposição entre direitos absolutos e relativos, uma vez que, "sob o fundamento do dever de solidariedade e da consequente responsabilidade, cada um deve respeitar qualquer situação e o titular da mesma tem uma pretensão à sua conservação perante todos".[175] Nesse particular, "o direito pessoal é tão absoluto quanto o real",[176] devendo-se, portanto, abandonar a perspectiva tradicional que reduz o direito real à eficácia *erga omnes*.

1.4 A TEORIA DA ADERÊNCIA (*INERENZA*) DO DIREITO REAL DE MICHELE GIORGIANNI

Mostra-se especialmente relevante para as reflexões sobre o conceito de direito real a construção teórica elaborada por Michele Giorgianni. De

---

[173] Sobre o caso, cf., em particular, Rosalice Fidalgo Pinheiro e Frederico Eduardo Zenedin Glitz. A tutela externa do crédito e a função social do contrato: possibilidades do caso "Zeca Pagodinho". In: Gustavo Tepedino e Luiz Edson Fachin (coord.). *Diálogos sobre direito civil*. Rio de Janeiro: Renovar, 2008, v. 2, p. 323-344. V. também Paula Greco Bandeira. Fundamentos da responsabilidade civil do terceiro cúmplice, cit., p. 123-125.

[174] TJSP, Apelação 9112793-79.2007.8.2600, 5ª Câmara de Direito Privado, Rel. Des. Mônaco da Silva, j. 12.06.2013. Esclareça-se que o Tribunal de Justiça, em conformidade com o voto do Desembargador Relator, condenou a ré ao pagamento da compensação pelos danos morais, fixada em R$ 200.000,00 (duzentos mil reais), bem como do ressarcimento das despesas incorridas pela parte autora com a sua companha publicitária, com exceção apenas daquelas referentes à gravação dos filmes publicitários.

[175] Pietro Perlingieri. *O direito civil na legalidade constitucional*, cit., p. 895.

[176] São as célebres palavras de Charles Demolombe. *Cours de Code Napoléon*, cit., p. 340.

acordo com o autor, o traço característico do direito real é o seu caráter absoluto (*assolutezza*).[177] No entanto, tal expressão não é empregada no sentido tradicional de "dever geral de abstenção imposto a toda a coletividade", que, pelas razões já examinadas, se mostra deficiente. Para Giorgianni, o caráter absoluto do direito consiste no reflexo que este tem em relação a terceiros. Explica, nesse sentido, que "o caráter absoluto não significa a indeterminação dos sujeitos vinculados ao cumprimento de um dever, mas, em termos mais amplos, o reflexo da relação jurídica, variável de acordo com o conteúdo desta última, sobre qualquer pessoa que venha a ocupar alguma situação subjetiva (de direito ou de fato) atinente à coisa".[178]

Concebido dessa maneira, o caráter absoluto identifica-se com a aderência (*inerenzza*) do direito real à coisa.[179] Tal expressão já era empregada pela doutrina clássica para enfatizar o caráter *imediato* do poder atribuído pelo direito real, que se exerce diretamente sobre a coisa, sem a intervenção de um terceiro. Daí a se falar que o direito real está *na* coisa (*jus in re*), aderindo a esta como a lepra ao corpo (*ejusque ossibus adhœret ut lepra cuti*).[180]

No entanto, afastando-se dessa concepção, Giorgianni sustenta que a aderência traduz o vínculo especialmente intenso existente a situação subjetiva real e a coisa,[181] que se manifesta de duas formas. De um lado, determina o desenvolvimento da relação jurídica real, definindo os sujeitos da relação, como se observa na servidão, bem como justifica a extinção do direito real quando o objeto é destruído.[182] De outro, no plano da tutela dos direitos,

---

[177] Michele Giorgianni. *Contributo alla teoria dei diritti di godimento su cosa altrui*, cit., p. 159.

[178] Michele Giorgianni. *Contributo alla teoria dei diritti di godimento su cosa altrui*, cit., p. 166, tradução livre.

[179] V. Michele Giorgianni. *Contributo alla teoria dei diritti di godimento su cosa altrui*, cit., p. 164. Sublinhe-se que, de acordo com o autor, há outros direitos, como os chamados direitos da personalidade, que também seriam absolutos.

[180] Na doutrina brasileira, Clóvis Beviláqua ressalta que um dos caracteres do direito real é que "adere, imediatamente, à coisa, vinculando-a, diretamente, ao titular. É *jus in re*" (*Código Civil dos Estados Unidos do Brasil comentado*, cit., v. 3, p. 180). V. nesse mesmo sentido a clássica lição de Raymond-Théodore Troplong sobre a natureza da hipoteca (*Droit Civil Expliqué* – Des privilèges et Hypothèques ou Commentaire du Titre XVII du Livre III du Code Napoléon. Paris: Charles Hingray, 1854, p. 2-3).

[181] Na esteira do pensamento de Giorgianni, António Menezes Cordeiro observa que "(...) há uma conexão direito-coisa que perdura enquanto o direito se não extinguir e que pode ser traduzida pela expressão 'inerência' (...)" (*Direitos reais*, cit., p. 328).

[182] V. Michele Giorgianni. *Contributo alla teoria dei diritti di godimento su cosa altrui*, cit., p. 168.

projeta-se na *sequela*, isto é, na proteção particularmente potente concedida ao titular do direito real frente ao terceiro que pretenda ter sobre a coisa algum poder. Assegura, dessa maneira, o exercício do direito real pelo titular não obstante as interferências alheias.[183]

A sequela manifesta-se de diversas maneiras, conforme a função e a estrutura do direito real em questão.[184] Assim, a propriedade é tutelada por meio da reivindicatória, que assegura ao dono reaver a coisa de quem injustamente a possua. De modo análogo, propicia-se ao usufrutuário o recebimento da coisa que esteja nas mãos de terceiro para que possa desfrutá-la. Na hipoteca, a seu turno, a sequela garante ao credor a excussão do imóvel, posto que transmitido pelo devedor a outrem. Em todas essas hipóteses, verificam-se invariavelmente os reflexos do direito real na esfera jurídica de terceiros (o possuidor injusto, o terceiro adquirente do bem gravado pela constituição de um direito real limitado). Daí a concluir o autor que o direito real é o *direito absoluto aderente a uma coisa*.[185]

A aderência e o caráter absoluto permitem, portanto, diferenciar os direitos reais de outros direitos que não são protegidos, com a mesma intensidade, das interferências de terceiros. São os chamados direitos *pessoais*. De outra parte, a aderência em relação a uma coisa traduz a especificidade dos direitos reais em relação a outros direitos absolutos – como os direitos da personalidade.

Note-se que, de acordo com o Giorgianni, o direito real não se caracteriza pela atribuição de um poder imediato sobre a coisa, já que falta tal atributo a alguns tipos reais (*e.g.*, hipoteca), e tampouco se contraporia à categoria dos direitos de crédito, visto que certos tipos reais apresentam estrutura obrigacional (*e.g.* servidão negativa). Com efeito, o caráter real de um direito se atém exclusivamente à sua oponibilidade contra os terceiros que, a qualquer momento, pretendam ter um poder sobre a coisa, objeto do direito real.

---

[183] Cf. Michele Giorgianni. *Contributo alla teoria dei diritti di godimento su cosa altrui*, cit., p. 164. Como ressalta António Menezes Cordeiro: "A inerência é a realidade de base de que a sequela é a manifestação dinâmica: o titular do direito pode usar poderes jurídicos para atingir a coisa porque o seu direito é inerente" (*Direitos reais*, cit., p. 328).

[184] Cf. Michele Giorgianni. *Contributo alla teoria dei diritti di godimento su cosa altrui*, cit., p. 164-165.

[185] V. Michele Giorgianni. *Contributo alla teoria dei diritti di godimento su cosa altrui*, cit., p. 168.

Abrem-se, dessa maneira, novas perspectivas sobre a tipologia dos direitos patrimoniais, que rompem a clássica dicotomia entre direitos reais e de crédito.[186] Haveria direitos reais para os quais a cooperação é essencial à satisfação dos interesses do titular do direito real (*e.g.*, a servidão negativa e ainda o direito real do promitente comprador) assim como direitos pessoais de gozo, que atribuem ao titular poder imediato sobre a coisa alheia (*e.g.*, a locação).[187]

A tese de Giorgianni, que repercutiu na doutrina italiana e na de outros países,[188] seria posteriormente retomada e desenvolvida por Marco Comporti. O professor de Siena conclui, na mesma direção, que a categoria dos direitos reais não pode ser definida pelo conteúdo nem com base na suposta eficácia *erga omnes* desses direitos. Considera, ao reverso, que o atributo fundamental e comum aos direitos reais é a aderência (*inerenzza*).[189]

Aprofundando a análise do tema, sustenta que a aderência produz duas ordens de efeitos. Em primeiro lugar, realiza o interesse do titular do direito real à *estabilidade* da relação jurídica que tem por referência objetiva uma coisa. Ou seja, o direito real, por ser inerente à coisa, proporciona ao titular uma proteção mais efetiva (do que aquela conferida ao titular de um direito pessoal) contra as interferências que terceiros poderiam causar no exercício do seu direito. Nesse tocante, o autor aduz que todos os direitos subjetivos, inclusive os de crédito, são juridicamente *relevantes* e, por essa razão, devem ser respeitados por qualquer pessoa. No entanto, somente os direitos absolutos

---

[186] "A tradicional repartição dos direitos patrimoniais em reais e obrigacionais merece ser revista tendo em vista não apenas, como se procurou demonstrar, que um relação obrigacional pode pertencer à categoria dos direitos reais, mas também que, em contraposição à categoria dos direitos reais, existe outras além daquela relativa aos direitos obrigacionais" (Michele Giorgianni. *Contributo alla teoria dei diritti di godimento su cosa altrui*, cit., p. 171, tradução livre).

[187] Nas palavras de António Menezes Cordeiro: "Parece-nos fundamental a explicação de Giorgianni: *permite rasgar um véu que fora lançado sobre o binómio direitos reais-direitos de crédito pela pandectística alemã* e que provocara toda uma série de desilusões às diversas doutrinas" (*Direitos reais*, cit., p. 327, grifos no original). Sublinhe-se, no entanto, que a análise da tipologia dos direitos patrimoniais sustentada por Giorgianni extrapola os limites deste trabalho. Importa aqui examinar, precisamente, o conceito de direito real formulado pelo autor.

[188] Assim, na doutrina portuguesa, veja-se António Menezes Cordeiro. *Direitos reais*, cit., p. 325-329. Na doutrina brasileira, faz-lhe menção Orlando Gomes (*Direitos reais*, cit., p. 15), porém sem abraçar as suas ideias.

[189] Cf. Marco Comporti. *Contributo allo studio del diritto reale*, cit., p. 140.

são providos de *oponibilidade*, isto é, de eficácia perante terceiros mais intensa do que a mera *relevância*.[190]

Segundo o autor, a *oponibilidade* peculiar dos direitos reais se manifesta, primeiramente, por meio da *sequela*, que assegura a continuidade da eficácia do direito real na coisa alheia frente aos atos de disposição praticados pelo dono. Assim, por exemplo, o possuidor do prédio dominante pode prosseguir no exercício da servidão, não obstante a transmissão do domínio do prédio serviente.[191] O mesmo já não se observaria na relação jurídica pessoal, como o comodato, já que, nesta, o adquirente não está obrigado a respeitar o contrato firmado pelo proprietário anterior.[192]

Em segundo lugar, traduz-se nas diversas ações petitórias que, na hipótese de lesão ao direito real, garantem a realização *in natura* do interesse do titular,[193] como, por exemplo, a recuperação da coisa que se encontra na posse injusta de outrem por meio da reivindicatória. Vale dizer, enquanto nas relações obrigacionais, os meios de tutela colocados à disposição do credor voltam-se prioritariamente ao ressarcimento dos danos provocados pelo inadimplemento, no âmbito das relações reais, identifica-se, diversamente, uma tutela tipicamente *real*, destinada à remoção do obstáculo que impede o aproveitamento da coisa.

Desse modo, de acordo com o autor, a ordem jurídica faz do direito real vínculo indissolúvel entre a coisa e a situação subjetiva, colocando à disposição

---

[190] Cf. Marco Comporti. *Contributo allo studio del diritto reale*, cit., p. 144-154.

[191] Nesse ponto, Comporti distancia-se de Giorgianni, uma vez que atribui à sequela significado mais restrito, relacionando-a, especificamente, à preservação da eficácia dos direitos reais na coisa alheia nas hipóteses de transmissão da propriedade. Nesse sentido escreve Marco Comporti: "il diritto di seguito si apprezza specialmente nella vicenda del trasferimento dei diritti, e significa che nessun atto giuridico di terzi può rendere inefficace il diritto reale" (*Contributo allo studio del diritto reale*, cit., p. 160). E complementa: "trasferendosi il diritto maggiore da un titolare all'altro, i diritti minori concorrenti sulla cosa non cessano, ma rimangono pienamente efficaci nei confronti del nuovo titolare, seguendo la cosa nel patrimonio di costui" (p. 161). No entanto, na doutrina brasileira, difundiu-se o uso da expressão para designar a faculdade concedida ao titular do direito real – de propriedade ou limitado – de perseguir a coisa em poder de quem quer com ela se encontre. V. nesse sentido, dentre outros, Caio Mário da Silva Pereira. *Instituições de direito civil*, cit., v. 4, p. 4; Orlando Gomes. *Direitos reais*, cit., p. 19; Silvio Rodrigues. *Direito civil*: direito das coisas, cit., v. 5, p. 7; Carlos Francisco Sica Diniz. Sequela. In: Rubens Limongi França (coord.). *Enciclopédia Saraiva de Direito*. São Paulo: Saraiva, 1977, v. 56, p. 262-267.

[192] V. Marco Comporti. *Contributo allo studio del diritto reale*, cit., p. 163.

[193] Cf., ainda, Marco Comporti. *Contributo allo studio del diritto reale*, cit., p. 155.

do titular os meios adequados para a permanente proteção da integridade desse vínculo. São instrumentos que visam, portanto, assegurar as condições necessárias ao ininterrupto exercício do direito.[194]

Por isso que o legislador atribui natureza real a determinado direito patrimonial que tenha por referência objetiva uma coisa quando pretende assegurar estabilidade ao seu exercício, protegendo-o das interferências alheias, inclusive das inconstâncias que poderiam ser ocasionadas pela transmissão do domínio. Nessa direção, o autor conclui que se justifica "o recurso ao conceito de direito real para identificar as situações subjetivas solidamente ancoradas na coisa e eficazes no tempo, inclusive perante os sucessivos titulares da coisa".[195]

A propósito, Comporti esclarece que o reconhecimento de tutela jurídica peculiar aos direitos reais não importa a reprodução, em outras palavras, da ideia, cara à teoria personalista, da eficácia do direito real contra todos. Posto que a sequela seja oponível *adversus omnes*, ela não significa a imposição à coletividade de um dever geral de abstenção. Ao revés, como explica o autor, a sequela é exercida especificamente contra aquelas pessoas que, no caso concreto, se antepõem ao regular exercício do direito real, pretendendo ter sobre a coisa um poder (de fato ou de direito) incompatível com aquele direito.[196]

De outra parte, além da *oponibilidade*, a aderência se manifestaria por meio da "projeção direta da natureza do objeto do direito real na sua própria essência",[197] determinando "a estreita correlação entre as vicissitudes da coisa e as vicissitudes do direito".[198] Daí que, segundo Comporti, o objeto do direito real há de ser necessariamente *coisa corpórea* presente[199] e devidamente in-

---

[194] V. Marco Comporti. *Contributo allo studio del diritto reale*, cit., p. 140.

[195] Marco Comporti. *Contributo allo studio del diritto reale*, cit., p. 204, tradução livre.

[196] Cf. Marco Comporti. *Contributo allo studio del diritto reale*, cit., p. 155.

[197] António Menezes Cordeiro. *Direitos reais*, cit., p. 329.

[198] Tradução livre. Veja-se no original o trecho do qual foi retirada a transcrição: "Infatti, solo nel diritto reale si rinviene la peculiarità di un intimo collegamento fra vicende del diritto e vicende della cosa: collegamento che non potrebbe essere spiegato senza tener conto dell'inerenza fra il diritto e la cosa" (Marco Comporti. *Contributo allo studio del diritto reale*, cit., p. 174).

[199] Na doutrina brasileira, esclarece Gustavo Tepedino que "a coisa sobre a qual recai o direito deve ser existente, não se admitindo direito real sobre coisa futura, ao contrário do que ocorre com os direitos de crédito" (Direito das coisas (arts. 1.196 a 1.276). In: Antônio Junqueira de Azevedo (coord.). *Comentários ao Código Civil*, cit., v. 14, p. 33, nota 21).

dividualizada.[200] E uma vez constituído, tende a acompanhar a coisa, perdurando enquanto aquela subsistir.[201] Desta feita, a transmissão do direito não constituiria ruptura no desenvolvimento da relação, mas apenas a mutação da titularidade da situação subjetiva.[202] Do mesmo modo, caso a coisa se altere (transformação, redução, incremento), o direito não se transfigura, apenas o seu conteúdo se modifica, adequando-se à nova constituição do objeto.[203]

Também se extrai dessa "correlação entre objeto e situação subjetiva" a inseparabilidade do direito real e da coisa. Assim, perecendo esta, extingue-se o direito. Na mesma direção, justifica-se a impossibilidade jurídica de transferência do direito real de uma coisa a outra.[204] A sub-rogação real, isto é, a substituição do objeto do direito real, representaria, portanto, fenômeno excepcional, que se admitiria apenas nas hipóteses previstas em lei.[205]

Em suma, a teoria inicialmente elaborada por Giorgianni e, posteriormente, desenvolvida por Comporti procura fundamentar a distinção entre direitos reais e pessoais sem incorrer nas imprecisões cometidas pelas teorias realista e personalista, que (ainda) dominam o discurso doutrinário. Desse modo, em vez do poder imediato ou do poder absoluto, identifica como característica essencial ao direito real a sua *aderência à coisa*, da qual derivam dois efeitos fundamentais: (i) a estreita correlação entre a situação subjetiva e a *coisa corpórea*, objeto do direito, e (ii) a oponibilidade perante terceiros que pretendam sobre a coisa poder conflitante com o do titular.

Tal teoria não nega a relevância da distinção entre direitos reais e pessoais. Ao reverso, associa à *realidade* um conjunto de atributos que justificaria o enquadramento de todos os tipos reais em um *regime jurídico unitário*. Os direitos reais traduziriam, desta sorte, "categoria instrumental que identifica,

---

[200] A esta característica da realidade dá-se o nome de *especialidade*. Na doutrina brasileira, ensina Gustavo Tepedino: "A *especialidade* consiste na necessidade de que o objeto do direito real recaia sobre coisa certa e determinada, não se concebendo o objeto indeterminado, como no direito das obrigações. Considera-se essencial a individuação precisa do objeto do direito diante da oponibilidade ampla do direito subjetivo" (Gustavo Tepedino. Direito das coisas (arts. 1.196 a 1.276). In: Antônio Junqueira de Azevedo (coord.). *Comentários ao Código Civil*, cit., v. 14, p. 33).

[201] Marco Comporti. *Contributo allo studio del diritto reale*, cit., p. 177.

[202] Marco Comporti. *Contributo allo studio del diritto reale*, cit., p. 177.

[203] Marco Comporti. *Contributo allo studio del diritto reale*, cit., p. 175-176.

[204] De acordo com António Menezes Cordeiro, a tentativa de transferência de um direito real de um bem a outro teria por efeito "a extinção do direito real e a constituição de novo direito real" (*Direitos reais*, cit., p. 329).

[205] Marco Comporti. *Contributo allo studio del diritto reale*, cit., p. 176.

no atual momento da experiência histórica, uma regulamentação específica aplicável aos direitos patrimoniais referentes a coisas que são dotados da inerência e da sequela".[206]

1.5 ADESÃO PARCIAL DO DIREITO BRASILEIRO À TEORIA DA ADERÊNCIA

1.5.1 A sequela e a tutela externa do crédito. A tutela do terceiro adquirente de boa-fé

Examinada a *teoria da aderência* elaborada por Giorgianni, cumpre, então, considerá-la à luz do dado normativo pátrio, procedendo-se ao exame crítico das duas ideias centrais da tese: (a) a oponibilidade do direito real perante terceiros; e (b) a correlação entre a coisa e a situação subjetiva real.

A primeira ideia encontra sólida acolhida no direito pátrio. De toda parte se ressalta que da aderência do vínculo à coisa decorrem o caráter *ambulatório* do dever jurídico correspondente ao direito real assim como a *faculdade de sequela*, de que pode se valer o titular contra qualquer pessoa que se anteponha ao exercício do seu direito.[207]

No entanto, tem-se objetado que essa posição doutrinária não resiste às evidências de que, no direito vigente, há direitos reais desprovidos de oponibilidade assim como há direitos pessoais que dela são dotados.[208] No que concerne ao primeiro ponto, salienta-se que, em determinadas situações, o direito real não seria oponível ao terceiro adquirente de boa-fé. Assim ocorre na *fattispecie* considerada na parte final do art. 1.268 do Código Civil que,

---

[206] Marco Comporti. *Contributo allo studio del diritto reale*, cit., p. 140, tradução livre.

[207] Veja-se, por todos, a lição de Gustavo Tepedino: "A *ambulatoriedade* decorre diretamente da aderência do vínculo à coisa. Afirma-se que o dever jurídico correspondente ao direito real caminha com a relação jurídica e é, por isso mesmo, ambulante ou ambulatório. (...) A *sequela* é o corolário da *ambulatoriedade* aplicado ao direito subjetivo real. Assim como os deveres jurídicos, nas relações reais, são ambulatórios, diz-se que o titular do direito subjetivo tem o direito de sequela, caracterizado pelo poder de perseguir a coisa sobre a qual exerce o seu direito, nas mãos de quem a possua" (Gustavo Tepedino. Direito das coisas (arts. 1.196 a 1.276). In: Antônio Junqueira de Azevedo (coord.). *Comentários ao Código Civil*, cit., v. 14, p. 31).

[208] Na doutrina portuguesa, veja-se a defesa de António Menezes Cordeiro da existência, no direito português, de "direitos reais ineficazes ou inoponíveis" e de "direitos de crédito oponíveis 'erga omnes'" (*Direitos reais*, cit., p. 301-316). Para uma interessante abordagem sobre o tema, no direito pátrio, cf. Roberta Mauro Medina Maia. *Teoria geral dos direitos reais*, cit., p. 202 e ss.

contrariamente à orientação geral estabelecida na parte inicial do dispositivo, considera eficaz a tradição feita por quem não é proprietário quando a coisa móvel, "oferecida ao público, em leilão ou estabelecimento comercial, for transferida em circunstâncias tais que, ao adquirente de boa-fé, como a qualquer pessoa, o alienante se afigurar dono".

Cuida-se, como se sabe, da aplicação da teoria da aparência, por meio da qual se protege a legítima confiança do adquirente, reconhecendo-se à venda *a non domino* os mesmos efeitos que decorreriam da alienação realizada pelo verdadeiro dono da coisa. Nessa situação, reputa-se válida a tradição feita por quem não é proprietário, de modo a proteger o terceiro adquirente que se fiou na aparente legitimidade do vendedor. Desse modo, sacrifica-se o verdadeiro titular da coisa, que perde o seu direito de propriedade contra a sua vontade, em razão do ato praticado pelo titular putativo.[209]

Tal solução tem grande importância para o tráfego jurídico, visto que, na grande maioria das transações que são diuturnamente realizadas, o comprador não tem como certificar-se da titularidade do domínio, sendo levado a acreditar que o vendedor, por ser o possuidor do bem negociado, também é o proprietário. Diante disso, o risco de evicção, em razão da possível impugnação da venda pelo verdadeiro proprietário do bem, seria motivo de insegurança, que poderia, inclusive, inibir a celebração do negócio.

Não obstante a sua inegável relevância, a eficácia da venda *a non domino* se verifica apenas nas condições definidas na parte final do art. 1.268 do Código Civil, não podendo, portanto, ser considerada o fim da oponibilidade da propriedade sobre bens móveis. Com efeito, além da boa-fé do adquirente, outros requisitos devem ser igualmente preenchidos para que se verifique a eficácia da venda *a non domino*, a saber: (i) que das circunstâncias do caso concreto resulte a aparência do direito de propriedade do vendedor, e (ii) que a coisa tenha sido oferecida ao público em leilão ou estabelecimento comercial. Fora dessas circunstâncias, prevalece o direito do verdadeiro proprietário que, em virtude da *sequela* que lhe assegura o domínio, pode reaver do adquirente a coisa.[210]

---

[209] V. Gustavo Tepedino. Direito das coisas (arts. 1.196 a 1.276). In: Antônio Junqueira de Azevedo (coord.). *Comentários ao Código Civil*, cit., v. 14, p. 451. V., ainda, Sílvio de Salvo Venosa. Direito das coisas. Posse. Direitos reais. Propriedade. In: Álvaro Villaça Azevedo (coord.). *Código Civil comentado*. São Paulo: Atlas, 2003, v. 12, p. 305; Cristiano Chaves de Farias e Nelson Rosenvald. *Direitos reais*. Rio de Janeiro: Lumen Juris, 2009, p. 366-367; e Gustavo Birenbaum. *Teoria da aparência*. Porto Alegre: Sergio Fabris, 2012, p. 172 e ss.

[210] V. Gustavo Tepedino. Direito das coisas (arts. 1.196 a 1.276). In: Antônio Junqueira de Azevedo (coord.). *Comentários ao Código Civil*, cit., v. 14, p. 452; e Luiz Rodrigues

Sublinhe-se, adicionalmente, que a *fattispecie* delineada na parte final do art. 1.268 do Código Civil não constitui, a rigor, hipótese de propriedade desprovida de eficácia perante terceiros. Significa apenas mais uma hipótese de perda involuntária da propriedade, ao lado de outras reconhecidas pelo ordenamento, como a desapropriação, a acessão, a usucapião etc. Tal como esses institutos, traduz, em termos técnicos, fato causativo da mutação do sujeito titular do domínio, que, como tal, é estranho à estrutura da relação jurídica, não interferindo na eficácia do direito de propriedade.[211]

A prova de que existem direitos reais desprovidos de *oponibilidade* poderia surgir, contudo, no âmbito dos direitos reais na coisa alheia, tendo em conta a possibilidade de configuração do exercício abusivo do direito real, da qual se tratou em outro momento. Como visto, o exemplo mais eloquente é oferecido pelo Enunciado n. 308 da Súmula da Jurisprudência Predominante do STJ, que considera ineficaz perante o terceiro adquirente do imóvel a hipoteca concedida pela construtora ao agente financiador da incorporação imobiliária. Nesse caso, dado o caráter abusivo da execução da garantia, que atingiria o patrimônio do terceiro adquirente, priva-se o credor hipotecário da sequela que normalmente acompanha a hipoteca.

No entanto, o abuso de direito, expediente por natureza dúctil, que requer, para sua configuração, a valoração das circunstâncias do caso concreto, não representa a negação do próprio direito. O fato de o exercício da sequela se mostrar, em determinadas situações, contrário à boa-fé objetiva e, por isso mesmo, abusivo, não significa que o direito real não é mais provido de sequela. Ao reverso, quer apenas dizer que, como toda situação subjetiva, o direito real também é relativo, admitindo-se o seu exercício perante terceiros apenas quando se revelar, à luz dos valores inscritos no ápice do ordenamento, digno de tutela.[212]

Wambier. Teoria da aparência na alienação de bens. In: WAMBIER, Luiz Rodrigues. *Pareceres*: processo civil. São Paulo: Revista dos Tribunais, 2012, v. 1, p. 591.

[211] V. novamente Gustavo Tepedino. Direito das coisas (arts. 1.196 a 1.276). In: Antônio Junqueira de Azevedo (coord.). *Comentários ao Código Civil*, cit., v. 14, p. 451. No direito francês, onde prevalece a eficácia da venda *a non domino* feita ao adquirente de boa-fé, em razão do princípio "en fait de meubles, la possession vaut titre", a doutrina identifica nessa hipótese, em sintonia com o exposto aqui, a aquisição instantânea da propriedade pelo possuidor adquirente do bem e a consequente perda pelo antigo proprietário preterido. Cf. Christian Atias. *Droit civil* – les biens, cit., p. 229-230. V., ainda, Marcel Planiol e Georges Ripert. *Traité pratique de droit civil français*: les biens, cit., p. 368-381.

[212] Como ressalta Francisco Amaral: "há abuso de direito sempre que o titular o exerce fora dos seus limites intrínsecos, próprios de suas finalidades sociais e econômicas.

De outra parte, pode-se objetar à tese que associa direito real à oponibilidade o fato de que também há direitos pessoais com eficácia perante terceiros. Nessa direção, dois argumentos são comumente invocados. Em primeiro lugar, alega-se que, no contrato de locação, desde que respeitadas certas condições, o direito do locatário é oponível a terceiro, posto que de natureza pessoal.[213] Cuida-se de solução estabelecida na parte final do art. 576 do Código Civil,[214] segundo a qual, na hipótese de a coisa ser alienada

---

A teoria do abuso do direito surge no século XIX, como superação das concepções individualistas e liberais que viam o direito subjetivo como poder da vontade e como expressão da liberdade individual. O titular podia utilizar seus direitos sem quaisquer limitações, pois a opinião dominante era que *neminem laedit qui iure suo utitur* (...) Superava-se, desse modo, a concepção absolutista do direito subjetivo e aceitava-se a ideia de sua relatividade e de sua função social" (*Direito civil:* introdução, cit., p. 208-209). Ainda de acordo com Heloísa Carpena: "A doutrina evoluiu para a concepção do ato abusivo como aquele pelo qual o sujeito excede os limites ao exercício do direito, sendo estes fixados por seu fundamento axiológico, ou seja, abuso surge no interior do próprio direito, sempre que ocorra uma desconformidade com o sentido teleológico em que se funda o direito subjetivo" (O abuso de direito no Código de 2002: relativização de direitos na ótica civil-constitucional. In: Gustavo Tepedino. *O Código Civil na perspectiva civil-constitucional* – parte geral, cit., p. 425-426).

[213] Nessa direção, confira-se: "Muito se discutiu quanto à natureza da cláusula inibidora da denúncia. Reveste-se ela de características dos direitos reais, quais sejam, a oponibilidade *erga omnes* e a publicidade. De fato, constando do contrato a cláusula de vigência, poderá o locatário opô-la a quem quer que venha a adquirir o imóvel, o que é típico dos direitos reais, que são dotados de sequela. Por outro lado, exige a lei a sua publicidade, mediante o registro do contrato no cartório competente. Mas é evidente que não se trata de um direito real, estando inserida em relação tipicamente pessoal, de natureza obrigacional. Por isso se costuma atribuir a ela a natureza de cláusula com eficácia real, em que pese permanecer no mundo das relações pessoais" (Sylvio Capanema de Souza. Das várias espécies de contrato, cit., p. 496-497). V. também Teresa Ancona Lopez. Das várias espécies de contratos (arts. 565 a 652). In: Antônio Junqueira de Azevedo (coord.). *Comentários ao Código Civil.* São Paulo: Saraiva, 2003, v. 7, p. 52-53; Paulo Lôbo. *Direito civil:* contratos, cit., p. 342.

[214] De acordo com o mencionado dispositivo: "Se a coisa for alienada durante a locação, o adquirente não ficará obrigado a respeitar o contrato, se nele não for consignada a cláusula da sua vigência no caso de alienação, e não constar de registro". Veja-se ainda o art. 8º da Lei 8.245/1991, que cuida da locação de imóveis urbanos: "Art. 8º Se o imóvel for alienado durante a locação, o adquirente poderá denunciar o contrato, com o prazo de noventa dias para a desocupação, salvo se a locação for por tempo determinado e o contrato contiver cláusula de vigência em caso de alienação e estiver averbado junto à matrícula do imóvel. § 1º Idêntico direito terá o promissário comprador e o promissário cessionário, em caráter irrevogável, com imissão na posse do imóvel e título registrado junto à matrícula do mesmo. § 2º A denúncia deverá ser exercitada no prazo de noventa dias contados do registro da venda ou do

durante a locação por prazo determinado, o adquirente se vê obrigado a respeitar o contrato, desde que se verifique a estipulação de cláusula nesse sentido e a inscrição do contrato no registro competente.[215]

No entanto, o argumento não se mostra decisivo, já que se pode concluir, a partir das mesmas premissas, que, nas condições estabelecidas no art. 576 do Código Civil, o direito do inquilino tem natureza real. Ou seja, preenchidos os pressupostos legais, o direito dota-se de sequela, passando a acompanhar a coisa.[216] Não se trataria, portanto, de hipótese de poder pessoal contra todos, mas de espécie de direito real admitida em lei.

A isso se contrapõe usualmente que a oponibilidade resultaria, a rigor, da cessão *ex lege* do contrato.[217] Desse modo, o adquirente sucederia o alienante na posição de locador, passando a ter os direitos e obrigações derivados do contrato, inclusive o dever de respeitar a posse do inquilino. Aduz-se, nessa mesma direção, que a oponibilidade é, no caso em apreço, dirigida exclusivamente ao adquirente, não sendo *erga omnes*, como deveria ser se o direito fosse efetivamente real.

No entanto, essa contestação não parece ser irresistível. A uma, porque a ideia da cessão de contrato *ex lege* não afasta a natureza real do direito do inquilino. Pode-se, ao revés, sustentar que, por ser direito real, haveria a sucessão de pleno direito do adquirente na posição contratual do alienante,

---

compromisso, presumindo-se, após esse prazo, a concordância na manutenção da locação".

[215] V., sobre o ponto, Gustavo Tepedino, Heloisa Helena Barboza e Maria Celina Bodin de Moraes *et alii*. *Código Civil interpretado conforme a Constituição da República*, cit., v. 2, p. 282-284.

[216] Em comentário ao art. 1.197 do Código Civil de 1916, cujo teor se assemelha ao do art. 576 do Código vigente, ressaltava Clóvis Beviláqua: "Por força deste artigo, o registro imprime à locação uma eficácia, que somente os direitos reais possuem. Por isso Troplong, analisando esta matéria em direito civil francês, onde se consagra doutrina semelhante à do nosso Código Civil, não hesitou em declarar que o aluguel de coisa era, assim, um direito real, que o Código criara em benefício do locatário, pois que lhe dera eficácia *erga omnes* e o consectário da sequela. O nosso Teixeira de Freitas deu-lhe razão, porque, no rigor dos princípios, assim é, realmente" (*Código Civil dos Estados Unidos do Brasil comentado*. Rio de Janeiro: Francisco Alves, 1958, v. 4, p. 300). Por sua vez, ao comentar o art. 242 da Lei de Registros Públicos (Lei 6.015/1973), que trata do registro do contrato locatício com cláusula de vigência, Walter Ceneviva ressalta que "a convenção meramente pessoal passa a ter *realidade* ao ser lançada no livro do cartório imobiliário" (*Lei de Registros Públicos comentada*. São Paulo: Saraiva, 2008, p. 540).

[217] V., nesse sentido, Orlando Gomes. *Contratos*, cit., p. 334.

como, aliás, ocorre na alienação do imóvel gravado pela concessão de superfície ou pelo compromisso irrevogável de compra e venda de imóvel, que são expressamente reconhecidos pelo legislador como espécies de direito real. A duas, porque, como já se mencionou, para que haja direito real, não se mostra necessário verificar o poder contra todos, bastando, nesse particular, poder exercitável contra aqueles que pretendam se antepor ao exercício do direito pelo titular.

O segundo argumento contrário à tese que associa direito real à eficácia perante terceiros baseia-se na tutela externa do crédito. O reconhecimento da responsabilidade do terceiro cúmplice pelo descumprimento obrigacional pode ser interpretado como a equiparação da oponibilidade dos direitos de crédito à dos direitos reais. Vale dizer, a tutela externa asseguraria aos créditos o mesmo respeito de que gozam os direitos reais.[218]

Desse modo, nega-se que à distinção entre direitos reais e pessoais corresponda uma diversa eficácia (absoluta ou relativa) da situação subjetiva. Em vez disso, alega-se que a oponibilidade do direito depende apenas da ciência de sua existência pelo terceiro. Assim, o direito real existente sobre um imóvel deve ser respeitado por todos, haja vista que o seu ato constitutivo foi levado ao Registro de Imóveis, gozando, assim, de ampla publicidade. Do mesmo modo, não se admite que alguém, sabedor do crédito de outrem frente a determinada pessoa, interfira na relação obrigacional, provocando o inadimplemento. Em suma, de acordo com esse raciocínio, qualquer direito, desde que provido de publicidade,[219] seria oponível a terceiros.[220]

Embora sugestiva, tal opinião, contudo, não se afina plenamente com o direito vigente. Em primeiro lugar, porque sendo expediente destinado a reparar a lesão ao crédito, a tutela externa desempenha função diversa da sequela, a qual intervém, inclusive, na fase fisiológica da situação subjetiva

---

[218] António Menezes Cordeiro. *Direitos reais*, cit., p. 307-311.

[219] Sobre o significado e os meios de publicidade no direito brasileiro, confira-se Daniela Trejos Vargas. O princípio da publicidade. In: Maria Celina Bodin de Moraes (coord.). *Princípios do direito civil contemporâneo*. Rio de Janeiro: Renovar, 2006, p. 387-411.

[220] De acordo com António Menezes Cordeiro: "(...) podemos considerar que quer os direitos reais, quer os direitos pessoais são oponíveis a terceiros de má-fé ou inoponíveis a terceiros de boa-fé" (*Direitos reais*, cit., p. 314, grifos no original). V., ainda, a instigante análise desenvolvida por Roberta Mauro Medina Maia. *Teoria geral dos direitos reais*, cit., p. 263-271.

real. Vale dizer, ao contrário daquela, a sequela manifesta-se no curso do regular exercício do direito real, e não no momento patológico da relação jurídica, que pressupõe a transgressão do direito.[221]

Com efeito, o credor hipotecário que excute a garantia em face do proprietário que comprou o bem do devedor não está a reagir contra a violação da hipoteca. Ao contrário, a venda do bem hipotecado traduz ato lícito, porém irrelevante para o credor, a quem assiste, em virtude da sequela, a prerrogativa de exercer o seu direito sobre a coisa sem se importar com as mudanças de titularidade do domínio. O mesmo se diga em relação ao usufrutuário ou ao possuidor do prédio dominante da servidão predial que continua a exercer, normalmente, o seu direito a despeito da transferência da propriedade do bem gravado. Em todos esses casos, a sequela traduz elemento característico do exercício da situação subjetiva real.

Além disso, o direito real se singulariza por ser dotado de oponibilidade frente ao terceiro de boa-fé em situações inalcançáveis pelo direito de crédito. Por isso que, em matéria de promessa de compra e venda de imóvel, o registro do compromisso e, por conseguinte, a *constituição de direito real* se afiguram indispensáveis à oponibilidade do direito do promitente comprador frente ao terceiro que adquiriu o imóvel desconhecendo a promessa feita anteriormente. Nessa direção, o Superior Tribunal de Justiça já teve a oportunidade de asseverar, ao examinar caso em que a promessa não havia sido levada ao registro, que "a pretensão à adjudicação compulsória é de caráter pessoal, restrita assim aos contratantes, não podendo prejudicar os direitos de terceiros, que entrementes hajam adquirido o imóvel e obtido o devido registro, em seu nome, no ofício imobiliário".[222] Antes disso, no *leading case* sobre a necessidade do registro para o cabimento da adjudicação compulsória, a Corte já havia afirmado que tal exigência se impõe "para

---

[221] Como parece reconhecer António Menezes Cordeiro ao dizer que nos direitos reais de garantia e de aquisição "a sequela se manifesta habitualmente" (António Menezes Cordeiro. *Direitos reais*, cit., p. 319).

[222] STJ, REsp 27.246/RJ, 4ª Turma, Rel. Min. Athos Carneiro, j. 17.11.1992, *DJ* 17.12.1992. Confira-se, ainda, REsp 1.217.593/RS, 3ª Turma, Rel. Min. Nancy Andrighi, j. 12.03.2013, em cuja ementa se lê: "É com o registro da promessa de compra e venda no Cartório de Registro de Imóveis que o direito do promissário comprador alcança terceiros estranhos à relação contratual originária".

resguardar o promitente comprador, no caso de o promitente vendedor alienar imóvel a terceiro".[223]

No mesmo sentido, ao apreciar caso em que o promitente comprador procurava obter a adjudicação compulsória do imóvel que, após a celebração do compromisso, fora vendido a terceiro, o Tribunal de Justiça do Estado do Rio de Janeiro entendeu que "embora a jurisprudência venha dispensando o registro da promessa de compra e venda para fins de adjudicação compulsória, essa exigência volta a ser necessária para fins de oponibilidade *erga omnes*, evitando lesão ao terceiro de boa-fé, alheio ao negócio firmado anteriormente". Ressalvou apenas o "direito à reparação pelas perdas e danos ocasionada pelos que alienaram o imóvel após firmarem a promessa".[224]

Sendo assim, sem o registro e a consequente constituição de direito real, o promitente comprador pode exigir a outorga da escritura definitiva somente do proprietário que se obrigou pessoalmente a transferir o domínio ou do terceiro que adquiriu o imóvel apesar de ciente da existência da promessa. Nesse último caso, estando de má-fé, o terceiro adquirente torna-se *cúmplice* da inexecução do compromisso firmado, expondo-se às mesmas consequências que o promitente vendedor. No entanto, caso estivesse de boa-fé, o seu direito de propriedade sobre o imóvel estaria a salvo da pretensão do promitente comprador, a quem assistiria apenas o direito a exigir do promitente vendedor inadimplente a reparação pelos danos sofridos.

Nesse particular, mencione-se a decisão do Tribunal de Justiça do Estado do Rio de Janeiro que, ao verificar a má-fé do adquirente – que comprou o imóvel mesmo ciente da promessa firmada anteriormente – anulou a compra e venda e condenou o adquirente ao pagamento de danos morais

---

[223] STJ, REsp 30/DF, 3ª Turma, Rel. Min. Eduardo Ribeiro, j. 15.08.1989, *DJ* 18.09.1989. O trecho transcrito foi retirado do voto proferido pelo Ministro Relator.

[224] TJRJ, Ap. Cív. 63.553/07, 4ª Câmara Cível, Rel. Des. Sidney Hartung Buarque, j. 15.1.2008. V., ainda, acórdão do Tribunal de Justiça do Distrito Federal e Territórios, em cuja ementa se lê: "A ação de adjudicação compulsória pode ser proposta independentemente da existência do registro do compromisso de compra e venda no cartório de imóveis, nos termos da súmula 239 do STJ. Contudo, ocorrendo uma segunda venda do mesmo bem, dessa vez levada a registro, verifica-se a impossibilidade jurídica do pedido adjudicatório, devendo o processo ser extinto sem resolução do mérito" (TJDFT, Ap. Cív. 260.832, 3ª Turma Cível, Rel. Des. Nídia Corrêa Lima, j. 08.11.2006).

em favor do promitente comprador que tinha sido lesado.[225] Tal orientação está em consonância com a doutrina que, ao tratar dos pressupostos da tutela externa do crédito, estabelece a ciência da existência do contrato anteriormente firmado como requisito para a responsabilização do terceiro pelo inadimplemento.[226]

O direito real, em contrapartida, é protegido pela ordem jurídica independentemente da má-fé do terceiro e até mesmo diante da prova da boa-fé deste. Nessa direção, o parágrafo único do art. 1.247 do Código Civil reconhece a nulidade do registro da venda *a non domino* de imóvel realizada com base nas informações, posteriormente demonstradas incorretas, fornecidas pelo Cartório do Registro de Imóveis.[227] Admite, nessas circunstâncias, a procedência da reivindicatória movida pelo *verus dominus* contra o adquirente de boa-fé a título oneroso que se fiou nas informações constantes do registro público e não dispunha de meios para aferir a sua inexatidão.[228] O

---

[225] Veja-se no voto do Desembargador Relator: "(...) quando o compromisso não é registrado, a lei protege o terceiro adquirente de boa-fé e apenas confere ao promitente comprador o direito a perdas e danos em face do promitente vendedor e não de reaver o bem. Tudo isso porque o terceiro desconhecia a existência do pacto de compra e venda e estava de boa-fé. Claramente se percebe que não é este o presente caso, ao contrário, o Apelante [adquirente do imóvel] tinha pleno conhecimento da existência de um compromisso referente ao imóvel que adquiriu e, além disso, diante do contexto probatório, nota-se que houve manipulação para que ele alcançasse o seu objetivo, que era adquirir o imóvel objeto desta lide. (...)" (TJRJ, Ap.Cív. 284-81.2005.8.19-0081, 1ª Câmera Cível, Rel. Des. Fábio Dutra, j. 18.05.2010).

[226] De acordo com Paula Greco Bandeira: "No que tange aos requisitos necessários à configuração do dever de reparar do terceiro cúmplice, para além dos requisitos do ilícito em geral, exige-se, em primeiro lugar, que o terceiro cúmplice conheça o direito de crédito alheio, pois só então o dever geral de respeito às situações jurídicas preexistentes se concretizará em sua esfera jurídica, exigindo-se que se abstenha de nele interferir" (Paula Greco Bandeira. Fundamentos da responsabilidade civil do terceiro cúmplice, cit., p. 114).

[227] "Art. 1.247. Se o teor do registro não exprimir a verdade, poderá o interessado reclamar que se retifique ou anule. Parágrafo único. Cancelado o registro, poderá o proprietário reivindicar o imóvel, independentemente da boa-fé ou do título do terceiro adquirente". Tal dispositivo consagra o entendimento jurisprudencial cristalizado ao tempo da vigência do Código Civil de 1916 ao cabo de um acirradíssimo debate doutrinário. V., a propósito, Gustavo Tepedino. Direito das coisas (arts. 1.196 a 1.276). In: Antônio Junqueira de Azevedo (coord.). *Comentários ao Código Civil*, cit., v. 14, p. 374-379.

[228] Cf., sobre o ponto, novamente Gustavo Tepedino. Direito das coisas (arts. 1.196 a 1.276). In: Antônio Junqueira de Azevedo (coord.). *Comentários ao Código Civil*,

preceito legal consagra, portanto, a prevalência do *direito oculto* do legítimo proprietário em detrimento do adquirente do imóvel que acreditou na fé pública do registro.

Em suma, à luz das considerações até aqui desenvolvidas, mostra-se correto concluir que, no ordenamento pátrio, os direitos reais e pessoais se distinguem pelo diverso regime de oponibilidade. Desse modo, e a despeito do desenvolvimento da tutela externa do crédito, o direito real continua a traduzir situação jurídica subjetiva aderente a um bem que é provida de eficácia contra terceiros de boa ou má-fé. Nada obstante, como qualquer situação subjetiva patrimonial, o direito real atribui ao titular poderes *relativos*, e não absolutos. Nesse diapasão, a *sequela* traduz faculdade jurídica essencialmente *limitada* em razão dos valores inscritos no ápice do ordenamento. Por isso que não se admite que seja exercida abusivamente, tendo em conta interesses ilegítimos do titular ou desconhecendo interesses relevantes de terceiros, como nos casos enfrentados pelo Enunciado 308 da Súmula da Jurisprudência Predominante do STJ.

Em contrapartida, não se pode aceitar a tese, também defendida por Giorgianni, que associa a *tutela específica* aos direitos reais e a *tutela genérica* aos direitos pessoais. Tal afirmação desconhece a profunda evolução das técnicas judiciais de tutela dos direitos patrimoniais ocorrida ao longo do século XX.[229] Se é verdade que, no passado, a condenação do devedor inadimplente ao pagamento de perdas e danos já representou o principal remédio processual colocado à disposição do credor, certo é que, hoje, ante o extraordinário desenvolvimento dos meios de tutela específica das obrigações de entregar, fazer e não fazer, tal solução desempenha função apenas secundária. Pode-se afirmar que, no direito vigente, a tutela judicial capaz de proporcionar o resultado útil que satisfaz o interesse do titular do direito se mostra sempre preferível à tutela genérica, que conduz ao ressarcimento do prejuízo sofrido.[230]

---

cit., v. 14, p. 379-380.

[229] Como reconhece o próprio Michele Giorgianni, em estudo posterior ao seu *Contributo alla teoria dei diritti di godimento su cosa altrui*: "(...) no estágio atual do ordenamento jurídico, a tutela 'específica', que no passado era reservada exclusivamente aos diretores reais, foi gradualmente estendida a direitos diversos daqueles" (Tutela del creditore e tutela "reale". In: Michele Giorgianni. *Scritti minori*. Napoli: ESI, 1988, p. 832, tradução livre). V., na doutrina pátria, Roberto Mauro Medina Maia. *Teoria geral dos direitos reais*, cit., p. 265-267.

[230] V. seção 2.4.1 *infra*.

1.5.2 Correlação entre a coisa e a situação subjetiva real

Quanto à segunda ideia fundamental à teoria da aderência – segundo a qual se identificaria no direito real a estreita correlação entre as vicissitudes da coisa e as da situação subjetiva – diversas razões parecem relativizar a sua validade no direito brasileiro.

Inicialmente, cumpre destacar que, ao menos no direito pátrio, o direito real não constitui fenômeno ontologicamente associado ao aproveitamento da *res* – entendida como coisa corpórea – haja vista a admissão de direitos reais sobre bens imateriais, cabendo mencionar, a título ilustrativo, o usufruto de direitos,[231] o penhor de direitos[232] e a hipoteca de direitos imobiliários, como a concessão de uso e o uso especial para fins de moradia.[233] Com efeito, o legislador se serve da categoria dos direitos reais para disciplinar o aproveitamento econômico de determinados bens incorpóreos,[234] sendo o exemplo mais eloquente o regime estabelecido na Lei 6.404/1976 para as ações emitidas

---

[231] V. Código Civil, art. 1.395. Sobre a matéria, confira-se Gustavo Tepedino, o qual afirma que o usufruto de direitos "poderá recair indiferentemente sobre direitos reais e pessoais, desde que transmissíveis" (Gustavo Tepedino. *Usufruto legal do cônjuge viúvo*, cit., p. 35). Esclarece ainda o autor que o usufruto pode recair sobre qualquer bem não fungível, "ainda que incorpóreo, como o direito autoral, a propriedade industrial e as invenções, as ações, os títulos de crédito" (p. 34).

[232] De acordo com o art. 1.451 do Código Civil, "podem ser objeto de penhor direitos, suscetíveis de cessão, sobre coisas móveis". Na doutrina, após passar em revista as diversas teorias sobre a sua natureza, sustenta Mário Neves Baptista que o penhor de crédito tem natureza real (*Penhor de créditos*, cit., p. 143-154). No mesmo sentido, Pontes de Miranda conclui que "a relação jurídica é real, ainda que o objeto do penhor seja direito pessoal" (*Tratado de direito privado:* parte especial, cit., t. XX, p. 644 e, ainda, p. 649).

[233] V. Código Civil, art. 1.473, VIII e IX.

[234] Na Itália, onde se deflagrou riquíssimo debate doutrinário acerca do cabimento dos direitos reais sobre bens imateriais, pode-se registrar movimento favorável à sua admissão. V. Pietro Perlingieri. *O direito civil na legalidade constitucional*, cit., p. 900-901. No que concerne especificamente ao penhor de crédito, cf. Enrico Gabrielli. Diritti reali – Il pegno. In: Rodolfo Sacco (org.). *Trattato di Diritto Civile*. Torino: UTET Giuridica, 2005, p. 203; Domenico Rubino. La responsabilità patrimoniale – Il pegno. *Trattato di Diritto Civile Italiano sotto la Direzione di Filippo Vassalli*, cit., p. 210-211; Gino Gorla e Pietro Zanelli. Del pegno, delle ipoteche – art. 2784-2899. In: Francesco Galgano (org.). *Commentario del Codice Civile Scialoja-Branca*. 4. ed. Bologna: Zanichelli Editore, 1992, p. 149-150.

por companhias, segundo qual o acionista é proprietário das ações[235] e pode delas dispor para constituir direitos reais limitados.[236]

Diante disso, é de se convir que a admissão da constituição de direitos reais sobre bens imateriais traduz questão afeta à política legislativa.[237] À doutrina cabe discutir os limites do aproveitamento dos modelos reais para a disciplina de novos bens incorpóreos que, na atual era de "desmaterialização das atividades humanas",[238] surgem para fazer frente às necessidades cada vez mais complexas das sociedades contemporâneas. Nesse sentido, já se observou que a categoria do direito real, que historicamente foi concebida para assegurar ao respetivo titular o aproveitamento *exclusivo* de bens corpóreos, não se mostra apropriada para a disciplina de "bens de fruição múltipla",[239] como a informação (nas suas mais variadas manifestações), que, não sendo apropriáveis, destinam-se ao uso compartilhado e disseminado na coletividade.[240]

---

[235] São diversos os dispositivos da Lei 6.404/1976 que tratam a situação subjetiva referente às ações como direito de propriedade, valendo destacar, nessa direção, a Seção VI, intitulada "Propriedade e Circulação", que integra o Capítulo III da Lei, dedicado às Ações. Vale ressaltar, contudo, que da natureza intangível das ações (nominativas) resulta algumas especificidades em relação ao regime estabelecido no Código Civil para a propriedade dos bens móveis corpóreos. Assim é que, não sendo passível de tradição, a propriedade das ações se prova e se transmite por meio dos assentamentos contidos nos livros da companhia ou nos registros mantidos pela instituição depositária (Lei 6.404/1976, arts. 31 e 34). Ademais, as ações não se prestam a ser objeto de ação de reivindicação, que, como se sabe, constitui instrumento por excelência de tutela da propriedade. V., sobre o ponto, Fran Martins. *Comentários à Lei das Sociedades Anônimas*. Rio de Janeiro: Forense, 1977, v. 1, p. 181-183. No regime anterior, sob a vigência do Decreto-lei 2.627/1940, cf., no mesmo sentido, Carlos Fulgêncio da Cunha Peixoto. *Sociedades por ações*. São Paulo: Saraiva, 1972, v. 1, p. 251-257.

[236] V. Lei 6.404/1976, arts. 39 e 40.

[237] Tal opinião é confirmada pelo exame da evolução do direito português, no qual as opiniões acompanharam o tratamento legislativo conferido ao tema. Assim, ao tempo do Código de Seabra (1865), tendo em vista a disciplina de direitos reais sobre direitos, a doutrina orientava-se a favor da admissão de direitos reais sobre coisas incorpóreas. No entanto, uma vez promulgado o Código Civil de 1965, que expressamente restringiu o direito de propriedade às coisas corpóreas, a doutrina dominante passou a sustentar posição oposta. Cf., a propósito, António Menezes Cordeiro. *Direitos reais*, cit., p. 192-193.

[238] Pietro Perlingieri. *O direito civil na legalidade constitucional*, cit., p. 967.

[239] Pietro Perlingieri. *O direito civil na legalidade constitucional*, cit., p. 960.

[240] V. novamente Pietro Perlingieri. *O direito civil na legalidade constitucional*, cit., p. 958 e ss.

Outra observação a ser feita acerca da tese que defende a estreita correlação entre o direito real e a coisa é que ela não confere a devida importância ao mecanismo da sub-rogação real, por meio do qual se opera a substituição de um bem por outro no objeto da mesma relação jurídica real.[241] Com efeito, a ideia da inseparabilidade da coisa e do direito real – sustentada por essa tese – não resiste à evidência de que a sub-rogação real traduz fenômeno jurídico de amplo alcance. Nesse sentido, tem-se criticado a perspectiva tradicional que, concebendo a sub-rogação real como instituto de natureza excepcional, descura da função relevante que esta é chamada a desempenhar na conservação dos direitos reais que, de outro modo, se extinguiriam em razão do perecimento do objeto.[242]

No direito pátrio, a sub-rogação encontra-se prevista em diversos dispositivos do Código Civil,[243] notadamente no âmbito das regras que regem os direitos reais de garantia, sendo apontada pela doutrina como característica fundamental desses direitos.[244] É reconhecida como mecanismo de vocação expansiva, que "se impõe em todas as oportunidades em que estejamos em face de uma coisa com destinação certa e que haja desaparecido ou precise ser substituída".[245] Sendo assim, não se pode compartilhar a ideia segundo a qual o direito real seria, por definição, inseparável do bem que forma o seu objeto.

De outra parte, já se observou que a íntima relação entre objeto e direito, que impossibilita a sobrevivência de um sem o outro, não é exclusiva dos direitos reais, verificando-se igualmente no âmbito dos direitos de crédito.[246] Assim é que, nas obrigações de *entregar coisa certa*, o perecimento da coisa ocasiona a impossibilidade de cumprimento da prestação, produzindo, assim,

---

[241] Sobre o conceito de sub-rogação real, cf. seção 3.2.1 *infra*.

[242] Cf. na doutrina italiana, Andrea Magazzù. Surrogazione reale. *Enciclopedia del Diritto*. Milano: Giuffrè, 1990, v. 43, p. 1.507. Na doutrina francesa, na mesma direção, v. François Terré e Philippe Simler. *Droit Civil*. Les biens. 8. ed. Paris: Dalloz, 2010, p. 385; Véronique Ranouil. *La subrogation réelle en droit civil français*. Paris: LGDJ, 1985, p. 72.

[243] Veja-se, a título ilustrativo, os arts. 1.408, 1.425, 1.446, 1.449, 1.455, 1.659, 1.668, 1.674, 1.719 e 1.848.

[244] De acordo com Ebert Chamoun, as características dos direitos reais de garantia são a acessoriedade, a sequela, a preferência, e a sub-rogação (*Direito civil*: aulas do 4º ano proferidas na Faculdade de Direito da Universidade do Distrito Federal, cit., p. 203).

[245] Miguel Maria de Serpa Lopes. *Curso de direito civil*: direito das coisas, cit., v. 6, p. 83.

[246] V. Aquila Villella. *Per un diritto comune delle situazioni patrimoniali*, cit., p. 26.

a extinção da obrigação.[247] É o que ocorre, por exemplo, quando a obra de arte prometida pelo vendedor é destruída antes de efetivada a tradição. Disso decorre que, em última instância, o que define a extinção da situação subjetiva – independentemente da sua natureza pessoal ou real – é o exame, com base na "valoração teleológica-funcional dos interesses em jogo",[248] da *utilidade* da sua manutenção, a despeito do desaparecimento do bem.

Disso tudo resulta que, à luz do direito pátrio, não se pode reconhecer valor absoluto à ideia segundo a qual o direito real se caracterizaria pela estreita correlação entre as vicissitudes da coisa e as da situação subjetiva.

1.6 *NUMERUS CLAUSUS* E AUTONOMIA PRIVADA

1.6.1 *Superação do* numerus clausus?

O princípio da taxatividade, porque intimamente associado à ideologia liberal que se difundiu na cultura jurídica europeia do século XIX, foi submetido pela doutrina contemporânea a intenso escrutínio, destinado a verificar a sua compatibilidade com os valores da solidariedade e da função social da propriedade que informam o ordenamento vigente.

Assim, em uma primeira direção, sustentou-se a rejeição *tout court* do princípio, uma vez que não seriam procedentes as razões que motivaram a sua imposição.[249] Aduziu-se, nesse sentido, que o temor de o exercício desenfreado

---

[247] Código Civil: "Art. 234. Se, no caso do artigo antecedente, a coisa se perder, sem culpa do devedor, antes da tradição, ou pendente a condição suspensiva, fica resolvida a obrigação para ambas as partes; se a perda resultar de culpa do devedor, responderá este pelo equivalente e mais perdas e danos". V., sobre o ponto, Gustavo Tepedino e Anderson Schreiber. Direito das obrigações (artigos 233 a 420). In: Álvaro Villaça Azevedo (coord.). *Código Civil comentado.* São Paulo: Atlas, 2008, v. 4, p. 38-42.

[248] Aquila Villella. *Per un diritto comune delle situazioni patrimoniali,* cit., p. 26, tradução livre.

[249] Na doutrina brasileira contemporânea, cf., nesse sentido, Roberta Mauro Medina Maia. *Teoria geral dos direitos reais,* cit., p. 106-158; Marco Aurélio Bezerra de Mello. *Direito das coisas,* cit., p. 6-7; Gustavo Kloh Muller Neves. O princípio da tipicidade dos direitos reais ou a regra do *numerus clausus.* In: Maria Celina Bodin de Moraes (coord.). *Princípios do direito civil contemporâneo.* Rio de Janeiro: Renovar, 2006, p. 434-435; Danielle Machado Soares. *Condomínio de fato:* incidência do princípio da autonomia privada nas relações jurídicas reais. Rio de Janeiro: Renovar, 1999, p. 41. Na doutrina portuguesa, v. José de Oliveira Ascensão. *A tipicidade dos direitos reais,* cit., especialmente p. 67-102. Ao comentar o art. 1306º do Código Civil português vigente, que prescreve a regra do *numerus clausus,* este autor ressalta que "a lei portuguesa veio a consagrar o sistema do *numerus clausus* numa altura em que se

da autonomia negocial resultar na constituição de gravames inconvenientes do ponto de vista econômico e social, que tanto foi explorado para emplacar a taxatividade, não teria fundamento. Em primeiro lugar, porque o argumento não se apoiaria na demonstração dos efetivos prejuízos que a admissão de outros direitos além daqueles previstos em lei acarretaria para o eficiente aproveitamento dos bens ou para a sua circulação.[250]

Em segundo lugar, porque, ao contrário do que se pode supor, o *numerus apertus* não significa, necessariamente, a admissão sem limites todo e qualquer direito real. Se, no século XIX, a importância desmedida então reconhecida à vontade individual poderia explicar o receio de a liberdade de criação de direitos reais conduzir à proliferação de ônus e gravames *antissociais*, tal temor, hoje, não parece ter cabimento, haja vista a plena assimilação, na cultura jurídica, da ideia de autonomia negocial *funcionalizada* e *limitada*.

Desse modo, caso fosse admitida, a liberdade de criação de direitos reais não previstos em lei poderia ser restringida de maneira a evitar o seu exercício inadequado, tal como já se observa em muitos outros setores do direito privado. Por essa razão, em vez de se proibir *tout court* os direitos reais atípicos, seria concebível aceitá-los dentro de certos limites, prevendo-se normas destinadas a evitar ou coibir (apenas) a constituição daquelas espécies que se afigurem socialmente nocivas.[251]

Também não se mostra convincente o argumento segundo o qual o *numerus apertus* abriria as portas para a constituição de ônus reais *ocultos*, que os terceiros que viessem a adquirir os bens teriam de suportar ainda que os desconhecessem. Isso geraria insegurança ao ambiente negocial, prejudicando

---

impunha o seu abandono. As razões que no século passado terão imposto o princípio não têm hoje sentido" (p. 94). Na mesma direção, cf. António Menezes Cordeiro. *Direitos reais*, cit., p. 338.

[250] Como observa Angelo Belfiore, os autores italianos que, no século XIX, se opuseram ao *numerus apertus* não evidenciavam os efetivos prejuízos que a criação de direitos reais atípicos acarretaria à economia nacional. Apontavam apenas para um *risco* de prejuízo bastante impreciso. Cf. Angelo Belfiore. *Interpretazione e dommatica nella teoria dei diritti reali*, cit., p. 577. Veja-se, ainda, a interessante análise conduzida por Bernard Rudden. La teoria economica contro la "property law": il problema del "numerus clausus". *Revista Critica Del Diritto Privato*, Napoli, n. 3, set. 2000, p. 451-481. O professor de Oxford conclui que, do ponto de vista econômico, não há razão que justifique o princípio do *numerus clausus*.

[251] Tal argumento encontra-se exposto em José de Oliveira Ascensão. *A tipicidade dos direitos reais*, cit., p. 78-79. Na doutrina francesa, em sentido análogo, Christian Atias. *Droit civil* – les biens, cit., p. 54.

sobremaneira a circulação da riqueza. No entanto, já se retrucou que, a rigor, este é um problema de publicidade cuja solução pode ser encontrada em instrumentos já presentes na ordem jurídica, não sendo imprescindível, a esse fim, a imposição do *numerus clausus*. Assim, em relação aos bens imóveis e aos móveis que se amoldam ao sistema registrário, bastaria sujeitar a eficácia do direito real ao prévio registro do negócio constitutivo. Quanto aos demais bens, a entrega ou o desapossamento se tornaria requisito para a constituição de algum direito real atípico.[252]

Há quem possa duvidar que o sistema registral possa funcionar corretamente com um número ilimitado de direitos reais. No entanto, tal opinião não se apoia em evidencias, não havendo razão para se acreditar na incompatibilidade do *numerus apertus* com a atividade desempenhada pelo Registro de Imóveis. Aliás, a experiência do direito espanhol, onde se admite o registro dos direitos reais atípicos constituídos sobre os imóveis, fornece, em sentido oposto, forte argumento a favor da compatibilidade.[253]

Tudo isso mostra que as razões que explicam historicamente a afirmação do *numerus clausus* se encontram superadas. Impõe-se, dessa maneira, a renovação da pesquisa sobre a taxatividade, abandonando-se, de uma vez por todas, a polarização estéril do debate em posições igualmente extremadas: a defesa da vedação absoluta (o *numerus clausus*) ou da liberdade irrestrita.[254]

---

[252] Veja-se sobre o ponto José de Oliveira Ascensão. *A tipicidade dos direitos reais*, cit., p. 79-80. E ainda, na doutrina brasileira, Gustavo Tepedino. Autonomia privada e obrigações reais. In: Gustavo Tepedino. *Temas de direito civil*, cit., p. 289. Confira-se também Bernard Rudden. La teoria economica contro la "property law": il problema del "numerus clausus", cit., p. 460 e 480.

[253] V. José de Oliveira Ascensão. *A tipicidade dos direitos reais*, cit., p. 80-82. Na doutrina brasileira, cf. André Pinto da Rocha Osorio Gondinho. *Direitos reais e autonomia da vontade*: o princípio da tipicidade dos direitos reais. Rio de Janeiro: Renovar, 2001, p. 50-51.

[254] Note-se que os autores franceses que, no século XIX, defendiam o *numerus apertus* reconheciam que não poderiam ser criados direitos reais proibidos pela lei ou contrários à ordem pública. Por evidente, não buscavam o reestabelecimento dos privilégios feudais que tinham sido expressamente abolidos pelas leis editadas no período revolucionário. Pretendiam, em vez disso, a manutenção de determinadas estruturas fundiárias que não tinham sido acolhidas no Código, muito embora fossem assentes no direito antes vigente. V., sobre o ponto, Charles Demolombe. *Cours de Code Napoléon*, cit., p. 400 e ss. Em sentido análogo, Angelo Belfiore ressalta que, na doutrina italiana do século XIX, a discussão sobre a taxatividade também se deu em razão de figuras específicas, notadamente as *servidões pessoais*, que não tinham

Bem mais promissora parece ser a investigação acerca do regime jurídico apropriado aos direitos reais atípicos.

Não obstante tais considerações, que parecem corretas, cumpre reconhecer *de lege lata* que a taxatividade dos direitos reais permanece vigente no direito pátrio, traduzindo princípio de ordem pública.[255] A corroborar tal posição, saliente-se a ausência de normativa sobre a atuação da autonomia privada destinada a evitar a criação indiscriminada de ônus reais socialmente inconvenientes, o que se explica em razão de o legislador não ter considerado outras figuras além daquelas expressamente previstas. Destaca-se, ainda, que a atual lei registral brasileira não admite o registro de direitos reais que não sejam reconhecidos pela lei.[256]

Diante disso, não parece suficiente para justificar a adoção do *numerus apertus* no direito pátrio o argumento segundo o qual, não tendo sido expressamente proibida, a criação de direitos reais atípicos deveria ser tida como lícita. Tal posição, que se apoia exclusivamente no elemento textual da lei, assume, como verdadeira, a questionável premissa de que tudo que não é vedado é permitido, quando, em verdade, apenas a interpretação sistemática e axiológica da globalidade do ordenamento jurídico é apta a revelar o espaço que neste ponto foi reservado à autonomia privada. Quando se segue tal orientação, chega-se, pelas razões acima apontadas, à conclusão de que a taxatividade dos direitos reais constitui a solução normativa que se amolda à atual configuração do direito brasileiro.

---

sido contempladas pelo Código Civil de 1865. V. Angelo Belfiore. *Interpretazione e dommatica nella teoria dei diritti reali*, cit., p. 576-577.

[255] Na lição de Gustavo Tepedino: "Conforme se pode verificar no direito comparado, o sistema do *numerus clausus* constitui-se em orientação afeta à política legislativa, não se configurando em elemento ontologicamente vinculado à teoria dos direitos reais" (Autonomia privada e obrigações reais. In: Gustavo Tepedino. *Temas de direito civil*, cit., p. 289). Nessa esteira, adverte que "a reserva legal para predisposição de uma nova figura real é inderrogável, por traduzir princípio de ordem pública" (p. 290).

[256] Sublinhe-se, a propósito, o art. 172 da Lei 6.015/1973 (Lei de Registros Públicos), em cuja redação se lê: "No Registro de Imóveis serão feitos, nos termos desta Lei, o registro e a averbação dos títulos ou atos constitutivos, declaratórios, translativos e extintos de direitos reais sobre imóveis *reconhecidos em lei*, 'inter vivos' ou 'mortis causa' quer para sua constituição, transferência e extinção, quer para sua validade em relação a terceiros, quer para a sua disponibilidade".

1.6.2 A relevância da distinção entre taxatividade e tipicidade dos direitos reais

No entanto, ao contrário do que faz parecer parcela significativa da doutrina,[257] a taxatividade não significa a supressão da liberdade contratual em matéria de direitos reais. Se é verdade que a criação de uma nova figura real depende do legislador, certo é também que a autonomia negocial manifesta-se de diversas outras maneiras no âmbito dos tipos de direitos reais admitidos na lei. A doutrina contemporânea, revisitando o discurso jurídico herdado do século XIX, tem ressaltado a necessidade de "redimensionar a discussão quanto ao princípio do *numerus clausus*", de modo a retratar fidedignamente toda a vitalidade e a flexibilidade que o ordenamento reconhece aos direitos reais.[258]

Nessa direção, cumpre diferenciar o *numerus clausus*, que diz respeito à fonte normativa do direito real, do princípio da *tipicidade*, que, por sua vez, se refere ao seu conteúdo. O primeiro traduz reserva legal para a criação dos direitos reais ao passo que o segundo diz respeito ao conteúdo de tais direitos.[259]

A doutrina mais tradicional, tratando indistintamente ambos os princípios, examina a tipicidade exclusivamente como corolário da taxatividade, destacando, nessa direção, que é por meio da indicação do conteúdo peculiar de cada tipo real que a lei delimita os direitos reais admitidos na ordem jurídica. No entanto, ao proceder dessa maneira, apreende a tipicidade apenas no seu papel (negativo) de limite à liberdade contratual, deixando de reconhecer a importante função que aquela desempenha em direção oposta, isto é, na promoção da autonomia negocial. Com efeito, os tipos reais são *abertos*,

---

[257] V. seção 1.1.2 *supra*.

[258] Confira-se a respeito Gustavo Tepedino. *Multipropriedade imobiliária*, cit., p. 82 e ss.

[259] "O princípio do *numerus clausus* se refere à exclusividade de competência do legislador para a criação de direitos reais, os quais, por sua vez, possuem conteúdo típico, daí resultando um segundo princípio, corolário do primeiro, o da tipicidade dos direitos reais, segundo o qual o estabelecimento de direitos reais não pode contrariar a estruturação dos poderes atribuídos ao respectivo titular. Ambos os princípios, tratados indiferentemente pela civilística brasileira, embora se apresentem aparentemente coincidentes, diferenciam-se na medida em que o primeiro diz respeito à fonte do direito real e o segundo à modalidade de seu exercício" (Gustavo Tepedino. *Multipropriedade imobiliária*, cit., p. 82). V., ainda, Roberta Mauro Medina Maia. *Teoria geral dos direitos reais*, cit., p. 129 e ss.; e André Pinto da Rocha Osorio Gondinho. *Direitos reais e autonomia da vontade*: o princípio da tipicidade dos direitos reais, cit., p. 154. Na mesma direção, na doutrina portuguesa, confira-se José de Oliveira Ascensão. *A tipicidade dos direitos reais*, cit., p. 305.

coexistindo, no interior de cada tipo, regras essenciais e outras que podem ser livremente modificadas pelas partes.[260] Embora não possam desrespeitar as regras essenciais que são fixadas pela lei, sob pena de subverter o tipo real, admite-se que a autonomia privada possa atuar de sorte a moldar o conteúdo aos legítimos interesses das partes.[261]

No direito vigente, cabe mencionar, entre outros exemplos, a notável versatilidade do direito real de servidão, que, nos termos do art. 1.378 do Código Civil, pode ter por conteúdo qualquer utilidade do prédio serviente.[262] Daí a disseminação das mais variadas espécies de servidão, que, acompanhando a evolução das formas de aproveitamento dos imóveis, se amoldam aos concretos interesses dos vizinhos.[263] Prevalece, assim, a "liberdade de inventar servidões",[264] que "podem variar infinitamente, conforme as necessidades dos prédios e o desenvolvimento das indústrias".[265]

Também se pode ressaltar a liberdade reconhecida às partes para definir o conteúdo do direito real de usufruto, desde que preservada a substância da coisa.[266] De acordo com a doutrina, as regras estabelecidas no Código Civil sobre os direitos do usufrutuário têm caráter dispositivo, prevalecendo, no que tange à extensão do uso e do gozo sobre a coisa, o que estipular o título

---

[260] Em lição em tudo aplicável ao direito brasileiro, José de Oliveira Ascensão ressalta que "o direito real tem todo um conteúdo acessório, que é vastamente moldável pelas partes, mediante a substituição de disposições supletivas" (*A tipicidade dos direitos reais*, cit., p. 332). E arremata: "a tipologia taxativa dos direitos reais não exclui que estes sejam na ordem jurídica portuguesa tipos abertos" (p. 332).

[261] V., nessa direção, Gustavo Tepedino. *Multipropriedade imobiliária*, cit., p. 83; André Osório Gondinho. *Direitos reais e autonomia da vontade*: o princípio da tipicidade dos direitos reais, cit., p. 83.

[262] De acordo com o referido dispositivo: "A servidão proporciona utilidade para o prédio dominante, e grava o prédio serviente, que pertence a diverso dono, e constitui-se mediante declaração expressa dos proprietários, ou por testamento, e subsequente registro no Cartório de Registro de Imóveis". Preceito semelhante estabelecia o art. 695 do Código Civil de 1916 e a doutrina ressaltava que "as vantagens podem ser de qualquer natureza, os benefícios de qualquer espécie" (José Manuel de Carvalho Santos. *Código Civil brasileiro interpretado, principalmente do ponto de vista prático*, cit., v. 9, p. 126).

[263] Confira-se a extensa lista de exemplos de servidão em Arnaldo Rizzardo. *Direito das coisas*. Rio de Janeiro: Forense, 2004, p. 922-932.

[264] San Tiago Dantas. *Programa de direito civil*, cit., p. 319.

[265] Clóvis Beviláqua. *Código Civil dos Estados Unidos do Brasil comentado*, cit., v. 3, p. 202.

[266] Sobre o caráter imperativo da *salva rerum substantia* para a caracterização do usufruto, confira-se Gustavo Tepedino. *Usufruto legal do cônjuge viúvo*, cit., p. 25:

constitutivo.[267] Além disso, o art. 1.390 autoriza expressamente as partes contratantes a definir a abrangência do usufruto, permitindo, assim, a repartição dos frutos e utilidades da coisa entre o nu proprietário e o usufrutuário. Tal característica faz do usufruto figura maleável que poderia ser empregada, inclusive, no contexto empresarial, como técnica de organização da exploração de empreendimentos imobiliários.

Na esteira desses exemplos pode-se aduzir outro, diretamente relacionado ao objeto deste trabalho: os novos contornos que o direito real de penhor vem assumindo na prática negocial em virtude da inserção de determinadas cláusulas. Cabe aqui mencionar não apenas os já tradicionais ajustes de venda amigável e de apropriação dos frutos da coisa em pagamento da dívida, mas também o *pacto marciano* e o acordo de substituição do bem empenhado, de que se cuidará mais adiante.[268]

Em suma, tais exemplos, além de outros que poderiam ser acrescidos, expõe os limites da perspectiva tradicional, que, confundindo taxatividade e tipicidade, restringe a sua análise aos limites estabelecidos à liberdade contratual, deixando, assim, de apreender o significativo espaço reservado à autonomia negocial no preenchimento do conteúdo dos tipos reais. Sob tal perspectiva, pode-se dizer que a tipicidade (aberta) exerce no sistema jurídico influência contraposta à da taxatividade, assegurando flexibilidade e inovação onde o *numerus clausus* pecaria por excesso de rigidez. Nesse tocante, já se observou que:

> (...) a simplicidade da repartição de todos os sistemas por *numerus clausus* e *numerus apertus* é enganadora. A rigidez efectiva de um sistema fechado está em estreita dependência da maleabilidade que por outro lado se outorga aos tipos de direitos reais admitidos: podem ter uma extensão tal que atinjam quase todas as necessidades previsíveis.[269]

---

[267] José Manuel de Carvalho Santos. *Código Civil brasileiro interpretado, principalmente do ponto de vista prático*, cit., v. 9, p. 370; Gustavo Tepedino. *Usufruto legal do cônjuge viúvo*, cit., p. 39.

[268] Cf. Capítulo 3. Acerca das cláusulas do contrato de penhor que se desenvolveram nas práticas negociais, v. Mauro Bardawil Penteado. *O penhor de ações no direito brasileiro*. São Paulo: Malheiros, 2008, especialmente p. 195-210; e Alexandre Gaetano Nicola Liquidato. *O contrato de penhor*. (Tese apresentada como requisito parcial para a obtenção do título de Doutor em Direito Civil pela Faculdade de Direito da Universidade de São Paulo). São Paulo, 2012, especialmente p. 162-182.

[269] José de Oliveira Ascensão. *A tipicidade dos direitos reais*, cit., p. 93.

1.6.3 A individuação do bem objeto do direito real

Cumpre destacar também a liberdade que se reconhece aos particulares na escolha do objeto do direito real. Determinados tipos podem estabelecer limitações genéricas, como, por exemplo, a restrição do penhor aos bens móveis[270] e da anticrese aos imóveis. Outros, ao reverso, como a propriedade e o usufruto, se revelam sobremaneira abrangentes, admitindo qualquer espécie de bem suscetível de apropriação. De toda sorte, identifica-se, em relação a cada tipo real, significativo espaço reservado à autonomia privada no que tange à *individuação* do bem que serve de referência objetiva à relação jurídica real.[271]

A doutrina dominante pouco se ocupa do processo de *individuação*, deixando, assim, de apreender que este, em muitos casos, consubstancia verdadeiro ato de autonomia, que não se reduz à mera identificação física do bem. Note-se, a propósito, que a definição de bem imóvel supõe, sempre, operação jurídica perante o Registro de Imóveis, uma vez que as suas dimensões são necessariamente artificiais, correspondendo à descrição contida na matrícula imobiliária. Desse modo, o fato de se erguerem divisórias através de um terreno não significa, juridicamente, a divisão do imóvel, a qual somente ocorrerá mediante a realização do desmembramento junto ao Registro de Imóveis. Em definitivo, o processo de *individuação* realiza-se "consoante o interesse que a utilidade da base material possa despertar no proprietário, limitado unicamente pela lei (legislação imobiliária, posturas municipais e, especificamente, pelo dever de respeitar o módulo mínimo a que se permite o fracionamento territorial)".[272]

Além disso, já se observou, em relação aos bens imóveis, que o processo de qualificação não se restringe à dimensão espacial, abrangendo ainda a temporal, o que amplia o espectro de escolhas à disposição do titular do direito real. A propósito, demonstrou-se que, no direito pátrio, os empreendimentos de multipropriedade imobiliária são juridicamente viabilizados pela correta delimitação, no tempo e no espaço, das unidades autônomas do condomínio.[273] A mesma técnica estaria ainda na base da constituição, em favor de vizinhos distintos, de múltiplas servidões destinadas ao aproveitamento de

---

[270] V. seção 3.2 *infra*.
[271] Em relação à escolha do objeto da propriedade, v. Gustavo Tepedino. *Multipropriedade imobiliária*, cit., p. 88; e, ainda, Roberta Mauro Medina Maia. *Teoria geral dos direitos reais*, cit., p. 140 e ss.
[272] Gustavo Tepedino. *Multipropriedade imobiliária*, cit., p. 95-96.
[273] Gustavo Tepedino. *Multipropriedade imobiliária*, cit., especialmente p. 88 e 102 e ss.

uma mesma utilidade do prédio vizinho (o uso de um pasto ou de um canal d'água). Nessa situação, limita-se o objeto de cada servidão a determinado período temporal, de modo que o seu exercício não seja conflitante com a de outro. Vale dizer, são estabelecidas servidões cíclicas cujo exercício se faz por turno, não em razão de restrições estabelecidas no título, mas em virtude da configuração do seu objeto.[274]

A liberdade de individuação do objeto do direito real também se manifesta na escolha, autorizada pelo ordenamento, entre a qualificação singular ou coletiva dos bens. Nos termos dos arts. 89 e 90 do Código Civil, determinados bens, posto que materialmente agrupados, podem ser considerados na sua singularidade ou como partes de um todo unitário que constitui, *de per si*, um bem em sentido jurídico. O que determina tal qualificação é o interesse do proprietário que pode tanto corresponder à utilização apartada de cada bem ou ao aproveitamento da *universalidade*, individualizada como objeto de autônoma utilidade econômica.[275]

1.6.4 Direitos reais típicos e contratos atípicos

Visto, portanto, o espaço reconhecido à autonomia privada no que concerne à determinação do conteúdo e do objeto do direito real, cumpre ainda esclarecer se os princípios da taxatividade e da tipicidade restringem os negócios jurídicos dos quais resultam efeitos reais,[276] isto é, a constituição, a modificação, a transmissão ou a extinção de direito real. Em outros ordenamentos, verifica-se aceso debate em torno da matéria, não sendo incomum a afirmação de que somente contratos nominados podem produzir efeitos

---

[274] Gustavo Tepedino. *Multipropriedade imobiliária*, cit., p. 101-102.

[275] Acerca do conceito de *universalidades de fato*, v. Inocêncio Galvão Teles. *Das universalidades*. Lisboa: Minerva, 1940, especialmente p. 166 e ss. Na doutrina brasileira, cf. Milena Donato Oliva. *Patrimônio separado:* herança, massa falida, securitização de créditos imobiliários, incorporação imobiliária, fundos de investimento imobiliário, *trust*. Rio de Janeiro: Renovar, 2009, p. 108-141. V., ainda, seções 3.2.1 e 3.2.2 *infra*.

[276] Não se desconhece que, nos termos dos arts. 1.226 e 1.227 do Código Civil, os efeitos reais não se produzem *solo consensu*, sendo necessário, a esse fim, a tradição do bem ou o registro do respectivo título, conforme a natureza do bem. Não obstante, na constituição ou transmissão por ato entre vivos, o negócio é a *causa*, isto é, o *fundamento* do direito real. É nesse sentido que se pode dizer que o efeito real *resulta* do contrato ou ainda que o contrato tem *efeitos reais*. Veja-se sobre o ponto Orlando Gomes: "O Direito pátrio seguiu o *sistema romano*. (...). Nas legislações do tipo romano, o *título* é simplesmente a *causa* da aquisição. (...). O modo de adquirir *peculiar* aos imóveis é a transcrição" (Orlando Gomes. *Direitos reais*, cit., p. 159-160, grifos no original).

reais. No direito brasileiro, tal opinião é acriticamente reproduzida em relação aos bens imóveis, afirmando-se, nessa direção, que somente podem ser registrados perante o Registro de Imóveis os títulos enumerados no art. 167 da Lei 6.015/1973 (Lei de Registros Públicos).[277] A se admitir o argumento, haveria, no direito pátrio, o *numerus clausus* dos contratos aptos a causar efeitos reais em relação aos imóveis.

Tal opinião, contudo, não se mostra procedente. Como já se destacou, a taxatividade e a tipicidade regem a competência legislativa e o conteúdo dos direitos reais, e não os fatos causativos do qual se originam tais direitos. Em outras palavras, os referidos princípios vedam a constituição de um direito real atípico, cuja estrutura não corresponda àquela predisposta pelo legislador em algum dos tipos reais, porém não restringem os negócios nos quais um direito real (típico) pode ser estipulado ou transmitido.[278]

---

[277] "Com relação ao *princípio da tipicidade*, este preceitua que somente podem ser registrados os títulos previstos em lei" (Marcelo Krug Fachin Torres. A publicidade no sistema registral imobiliário. *Revista de Direito Imobiliário*, São Paulo: Revista dos Tribunais, v. 72, 2012, p. 212). V. tb. Marcelo Augusto Santana de Melo. Breves anotações sobre o registro de imóveis. In: Cláudia Fonseca Tutikian, Luciano Benetti Timm, João Pedro Lamana Paiva (org.). *Novo direito imobiliário registral*. São Paulo: Quartier Latin, 2008, p. 241; Carlos Roberto Teixeira Guimarães. *Comentários ao tabelionato de notas e ao registro de imóveis*. Rio de Janeiro, 2006, p. 247. Na jurisprudência, é ver-se: "Registro de Imóveis. Art. 167 da Lei 6.015/73. 'Numerus clausus'. Somente nas hipóteses expressamente previstas em lei tem o interessado acesso à tábua imobiliária. Exceção que vem sendo construída pela jurisprudência (protesto contra alienação de bens), a mitigar o conceito. Abrandamento que, todavia, se dá em sede de averbação (inc. II do art. 167), não de registro (inc. I). Título que o agravante pretende ver registrado que não se enquadra no elenco fechado do art. 167. Agravo desprovido" (TJSP, AI 0122355-95.2012.8.26.0000, 10ª CDP, Rel. Des. Cesar Ciampolini, j. 04.09.2012). V. tb. TJMG, MS 000.165.743-6/00, 4ª CC, Rel. Des. Carreira Machado, j. 17.02.2000.

[278] Veja-se, a propósito, Milena Donato Oliva. Transmissão da propriedade imobiliária por meio de contratos atípicos. *Revista Forense*, v. 418, p. 455-464, jul.-dez. 2013, p. 456-457: "Não se deve, contudo, aplicar os princípios da taxatividade e da tipicidade para os contratos que importem transmissão, extinção ou constituição de direitos reais. Tais princípios incidem nos direitos reais em virtude da oponibilidade *erga omnes* que ostentam, a demandar prévia valoração legislativa. Mas a forma de circulação de tais direitos (típicos e taxativos) de maneira nenhuma interfere com aludidos princípios, vez que o conteúdo dos direitos reais previsto pelo legislador permanece hígido, não sofre qualquer alteração em razão do modo de sua transferência ou de eventuais obrigações assumidas pelo adquirente". V., na mesma direção, na doutrina portuguesa, José de Oliveira Ascensão. *A tipicidade dos direitos reais*, cit., p. 162; e Pedro Pais de Vasconcelos. *Contratos atípicos*. Coimbra: Almedina, 2009, p. 278.

Não se deve confundir a *causa* (o contrato que serve de título à constituição ou à transmissão do direito real) com o seu *efeito* (o direito real). Se é certo que, em relação aos direitos reais, prevalece a tipicidade, também é certo que o direito brasileiro, à luz dos valores sociais da livre iniciativa, consagra, no art. 425 do Código Civil, a eficácia dos arranjos contratuais atípicos, desde que voltados à realização de interesses merecedores de tutela. Em definitivo, o *numerus clausus* dos direitos reais não se opõe a que os particulares, no legítimo exercício da autonomia privada, prevejam em um contrato atípico a constituição ou a transmissão de um direito real (típico).

Da liberdade reconhecida aos particulares para a estipulação de acordos atípicos resulta o caráter meramente exemplificativo da enumeração contida no art. 167 da Lei de Registros Públicos. Interpretação diversa se revelaria socialmente indesejável, inibindo o salutar dinamismo das práticas negociais no importante setor imobiliário, como também causaria inadmissível fratura no sistema jurídico brasileiro, introduzindo a rigidez do *numerus clausus* onde o legislador expressamente reconheceu a legitimidade de atuação da autonomia privada. Nessa direção, além do art. 425, já aludido acima, cumpre mencionar que o art. 1.227 do Código Civil, ao disciplinar a constituição e a transmissão de direitos reais sobre os imóveis, não restringe os "atos entre vivos" admitidos para esse fim. Do mesmo modo, o art. 1.245, que cuida da transferência do domínio, refere-se genericamente ao "título translativo", isto é, a todo e qualquer título, típico ou atípico, que estabeleça a obrigação de transmitir a propriedade.[279]

Sublinhe-se, ademais, que a Lei de Registros Públicos não exclui a possibilidade de registro de outros títulos além daqueles previstos no art. 167. Ao reverso, seguindo a mesma orientação estabelecida no Código Civil, o art. 172 da referida Lei admite, irrestritamente, "o registro e a averbação dos títulos ou atos constitutivos, declaratórios, translativos e extintos de direitos reais sobre imóveis reconhecidos em lei, 'inter vivos' ou 'mortis causa' quer para sua constituição, transferência e extinção, quer para sua validade em relação a terceiros, quer para a sua disponibilidade".

---

[279] "A Lei de Registros Públicos fez uma miscelânea de atos passíveis de inscrição e de averbação (art. 167, I e II), o que mais evidencia se tratar de uma enumeração exemplificativa. (...) Como já vimos, o registro é eminentemente instrumental, tem por finalidade fazer gerar efeitos que a lei de direito substancial prevê. Não pode a lei instrumental conceder mais ou menos direitos que aqueles estabelecidos na norma de direito substantivo" (Henrique Ferraz Corrêa de Mello. A tipicidade dos direitos reais. *Revista de Direito Imobiliário*, São Paulo: Revista dos Tribunais, n. 52, 2002, p. 110).

Nem se alegue que o caráter exemplificativo do art. 167 da Lei impediria o controle de legalidade que o oficial do registro deve realizar em relação aos títulos apresentados ao Registro de Imóveis, uma vez que se depararia com um sem número de contratos, de menor ou maior complexidade. Nesse particular, importa observar que a natureza atípica do contrato submetido ao registro não alteraria o escopo da atividade de qualificação desempenhada pelo oficial do registro, uma vez que destinado a verificar, independentemente da natureza do negócio, o cumprimento dos requisitos de validade estabelecidos no Código Civil, a sua aptidão a alcançar o pretendido pelas partes e a tipicidade dos direitos reais ali estipulados.[280]

Dessa forma, pode-se concluir que não vigora no direito brasileiro o princípio da tipicidade dos títulos causais aptos à transmissão, modificação ou constituição de direitos reais. Se há tipicidade, esta diz respeito exclusivamente à estrutura dos direitos reais, e não à sua fonte negocial.

1.6.5 A negação da suposta especificidade interpretativa dos direitos reais

As considerações desenvolvidas sobre o espaço que o ordenamento reconhece à autonomia privada, no que concerne à definição do conteúdo e do objeto do direito real, bem como ao contrato que lhe serve de título, permitem afirmar a superação da pretensa especificidade interpretativa das normas que disciplinam os tipos reais.[281] A contraposição entre um direito dos créditos "sensível à autonomia negocial" e um direito das coisas "submetido ao primado da lei" somente faz sentido no imaginário do liberalismo oitocentista em que as restrições legais impostas à liberdade contratual se afiguravam excepcionais e estranhas à dinâmica *natural* das relações privadas. Somente nesse cenário a taxatividade dos direitos representaria intervenção legislativa marcante, quiçá a mais importante do direito privado.

Tal imagem, contudo, dissipa-se em razão do intenso processo histórico de intervenção legislativa no domínio econômico, que, iniciado na primeira metade do século XX, submeteria relações tipicamente pessoais a intenso

---

[280] Sobre o escopo do processo de qualificação realizado pelo oficial, veja-se Ricardo Henry Marques Dip. Sobre a qualificação no registro de imóveis. In: Diego Selhane Pérez. *Títulos judiciais e o registro de imóveis.* Rio de Janeiro: Instituto de Registro Imobiliário do Brasil, 2005, p. 359; Marcelo Augusto Santana de Melo. A qualificação registral como tutela preventiva de conflitos. *Revista de Direito Imobiliário*, v. 68, São Paulo: Revista dos Tribunais, 2010, p. 64; Maria Helena Diniz. *Sistemas de registros de imóveis.* São Paulo: Saraiva, 2012, p. 64-65.

[281] V. seção 1.1.2 *supra*.

controle legal, alterando, profundamente, o tradicional binômio contrato e liberdade.[282] Basta pensar nas normas estabelecidas pelo Código de Defesa do Consumidor para os contratos de consumo[283] para se perceber que, no atual cenário, a limitação à autonomia privada traduz fenômeno amplamente disseminado, que não se reduz ao campo dos direitos reais.[284]

Com a promulgação da Constituição de 1988 e o consequente advento de ordem jurídica comprometida com a promoção de uma sociedade justa e solidária, consolidou-se, definitivamente, o entendimento de que os limites se afiguram conaturais ao ato de autonomia, participando de sua essência com a mesma intensidade que a vontade individual.[285] Consagrou-se, desse modo, a *funcionalização* de todas as situações patrimoniais em razão dos valores existenciais e sociais situados no vértice do ordenamento, aos quais o parágrafo único do art. 2.035 do Código Civil reconheceu o *status* de ordem pública: "nenhuma convenção prevalecerá se contrariar preceitos de ordem pública, tais como os estabelecidos por este Código para assegurar a função social da propriedade e dos contratos".

Nessa ordem de ideias, o princípio da taxatividade significa apenas um limite entre muitos outros estabelecidos pela ordem pública à autonomia privada. Tal preceito, ao lado de outras regras imperativas, como a função social da propriedade, a proibição do abuso de direito, do pacto comissório e da lesão, dá sentido à vinculação, na atual ordem jurídica, da autonomia privada ao desempenho de funções socialmente úteis. Revela-se, nessa perspectiva, o

---

[282] Sobre esse percurso histórico, veja-se novamente Gustavo Tepedino. Premissas metodológicas para a constitucionalização do direito civil. In: Gustavo Tepedino. *Temas de direito civil*, cit., p. 5-8.

[283] "Veja-se, ainda, a disciplina dos contratos de massa, regulada pelo Código do Consumidor, permeada mais uma vez por princípios de ordem pública, expressão do dirigismo contratual" (Gustavo Tepedino. Premissas metodológicas para a constitucionalização do direito civil. In: Gustavo Tepedino. *Temas de direito civil*, cit., p. 21).

[284] Em perspectiva semelhante, cf. Roberta Mauro Medina Maia. *Teoria geral dos direitos reais*, cit., p. 132 e ss.

[285] Como destaca Pietro Perlingieri: "Os chamados limites externos, de um ponto de vista lógico, não seguem a existência do princípio (direito subjetivo), mas nascem junto com ele e constituem seu aspecto qualitativo. O ordenamento tutela um interesse somente enquanto atender àquelas razões, também de natureza coletiva, garantidas com a técnica das limitações e dos gravames. Os limites que se definem externos ao direito, na realidade não modificam do exterior o interesse, mas contribuem à identificação da sua essência, da sua função" (*O direito civil na legalidade constitucional*, cit., p. 680-681).

verdadeiro significado de que se reveste o princípio, "capaz de evitar vínculos (e de, uma maneira geral, formas de aproveitamento das coisas) prejudiciais para os contratantes e para a coletividade".[286]

Sendo esta a configuração do direito vigente, cumpre superar alguns graves preconceitos na interpretação das normas atinentes aos tipos reais. Em particular, não é aceitável a opinião difusamente presente na doutrina segundo a qual, no âmbito do direito das coisas, as normas seriam, em princípio, cogentes, a menos que o legislador expressamente tenha consignado o oposto no artigo de lei.[287] Tal assertiva, além de ser desmentida pelo estudo de certas normas legais, desconhece a natureza *aberta* dos tipos reais da qual já se falou. Com efeito, a qualidade imperativa ou derrogável de uma norma não é um dado que precede à atividade interpretativa, resultando, ao reverso, do seu caráter essencial ou não para a caracterização do respectivo tipo real, o que somente pode ser estabelecido por meio da interpretação axiológica e sistemática da disciplina global do tipo no ordenamento.[288] Do mesmo modo, o silêncio do legislador quanto à possibilidade de as partes procederem a determinado ajuste no conteúdo do direito real não deve ser presumido nem contra nem a favor da sua admissão. Neste tocante também, somente a interpretação sistemática e axiológica do direito como um todo é apta a revelar se o aludido arranjo contratual é compatível com a tipicidade do direito real em apreço.

Em definitivo, se é inegável que a taxatividade e a tipicidade modelam a atuação da autonomia negocial, é certo, porém, que tais preceitos não justificam a suposta especificidade hermenêutica dos direitos reais, tendo em vista que, em todos os confins do direito privado, a autonomia privada se revela limitada sob o influxo dos princípios e dos valores constitucionais.

Da unidade axiológica do ordenamento jurídico decorre o caráter unitário do processo hermenêutico de valoração do ato de autonomia. Por isso que, independentemente da sua natureza real ou pessoal, qualquer situação subjetiva jurídica é protegida pela ordem jurídica somente se for orientada à

---

[286] Gustavo Tepedino. *Multipropriedade imobiliária*, cit., p. 85.

[287] V. as referências na seção 1.1.2 *supra*.

[288] Como adverte Pietro Perlingieri: "A natureza derrogável ou inderrogável, normal ou excepcional, que a norma adquire no sistema é fruto de interpretação axiológica e sistemática; a qualificação do fato concreto não é um depois, mas é, juntamente com a norma de referência que se individualiza como adequada a ele, aspecto constante e não eliminável do fenômeno normativo" (*O direito civil na legalidade constitucional*, cit., p. 204)

realização de interesses que estejam em consonância com os valores inscritos na Constituição da República.[289] Identifica-se, assim, do ponto de vista axiológico, um "direito comum das situações patrimoniais".[290]

1.7 A RELEVÂNCIA DA CATEGORIA DO DIREITO REAL PARA A DISCIPLINA DO PENHOR

Consoante se verificou no decorrer deste Capítulo, é de se concluir que, à luz do ordenamento vigente, o enquadramento do penhor na categoria dos direitos reais mostra-se insuficiente para a individuação de sua disciplina jurídica. Em particular, os princípios da taxatividade e da tipicidade não são decisivos no exame do espaço reservado à atuação da autonomia privada na definição dos efeitos do penhor.

Tal conclusão, diga-se por oportuno, encontra-se em sintonia com a doutrina mais atenta ao fenômeno de esfacelamento da classificação entre direitos reais e pessoais. Assim, já se observou que "cuidando-se de categorias relativas e dinâmicas, isto é, vinculadas à política legislativa de cada sociedade, tal partição, elaborada em outro contexto histórico, pouco a pouco vai perdendo importância, à luz do vigente ordenamento brasileiro".[291]

O fenômeno não se restringe ao direito brasileiro; e na doutrina italiana já se ressaltou que a categoria dos direitos reais:[292]

> De um lado, em razão do desenvolvimento da indústria e da atividade terciária em confronto com aquela da agricultura e do artesanato, e, de outro, em virtude de certas transformações técnico-jurídicas e do aperfeiçoamento conceitual, tornou-se relativamente menos importante e perdeu a sua antiga capacidade expansiva.

---

[289] Cf., nessa direção, Gustavo Tepedino. *Multipropriedade imobiliária*, cit., p. 85; e também Roberta Mauro Medina Maia. *Teoria geral dos direitos reais*, cit., p. 135.

[290] V. Pietro Perlingieri. *O direito civil na legalidade constitucional*, cit., p. 892.

[291] Gustavo Tepedino. Direito das coisas (arts. 1.196 a 1.276). In: Antônio Junqueira de Azevedo (coord.). *Comentários ao Código Civil*, cit., v. 14, p. 25. Veja-se ainda nessa direção Roberta Mauro Medina Maia. *Teoria geral dos direitos reais*, cit., p. 17-24.

[292] Giovanni Pugliese. Diritti reali. *Enciclopedia del Diritto*, cit., p. 775, tradução livre. Na doutrina portuguesa, José de Oliveira Ascensão ressalta que "o direito das coisas é um ramo que se pode, sem exagero, considerar em crise" (*A tipicidade dos direitos reais*, cit., p. 13).

Daí a se afirmar, em lição plenamente aplicável ao direito brasileiro, que:[293]

> O problema da natureza real do penhor ou da hipoteca, assim como dos privilégios especiais, (...), apresenta, em todo caso, diminuta relevância prática, visto ser remoto o eventual recurso à disciplina dos direitos reais para resolver questões específicas que não possam ser resolvidas com base nas normas estabelecidas para o penhor e a hipoteca.

Em última instância, tal estado de coisas reflete a ociosidade das classificações que atentam exclusivamente para o perfil estrutural das relações jurídicas.[294] Na esteira do amplamente noticiado processo de funcionalização dos institutos de direito privado, cumpre considerar o penhor como regulamento de interesses e averiguar sua disciplina jurídica tendo em vista, prioritariamente, as legítimas finalidades perseguidas pelas partes. Daí porque se impõe, como passo incontornável desse percurso investigativo, o estudo da função do penhor.

---

[293] Enrico Gabrielli. Diritti reali – Il pegno. In: Rodolfo Sacco (org.). *Trattato di Diritto Civile*, cit., p. 9, tradução livre.

[294] V. sobre a insuficiência da leitura exclusivamente estrutural das relações jurídicas, Pietro Perlingieri. *Perfis do direito civil*, cit., especialmente p. 31-32, 94-96, 201-208.

2

A FUNÇÃO DE GARANTIA DO CRÉDITO

2.1 NECESSIDADE DE DELIMITAÇÃO DO CONCEITO DE GARANTIA À LUZ DO DADO NORMATIVO

Como é curial, o penhor cumpre a função de garantia do crédito. Ao lado da hipoteca e da anticrese, integra os direitos reais de garantia, que se diferenciam,[1] pelo critério funcional, dos direitos reais de fruição e de aquisição. No entanto, avultam dificuldades na compreensão do que seja efetivamente uma garantia, visto que tal termo é empregado em contextos variados para expressar ideias diversas, não sendo possível extrair um significado único.[2]

A origem do termo é comumente associada à expressão *waren* ou *waeren* do antigo direito germânico, que era empregada, originalmente, para designar a responsabilidade do vendedor pelo risco de evicção, e da qual derivou o moderno verbo *garantir* e suas variações (*garantire, garantizar, warrant*).[3] Mas foi somente no século XIX, por obra da doutrina alemã, que se formulou a categoria dos *contratos de garantia* (*Garantieverträge*) e as

---

[1] Nos termos do art. 1.419 do Código Civil: "Nas dívidas garantidas por penhor, anticrese ou hipoteca, o bem dado em garantia fica sujeito, por vínculo real, ao cumprimento da obrigação".

[2] Como ressalta Clóvis Beviláqua: "A expressão garantia é tomada, no direito, em vários sentidos" (Clóvis Beviláqua. *Direito das coisas*. Rio de Janeiro: Freitas Bastos, 1942, v. 2, reedição publicada em 2003 na Coleção *História do Direito Brasileiro* do Conselho Editorial do Senado Federal, p. 10).

[3] V. Michele Fragali. Garanzia. *Enciclopedia del Diritto*. Milano: Giuffrè, 1969, p. 446.

diversas classificações ainda hoje usuais, como garantia geral e especial, real e pessoal, legal e convencional.[4]

A partir disso, o emprego do vocábulo expandiu-se, passando a assinalar os mais variados mecanismos voltados a assegurar o adimplemento das obrigações e a fruição de direitos. O termo é empregado até mesmo no campo do direito sucessório, cabendo mencionar, a título ilustrativo, a segregação da herança frente aos patrimônios dos herdeiros, que é comumente considerada garantia dos credores do *de cujus*.[5]

A utilização da palavra não se ateve aos confins do direito privado, observando-se, nos dias atuais, o seu uso nos mais variados contextos para designar qualquer instituto jurídico destinado a tutelar determinado interesse de possível violação.[6] Assim são entendidas as garantias constitucionais dos direitos fundamentais, que são aquelas disposições assecuratórias "que, em defesa dos direitos, limitam o poder".[7] Até mesmo no direito penal, concebe-se a penalidade como *garantia* da convivência social, vez que a sua aplicação (ou melhor, o temor da sua aplicação) visa proteger bens fundamentais para o livre desenvolvimento da personalidade humana (vida, integridade física, privacidade etc.), mediante a inibição de comportamentos transgressores.[8]

---

[4] Cf. Michele Fragali. Garanzia, cit., p. 447. Sublinhe-se que as principais espécies de garantia das obrigações (penhor, hipoteca, alienação fiduciária em garantia, fiança) já existiam no direito romano (v., por todos, Ebert Chamoun. *Instituições de direito romano*, cit., p. 281-290 e p. 330-337).

[5] No sentido de que a segregação assegura que os credores sejam satisfeitos antes de efetuada a partilha do espólio entre os herdeiros. Cf., a propósito, Domenico Rubino. La responsabilità patrimoniale – Il Pegno. In: Filippo Vassalli (coord.). *Trattato di Diritto Civile Italiano*, cit., p. 8. E, ainda, na doutrina brasileira, Milena Donato Oliva. *Patrimônio separado*: herança, massa falida, securitização de créditos imobiliários, incorporação imobiliária, fundos de investimento imobiliário, *trust*, cit., p. 282-283.

[6] Como ressalta Paulo Bonavides: "Existe a garantia sempre em face de um interesse que demanda proteção e de um perigo que se deve conjurar" (*Curso de direito constitucional*. 11. ed. São Paulo: Malheiros, 2001, p. 480).

[7] Nas célebres palavras de Rui Barbosa. Os actos inconstitucionais do Congresso e do Executivo ante a Justiça Federal. Ministério da Educação e Cultura. *Obras completas de Rui Barbosa*. Rio de Janeiro: 1958, v. 20 (1893), t. V, p. 167. Disponível em: <http://docvirt.com/docreader.net/ docreader.aspx?bib=ObrasCompletasRuiBarbosa&Pag Fis=9093>. Acesso em: 14 nov. 2013.

[8] Marco fundamental dessa perspectiva jusfilosófica, que concebe o direito penal como instrumento a serviço da emancipação do ser humano, é a obra do Marquês de Beccaria. *Dei Delitti e Delle Pene*, publicada em 1764 (*Dos delitos e das penas*. 3. ed. Trad. J. Cretella Jr. e Agnes Cretella. São Paulo: Revista dos Tribunais, 2006). Como já se observou, "(...) nos tempos modernos, notadamente após o discurso inflamado

Esse breve panorama ilustra a ambiguidade da palavra "garantia". Daí a necessidade de se proceder à depuração dos diversos sentidos que o termo tem assumido no discurso jurídico, com vistas a delimitar-se o preciso significado atribuído à função do penhor como *garantia do crédito*. Não se trata de examinar todos os possíveis sentidos técnicos que o termo garantia pode assumir no direito brasileiro. O que se pretende é identificar, com base no dado normativo, o significado da função de garantia exercido pelo penhor. Procura-se, dessa forma, elucidar a exata acepção atribuída à função do penhor como garantia do crédito, sem adentrar em outros possíveis sentidos técnicos que o termo garantia possa revestir no ordenamento pátrio.

Consoante já se aludiu, colhe-se da doutrina a utilização do vocábulo garantia em sentido deveras amplo, para designar variados instrumentos jurídicos voltados a assegurar a realização ou o pleno exercício de um direito subjetivo patrimonial. Seriam, à luz dessa concepção, abrangidos pela palavra garantia os mecanismos que efetivam ou facilitam a tutela dos interesses do credor em caso de inadimplemento do devedor, cabendo mencionar, exemplificativamente, a faculdade de resolução contratual por inadimplemento, que assegura à parte prejudicada a extinção do vínculo contratual e o retorno ao *status quo* anterior.[9]

Também a cláusula penal seria, nesse sentido, uma garantia,[10] já que a prefixação das perdas e danos traduz expediente destinado a facilitar a reparação dos danos ocasionados ao credor em caso de inadimplemento. Cabe mencionar igualmente a solidariedade passiva, que coloca o credor em situação vantajosa caso sobrevenha o descumprimento, uma vez que fica autorizado a demandar qualquer dos devedores pela integralidade do débito.[11]

---

de '*Dei Delitti e Delle Pene*', o direito penal passou a exercer uma função: a de garantia dos direitos humanos fundamentais" (Luiz Luisi. La función de garantía del derecho penal moderno. *Anuario de Filosofía del Derecho*, Madrid: Ministerio de Justicia, Boletin Oficial del Estado, Sociedad Española de Filosofía Jurídica y Política, n. 17, p. 215-224, 1973-1974, p. 215-216, tradução livre).

[9] Veja-se, por todos, Orlando Gomes. *Contratos*, cit., p. 210.

[10] V., nesse sentido, Caio Mario da Silva Pereira. *Instituições de direito civil*. 24. ed. Rio de Janeiro: Forense, 2011, v. 2, p. 141. Cf., ainda, Ebert Chamoun. *Instituições de direito romano*, cit., p. 330.

[11] Confira-se Gustavo Tepedino, Heloisa Helena Barboza e Maria Celina Bodin de Moraes *et alii*. *Código Civil interpretado conforme a Constituição da República*, cit., v. 1, p. 558. É vastíssima a literatura sobre a qualificação da solidariedade passiva como espécie de garantia, podendo-se mencionar, a título ilustrativo, a célebre construção da *mútua fiança* elaborada por Bonfante. Sobre o tema, veja-se Luís Manuel

Dentro dessa concepção ampla de garantia também estaria incluída a responsabilidade do alienante pelos vícios redibitórios e pela evicção. Aduz-se, nesse sentido, que o fundamento desses institutos é "o princípio da garantia",[12] competindo ao alienante assegurar ao adquirente a posse útil e pacífica do bem objeto do negócio.[13]

Constituiriam garantias, ainda, os direitos reais de hipoteca e penhor, haja vista a inegável utilidade desses expedientes para a tutela do crédito. Afinal, a excussão do bem conduz à satisfação do débito, sendo o preço obtido com a venda destinado prioritariamente ao pagamento do credor garantido. Ademais, como estabelece o Código Civil, "o bem dado em garantia fica sujeito, por vínculo real, ao cumprimento da obrigação",[14] de modo que o penhor ou a hipoteca podem ser executados a despeito de o bem ter sido transferido a outrem. Desse modo, o terceiro adquirente torna-se responsável, até o limite do valor do bem, pela solvência do débito.[15]

Outros exemplos podem ser mencionados adicionalmente, como o direito de retenção, que, como se sabe, assegura ao credor, que tem em mãos determinado bem do devedor, a possibilidade de retê-lo até o pagamento do que lhe é devido.[16] Afirma-se que a característica marcante dessa faculdade é a transfiguração do *título* da posse do credor sobre o bem, que passa a ser exercida a *título de garantia do seu crédito*.[17] Assim, a posse iniciada, por exemplo,

---

Teles de Menezes Leitão. *Garantia das obrigações*. 2. ed. Coimbra: Almedina, 2008, p. 157-160.

[12] Caio Mário da Silva Pereira. *Instituições de direito civil*, cit., v. 3, p. 107 e 119. V. também Paulo Lôbo. *Direito civil*: contratos, cit., p. 151 e 156.

[13] Veja-se, ainda, Orlando Gomes. *Contratos*, cit., p. 111-117.

[14] Nos termos do já transcrito art. 1.419, "nas dívidas garantidas por penhor, anticrese ou hipoteca, o bem dado em garantia fica sujeito, por vínculo real, ao cumprimento da obrigação".

[15] Nesse sentido, Domenico Rubino. La responsabilità patrimoniale – Il Pegno. In: Filippo Vassalli (coord.). *Trattato di Diritto Civile Italiano*, cit., p. 14.

[16] V., sobre o tema, Gustavo Tepedino. Das várias espécies de contrato, do mandato, da comissão, da agência e distribuição, da corretagem, do transporte. In: Sálvio de Figueiredo Teixeira (coord.). *Comentários ao Novo Código Civil*. Rio de Janeiro: Forense, 2008, v. 10, p. 260. Confira-se, ainda, sobre o tema, Luís Manuel Teles de Menezes Leitão. *Garantia das obrigações*, cit., p. 239-245.

[17] Na lição de Arnoldo Medeiros da Fonseca, "o elemento distintivo do direito de retenção propriamente dito encontra-se no *novo título*, em que sempre se baseia. Em todos os casos de *retenção legal*, o credor já tem a detenção da coisa por qualquer título, e passa depois a retê-la, autorizado pela lei, a *título de garantia* do seu crédito" (*Direito de retenção*. Rio de Janeiro: Forense, 1957, p. 111).

em razão do contrato de depósito firmado com o devedor transmuda-se em posse a título de garantia do pagamento da retribuição devida e das despesas feitas com a coisa.[18]

O efeito de garantia desempenhado pelo direito de retenção revela-se no poder coercitivo que exerce sobre o devedor, que se encontra constrangido a pagar o que deve ao credor para reaver coisa sua. O exercício de tal faculdade não conduz, por si só, à satisfação do crédito, sendo, a rigor, instrumento hábil a compelir o devedor a realizar a prestação devida.[19]

Ainda se incluem nesse amplíssimo conceito de garantia instrumentos que oferecem proteção de caráter preponderantemente preventivo, tendo por finalidade mitigar o risco de inadimplemento. Nesse sentido, importa mencionar o expediente da compensação de créditos, que tem por efeito diminuir a probabilidade de o credor ser atingido pelo inadimplemento do devedor. Com efeito, além de representar uma economia procedimental, dispensando a realização de pagamentos recíprocos para a extinção dos créditos, a compensação traduz instrumento de garantia na medida em que o devedor, ao opor tal exceção, realiza o seu crédito, até o montante equivalente ao seu débito, independentemente da cooperação da outra. Dessa maneira, a compensação assegura a quem a exerceu a imediata satisfação do que lhe era devido, livrando-o do risco a que estaria exposto caso tivesse de aguardar a realização do pagamento pela outra parte.[20] Assim, por exemplo, o banco que concede empréstimo ao cliente que nele mantenha conta bancária garante-se

---

[18] Nos termos do art. 644 do Código Civil, "o depositário poderá reter o depósito até que se lhe pague a retribuição devida, o líquido valor das despesas, ou dos prejuízos a que se refere o artigo anterior, provando imediatamente esses prejuízos ou essas despesas".

[19] Confira-se novamente Gustavo Tepedino. Das várias espécies de contrato: do mandato, da comissão, da agência e distribuição, da corretagem, do transporte. In: Sálvio de Figueiredo Teixeira (coord.). *Comentários ao Novo Código Civil*, cit., p. 260. Ainda sobre o ponto, Olavo de Andrade. *Notas sobre o direito de retenção*. São Paulo: Saraiva & C Editores, 1922, p. 38.

[20] "A compensação desempenha uma função mais relevante, conforme a equidade, que é evitar o risco de o devedor que paga se frustrar em virtude de uma eventual insolvência do outro devedor" (Gustavo Tepedino, Heloisa Helena Barboza e Maria Celina Bodin de Moraes *et alii*. *Código Civil interpretado conforme a Constituição da República*, cit., v. 1, p. 674). Veja-se também, nessa direção, Pedro Romano Martinez e Pedro Fuzeta da Ponte. *Garantias de cumprimento*. 5. ed. Coimbra: Almedina, 2006, p. 253-254.

do risco de inadimplência, uma vez que a quitação do mútuo pode ser alcançada por meio de compensação com o saldo da conta bancária.[21]

Cumpre referir, igualmente, às cláusulas chamadas *loan covenants*, que são usualmente estipuladas nas operações bancárias de financiamento empresarial. A noção mostra-se, a rigor, extremamente ampla, compreendendo as mais variadas obrigações de fazer assumidas pelo mutuário no interesse do mutuante. Nesse sentido, a *loan covenant* é comumente definida como "o compromisso assumido pelo mutuante de prática de determinados atos, como a entrega tempestiva de demonstrações financeiras, ou de abstenção de certos atos, como o endividamento para além do limite convencionado".[22]

São geralmente classificadas em positivas (*affirmative covenants*) – *e.g.*, manter os ativos operacionais em bom estado, contratar apólices de seguro para os principais riscos incorridos, conferir ao mutuante garantia, no mínimo, igual a que vier a ser concedida a qualquer outro credor – e negativas (*protective covenants*), que constituem, em síntese, meios de monitoramento da saúde financeira do mutuário, por meio da imposição de restrições à liberdade de gestão empresarial, que procuram evitar acréscimo no risco de inadimplemento.[23]

As mais usuais são nível mínimo de capital de giro, limite ao endividamento de curto ou longo prazo, restrições ao arrendamento de longo prazo de equipamentos ou imóveis, restrições à distribuição de proventos aos acionistas

---

[21] Sublinhe-se, nada obstante, que, no âmbito das relações de consumo, discute-se a legitimidade da cláusula inserida no contrato bancário de abertura de conta corrente que autoriza a instituição financeira a compensar os valores que lhe são devidos, em razão do financiamento concedido, com os valores depositados oriundos do salário recebido pelo cliente. Assim, em 2003 decidiu o Superior Tribunal de Justiça que "o banco não pode apropriar-se da integralidade dos depósitos feitos a título de salários, na conta do seu cliente, para cobrar-se de débito decorrente de contrato bancário, ainda que para isso haja cláusula permissiva no contrato de adesão" (REsp 492.777/RS, 3ª Turma, Rel. Min. Ruy Rosado de Aguiar, DJ 01.09.2003). Firmou-se, nessa esteira, o entendimento de "ante a natureza alimentar do salário e do princípio da razoabilidade, os empréstimos com desconto em folha de pagamento (consignação facultativa/voluntária) devem limitar-se a 30% (trinta por cento) dos vencimentos do trabalhador" (REsp 1.186.965/RS, 3ª Turma, Rel. Min. Massami Uyeda, DJe 03.02.2011).

[22] Peter K. Nevitt e Frank J. Fabozzi. *Project Financing*. 7. ed. London: Euromoney Books, 2000, p. 397, tradução livre.

[23] V. Peter K. Nevitt e Frank J. Fabozzi. *Project Financing*, cit., p. 115-116.

e limites à constituição de ônus sobre ativos.[24] O objetivo consiste, de ordinário, em resguardar a solvência do devedor e, por consequência, assegurar as condições necessárias à satisfação do direito do credor.

Embora sejam alvo de críticas por limitarem a liberdade do empresário na condução de seus negócios,[25] as *loan covenants* constituem importantes instrumentos na negociação de empréstimos, porquanto contribuem para refrear a adoção pelo devedor de gestão financeira expansionista, que ameace sua capacidade de quitar o débito contraído. Na hipótese de as restrições estabelecidas não serem observadas, o credor fica autorizado a cobrar o pagamento do empréstimo antes do termo convencionado, sem prejuízo da adoção de outras medidas previstas no programa contratual.[26]

Outro exemplo de mecanismo tido como garantia, cujos efeitos são marcadamente preventivos, consiste na faculdade de cobrança antecipada do crédito nas hipóteses, estabelecidas em lei ou no contrato, de ocorrência de evento que signifique, objetivamente, o incremento do risco de o devedor não ser capaz de quitar o débito na data estipulada. O exercício dessa faculdade oferece ao credor um meio de se resguardar do agravamento da probabilidade de insolvência do devedor, pois deflagra a cobrança imediata do montante devido, descontados os juros correspondentes ao período não decorrido.[27]

Assim, no caso de venda a prazo, a mora no pagamento de uma das prestações legitima a exigência imediata de todas as vincendas (CC, art. 1.425, III), haja vista que o atraso verificado pode ser revelador das dificuldades

---

[24] Para uma análise desses e outros exemplos, v. novamente Peter K. Nevitt e Frank J. Fabozzi. *Project Financing*, cit., p. 119. Na doutrina pátria, cf. Eduardo Salomão Neto. Financiamento de projetos com recursos internacionais (*Project finance*). *Revista de Direito Bancário e Mercado de Capitais*, n. 23, 2004, p. 53-92.

[25] Como destaca José Virgílio Lopes Enei, o controle é tanto que "a esfera de ação da administração da empresa é reduzida a um papel meramente burocrata, no sentido de conduzir os negócios de acordo com as determinações minuciosamente impostas pelo financiador" (Project Finance: financiamento com foco em empreendimentos: (parcerias público-privadas, *leveraged buy-outs* e outras figuras afins). São Paulo: Saraiva, 2007, p. 226).

[26] V., nessa direção, Luiz Ferreira Xavier Borges. *Covenants* – instrumento de garantia em *project finance*. *Revista de Direito Bancário e Mercado de Capitais*, n. 5, maio-ago. 1999, p. 133; e também José Virgílio Lopes Enei. Project Finance: financiamento com foco em empreendimentos: (parcerias público-privadas, *leveraged buy-outs* e outras figuras afins), cit., p. 226.

[27] Segundo dispõe o art. 1.426 do Código Civil, "Nas hipóteses do artigo anterior, de vencimento antecipado da dívida, não se compreendem os juros correspondentes ao tempo ainda não decorrido".

financeiras vivenciadas pelo devedor, as quais com o decurso do tempo podem piorar, tornando mais remotas as chances de o credor ter êxito na cobrança do crédito, caso tivesse de aguardar o termo estipulado.[28]

Do mesmo modo, se o bem empenhado para garantia do crédito for destruído, e o devedor, posto que intimado, não providenciar sua substituição, a lei faculta a cobrança antecipada da dívida (CC, arts. 1.425, I e 333, III), em consideração ao fato de o credor não dispor mais da segurança que lhe proporcionava o penhor.[29] Desta feita, o credor pode optar pela exigência imediata do que lhe é devido, promovendo, se necessário, a execução dos bens do devedor existentes nessa oportunidade, em vez de aguardar o vencimento e, assim, correr o risco de o devedor já não ter, nesse momento, bens que bastem à execução.

Cumpre mencionar, ainda no âmbito da ampla definição do conceito de garantia, a faculdade de exceção de contrato não cumprido, que, nos contratos sinalagmáticos em que não se houver estipulado ordem cronológica para o cumprimento das obrigações, autoriza a parte contratante a recusar-se a cumprir sua prestação antes da outra parte realizar a sua. Tal prerrogativa traduz importante instrumento de garantia na medida em que a parte contratante, ao exercê-la, pressiona a outra parte a cumprir a sua própria prestação.[30]

Do mesmo modo se interpreta a *fattispecie* prevista no art. 477 do Código Civil, segundo a qual "se, depois de concluído o contrato, sobrevier a uma das partes contratantes diminuição em seu patrimônio capaz de comprometer ou tornar duvidosa a prestação pela qual se obrigou, pode a outra recusar-se à prestação que lhe incumbe, até que aquela satisfaça a que lhe compete ou dê garantia bastante de satisfazê-la".

---

[28] Comentando dispositivo semelhante contido no Código Civil de 1916 (art. 762), Clóvis Beviláqua esclarece que "o devedor, que não paga a prestação vencida, infringe o contrato, e demonstra ou incapacidade econômica ou má vontade" (Clóvis Beviláqua. *Código Civil dos Estados Unidos do Brasil comentado*, cit., v. 3, p. 266). V. também Fernando Noronha. *Direito das obrigações*. São Paulo: Saraiva, 2003, v. 1, p. 183.

[29] V., sobre o ponto, a seção 2.5.

[30] V., nesse sentido, Ruy Rosado de Aguiar Júnior. Da extinção do contrato. In: Sálvio de Figueiredo Teixeira (coord.). *Comentários ao novo Código Civil*. Rio de Janeiro: Forense, 2011, v. 6, t. 2, p. 750. V., ainda (embora critiquem a ideia de que a aludida exceção exerça função de garantia), Araken de Assis, Ronaldo Alves de Andrade e Francisco Glauber Pessoa Alves. Do direito das obrigações (arts. 421 a 578). In: Arruda Alvim e Thereza Alvim (coord.). *Comentários ao Código Civil brasileiro*. Rio de Janeiro: Forense, 2007, v. 5, p. 659.

De acordo com o preceito, ainda que por força da ordem estabelecida no contrato esteja obrigada a desempenhar a sua prestação em primeiro lugar, a parte pode recusar-se a fazê-lo tendo em consideração o risco, agravado pela deterioração da situação patrimonial da outra parte, de não receber, em seguida, o que lhe fora prometido. O dispositivo autoriza, como meio de proteção aos interesses da parte contratante, a inobservância do cronograma contratual quando houver fundado receio – em razão da notável diminuição registrada no patrimônio da outra parte – de um dos contratantes cumprir sua prestação sem receber, em troca, o pagamento devido.[31]

Como se depreende desses numerosos exemplos, a palavra *garantia* tem sido utilizada para designar variados institutos que têm por efeito geral assegurar a satisfação de direitos patrimoniais. Há de se atentar, nada obstante, para a excessiva abrangência da noção de garantia assim delineada, que compreenderia institutos variados e heterogêneos – como a compensação de créditos, a responsabilidade pela evicção, a resolução contratual, o direito de retenção e a hipoteca, entre outros –, não reconduzíveis a disciplina unitária. Diante disso, mostra-se de duvidosa utilidade a formulação de categoria tão ampla, que, por compreender institutos tão díspares entre si sem lograr reuni--los em normativa comum, acaba por esvaziar-se completamente.

Não bastasse isso, a investigação cuidadosa do emprego do termo *garantia* no dado normativo, em particular em diversos dispositivos do Livro do Direito das Obrigações do Código Civil, revela a existência de um conceito ao mesmo tempo mais restrito e denso, que congrega figuras às quais se aplica regime próprio, sem embargo das especificidades normativas de cada uma.

2.2 GARANTIA E ACESSÓRIO DO CRÉDITO

2.2.1 O conceito de acessório no direito brasileiro

O termo *garantia* e as variações *garantir e garantido* derivadas do mesmo étimo encontram-se presentes em diversos preceitos do Livro do Direito das Obrigações do Código Civil.[32] A análise de tais dispositivos indica o uso da expressão em acepção específica, para designar institutos que revestem

---

[31] V. Ruy Rosado de Aguiar Júnior. Da extinção do contrato. In: Sálvio de Figueiredo Teixeira (coord.). *Comentários ao novo Código Civil*, cit., p. 830-837; e Araken de Assis, Ronaldo Alves de Andrade e Francisco Glauber Pessoa Alves. Do direito das obrigações (arts. 421 a 578). In: Arruda Alvim e Thereza Alvim (coord.). *Comentários ao Código Civil brasileiro*, cit., p. 696-702.

[32] Confiram-se os arts. 300, 301, 303, 333, 340, 349, 364, 365 e 387 do Código Civil.

determinadas características, que não estão presentes em qualquer instrumento de tutela do crédito.

Confira-se, em primeiro lugar, o art. 349 do Código Civil, segundo o qual "a sub-rogação transfere ao novo credor todos os direitos, ações, privilégios e garantias do primitivo, em relação à dívida, contra o devedor principal e os fiadores". Tal dispositivo, como se vê, disciplina os efeitos sucessórios da sub-rogação legal ou convencional.[33] Depreende-se do preceito o vínculo de dependência que prende as garantias ao crédito. Alterada, em virtude da sub-rogação, a titularidade da situação jurídica ativa, transmite-se ao sub-rogado as garantias de que dispunha o credor antecedente.

Do mesmo modo se mostra relevante a análise do disposto no art. 301 do Código Civil relativo à assunção de dívida, com o seguinte teor: "Se a substituição do devedor vier a ser anulada, restaura-se o débito, com todas as suas garantias, salvo as garantias prestadas por terceiros, exceto se este conhecia o vício que inquinava a obrigação". Como esclarece a doutrina, tal preceito disciplina os efeitos da invalidação do negócio de assunção de dívida prevendo para as hipóteses de nulidade e anulabilidade a preservação do devedor original no vínculo obrigacional.[34] Cumpre observar, em mais esse dispositivo legal, a relação de subordinação entre as garantias e a obrigação, que a norma estabelece ao determinar o ressurgimento das garantias prestadas pelo devedor como corolário da manutenção do vínculo com o devedor original.

Tais exemplos, em suma, ilustram a *relação de acessoriedade* que se forma entre o crédito e as garantias, a qual se encontra tão fortemente arraigada ao dado normativo vigente que, em determinadas hipóteses, o legislador emprega a expressão *acessórios do crédito* como gênero ao qual pertenceria a espécie *garantia*. É o que se vê no art. 287 do Código Civil, segundo o qual "salvo disposição em contrário na cessão de um crédito abrangem-se todos os seus acessórios". O mesmo se observa em relação ao disposto no art. 384, nos termos do qual "cessando a confusão, para logo se restabelece, com todos os seus acessórios, a obrigação anterior". Constitui interpretação pacífica na doutrina que os "acessórios" aludidos em ambos os dispositivos abrangem as garantias do crédito.[35]

---

[33] Sobre o tema, v. Gustavo Tepedino, Heloisa Helena Barboza, Maria Celina Bodin de Moraes *et alii*. *Código Civil interpretado conforme a Constituição da República*, cit., v. 2, p. 646.

[34] V. Gustavo Tepedino, Heloisa Helena Barboza, Maria Celina Bodin de Moraes *et alii*. *Código Civil interpretado conforme a Constituição da República*, cit., v. 2, p. 592.

[35] V., por todos, Gustavo Tepedino, Heloisa Helena Barboza, Maria Celina Bodin de Moraes *et alii*. *Código Civil interpretado conforme a Constituição da República*, cit., v. 1, p. 575 e 691.

Depreende-se da análise desses exemplos o emprego pelo legislador do termo *garantia* em sentido mais limitado que aquele visto inicialmente, na medida em que designa, especificamente, *determinadas situações subjetivas reputadas acessórias do direito de crédito.* Daí porque a compreensão do conceito de acessório se mostra incontornável à qualificação jurídica das garantias do crédito.

No direito brasileiro, o conceito de acessoriedade encontra-se positivado no art. 92 do Código Civil ao propósito da classificação dos bens entre *principais* e *acessórios.* Segundo o aludido dispositivo, "principal é o bem que existe sobre si, abstrata ou concretamente; acessório, aquele cuja existência supõe a do principal".

A primeira característica dos acessórios é sua individualidade. Vale dizer que os acessórios constituem bens jurídicos distintos das coisas principais com as quais estejam vinculadas.[36] Afinal, a relação de acessoriedade pressupõe, logicamente, a existência de duas coisas distintas – a acessória e a principal –, não sendo possível conceber algo acessório de si mesmo.

No entanto, tem-se discutido se essa existência jurídica deve ser compreendida em termos materiais ou econômicos. É ilustrativo, nesse sentido, o exame dos conceitos de partes *componentes* e *integrantes* das coisas compostas. De acordo com o ensinamento usual,[37] é componente a parte que participa de tal maneira da natureza da coisa que já não pode ser destacada sem acarretar a deterioração do valor econômico daquela. São exemplos o cimento e a tinta que compõem a parede. Visto confundir-se plenamente com a coisa (tanto do ponto vista material como econômico), a parte componente não tem existência jurídica própria e, por conseguinte, não pode ser considerada acessória da coisa.

De outra parte, é integrante a parte que pode ser separada sem destruição do valor econômico da coisa. São exemplos as rodas do automóvel e as telhas que cobrem a casa. Tem-se argumentado, especialmente após o advento do

---

[36] Caio Mário da Silva Pereira refere-se à "existência jurídica" dos bens acessórios: "Para que se configure a existência da coisa acessória ou do bem acessório é necessário, portanto, que se caracterize a sua existência jurídica, e que ela não tenha autonomia" (Caio Mário da Silva Pereira. *Instituições de direito civil.* 24. ed. atual. por Maria Celina Bodin de Moraes. Rio de Janeiro: Forense, 2011, v. 1, p. 362).

[37] Acerca dos conceitos de partes componentes e integrantes, v. Orlando Gomes. *Introdução ao direito civil.* 18. ed. atual. por Humberto Theodoro Júnior. Rio de Janeiro: Forense, 2001, p. 218-219; Caio Mário da Silva Pereira. *Instituições de direito civil,* cit., v. 1, p. 435; Antonio Junqueira de Azevedo. Bens acessórios. *Estudos em homenagem ao Professor Washington de Barros Monteiro.* São Paulo: Saraiva, 1982, p. 97 e 100.

Código Civil de 2002,[38] que a parte integrante, a exemplo da componente, não teria existência jurídica.[39] No entanto, a sua aptidão a ser destacada e constituir, autonomamente, o objeto de uma relação jurídica justifica que seja concebida, por si só, como bem jurídico. Tanto é assim que se admite, sem hesitação, que partes integrantes, como frutos e produtos, sejam negociados, ainda que permaneçam incorporados à coisa principal.[40]

Mas se é certo que a parte integrante possui existência própria, também é verdade que mantém estreita conexão com a coisa na qual está incorporada, sendo-lhe acessória.[41] Assim, na compra e venda de um quadro, entende-se, salvo disposição em sentido diverso, que a moldura deva ser entregue junto com a tela, porque constitui parte *acessória* da coisa transmitida.[42]

---

[38] Sob a vigência do Código Civil de 1916, embora a questão não fosse menos debatida do que hoje, mostrava-se ponderosa a opção do Código em qualificar como acessórios bens que são indubitavelmente partes integrantes de outros, como se verificava em seu art. 61, referente aos "acessórios do solo". A propósito, esclarece Clóvis Beviláqua que o Código considerava acessórios bens que, em outros ordenamentos como o alemão, eram reputados partes integrantes de outra coisa (Clóvis Beviláqua. *Teoria geral do direito civil*. Rio de Janeiro: Editora Rio – Francisco Alves, 1975, p. 189).

[39] Essa parece ser a posição de Caio Mário da Silva Pereira: "Neste particular, o BGB é preciso, quando diferencia do acessório as *partes constitutivas da própria coisa (partes integrantes)*, pois, na verdade, se esta é composta, as várias partes que a integram não se podem erigir na categoria de coisas acessórias" (Caio Mário da Silva Pereira. *Instituições de direito civil*, cit., v. 1, p. 362). V., ainda, Marcelo Junqueira Calixto. Dos bens. In: Gustavo Tepedino (coord.). *A parte geral do novo Código Civil* – estudos na perspectiva civil-constitucional. Rio de Janeiro: Renovar, 2007, p. 175.

[40] Nos termos do art. 95 do Código Civil: "Apesar de ainda não separados do bem principal, os frutos e produtos podem ser objeto de negócio jurídico".

[41] Confira-se, nessa direção, Francisco Amaral, para quem as partes integrantes são "acessórios que se incorporam a uma coisa composta, completando-a e tornando possível o seu uso, como, por exemplo, as telhas, as portas, as janelas, os pavimentos de uma casa, o motor e as rodas de um carro, as peças da máquina. (...) As partes integrantes ligam-se materialmente à coisa principal, embora mantendo sua identidade. (...) Diversamente do que ocorre com as pertenças, sujeitam-se as partes integrantes ao princípio segundo o qual o acessório segue o principal" (Francisco Amaral. *Direito civil:* introdução. 7. ed. Rio de Janeiro: Renovar, 2008, p. 371). V., ainda, Maria Helena Diniz. *Curso de direito civil brasileiro.* 19. ed. São Paulo: Saraiva, 2002, v. 1, p. 299; e Antonio Junqueira de Azevedo. Bens acessórios. *Estudos em homenagem ao Professor Washington de Barros Monteiro*, cit., p. 97.

[42] Como estabelece o art. 233 do Código Civil, "a obrigação de dar coisa certa abrange os acessórios dela embora não mencionados, salvo se o contrário resultar do título ou das circunstâncias do caso". A esse respeito, observa-se que "como expressão do princípio geral de que o acessório segue o principal, incluem-se, na obrigação de dar coisa certa, os frutos, produtos e rendimentos, além das benfeitorias e *tudo mais*

Em suma, o que importa sublinhar é que a existência jurídica – imprescindível à qualificação dos acessórios – deve ser compreendida em termos de utilidade econômica, e não em termos físicos. Por isso que as partes integrantes, não obstante a conexão material que as prende à coisa, são reputadas, no direito brasileiro, acessórias desta última.

Tem-se apontado, como outra característica dos acessórios, o princípio da "gravitação jurídica", também designado pelo antigo brocardo romano *accessorium sequitur principale*.[43] O Código Civil de 1916, em seu art. 59, consagrava o adágio nos seguintes termos: "salvo disposição especial em contrário, a coisa acessória segue a principal". Embora o Código em vigor não tenha reproduzido tal preceito, a doutrina vem entendendo que o princípio sobrevive no sistema jurídico, em razão, justamente, da sua validade lógica.[44]

Costuma-se atribuir à "gravitação jurídica" três efeitos principais.[45] Em primeiro lugar, o acessório recebe a mesma natureza que o principal, como ocorre no exemplo da muda de árvore que, uma vez plantada no terreno, acede ao imóvel. Em segundo lugar, se sujeita à mesma titularidade que o principal. Desse modo pode ser compreendida a regra do art. 1.232, segundo a qual "os frutos e mais produtos da coisa pertencem, ainda quando separados, ao seu proprietário, salvo se, por preceito jurídico especial, couberem a outrem". Enfim, o acessório acompanha o principal em sua sorte, sendo alcançado pelo ato de disposição praticado em relação ao principal.[46]

---

que acompanhe a coisa como parte integrante. Assim, a obrigação de dar derivada de um contrato de compra e venda de certo terreno abrange não apenas o terreno, *mas também seus acessórios como as árvores e as edificações sobre ele construídas*" (Gustavo Tepedino e Anderson Schreiber. Direito das obrigações. In: Álvaro Villaça Azevedo (coord.). *Código Civil comentado*, cit., p. 39).

[43] "No tema dos bens reciprocamente considerados, o princípio fundamental vinha exarado pelo Código de 1916, que, embora não reproduzido no de 2002, continua a ser de capital importância, incorporado à própria essência dos bens: 'Salvo disposição especial em contrário, a coisa acessória segue a principal'" (Washington de Barros Monteiro. *Curso de direito civil*: parte geral. 41. ed. atual. por Ana Cristina de Barros Monteiro. São Paulo: Saraiva, 2007, v. 1, p. 189).

[44] Cf. Francisco Amaral. *Direito civil*: introdução, cit., p. 367.

[45] V. Clóvis Beviláqua. *Código Civil dos Estados Unidos do Brasil comentado*. 11. ed. Rio de Janeiro: Francisco Alves, 1956, v. 1, p. 233.

[46] Veja-se, novamente, o disposto no art. 233 do Código Civil: "a obrigação de dar coisa certa abrange os acessórios dela embora não mencionados, salvo se o contrário resultar do título ou das circunstâncias do caso". De modo análogo, a instituição de direito real de hipoteca sobre o bem abrange, nos termos do art. 1.474, "todas as acessões, melhoramentos ou construções do imóvel".

A observância desses efeitos, contudo, não é absoluta, como já indicava textualmente o art. 59 do Código anterior (*verbis*: "salvo disposição especial em contrário..."). O legislador, não raro, disciplina a intensidade da acessoriedade.[47] Além disso, admite-se que as partes contratantes possam definir a eficácia do vínculo entre acessório e principal, de modo a melhor atender aos seus interesses.[48] A acessoriedade é, portanto, elástica.

Disso decorre que a plena submissão do acessório ao regime do principal, corolário do princípio da gravitação jurídica, não se afigura essencial à configuração da relação de acessoriedade. O que é indispensável e permanente nessa relação é a *instrumentalidade funcional* de um bem em relação ao outro, pois o acessório desempenha, necessariamente, função complementar à do principal.

Veja-se, por oportuno, a controvérsia que se deflagrou acerca da qualificação das *pertenças* como bens acessórios. De acordo com o art. 93 do Código Civil, são *pertenças* os bens "que, não constituindo partes integrantes, se destinam, de modo duradouro, ao uso, ao serviço ou ao aformoseamento de outro".[49] Como se vê, são elementos destacados da coisa principal que com esta mantêm conexão de natureza exclusivamente econômica.[50] A título exemplificativo, podem ser mencionados os quadros, lustres e estátuas que ornamentam permanentemente uma moradia.

Ante o disposto no art. 94 do Código Civil, há quem afaste as pertenças da categoria dos acessórios.[51] De acordo com aludido preceito: "os negócios

---

[47] Clóvis Beviláqua. *Código Civil dos Estados Unidos do Brasil comentado*, cit., v. 1, p. 233. É o que se verifica em relação às pertenças, como se verá mais adiante.

[48] Clóvis Beviláqua. *Código Civil dos Estados Unidos do Brasil comentado*, cit., v. 1, p. 233. V., ainda, Washington de Barros Monteiro. *Curso de direito civil*, cit., v. 1, p. 189.

[49] Art. 93 do Código Civil.

[50] Na lição de Orlando Gomes: "Denominam-se pertenças as coisas acessórias destinadas a conservar ou facilitar o uso das coisas principais, sem que destas seja parte integrante. Conservam a identidade e não se incorporam à coisa a que se juntam. As pertenças são, por outras palavras, coisas acessórias, que o proprietário mantém intencionalmente empregadas num imóvel para servir à finalidade econômica deste" (Orlando Gomes. *Introdução ao direito civil*, cit., p. 234). Cf., ainda, Pontes de Miranda. *Tratado de direito privado*. Rio de Janeiro: Borsói, 1954, t. II, p. 124; Antonio Junqueira de Azevedo. Bens acessórios. *Estudos em homenagem ao Professor Washington de Barros Monteiro*, cit., p. 101; Francisco Amaral. *Direito civil*: introdução, cit., p. 370; Marcelo Junqueira Calixto. Dos bens. In: Gustavo Tepedino (coord.). *A parte geral do novo Código Civil* – estudos na perspectiva civil-constitucional, cit., p. 172-175.

[51] V., nesse sentido, Marcelo Junqueira Calixto. Dos bens. In: Gustavo Tepedino (coord.). *A parte geral do novo Código Civil* – estudos na perspectiva civil-constitucional, cit., p. 175; Lucy Rodrigues dos Santos. Acessório(s). *Enciclopédia Saraiva do Direito*. São Paulo: Saraiva, 1977, v. 4, p. 78.

jurídicos que dizem respeito ao bem principal não abrangem as pertenças, salvo se o contrário resultar da lei, da manifestação de vontade, ou das circunstâncias do caso".

Tal opinião, contudo, não se mostra consentânea ao dado normativo, visto que o caráter acessório das pertenças se evidencia no fato de se destinarem, "de modo duradouro, ao uso, ao serviço ou ao aformoseamento de outro", como enuncia o art. 94 do Código Civil. Ou seja, as pertenças, como quaisquer outros bens acessórios, desempenham finalidade instrumental em relação a outro bem. Nessa direção, ressalta Orlando Gomes que as pertenças "são necessariamente *coisas acessórias*, pelo que se nenhuma das coisas economicamente conexas pode ser considerada principal em relação à outra, não há cogitar de pertença".[52]

Eis a instrumentalidade o traço verdadeiramente característico dos bens acessórios, haja vista que os efeitos relacionados ao princípio da gravitação jurídica podem não se encontrar todos presentes, e, por isso mesmo, não servem a qualificar determinado bem como acessório. Dessa forma, a circunstância de as pertenças, via de regra, não seguirem o mesmo destino do bem principal não se mostra decisiva para sua qualificação, uma vez que, insista-se, o princípio da gravitação jurídica e seus corolários não são aplicáveis a todos os tipos de bens acessórios e em todas as circunstâncias, não sendo, portanto, traço essencial de tal categoria.[53] A nota característica do bem acessório, presente em qualquer caso, independentemente das circunstâncias concretas ou da aplicação da gravitação jurídica, consiste em estar funcionalmente vinculado ao bem principal, mesmo que não siga o destino deste.

---

[52] Orlando Gomes. *Introdução ao direito civil*, cit., p. 235, grifos no original. Na mesma direção, Francisco Amaral ressalta que "as pertenças são, assim, coisas acessórias que estão a serviço da finalidade econômica de outras, mantendo sua individualidade e autonomia, tanto que podem ser objeto de direito especial, de titular diverso do da coisa principal" (Francisco Amaral. *Direito civil:* introdução, cit., p. 371). Conferir, ainda, Antonio Junqueira de Azevedo. Bens acessórios. *Estudos em homenagem ao Professor Washington de Barros Monteiro*, cit., p. 97; Eduardo C. Silveira Marchi. Das pertenças no âmbito do regime dos bens principais e acessórios no CC/2002. *Revista Trimestral de Direito Civil*, v. 52, out.-dez. 2012, p. 57.

[53] Como esclarece Eduardo C. Silveira Marchi, o Código Civil em vigor, nesse tocante, mantém-se próximo ao direito romano, no qual os *instrumenta* e *ornamenta* – que se aproximam à categoria das pertenças – eram considerados bens acessórios que não seguiam a sorte do principal – *acessorium non sequitur principale* (Eduardo C. Silveira Marchi. Das pertenças no âmbito do regime dos bens principais e acessórios no CC/2002, cit., p. 57).

Desta feita, uma vez esclarecido que são acessórios tanto as partes integrantes como as pertenças, constata-se que a categoria compreende bens dotados de *crescente autonomia* em face da coisa principal,[54] embora, sempre, desempenhem finalidade instrumental em relação ao bem principal.

Cumpre, por fim, destacar que a classificação não se aplica apenas a coisas corpóreas. Neste particular, destaquem-se os chamados *acessórios civis* – por oposição aos naturais e industriais –, que resultam de uma abstração jurídica.[55] O Código Civil adota tal categoria em diversos dispositivos, como, por exemplo, no art. 184, que prevê a existência de obrigação acessória em relação à outra do mesmo negócio: "a invalidade da obrigação principal implica a das obrigações acessórias, mas a destas não induz a da obrigação principal".[56] Outro exemplo, sempre lembrado, é a cláusula penal, que traduziria pacto acessório do débito, servindo ao reforço de seu cumprimento.[57]

A noção de acessório civil é particularmente importante para o tema aqui enfrentado, vez que a garantia traduz situação jurídica subjetiva acessória do direito do crédito, nos termos estabelecidos pelos já examinados arts. 287 e 384 do Código Civil.

2.2.2 *Acessório civil e garantia do crédito*

Consoante se examinou, a garantia traduz acessório do crédito e, para tanto, precisa ser individuada, isto é, ter existência própria. A necessidade de *individuação* do acessório revela-se útil para a qualificação das figuras que,

---

[54] Confira-se, nessa direção, Antonio Junqueira de Azevedo. Bens acessórios. *Estudos em homenagem ao Professor Washington de Barros Monteiro*, cit., p. 97-98; e Orlando Gomes. *Introdução ao direito civil*, cit., p. 231. Conferir, ainda, sobre o tema, com base em vasta pesquisa do direito alemão, Alexandre Pimenta Batista Pereira. *Bens acessórios*: acessões, partes integrantes e pertenças. Curitiba: Juruá, 2010, p. 208-210.

[55] Gustavo Tepedino, Heloisa Helena Barboza, Maria Celina Bodin de Moraes *et alii*. *Código Civil interpretado conforme a Constituição da República*, cit., v. 1, p. 194; Caio Mário da Silva Pereira. *Instituições de direito civil*, cit., v. 1, p. 435; Antonio Junqueira de Azevedo. Bens acessórios. *Estudos em homenagem ao Professor Washington de Barros Monteiro*, cit., p. 99; Francisco Amaral. *Direito civil*: introdução, cit., p. 368. Consulte-se, ainda, Manuel A. Domingues de Andrade. *Teoria geral da relação jurídica*. Coimbra: Almedina, 1997, v. 1, p. 266.

[56] Veja-se, nessa direção, o disposto no art. 206, § 3º, III, do Código Civil, segundo o qual prescreve em três anos "a pretensão para haver juros, dividendos ou *quaisquer prestações acessórias*, pagáveis, em períodos não maiores de um ano, com capitalização ou sem ela".

[57] V., por todos, Francisco Amaral. *Direito civil*: introdução, cit., p. 368.

Cap. 2 • A FUNÇÃO DE GARANTIA DO CRÉDITO | 101

embora vulgarmente chamadas de *garantias do crédito*, constituem faculdades indissociáveis da situação creditória. Por essa razão não convém qualificá-las como garantias do crédito.[58]

Tal conclusão parece ser confirmada pela interpretação dos dispositivos do Código Civil que empregam o termo *garantia* para designar especificamente direitos que têm existência distinta da obrigação garantida. Veja-se, nessa esteira, o disposto no art. 300 do Código Civil, segundo o qual a assunção do débito por terceiro implica a extinção das "garantias especiais" prestadas pelo devedor primitivo, a menos que este consinta expressamente com a sua subsistência.[59] Tal regra, como se vê, supõe a existência jurídica das garantias, já que sua extinção pode ocorrer a despeito da manutenção do vínculo obrigacional após a transmissão do débito.[60]

Essa mesma observação é válida no que concerne aos efeitos da novação, que, a despeito de extinguir a relação obrigacional mediante a criação de nova avença, admite, nos termos do art. 364 do Código, que se ajuste a manutenção das garantias da obrigação extinta, que passarão a figurar como acessórias da nova obrigação. De acordo com o invocado preceito legal, a novação "extingue os *acessórios e garantias* da dívida, sempre que não houver estipulação em contrário".[61]

---

[58] V., nessa direção, Salvatore Pugliatti. Precisazioni in tema di vendita a scopo di garanzia. In: Salvatore Pugliatti. *Diritto civile:* metodo – teoria – pratica. Milano: Giuffrè, 1951, p. 339. Segundo o professor de Messina, não se poderia qualificar como garantia a faculdade jurídica incorporada à relação obrigacional (principal). Na mesma direção, em relação ao direito francês, v. Pierre Crocq. *Propriété et garantie.* Paris: LGDJ, 1995, p. 228.

[59] Eis a dicção do preceito: "Salvo assentimento expresso do devedor primitivo, consideram-se extintas, a partir da assunção da dívida, as garantias especiais por ele originariamente dadas ao credor".

[60] Como esclarece a doutrina, a assunção de dívida não se confunde com a novação subjetiva passiva, visto que na assunção "a substituição ocorre sem alteração do vínculo, que permanece substancialmente o mesmo. Não há extinção da obrigação (...)" (Gustavo Tepedino, Heloisa Helena Barboza e Maria Celina Bodin de Moraes *et alli. Código Civil interpretado conforme a Constituição da República*, cit., v. 1, p. 588).

[61] Como ressalta a doutrina: "O Código Civil permite, todavia, que as partes pactuem a conservação dos acessórios, ainda que a relação obrigacional se extinga. A possibilidade, um tanto insólita à luz do próprio conceito de novação, não abrange as garantias reais – hipoteca, penhor, anticrese – prestadas por terceiros que não tiverem expressamente consentido com o pacto de conservação. O mesmo vale para as garantias fidejussórias, especialmente para a fiança. A preservação das garantias dadas por terceiros exige, portanto, seu consentimento, não bastando para tanto o

Também evidencia a individualidade das garantias a norma estabelecida no art. 163 do Código Civil, pela qual "presumem-se fraudatórias dos direitos dos outros credores as garantias de dívidas que o devedor insolvente tiver dado a algum credor". O preceito considera a situação em que o devedor procura favorecer determinado credor, em detrimento dos demais, conferindo àquele garantia que proporcione preferência para a satisfação do seu crédito. Oportuno observar que a regra em exame considera fraudulenta a constituição da garantia, não o crédito garantido, fulminando apenas os efeitos daquela.[62] Resta evidente, assim, que a garantia, embora instrumental, guarda existência própria, não se confundindo com a relação obrigacional.

Na esteira dessa observação, pode-se concluir que, no direito pátrio, o instituto da garantia apresenta contornos mais estreitos do que aqueles comumente referidos pela doutrina. De acordo com tal conceito restrito, não podem ser qualificadas como garantia a exceção de contrato não cumprido, a solidariedade passiva, a resolução contratual, entre outros exemplos já mencionados, visto não guardarem existência própria frente à relação obrigacional, compondo-o de maneira indissociável.[63]

Do mesmo modo, as responsabilidades pelos vícios da coisa não satisfazem a noção de acessório, visto que seus efeitos se confundem com o conteúdo da relação obrigacional. De fato, as chamadas garantias pela evicção e pelos vícios redibitórios não formam direito destacado das demais faculdades que compõem a posição contratual da parte adquirente do bem. Evidencia-se,

---

novo ajuste entre credor e devedor" (Gustavo Tepedino e Anderson Schreiber. *Direito das obrigações*. In: Álvaro Villaça Azevedo (coord.). *Código Civil comentado*, cit., p. 298).

[62] "A sentença da pauliana não anulará o débito favorecido pela garantia indevida. Apenas revogará o privilégio presumido fraudulento" (Humberto Theodoro Júnior. *Dos fatos jurídicos: do negócio jurídico*. In: Sálvio de Figueiredo Teixeira. *Comentários ao Novo Código Civil*. Rio de Janeiro: Forense, 2008, v. 3, t. I, p. 372).

[63] Nesse mesmo sentido, na doutrina francesa, v. Michel Cabrillac *et alii*. *Droit des sûretés*. Paris: LexisNexis, 2010, p. 477; e Pierre Crocq. *Propriété et garantie*, cit., p. 229. Na doutrina italiana, v. Salvatore Pugliatti. Precisazioni in tema di vendita a scopo di garanzia. In: Salvatore Pugliatti. *Diritto civile*: metodo – teoria – pratica, cit., p. 346. Cabe ainda a mesma conclusão em relação à compensação de créditos e ao vencimento antecipado da dívida.

assim, que o termo garantia é nesse contexto empregado em sentido diverso de acessório do crédito.[64]

No direito brasileiro, portanto, as garantias do crédito constituem acessórios da relação obrigacional. Não colhem, assim, as concepções que consideram garantia qualquer instrumento apto a reforçar ou assegurar, em termos amplos, o exercício de um direito.

2.2.3 A graduação dos efeitos da acessoriedade das garantias do crédito. Crítica às chamadas garantias autônomas

Decorre da qualificação da garantia como acessório do crédito que a sua função é sempre instrumental em relação àquele. Por isso que a execução da garantia deve, necessariamente, conduzir a resultado útil equivalente ao que seria alcançado por meio do adimplemento da obrigação. A obtenção pelo credor de vantagem superior àquela que resultaria do pagamento deturpa a finalidade da garantia e constitui enriquecimento sem causa, vedado pelo ordenamento.[65] Daí decorrem importantes regras atinentes ao regime das garantias, como a nulidade do pacto comissório,[66] a proibição da fiança por

---

[64] Sublinhe-se, por oportuno, o amplo debate doutrinário acerca do fundamento da responsabilidade do alienante pelos vícios redibitórios da coisa, existindo diversas teorias além da exposta aqui. Observa-se certa tendência na doutrina contemporânea favorável à proposta doutrinária que justifica a aludida responsabilidade na inexecução do contrato. V., dentre outros, Paulo Jorge Scartezzini Guimarães. *Vícios do produto e do serviço por qualidade, quantidade e insegurança:* cumprimento imperfeito do contrato. São Paulo: Revista dos Tribunais, 2004, p. 134-177; Gustavo Vieira da Costa Cerqueira. O cumprimento defeituoso nos contratos de compra e venda internacional de mercadorias: uma análise comparativa entre o direito brasileiro e a Convenção de Viena de 1980. In: Claudia Lima Marques e Nádia de Araújo (org.). *O novo direito internacional:* estudos em homenagem a Erik Jayme. Rio de Janeiro: Renovar, 2005, especialmente p. 518-519. Na doutrina portuguesa, v. João Calvão da Silva. *Compra e venda de coisas defeituosas:* conformidade e segurança. Coimbra: Almedina, 2008.

[65] Em lição aplicável ao direito brasileiro, Pierre Crocq ressalta: "Sendo acessória, a garantia encontra-se necessariamente sob a dependência do crédito e a sua execução não pode conduzir à obtenção de vantagem superior a que seria obtida com o pagamento do débito" (*Propriété et garantie*, cit., p. 222, tradução livre).

[66] Como prescreve o disposto no art. 1.428 do Código Civil: "é nula a cláusula que autoriza o credor pignoratício, anticrético ou hipotecário a ficar com o objeto da garantia, se a dívida não for paga no vencimento".

valor superior ao da dívida[67] e a restituição ao proprietário do valor obtido com a venda do bem que excede à dívida e às despesas de cobrança (*superfluum*).[68]

No entanto, para além desse denominador mínimo, as repercussões do vínculo de acessoriedade sobre a disciplina das garantias são variáveis de acordo com a normativa específica aplicável à garantia em espécie. Assim, há garantias cujo regime jurídico é fortemente dependente das vicissitudes ocorridas na relação obrigacional, enquanto outras ostentam, neste particular, maior autonomia.

Ilustram tal graduação de efeitos as diferenças entre a fiança, o aval e a chamada "garantia autônoma", as quais constituem três espécies de garantia pessoal. Como se sabe, por meio da fiança uma pessoa assume, perante o credor, a obrigação de quitar o débito, se o devedor não o fizer.[69] O princípio *accessorium sequitur principale* encontra intensa incidência nesse tipo contratual, como denotam as seguintes características: (i) em geral a invalidade da obrigação contamina a fiança,[70] (ii) a extinção da obrigação tem, via de

---

[67] Código Civil: "Art. 823. A fiança pode ser de valor inferior ao da obrigação principal e contraída em condições menos onerosas, e, quando exceder o valor da dívida, ou for mais onerosa que ela, não valerá senão até ao limite da obrigação afiançada". Veja-se: "O contrato de fiança que exceder o limite da obrigação principal apresenta--se descaracterizado, constituindo um tipo de relação jurídica não abrangida pelo conceito firmado pelo art. 818 (...) Esse tipo de contrato não poderá ter objetivo diferente do que o assumido pela obrigação principal" (José Augusto Delgado. Das várias espécies de contrato. Da constituição de renda. Do jogo e da aposta. Da fiança. Da transação. Do compromisso. In: Sálvio de Figueiredo Teixeira. *Comentários ao Novo Código Civil*. Rio de Janeiro: Forense, 2004, v. 11, t. II, p. 192).

[68] Cuida-se de regra praticamente universal, adotada nos mais variados ordenamentos, como destaca o comparatista alemão Ulrich Drobnig: "Em qualquer lugar, o resultado obtido com a venda do bem que exceder a satisfação do credor e das despesas de cobrança deve ser entregue ao devedor" (Security rights in movables. In: Arthur Hartkamp *et alli* (org.). *Towards a European Civil Code*. Alphen aan den Rijn: Wolters Kluwer, 2011, p. 1.029, tradução livre).

[69] Nos termos do art. 818 do Código Civil: "Pelo contrato de fiança, uma pessoa garante satisfazer ao credor uma obrigação assumida pelo devedor, caso este não a cumpra". De acordo com Paulo Lôbo: "A fiança é o contrato mediante o qual uma pessoa (fiador) garante com seu próprio patrimônio a dívida de terceiro (devedor), caso este não a pague ao credor. Sua finalidade é a garantia do adimplemento. (...) O fiador se obriga, contrai uma obrigação. Não estabelece somente uma sujeição ou afetação de seu patrimônio, pois esta, ou seja, a submissão do patrimônio ao ataque do credor, é mera consequência da obrigação. O caráter peculiar da fiança vem do fim que persegue: garantir uma dívida alheia" (*Direito civil*: contratos, cit., p. 430).

[70] Nesse tocante, estabelece o art. 824 do Código Civil: "As obrigações nulas não são suscetíveis de fiança, exceto se a nulidade resultar apenas de incapacidade pessoal

regra, por consequência a cessação da fiança,[71] e (iii) o fiador pode opor ao credor as exceções que lhe são pessoais bem como aquelas que competem ao devedor.[72] Ademais, a fiança, de ordinário, afigura-se meio subsidiário de satisfação da obrigação, de modo que o fiador pode alegar o benefício de ordem para que sejam primeiramente agredidos os bens do devedor.[73] Nessa hipótese, somente se o devedor não houver bens suficientes para satisfazer a demanda, o credor pode prosseguir com a execução contra o fiador.[74]

No entanto, a fiança não é essencialmente subsidiária, sendo lícito às partes (credor e fiador) convencionar a solidariedade entre devedor e fiador, caso em que o credor pode demandar à sua escolha qualquer deles em primeiro lugar, sem que o fiador tenha a faculdade de opor o benefício de ordem.[75] Por essa razão, nota-se na fiança com cláusula de solidariedade

---

do devedor. Parágrafo único. A exceção estabelecida neste artigo não abrange o caso de mútuo feito a menor". Como ressalta a doutrina: "Como contrato acessório, sua eficácia depende da validade da obrigação principal: se esta for nula, nula será a fiança; se for inexigível, como a dívida de jogo, incobrável será do fiador; se anulável não pode ser eficazmente afiançada, salvo se anulabilidade provier de incapacidade pessoal do devedor, e ainda assim se o caso não for de contrato de mútuo feita a menor (Código Civil, art. 824), presumindo-se neste caso que foi dada com o objetivo específico de resguardar o credor do risco de não vir a receber do incapaz" (Caio Mário da Silva Pereira. *Instituições de direito civil*, cit., v. 3, p. 457-458).

[71] V., dentre outros, Orlando Gomes. *Contratos*, cit., p. 537; e Paulo Lôbo. *Direito civil: contratos*, cit., p. 432-433.

[72] Nos termos do art. 837 do Código Civil: "O fiador pode opor ao credor as exceções que lhe forem pessoais, e as extintivas da obrigação que competem ao devedor principal, se não provierem simplesmente de incapacidade pessoal, salvo o caso do mútuo feito a pessoa menor". V. na doutrina José Augusto Delgado. Das várias espécies de contrato. Da constituição de renda. Do jogo e da aposta. Da fiança. Da transação. Do compromisso. In: Sálvio de Figueiredo Teixeira. *Comentários ao Novo Código Civil*, cit., p. 284-288.

[73] Como ressalta Arnoldo Wald: "O benefício de ordem decorre da natureza normalmente subsidiária ou complementar da responsabilidade do fiador" (*Direito civil: contratos em espécie*. 18. ed. São Paulo: Saraiva, 2009, v. 3, p. 322).

[74] Código Civil: "Art. 827. O fiador demandado pelo pagamento da dívida tem direito a exigir, até a contestação da lide, que sejam primeiro executados os bens do devedor. Parágrafo único. O fiador que alegar o benefício de ordem, a que se refere este artigo, deve nomear bens do devedor, sitos no mesmo município, livres e desembargados, quantos bastem para solver o débito". V. Caio Mário da Silva Pereira. *Instituições de direito civil*, cit., v. 3, p. 460; e Paulo Lôbo. *Direito civil: contratos*, cit., p. 435-436.

[75] Assim, veja-se o art. 828, II, do Código Civil: "Não aproveita este benefício ao fiador: (...) II – se se obrigou como principal pagador, ou devedor solidário; (...)". A propósito, Pontes de Miranda ressalta que a solidariedade, na fiança, não significa

autonomia maior em comparação com a fiança subsidiária, uma vez que a execução daquela não se subordina à verificação da incapacidade do devedor em satisfazer o crédito.

O aval, a seu turno, é instituto próprio do direito cambiário, constituindo-se na declaração unilateral de vontade por meio da qual alguém se compromete a quitar a dívida incorporada em determinado título de crédito.[76] Desse modo, o avalista, que não integra a cadeia de endossos de título, assegura a realização do pagamento do título no seu vencimento.[77]

Em comparação com a fiança, a maior autonomia do aval frente à relação obrigacional principal resulta principalmente dos seguintes atributos: (i) a obrigação do avalista permanece válida ainda que a obrigação principal seja nula, a menos que a nulidade decorra de vício de forma; (ii) o avalista não pode opor ao portador do título as exceções pessoais que competem ao avalizado; e (iii) a responsabilidade do avalista é necessariamente solidária à do avalizado, podendo aquele ser demandado diretamente pelo portador do título, nas mesmas condições que este.[78]

Já a "garantia autônoma"[79] constitui espécie de contrato que se desenvolveu nas práticas comerciais internacionais para atender a crescente demanda por

---

que o fiador é devedor da obrigação principal ao lado do devedor original: "Mesmo quando o fiador se faz devedor principal, a sua principalização não o torna sujeito passivo na relação entre o credor e o devedor. Não há, na cláusula de devedor principal, assunção de dívida alheia. Por isso, é preciso ter-se todo o cuidado e toda a atenção na invocação de regras jurídicas sobre solidariedade das dívidas quando se cogita de fiador solidário. A solidariedade, na fiança, é atípica" (Pontes de Miranda. *Tratado de direito privado*: parte especial. São Paulo: Revista dos Tribunais, 2013, t. XLIV, p. 203). V. também, nesse sentido, Paulo Lôbo. *Direito civil*: contratos, cit., p. 434; e ainda Arnoldo Wald. *Direito civil*: contratos em espécie, cit., p. 327.

[76] Cf. Luiz Emygdio F. da Rosa Jr. *Títulos de crédito*. Rio de Janeiro: Renovar, 2000, p. 273.

[77] Cf. Gustavo Tepedino, Heloisa Helena Barboza, Maria Celina Bodin de Moraes *et alii*. *Código Civil interpretado conforme a Constituição da República*, cit., v. 2, p. 773. V. também Pontes de Miranda. *Tratado de direito privado*: parte especial. São Paulo: Revista dos Tribunais, 2012, t. XXXIV, p. 378-379.

[78] V., sobre o ponto, Luiz Emygdio F. da Rosa Jr. *Títulos de crédito*, cit., p. 275-277; e Gustavo Tepedino, Heloisa Helena Barboza, Maria Celina Bodin de Moraes *et alii*. *Código Civil interpretado conforme a Constituição da República*, cit., v. 2, p. 773.

[79] No Brasil, é também denominada *garantia à primeira demanda* (cf. José Virgílio Lopes Enei. Project Finance: financiamento com foco em empreendimentos (parcerias público-privadas, *leveraged buy-outs* e outras figuras afins), cit., p. 386). V., igualmente, Arnoldo Wald que lhe dá o nome de "obrigação à primeira demanda"

instrumento de proteção do crédito mais efetivo que a fiança.[80] Por meio desse negócio, "determinada entidade (normalmente uma instituição bancária ou financeira) vem garantir pessoalmente a satisfação de uma obrigação assumida por terceiro, independentemente da validade ou eficácia desta obrigação e dos meios de defesa que a ela possam ser opostos, assegurando assim que o credor obterá sempre o resultado do recebimento dessa prestação".[81] Não obstante a ausência de previsão legal específica, a admissibilidade dessa figura, no direito brasileiro, tem sido defendida[82] com base no princípio da atipicidade contratual, expressamente consagrado no art. 425 do Código Civil.[83]

As vantagens que a garantia autônoma proporciona ao credor são manifestas. Ao contrário do que se verifica na fiança, o garantidor não pode recusar-se a satisfazer o débito, nos termos estipulados na garantia, mediante a alegação de invalidade ou ineficácia da obrigação ou de qualquer exceção própria do devedor. Assim é que, como foi salientado, "a não constituição da obrigação em relação ao devedor, a invalidade desse contrato por vício de fundo ou forma, a sua extinção por impossibilidade de cumprimento, ou por compensação não impedirão o beneficiário de acionar a garantia".[84] Nem mesmo a ausência de pagamento, pelo devedor, da retribuição acordada pela prestação da garantia autoriza o garantidor a deixar de pagar ao credor a quantia devida.[85]

[ ] (*Direito civil*: contratos em espécie, cit., p. 327). O termo, contudo, é aqui empregado para designar espécie do gênero *garantia autônoma*, como exposto mais adiante.

[80] "De um modo geral, as garantias autônomas surgiram na prática das relações comerciais internacionais, porque a entidade garantida não queria ficar na dependência da aplicação de regras específicas sobre a fiança, vigentes em cada país, derivadas, em particular, do fato de se invocarem objeções baseadas nas relações do cliente do banco garante (devedor garantido) com o credor estrangeiro" (Luiz Mario Galbetti e Rafael Vanzella. Contratos de garantia e garantias autônomas. *Revista de Direito Mercantil, Industrial, Econômico e Financeiro*, n. 157, jan.-mar. 2011, p. 57).

[81] Luís Manuel Teles de Menezes Leitão. *Garantia das obrigações*, cit., p. 140.

[82] V., nesse sentido, Luiz Mario Galbetti e Rafael Vanzella. Contratos de garantia e garantias autônomas, cit., p. 57; e José Virgílio Lopes Enei. Project Finance: financiamento com foco em empreendimentos (parceiras público-privadas, *leveraged buy-outs* e outras figuras afins), cit., p. 387.

[83] Código Civil: "Art. 425. É lícito às partes estipular contratos atípicos, observadas as normas gerais fixadas neste Código".

[84] Luís Manuel Teles de Menezes Leitão. *Garantia das obrigações*, cit., p. 146. V. também Pedro Romano Martinez e Pedro Fuzeta da Ponta. *Garantias de cumprimento*, cit., p. 129.

[85] Cf. Luís Manuel Teles de Menezes Leitão. *Garantia das obrigações*, cit., p. 146.

Ademais, de modo a se conferir proteção ainda mais robusta ao crédito, as partes podem estipular modalidade especial de garantia autônoma, denominada *garantia à primeira demanda* (*upon first demand*), na qual o garantidor deve satisfazer imediatamente o débito tão logo seja exigido pelo credor beneficiário.[86] Em outros termos, incumbe ao garantidor cumprir a garantia independentemente da prova do inadimplemento por parte do devedor.[87] O garantidor, por assim dizer, deve pagar "de olhos fechados".[88]

Nesse último caso, as matérias que o garantidor pode suscitar para não realizar o pagamento são limitadíssimas, correspondendo, em síntese, às alegações de que a garantia se extinguiu – porque caducou ou já foi prestada – e de manifesto abuso de direito por parte do credor.[89] Em definitivo, a garantia autônoma traduz expediente rápido e eficaz, colocando o credor praticamente a salvo do surgimento de eventual litigância que possa retardar a satisfação do seu crédito.

As significativas diferenças entre, de um lado, a fiança e, de outro, a garantia autônoma, no que tange à admissibilidade de meios de defesa fundados na relação contratual, têm levado a se afirmar que esta não constitui direito acessório.[90] Chega-se a dizer, inclusive, que a fraqueza da fiança decorreria da sua natureza acessória ao passo que a autonomia traduziria a força da outra.[91]

---

[86] V. Luís Manuel Teles de Menezes Leitão. *Garantia das obrigações*, cit., p. 147.

[87] Sublinhe-se, a propósito, que, sendo tipo contratual atípico, desenvolvido pelas práticas negociais, a doutrina identifica inúmeras subespécies de garantia autonomia, que variam de acordo com as cláusulas estipuladas pelas partes contratantes. V. sobre o ponto Luiz Mario Galbetti e Rafael Vanzella. Contratos de garantia e garantias autônomas, cit., p. 62-63.

[88] De acordo com a feliz expressão de Galvão Telles, referida por Manuel Teles de Menezes Leitão. *Garantia das obrigações*, cit., p. 144. Também se diz que, nessa modalidade de garantia, "pediu, pagou" (Pedro Romano Martinez e Pedro Fuzeta da Ponta. *Garantias de cumprimento*, cit., p. 136).

[89] Luís Manuel Teles de Menezes Leitão. *Garantia das obrigações*, cit., p. 144 e 148; e Pedro Romano Martinez e Pedro Fuzeta da Ponta. *Garantias de cumprimento*, cit., p. 129.

[90] V., nesse sentido, Luís Manuel Teles de Menezes Leitão. *Garantia das obrigações*, cit., p. 143: "A garantia autônoma é assim um negócio causal não acessório, cuja distinção da fiança reside precisamente na ausência da acessoriedade" (*Garantia das obrigações*, cit., p. 140). V., ainda, Luiz Mario Galbetti e Rafael Vanzella. Contratos de garantia e garantias autônomas, cit., p. 59.

[91] "A natureza acessória da fiança traz o inconveniente ao credor de permitir que o fiador invoque qualquer controvérsia ou disputa em relação à obrigação principal para então retardar o pagamento da fiança. Num país em que uma disputa pode levar cinco ou dez anos para ser resolvida definitivamente no Poder Judiciário, esse

Cap. 2 • A FUNÇÃO DE GARANTIA DO CRÉDITO | 109

No entanto, ao menos à luz do direito brasileiro, tal opinião não se mostra afinada com o sistema jurídico, visto que a garantia autônoma desempenha função *instrumental* em relação ao direito de crédito, constituindo mecanismo voltado a assegurar a satisfação dos interesses do credor. Em outras palavras, não tem a figura utilidade senão no contexto de uma relação obrigacional, supondo, invariavelmente, um débito a ser garantido.[92]

Ocorre que o fato de o garantidor estar obrigado a prestar a garantia autônoma ao primeiro pedido do credor, ainda que o débito garantido não seja devido, pode conduzir, erroneamente, à conclusão de que tal modalidade de garantia seria, efetivamente, independente da relação obrigacional. Há de se observar que, após solver o débito, o garantidor tem o direito de demandar o devedor para reaver a quantia desembolsada, de sorte que, ao final, recaia exclusivamente sobre este a responsabilidade pela satisfação do crédito. Tal *direito de regresso* é uma evidente manifestação do vínculo de acessoriedade existente entre a relação obrigacional e a garantia autônoma, uma vez que revela que esta não tem um fim em si mesma, constituindo-se, ao reverso, em instrumento de realização do crédito.[93]

Cuida-se, portanto, de direito acessório ao crédito, de sorte que a denominação garantia *autônoma* não deve ser interpretada literalmente. Em vez disso, deve ser entendida como uma exaltação das propriedades dessa garantia, que, como visto, é "blindada", não sendo abalada pelos meios de defesa fundados na relação obrigacional principal.

Ao cabo da análise acima conduzida acerca da fiança, do aval e da garantia autônoma, pode-se concluir que o vínculo de acessoriedade entre a obrigação e a garantia possui intensidade variável. Observa-se, assim, a

---

caráter acessório representa um elevado custo para o credor" (José Virgílio Lopes Enei. Project Finance: financiamento com foco em empreendimentos (parceiras público-privadas, *leveraged buy-outs* e outras figuras afins), cit., p. 386).

[92] V. nessa mesma direção, na doutrina italiana, Rosanna de Nictolis. *Nuove garanzie personali e reali*. Padova: CEDAM, 1998, p. 74, para quem "um contrato de garantia absolutamente autônomo estaria privado de causa" (p. 76, tradução livre). E daí conclui que "o próprio conceito de garantia supõe aquele de acessoriedade na medida em que alude à existência de um *quid* que se pretende garantir, isto é, tornar mais seguro (...)" (p. 78). V., ainda nessa direção, Michele Fragali. Garanzia, cit., p. 456.

[93] Nesse mesmo sentido, na doutrina italiana, Enrico Gabrielli. I diritti reali: Il pegno. In: Rodolfo Sacco (org.). *Trattato di Diritto Civile*, cit., p. 84; e Rosanna de Nictolis. *Nuove garanzie personali e reali*, cit., p. 74 e ss. Na doutrina francesa, v. Pierre Crocq. *Propriété et garantie*, cit., p. 225 e ss.; Jacques Mestre, Emmanuel Putnam e Marc Billau. Droit commun des sûretés réelles. In: Jacques Ghestin. *Traité de Droit Civil*. Paris: LGDJ, 1996, p. 303.

graduação dos efeitos do principal sobre o acessório, registrando-se desde figuras, como a fiança subsidiária, que se encontram sob forte influência das vicissitudes da relação obrigacional até aquelas, como a garantia autônoma, que se caracterizam, precisamente, por não sofrer quase repercussão alguma. No entanto, identifica-se invariavelmente o vínculo de acessoriedade, caracterizado pelo desempenho de função instrumental em relação à satisfação do crédito.

2.3 GARANTIA E EXTINÇÃO SATISFATIVA DO CRÉDITO

2.3.1 A garantia como meio de realização do crédito independente da cooperação do devedor

Como visto, depreende-se do dado normativo vigente que a garantia constitui acessório do crédito. Isso não significa, contudo, que todo acessório seja uma garantia. Há, como se sabe, grande variedade de figuras, como a cláusula penal, a cláusula limitativa de responsabilidade, as arras, entre outros exemplos, que constituem pactos acessórios à relação obrigacional. Tais institutos, contudo, não podem ser reconduzidos à mesma função prático-jurídica, a menos que se adote noção de garantia excessivamente larga, que se confundiria com a própria ideia de tutela do crédito. A esse respeito, já se ressaltou que um conceito assim formulado pecaria pela falta de utilidade, uma vez que abrangeria situações tão díspares que já não seria viável submetê-las a disciplina unitária.

Não basta, para caracterizar a garantia, afirmar que exerce papel instrumental, revelando-se necessário, adicionalmente, examinar no que consiste a função por ela desempenhada. Tal análise deve ser conduzida, objetivamente, tendo em vista o dado normativo vigente, evitando-se a adoção de posições apriorísticas baseadas em conceitos supostamente universais e atemporais, que, em realidade, foram forjados pela doutrina de outrora e de alhures, em atenção a uma realidade que não necessariamente coincide com a do ordenamento pátrio vigente.

Depreende-se do exame das principais figuras estabelecidas pelo legislador (a fiança, o aval, o penhor, a hipoteca, a anticrese e a propriedade fiduciária) que a garantia traduz *meio de realização do crédito que não depende da atuação do devedor*, tendo por efeito proporcionar ao credor o resultado útil que, satisfazendo o seu interesse, justifica a extinção da obrigação.

Como se sabe, no direito contemporâneo, a obrigação traduz fenômeno de cooperação social para a satisfação de um legítimo interesse do credor. Desse modo, todo o desenvolvimento da relação obrigacional é orientado para o adimplemento, momento em que, verificado o exato cumprimento da prestação, considera-se realizada a sua função, consistente em produzir o resultado útil que atende ao interesse do credor.[94]

O adimplemento requer, necessariamente, a cooperação do devedor, que, contudo, pode se comportar de modo diverso do prometido. Em outras palavras, há o risco de violação do direito do crédito, deixando o devedor de executar a prestação devida. Diante dessa eventualidade, a ordem jurídica coloca à disposição do credor diversos instrumentos destinados a assegurar a produção do resultado útil que realiza o interesse do credor, a despeito da ausência de cooperação do devedor ou até mesmo contra a vontade deste. São, nesse sentido, instrumentos *substitutivos do adimplemento*, que conduzem à extinção satisfativa do crédito.

Assim, na fiança, "uma pessoa *garante satisfazer* ao credor uma obrigação assumida pelo devedor, caso este não a cumpra".[95] A execução da fiança corresponde, portanto, ao cumprimento pelo fiador de prestação de conteúdo idêntico à da obrigação principal, do que resulta a satisfação do credor, não obstante o inadimplemento do devedor.

Os direitos reais de hipoteca e penhor, por sua vez, autorizam o credor a promover a venda do bem dado em garantia, caso o devedor não cumpra sua obrigação, assistindo àquele o direito de apropriar-se do preço apurado até o montante que lhe é devido.[96] Assim, ainda que por meio diverso da fiança, tais garantias reais visam, igualmente, à satisfação do crédito e à consequente extinção do débito, independentemente da conduta do devedor.

De outra parte, por meio da alienação fiduciária em garantia, o devedor transmite ao credor a propriedade resolúvel de determinado bem com o fim de assegurar o cumprimento de determinada prestação.[97] Na hipótese de o devedor efetuar o pagamento, a obrigação se extingue e a propriedade fiduciária se resolve. No entanto, caso se comprove a mora do devedor, o

---

[94] V., sobre o tema, a obra seminal de Clóvis Veríssimo do Couto e Silva. *A obrigação como processo*. Rio de Janeiro: FGV, 2006, especialmente p. 17. Seja consentido remeter ainda a Pablo Rentería. *Obrigações de meios e de resultado*. São Paulo: Método, 2011, p. 48-54.

[95] De acordo com o já mencionado art. 818 do Código Civil.

[96] Como se verá mais adiante, o penhor também autoriza a apropriação do bem pelo credor para fins da satisfação do crédito. V. seção 3.1.2 *infra*.

[97] Nos termos do art. 1.361 do Código Civil: "Considera-se fiduciária a propriedade resolúvel de coisa móvel infungível que o devedor, com escopo de garantia, transfere ao credor".

credor fica autorizado a alienar o bem com vistas a se pagar com o preço.[98] Como se vê, tal ajuste, assim como os anteriores, traduz expediente destinado a proporcionar ao credor resultado útil equivalente ao adimplemento, dispensando a cooperação do devedor.

Tal finalidade é igualmente exercida por outras figuras, mencionadas anteriormente, como o aval e a garantia autônoma que, à semelhança da fiança, correspondem ao compromisso assumido por um terceiro de pagar quantia equivalente à prometida pelo devedor. Pode-se concluir, na esteira dessa observação, que a garantia proporciona a extinção satisfativa do crédito, independentemente do comportamento adotado pelo devedor.[99]

Em vista dessa sua finalidade, podem ser afastadas determinadas figuras, vulgarmente denominadas de garantias do crédito, que, contudo, não guardam pertinência com tal categoria (de acordo com o sentido aqui adotado). Assim, a resolução por descumprimento contratual resulta na extinção do vínculo contratual e no retorno das partes à situação anterior, não se prestando, portanto, a proporcionar a realização do crédito violado pela inexecução contratual.[100] Na mesma direção, a exceção de contrato não cumprido também não conduz à satisfação do direito de crédito, representando, ao reverso, medida eminentemente preventiva, voltada a resguardar o contratante do risco de cumprir sua parte da avença sem receber, em troca, a contraprestação devida.

Pelas mesmas razões, a cláusula penal, apesar de constituir pacto acessório da obrigação, não constitui, a rigor, garantia do crédito. Afinal, tal ajuste tem por efeito a prefixação da indenização devida na hipótese de inadimplemento, mas não traduz mecanismo destinado a produzir o resultado útil almejado pelo credor.

Também o direito de retenção não constitui, no sentido aqui empregado, uma garantia do crédito. Note-se que o exercício dessa faculdade visa,

---

[98]   Código Civil: "Art. 1.364. Vencida a dívida, e não paga, fica o credor obrigado a vender, judicial ou extrajudicialmente, a coisa a terceiros, a aplicar o preço no pagamento de seu crédito e das despesas de cobrança, e a entregar o saldo, se houver, ao devedor". V. Luiz Edson Fachin. Do direito das coisas (arts. 1.277 a 1.368). In: Antonio Junqueira de Azevedo. *Comentários ao Código Civil*. São Paulo: Saraiva, 2003, v. 15, p. 355-358.

[99]   Nessa mesma direção, no doutrina italiana, Fulvio Mastropaolo. I contratti di garanzia. In: Pietro Rescigno ed Enrico Gabrielli (org.). *Trattato dei Contratti*. Torino: UTET Giuridica, 2006, t. I, p. 9. Em relação ao direito francês, v. Pierre Crocq. *Propriété et garantie*, cit., p. 223.

[100]   Cf., dentre outros, Orlando Gomes. *Contratos*, cit., p. 210; e Paulo Lôbo. *Direito civil:* contratos, cit., p. 199.

precisamente, a compelir o devedor, interessado em reaver a sua coisa, a cumprir sua obrigação, uma vez que a devolução do bem fica condicionada à quitação do débito. No entanto, a retenção não vai além desse efeito persuasivo, sendo certo que não conduz, por si só, à satisfação do débito. Tanto é assim que se o devedor não quiser o bem de volta, deve o credor recorrer a outras medidas para obter o que lhe é devido.

Nesse diapasão, convém examinar a *venda com reserva com domínio* e *a promessa de compra e venda de imóvel*, que, como se sabe, traduzem técnicas associadas às vendas a prazo. Ambas as figuras oferecem mecanismo extremamente útil para a composição dos interesses das partes contratantes, apresentando, nessa direção, os seguintes traços comuns: a) a transferência do domínio do bem ao comprador não ocorre antes que o preço seja integralmente satisfeito; b) não obstante, a posse do bem é imediatamente transferida ao comprador; c) dessa forma, concilia-se o interesse do comprador em usar e gozar da coisa desde a celebração do contrato, antes mesmo de quitado o preço, com o do vendedor em não transferir o domínio previamente à satisfação do seu crédito.[101]

No entanto, as duas figuras se diferenciam estruturalmente. A *reserva de domínio* traduz pacto adjeto ao contrato de venda de bem móvel por força do qual o comprador somente adquire o domínio no momento da quitação integral do preço.[102] De outra parte, a promessa é– de acordo com a opinião

---

[101] Confira-se, nesse sentido, Darcy Bessone. *Da compra e venda:* promessa & reserva de domínio. 3. ed. São Paulo: Saraiva, 1988, p. 3. O autor ressalta, a propósito, "a íntima afinidade das duas figuras, que não se obscurece por efeito do diversificado tratamento que lhes dispensou a lei" (p. 4).

[102] Como enuncia o art. 521 do Código Civil: "Na venda de coisa móvel, pode o vendedor reservar para si a propriedade, até que o preço esteja integralmente pago". Por sua vez, a primeira parte do art. 524 estabelece: "A transferência de propriedade ao comprador dá-se no momento em que o preço esteja integralmente pago (...)". Prevalece na doutrina brasileira o entendimento de que a venda com reserva de domínio constitui espécie de *venda sob condição suspensiva*, uma vez que a transmissão da propriedade, que normalmente acompanha a entrega da coisa, fica sobrestada, subordinando-se à posterior verificação de evento futuro e incerto, consistente no pagamento integral do preço pelo comprador. Cf., nessa direção, Orlando Gomes. *Contratos*, cit., p. 316-318; Caio Mário da Silva Pereira. *Instituições de direito civil*, cit., v. 3, p. 199, Gustavo Tepedino, Heloisa Helena Barboza, Maria Celina Bodin de Moraes *et alii. Código Civil interpretado conforme a Constituição da República*, cit., v. 2, p. 190-191.

dominante[103] – contrato preliminar por meio do qual o promitente vendedor promete celebrar o contrato de compra e venda do bem imóvel, após o integral pagamento do preço pelo promitente comprador. Na primeira hipótese, há um único contrato, no qual se convenciona a alteração dos efeitos da tradição, de modo a suspender o efeito translativo da propriedade – que, de ordinário, acompanha a entrega da coisa – até que ocorra a satisfação do crédito do vendedor.[104] Na segunda, há dois contratos, o preliminar e o definitivo, que se celebra em execução daquele.[105]

Em termos práticos, ambas colocam o alienante em situação avantajada para reaver o bem em caso de inadimplemento do adquirente, visto permanecer o alienante proprietário e possuidor indireto enquanto o preço não for pago integralmente. Assim, na venda com reserva de domínio, o alienante, uma vez comprovada a mora do adquirente, pode rescindir o contrato e obter a reintegração na posse da coisa, mediante a devolução das parcelas já recebidas, deduzido, porém, o valor da indenização decorrente prejuízos decorrentes do inadimplemento (multa, juros da mora, honorários advocatícios, depreciação do valor da coisa, despesas judiciais etc.).[106]

---

[103] Veja-se, por todos, Gustavo Tepedino, Heloisa Helena Barboza, Maria Celina Bodin de Moraes *et alii*. *Código Civil interpretado conforme a Constituição da República*. Rio de Janeiro: Renovar, 2011, v. 3, p. 847. Em sentido oposto, confira-se Orlando Gomes, que sustenta ser modalidade de compra e venda (*Direitos reais*, cit., p. 358-362).

[104] Como ressalta Caio Mário da Silva Pereira, a cláusula de reserva de domínio "não se confunde com o contrato preliminar, uma vez que este é acordo de vontades gerando a obrigação de celebrar, futuramente, outro contrato, definitivo, ao passo que a venda com reserva de domínio já constitui o contrato principal. Enquanto a propriedade não pode ser transferida em virtude da promessa de compra e venda, mas depende de um novo acordo de vontades (contrato principal) ou do seu suprimento (sentença de preceito), o *pactum reservati dominii*, suspendendo embora a aquisição da propriedade pelo comprador, dispensa novo ato negocial para produzir seus efeitos translatícios, operando o pagamento integral do preço mutação da propriedade, automática e independentemente de novo negócio" (*Instituições de direito civil*, cit., v. 3, p. 196-197).

[105] Em sentido oposto, sustentando cuidar-se de um único contrato, v. Darcy Bessone. *Da compra e venda* – promessa & reserva de domínio, cit., p. 4.

[106] Nessa direção estabelece o art. 527 do Código Civil que, na hipótese de pretender reaver a posse da coisa, "é facultado ao vendedor reter as prestações pagas até o necessário para cobrir a depreciação da coisa, as despesas feitas e o mais que de direito lhe for devido. O excedente será devolvido ao comprador; e o que faltar lhe será cobrado, tudo na forma da lei processual". V., sobre o ponto, Orlando Gomes. *Contratos*, cit., p. 318-319; Gustavo Tepedino, Heloisa Helena Barboza, Maria Ce-

Cap. 2 • A FUNÇÃO DE GARANTIA DO CRÉDITO | 115

De outra parte, a promessa de compra e venda encontra, no direito vigente, além da disciplina geral estabelecida no Código Civil,[107] diversos regramentos específicos, que se aplicam no âmbito de determinadas atividades imobiliárias, como as incorporações e os loteamentos.[108] Depreende-se dessas fontes normativas, a despeito do seu caráter fragmentado, procedimento semelhante àquele observado na venda com reserva de domínio. Assim, na hipótese de se configurar a mora do promitente comprador, o promitente vendedor tem a faculdade de pleitear judicialmente a resolução da promessa para ser reintegrado na posse do imóvel. Em contrapartida, o promitente comprador tem direito à devolução do valor das parcelas desembolsadas, do qual se deduz a indenização pelos prejuízos decorrentes do inadimplemento contratual.[109]

Sublinhe-se, adicionalmente, que tanto a reserva de domínio como a promessa de compra e venda colocam o alienante a salvo das consequências que poderiam advir com a decretação da insolvência do adquirente, uma vez que, nessa hipótese, cessando a execução do contrato, o alienante tem direito à restituição do bem, do qual se manteve proprietário.[110]

---

lina Bodin de Moraes *et alii. Código Civil interpretado conforme a Constituição da República*, cit., v. 2, p. 190-191.

[107] Código Civil, arts. 1.417 e 1.418.

[108] V. Decreto-lei 58/1937, Lei 4.591/1964, arts. 32 e 35; Lei 6.766/1979, arts. 25-36; Lei 8.078 (Código de Defesa do Consumidor), art. 53, e Decreto-lei 745/1969.

[109] Mencione-se, por oportuno, que, nos termos do art. 53 do Código de Defesa do Consumidor, "consideram-se nulas de pleno direito as cláusulas que estabeleçam a perda total das prestações pagas em benefício do credor que, em razão do inadimplemento, pleitear a resolução do contrato e a retomada do produto alienado". Os tribunais admitem que apenas parte das parcelas seja retida a título de indenização pelas perdas decorrentes do inadimplemento. É ver-se: "É cabível a retenção pelo vendedor de percentual entre 10% e 20% a título de indenização em caso de rescisão contratual decorrente de culpa do comprador, sob pena de enriquecimento ilícito do vendedor. Precedentes" (STJ, REsp 761.944/DF, 4ª Turma, Rel. Min. João Otávio de Noronha, j. 05.11.2009). V. ainda, dentre outros, STJ, AgRg no REsp 1.110.810, 4ª Turma, Rel. Min. Luis Felipe Salomão, j. 03.09.2013; STJ, AgRg no REsp 927.433/DF, 4ª Turma, Rel. Min. Maria Isabel Gallotti, j. 14.02.2012.

[110] De acordo com a Lei 11.101/2005, art. 119: "Nas relações contratuais a seguir mencionadas prevalecerão as seguintes regras: (...) IV – o administrador judicial, ouvido o Comitê, restituirá a coisa móvel comprada pelo devedor com reserva de domínio do vendedor se resolver não continuar a execução do contrato, exigindo a devolução, nos termos do contrato, dos valores pagos; (...) VI – na promessa de compra e venda de imóveis, aplicar-se-á a legislação respectiva; (...)". Em relação à promessa de imóveis loteados, confira-se a solução estabelecida no art. 30 da Lei 6.766/1979:

Em definitivo, as duas técnicas em comento traduzem, no contexto dos negócios de venda de bens móveis e imóveis, importante instrumento de proteção dos interesses da parte vendedora frente ao risco de inadimplemento e de insolvência da parte compradora. Por essa razão, ambas são comumente consideradas como garantias do crédito.[111]

No entanto, verifica-se diferença significativa entre essas técnicas contratuais e as garantias do crédito acima mencionadas (fiança, penhor, alienação fiduciária em garantia etc.). Com efeito, a reserva de domínio e a promessa de compra e venda não se mostram aptas a produzir a extinção satisfativa do crédito, a despeito da falta de cooperação do devedor. Aliás, nesse tocante, os dois institutos em nada alteram a situação do alienante, que, preferindo exigir a quantia devida em vez de resolver o contrato, deve recorrer às vias ordinárias de cobrança, não dispondo de meio adicional para a realização do seu crédito.[112]

Sendo assim, a cláusula de reserva de domínio e a promessa de compra e venda de imóvel fortalecem as *pretensões do credor na rescisão do contrato*, assegurando o retorno das partes à situação anterior – com a consequente devolução do bem ao dono e das parcelas desembolsadas à parte compradora – além do pagamento de eventual indenização em razão do inadimplemento. Pode-se mesmo dizer que constituem garantias da rescisão – e não do crédito.

"A sentença declaratória de falência ou da insolvência de qualquer das partes não rescindirá os contratos de compromisso de compra e venda ou de promessa de cessão que tenham por objeto a área loteada ou lotes da mesma. Se a falência ou insolvência for do proprietário da área loteada ou do titular de direito sobre ela, incumbirá ao síndico ou ao administrador dar cumprimento aos referidos contratos; se do adquirente do lote, seus direitos serão levados à praça". Em sentido análogo, veja-se ainda o Decreto-lei 58/1937, art. 12, § 2º.

[111] Veja-se, na doutrina brasileira, Darcy Bessone. *Da compra e venda* – promessa & reserva de domínio, cit., p. 12-13. Na doutrina estrangeira, são frequentes às referências à reserva de domínio como modalidade de garantia do crédito. Confira-se, por todos, Ulrich Drobnig. Security rights in movables. In: Arthur Hartkamp *et alli* (org.). *Towards a European Civil Code*, cit., p. 1.304.

[112] Como se depreende do disposto no art. 526 do Código Civil, caso a mora do devedor não seja purgada, abre-se em favor do vendedor a alternativa entre a resolução do contrato, conducente à recuperação da posse da coisa vendida, e a cobrança das prestações vencidas com os seus consectários.

2.3.2 Diferenciação entre garantia e modo de pagamento

Outra consequência, que convém aqui destacar, é que a garantia, por traduzir expediente substitutivo do adimplemento, não se confunde, evidentemente, com o próprio meio de pagamento da obrigação. Na prática, todavia, a diferenciação nem sempre se revela fácil, haja vista a possibilidade de a garantia proporcionar a satisfação – parcial ou plena – do crédito, antes mesmo do seu vencimento. Assim se verifica no direito real de anticrese, assistindo ao credor anticrético a faculdade de perceber os frutos produzidos pelo imóvel enquanto este permanecer em sua posse.[113] O mesmo se observa em relação ao penhor, uma vez que se reconhece ao credor pignoratício o direito de apropriar-se, em pagamento da dívida, dos frutos gerados pela coisa em seu poder.[114]

No entanto, a apropriação dos frutos pelo credor não desvirtua a função de garantia desempenhada pela anticrese ou pelo penhor, transformando-os em modo de pagamento do crédito. Verifica-se, ao revés, que o devedor permanece pessoalmente obrigado perante o credor pela satisfação do crédito, devendo solver o débito uma vez vencida a dívida. Tanto é assim que, na hipótese de o montante de frutos apropriados ser inferior ao débito, o

---

[113] Nesse sentido dispõe o art. 1.506 do Código Civil: "Pode o devedor ou outrem por ele, com a entrega do imóvel ao credor, ceder-lhe o direito de perceber, em compensação da dívida, os frutos e rendimentos". De acordo com a doutrina, "a anticrese é um direito real sobre coisa imóvel pelo qual o devedor transfere a sua posse ao credor para que este perceba e retenha os seus frutos imputando-os no pagamento da dívida" (Caio Mário da Silva Pereira. *Instituições de direito civil*, cit., v. 4, p. 355. Note-se que a possibilidade de a apropriação dos frutos do imóvel conduzir à extinção satisfativa da dívida antes do termo de vencimento tem suscitado a opinião de que não se trataria de verdadeira garantia do crédito. Cf., nesse sentido, Pedro Romano Martinez e Pedro Fuzeta da Ponte. *Garantias de cumprimento*, cit., p. 52.

[114] De acordo com o art. 1.433 do Código Civil: "Art. 1.433. O credor pignoratício tem direito: (...) V – a apropriar-se dos frutos da coisa empenhada que se encontra em seu poder". Por sua vez, o art. 1.435 assim estabelece: "O credor pignoratício é obrigado: (...) III – a imputar o valor dos frutos, de que se apropriar (art. 1.433, inciso V) nas despesas de guarda e conservação, nos juros e no capital da obrigação garantida, sucessivamente". Tais preceitos conferem ao credor pignoratício verdadeiro direito anticrético, do qual resulta a faculdade de apropriar-se dos frutos gerados pela coisa empenhada até o limite do que lhe é devido. Sublinhe-se que se reconhecer liberdade às partes para afastar tal direito. Cf. Gustavo Tepedino, Heloisa Helena Barboza, Maria Celina Bodin de Moraes *et alii*. *Código Civil interpretado conforme a Constituição da República*, cit., v. 3, p. 872.

devedor continua responsável pelo saldo remanescente.[115] Diferenciam-se, desse modo, a prestação principal – que conduz ao adimplemento – e a garantia prestada em segurança do credor – meio adicional de realização do crédito, que prescinde da cooperação do devedor.[116]

Outra situação que suscita o mesmo questionamento – meio de pagamento ou garantia – é o contrato mediante o qual as partes contratantes depositam determinado bem ou quantia de dinheiro junto a um terceiro para que este entregue a uma delas, segundo a verificação ou não de evento futuro e incerto, que, normalmente, corresponde ao cumprimento de outro negócio celebrado entre as partes.[117] Assim, por exemplo, a sociedade A encomenda determinado equipamento industrial à sociedade B, convencionando-se que aquela deve, desde logo, depositar o preço devido junto ao banco C. Este deverá entregar a soma à sociedade B caso se verifique, ao final do prazo estipulado, o cumprimento da empreitada – evento futuro e incerto. De outro modo, ocorrendo o inadimplemento por parte dessa sociedade, o preço deverá ser restituído à sociedade A.

Cuida-se, como se vê, de contrato coligado a outro negócio – chamado de *principal* – de maneira que o destino da coisa ou quantia depositada depende das vicissitudes do contrato principal.[118] Deixando-se de lado o

---

[115] V., nessa direção, Luiz da Cunha Gonçalves. *Tratado de direito civil*. São Paulo: Max Limonad, 1955, v. 5, t. I, p. 320-323.

[116] Cf., nesse sentido, Vittorio Tedeschi. Anticresi. *Novissimo Digesto Italiano*. Torino: UTET, 1957, p. 656 e 658. O autor ressalta a necessidade de se diferenciar a anticrese – em que a apropriação dos frutos tem função de garantia – do acordo no qual tal atividade constitui a contraprestação devida em razão do empréstimo obtido pelo devedor.

[117] Fala-se, em razão disso, em "depósito em favor de sujeito alternativamente determinado" (João Tiago Morais Antunes. *Do contrato de depósito* escrow. Coimbra: Almedina, 2007, p. 81). Segundo o autor, tal figura negocial "(...) abrange todos os casos em que sendo incerto que uma determinada coisa deva ou não ser entregue a um terceiro (por exemplo, o preço devido numa compra e venda sujeita a condição suspensiva), as partes acordam que uma delas (o possível devedor) deposite a coisa que eventualmente deverá ser prestada junto de uma pessoa da confiança de ambas, a quem são dadas instruções para – em função da verificação ou não da referida condição – a entregar ao terceiro ou, ao invés, a restituir ao depositante".

[118] Segundo João Tiago Morais Antunes: "(...) o depósito é caracterizado pelo facto de a constituição do mesmo ser acompanhada de um 'pacto' destinado a regular a restituição da coisa. Este 'pacto' – formalizado numa das cláusulas do próprio contrato de depósito – traduz-se na subordinação deste contrato a um negócio jurídico (o chamado 'negócio principal') celebrado entre o depositante e o eventual beneficiário do depósito, por força da qual serão as vicissitudes ocorridas ao nível desta relação

riquíssimo debate acerca de sua qualificação jurídica,[119] cumpre destacar que tal negócio pode ter por escopo o próprio adimplemento ou a garantia da obrigação, a depender dos termos contratuais com os quais as partes o estipularam. Em particular, importa verificar se a realização do depósito e sua eventual reversão em favor do terceiro (contraparte do depositante no negócio principal) traduzem o meio de pagamento escolhido pelas partes ou se, de modo diverso, constitui-se em modalidade alternativa de satisfação do crédito, que se adiciona à obrigação do depositante em pagar diretamente ao terceiro aquilo que vier a lhe dever.

Nessa última hipótese, o depósito desempenha a função de garantia: o terceiro (suposto credor) encontra nesse mecanismo uma proteção contra o risco de inadimplemento do depositante (suposto devedor), uma vez que passa a dispor de um novo devedor (o depositário), que, provavelmente, reputa mais confiável que o primeiro. Assim, uma vez verificado o evento futuro e incerto que condiciona a constituição do seu crédito, o terceiro pode exigir o cumprimento da prestação que lhe é devida tanto do depositante como do depositário.[120]

Já em se tratando de meio de pagamento, o depósito é feito com *animus solvendi*, liberando o depositante e conduzindo ao adimplemento da

---

jurídica que determinarão a individualização do sujeito autorizado a exigir a *consegna*. O credor da restituição poderá, assim, ser o depositante ou o beneficiário do depósito; tudo depende da evolução da relação jurídica conexa ao depósito" (João Tiago Morais Antunes. *Do contrato de depósito* escrow, cit., p. 82-83).

[119] Remeta-se o leitor à análise desenvolvida na obra de João Tiago Morais Antunes. *Do contrato de depósito* escrow, cit., especialmente p. 43-158, acerca das diversas posições doutrinárias elaboradas sobre o tema, a partir da decisão pioneira da *Corte di Cassazione* italiana, de 15 de janeiro de 1937, que enfrentou litígio envolvendo o descumprimento da obrigação assumida pelo depositário nesse tipo de arranjo negocial.

[120] Confira-se, nesse sentido, João Tiago Morais Antunes. *Do contrato de depósito* escrow, cit., p. 83 e 92, o qual refere à tese originalmente sustentada por Rosario Nicolò em artigo publicado em 1937: "(...) com a celebração do contrato de depósito, o depositário assume a 'obrigação' eventual do depositante para com o beneficiário do depósito, através de uma *assunção cumulativa de dívida* que, essencialmente, resulta de uma delegação com fins de garantia operada entre o antigo devedor (o depositante), o novo devedor (o depositário/fiduciário) e o credor eventual (o beneficiário do depósito). Registe-se que quer o depositante, quer o depositário passam a ser devedores da mesma prestação – a dívida garantida – podendo afirmar-se que ambos se encontram objectivamente adstritos à satisfação do mesmo interesse do credor" (*Do contrato de depósito* escrow, cit., p. 87).

obrigação por este assumida no negócio principal. Dessa sorte, em se confirmando a existência do seu crédito, o terceiro só pode exigir do depositário a prestação devida, não havendo, em virtude do depósito efetuado, qualquer pretensão em face do depositante. Nessa situação, portanto, o depósito não realiza qualquer finalidade de garantia, constituindo-se no próprio meio de pagamento do débito.[121]

2.4 GARANTIA E RISCO DE INSOLVÊNCIA DO DEVEDOR

2.4.1 Garantia e responsabilidade patrimonial do devedor

Outra característica da função da garantia do crédito, que se extrai da análise do dado normativo vigente, é a proteção que proporciona ao titular contra a insolvência do devedor, isto é, contra a incapacidade patrimonial para solver as obrigações assumidas.[122] Em outras palavras, o credor munido de garantia se encontra menos exposto que o credor *quirografário* – desprovido de qualquer garantia – ao perigo de não conseguir obter, ainda que coativamente, a satisfação do seu crédito.

Tal efeito das garantias está intimamente relacionado ao regime jurídico da *responsabilidade patrimonial*. Considerada uma das mais festejadas conquistas civilizatórias do direito ocidental, que se consagrou ao cabo de notável evolução histórica, a responsabilidade patrimonial significa que sãos os bens do devedor, e não os atributos da sua personalidade, que se sujeitam à ação executiva decorrente da cobrança do crédito.[123]

---

[121] Veja-se, nesse ponto, João Tiago Morais Antunes. *Do contrato de depósito* escrow, cit., p. 91; e, ainda, Fulvio Mastropaolo. Il deposito. In: Pietro Rescigno. *Trattato di diritto privato*. Torino: UTET, 1985, v. 12, p. 508.

[122] O estado de insolvência é usualmente definido como a incapacidade de solver os débitos em razão do desequilíbrio patrimonial do devedor. V. Nelson Abrão. Insolvência. In: Rubens Limongi França (coord.). *Enciclopédia Saraiva de Direito*. São Paulo: Saraiva, 1977, v. 44, p. 421-423. De acordo com o art. 955 do Código Civil: "Procede-se à declaração de insolvência toda vez que as dívidas excedam à importância dos bens do devedor". Dispõe do mesmo modo o art. 748 do Código de Processo Civil de 1973, que permanece em vigor em razão do disposto no art. 1.052 do atual diploma processual: "Art. 1.052. Até a edição de lei específica, as execuções contra devedor insolvente, em curso ou que venham a ser propostas, permanecem reguladas pelo Livro II, Título IV, da Lei nº 5.689, de 11 de janeiro de 1973".

[123] Pietro Perlingieri. *Manuale di diritto civile*. Napoli: ESI, 1997, p. 301. Na doutrina pátria, v. Caio Mário da Silva Pereira. *Instituições de direito civil*, cit., v. 4, p. 273.

No direito pátrio, a responsabilidade patrimonial encontra-se consagrada tanto no art. 391 do Código Civil como no art. 789 do Código de Processo Civil. Segundo o primeiro dispositivo, "pelo inadimplemento das obrigações respondem todos os bens do devedor". Nos termos do segundo, "o devedor responde com todos os seus bens presentes e futuros para o cumprimento de suas obrigações, salvo as restrições estabelecidas em lei".[124]

Da análise preliminar desses dispositivos, é de se examinar dois pontos que se sobressaem. Em primeiro lugar, a razão pela qual a responsabilidade patrimonial se encontra disciplinada em ambos os códigos. Em segundo lugar, se os bens do devedor respondem pelo inadimplemento, como diz o diploma civil, ou pelo cumprimento das obrigações, como estabelece o código processual.

Iniciando pela segunda indagação, cumpre ressaltar que a notável divergência entre os dois preceitos reflete, em verdade, a importante discussão doutrinária travada entre as teorias *personalistas* e *patrimonialistas* da obrigação.Com efeito, desenvolveu-se, a partir da segunda metade do século XIX, especialmente na doutrina germânica, importante corrente doutrinária que, em razão justamente da conexão aparentemente existente entre a responsabilidade patrimonial e o fenômeno do adimplemento das obrigações, propugnava que o objeto da relação obrigacional consistiria no patrimônio do devedor, e não no comportamento devido por este.[125]

Atentos ao fato de que, no direito moderno, o devedor não pode ser coagido a cumprir o débito contra sua vontade, os defensores dessa teoria, denominada *patrimonialista*, em oposição à teoria clássica *personalista*, apontavam para a irrelevância da prestação na estrutura da relação obrigacional. Destacavam, nessa direção, que "perante o dever de prestar, o credor não goza de mais que uma pura *expectativa* do cumprimento".[126] Desse modo, qualificavam o objeto da obrigação a partir daquilo que efetivamente satisfaria a pretensão do credor, isto é, o patrimônio do devedor, visto que, no caso de inexecução da obrigação, a agressão, pela via executiva, dos bens do devedor

---

[124] Redação quase idêntica à constante do art. 591 do Código de Processo Civil de 1973.

[125] Acerca do tema, v. João de Matos Antunes Varela. *Das obrigações em geral*. 10. ed. Coimbra: Almedina, 2000, v. 1, p. 133-134; Adolfo di Majo. Delle obbligazioni in generale: art. 1173-1176. In: Francesco Galgano (coord.). *Commentario del Codice Civile Scialoja-Branca*. Bologna: Nicola Zanichelli, 1988, p. 101; Fábio Konder Comparato. *Essai d'analyse dualiste de l'obligation en droit privé*. Paris: Dalloz, 1964, p. 5. Seja consentido remeter ainda a Pablo Rentería. *Obrigações de meios e de resultado*, cit., p. 54 e ss.

[126] V. João de Matos Antunes Varela. *Das obrigações em geral*, cit., p. 133.

122 PENHOR E AUTONOMIA PRIVADA • *Pablo Renteria*

traduziria, em última instância, o meio de realização do interesse do credor. Afirmavam, assim, que a obrigação, na sua essência, não traduz o débito, mas a responsabilidade do devedor decorrente do descumprimento do débito.[127]

A teoria patrimonialista, contudo, sofreu críticas contundentes, que conduziram ao seu abandono quase completo nos dias atuais.[128] A principal objeção prende-se à "lógica panprocessualista" na qual incorre ao confundir o objeto da relação obrigacional com os meios de tutela de que dispõe o credor no âmbito do processo judicial.[129] Desta feita, tal teoria incide no equívoco metodológico de sobrepor o momento patológico ao fisiológico, considerando, na análise da estrutura da obrigação, a hipótese de lesão do crédito mais significativa que a situação ordinária de cumprimento espontâneo da prestação pelo devedor.[130] Por conseguinte, oferece visão distorcida do direito do crédito, na qual o comportamento exigível do devedor teria importância marginal, muito embora, a rigor, a relação obrigacional traduza essencialmente fenômeno de cooperação social, que se desenrola para a realização do interesse do credor, digno de tutela segundo os valores do ordenamento.[131]

Por essas razões, prevalece atualmente a concepção personalista da obrigação segundo a qual seu objeto constitui-se na *prestação-comportamento*

---

[127] V. Adolfo di Majo. Delle obbligazioni in generale: art. 1173-1176. In: Francesco Galgano (coord.). *Commentario del Codice Civile Scialoja-Branca*, cit., p. 101; Fábio Konder Comparato. *Essai d'analyse dualiste de l'obligation en droit privé*, cit., p. 10.

[128] Assim ressalta Pietro Rescigno: "A ideologia e as ambições teóricas das doutrinas 'patrimonialistas' estão hoje largamente superadas" (Obbligazioni (nozioni generali). *Enciclopedia del Diritto*. Milano: Giuffrè, 1979, v. 39, p. 182, tradução). Cf., na mesma direção, Pietro Perlingieri. *Manuale di diritto civile*, cit., p. 218 e Adolfo di Majo. Delle obbligazioni in generale: art. 1173-1176. In: Francesco Galgano (coord.). *Commentario del Codice Civile Scialoja-Branca*, cit. No direito português, v. João de Matos Antunes Varela. *Das obrigações em geral*, cit., p. 154.

[129] Eis a expressão de Adolfo di Majo. Delle obbligazioni in generale: art. 1173-1176. In: Francesco Galgano (coord.). *Commentario del Codice Civile Scialoja-Branca*, cit, p. 103.

[130] Confira-se, a respeito, a crítica contundente de Francesco Donato Busnelli. *La lesione del credito da parte di terzi*. Milano: Giuffré, 1964, p. 23.

[131] Como amplamente reconhecido pela doutrina mais atual, cabendo mencionar, a propósito, as lições de Pietro Perlingieri. *Manuale di diritto civile*, cit., p. 21 e Pietro Rescigno. Obbligazioni (nozioni generali), cit., p. 182. No direito brasileiro, v., entre outros, Clóvis Veríssimo do Couto e Silva. *A obrigação como processo*, cit., e Judith Martins-Costa. Do inadimplemento das obrigações (arts. 389-420). In: TEIXEIRA, Sálvio de Figueiredo (coord.). *Comentários ao Código Civil*. Rio de Janeiro: Forense, 2003, v. 5, t. II, p. 93.

a ser desempenhada pelo devedor.[132] Assim, no plano estrutural da relação, identifica-se o poder do credor em exigir a prestação devida, a qual, uma vez adimplida, produz, no plano funcional, o resultado útil – o bem ou a utilidade – que concretiza o interesse do credor.

Há de se reconhecer, portanto, que, do ponto de vista técnico, se revela mais apropriado o enunciado do art. 391 do Código Civil, segundo o qual os bens do devedor respondem pelo *inadimplemento*. Com efeito, a linguagem utilizada no art. 789 do diploma processual se mostra imprecisa, uma vez que acaba por associar o fenômeno do cumprimento das obrigações ao da responsabilidade patrimonial, parecendo prestigiar a vetusta concepção patrimonialista da obrigação. Vale repisar, em tributo à concepção personalista, que o devedor cumpre o débito por meio do desempenho da prestação devida, e não com o seu patrimônio.

Feito esse esclarecimento, cumpre analisar o outro ponto suscitado pela análise dos dispositivos, qual seja, o porquê da matéria se encontrar disciplinada tanto no Código Civil como no Código de Processo Civil. Isso se deve, muito provavelmente, à intensa controvérsia acerca do fundamento da responsabilidade patrimonial, isto é, do poder de agressão sobre os bens do devedor para realizar o crédito.

De um lado, há teses que identificam tal poder no conteúdo da própria relação obrigacional.[133] Nessa direção, sustentam a natureza *substancial* da responsabilidade patrimonial, justificando, assim, a inserção do instituto no Código Civil. Destacam-se, nesse diapasão, as teorias *unitária* e *dualista* da obrigação.

De acordo com a primeira, o poder de agressão seria inerente ao conteúdo do direito subjetivo, traduzindo a *tutela jurídica intrínseca* ao crédito,

---

[132] Cf., entre outros, Caio Mário Pereira da Silva. *Instituições de direito civil*, cit., v. 2, p. 18; Orlando Gomes. *Obrigações*. 16. ed. atual. por Edvaldo Brito. Rio de Janeiro: Forense, 2004, p. 13-14; Gustavo Tepedino e Anderson Schreiber. Direito das obrigações. In: Álvaro Villaça Azevedo (coord.). *Código Civil comentado*, cit., p. 8; Fernando Noronha. *Direito das obrigações*, cit., p. 36, Judith Martins-Costa. Do inadimplemento das obrigações (arts. 389-420). In: TEIXEIRA, Sálvio de Figueiredo (coord.). *Comentários ao Código Civil*, cit., p. 20; Marcelo Junqueira Calixto. Reflexões em torno do conceito de obrigação, seus elementos e suas fontes. In: Gustavo Tepedino (coord.). *Obrigações: estudos na perspectiva civil-constitucional*. Rio de Janeiro: Renovar, 2005, p. 8.

[133] V. o conciso relato de Enrico Tullio Liebman. *Processo de execução*. 4. ed. São Paulo: Saraiva, 1980, p. 33.

isto é, a sanção natural contra o inadimplemento. A responsabilidade seria o elemento de coerção presente na obrigação, em razão do qual o credor é titular de um verdadeiro direito subjetivo, e não de uma mera expectativa quanto à realização do comportamento devido. Débito e responsabilidade estariam, assim, intimamente ligados, formando, em conjunto, o conteúdo indiviso da relação obrigacional.[134]

Ainda segundo tal orientação doutrinária, a responsabilidade patrimonial não autorizaria o credor a exigir do devedor o desempenho de determinada atividade comissiva ou omissiva. Vale dizer, a responsabilidade patrimonial não configuraria dever jurídico, traduzindo, mais tecnicamente, *estado de sujeição*, em virtude do qual cabe ao devedor padecer ao exercício da ação executiva.[135] Tal estado integraria, ao lado do dever de prestar, a situação jurídica do devedor.

Outra corrente de pensamento que defende a natureza *substancial* da responsabilidade patrimonial, como já mencionado, é a teoria dualista da obrigação, que se desenvolveu inicialmente na doutrina alemã,[136] tendo, em seguida, obtido repercussão em outros ordenamentos da família

---

[134] Nessa direção, confira-se a lição de Francesco Ferrara: "Não negamos que débito e responsabilidade sejam conceitualmente distintos, mas nos parece que sejam dois aspectos do mesmo fenômeno, e não de relações independentes. O dever jurídico traz em si, como conteúdo imanente, a coação, e por isso a responsabilidade não é senão uma consequência da relação obrigacional. O débito não é simplesmente o dever prestar, mas o dever prestar sob a coação da ordem jurídica (...)" (*Trattato di diritto civile italiano*. Roma: Athenaeum, 1921, v. 1, p. 309, tradução livre). V., ainda nesse mesmo sentido, Domenico Rubino. La responsabilità patrimoniale – Il Pegno. In: Filippo Vassalli (coord.). *Trattato di Diritto Civile Italiano*, cit., p. 8); Luigi Mengoni. Obbligazioni "di risultato" e obbligazioni "di mezzi". *Rivista del Diritto Commerciale e del Diritto Generale delle Obbligazioni*, 1954, t. I, p. 283. No direito brasileiro, veja--se Orlando Gomes. *Obrigações*, cit., p. 20; e Miguel Maria de Serpa Lopes. *Curso de direito civil*: obrigações em geral. 6. ed. Rio de Janeiro: Freitas Bastos, 1995, p. 16-17.

[135] V., assim, Domenico Rubino. La responsabilità patrimoniale – Il Pegno. In: Filippo Vassalli (coord.). *Trattato di Diritto Civile Italiano*, cit., p. 8. Como esclarece o autor, o estado de sujeição, ou melhor, a possibilidade de agressão dos bens do devedor, permaneceria em estado *potencial* até a ocorrência do inadimplemento, quando então se tornaria *efetiva*.

[136] Os juristas alemães Brinz (*Der Begriff Obligatio*, 1874) e Amira (*Nordgermanisches Obligationenrecht*, 1882) são comumente aludidos como os pioneiros dessa investigação. Cf., a propósito, o relato apresentado por Ludwig Von Enneccerus, Theodor Kipp, Martín Wolff. *Derecho de obligaciones*. Barcelona: Bosch, 1947, t. II, p. 8 e ss.; e também por João de Matos Antunes Varela. *Das obrigações em geral*, cit., p. 144.

germano-germânica, notadamente no brasileiro.[137] De acordo com tal construção, a relação obrigacional teria natureza complexa, sendo composta por dois vínculos distintos, embora relacionados, a saber: de um lado, o débito (*Schuld*), o qual se refere à atividade a ser desempenhada pelo devedor em favor do credor, e, de outra parte, a responsabilidade (*Haftung*), que consiste no poder conferido ao credor para buscar no patrimônio do devedor, ou em parte deste, a satisfação do seu crédito.[138] Embora a responsabilidade se manifeste normalmente como consequência do débito, os seguidores da mencionada teoria sustentam a autonomia entre os dois vínculos com base em exemplos de débito sem responsabilidade (*e.g.*, obrigações naturais) e de responsabilidade sem débito (*e.g.*, o fiador e, ainda, o proprietário de imóvel hipotecado em garantia do débito de terceiro).[139]

Sublinhe-se que, nos termos dessa construção teórica, ao credor assistiriam dois direitos, quais sejam, o de exigir o comportamento prometido pelo devedor e o de agredir o patrimônio deste para conseguir a utilidade que deveria obter com o adimplemento, se não fosse o descumprimento

---

[137] De fato, a teoria obteve importante difusão na doutrina brasileira, como retrata Marcelo Junqueira Calixto. Reflexões em torno do conceito de obrigação, seus elementos e suas fontes. In: Gustavo Tepedino (coord.). *Obrigações*: estudos na perspectiva civil-constitucional, cit., p. 3. Dentre os diversos defensores, pode-se mencionar, além de Fábio Konder Comparato. *Essai d'analyse dualiste de l'obligation en droit privé*, cit.; João Manuel de Carvalho Santos. *Código Civil brasileiro interpretado, principalmente do ponto de vista prático*, cit., v. 9, p. 7; e Clóvis do Couto e Silva. *A obrigação como processo*, cit., p. 81 e 84.

[138] Nas palavras de Carvalho Santos: "A obrigação, realmente, em sua natureza complexa, consta de duas relações intimamente conexas, a primeira das quais dá ao credor a faculdade de exigir a prestação, subsistindo, em correspondência, uma outra relação jurídica, por meio da qual o credor tem o direito de proceder a execução forçada sobre o patrimônio do devedor (garantia) para conseguir aquela utilidade, que devia alcançar por meio da prestação não cumprida voluntariamente" (*Código Civil brasileiro interpretado, principalmente do ponto de vista prático*, cit., v. 9, p. 7).

[139] Assim ensina Miguel Maria de Serpa Lopes: "Os dualistas germânicos em prol de sua concepção alegam o seguinte: 1º) existência de dívida sem responsabilidade; 2º) presença de dívida sem responsabilidade própria; 3º) responsabilidade sem dívida atual; 4º) responsabilidade sem dívida. Tais circunstâncias correspondem às seguintes situações: a) fiança, em relação ao fiador, acarreta uma responsabilidade sem dívida; b) as obrigações naturais explicam a hipótese de um débito sem responsabilidade; c) a hipoteca, em garantia de uma coisa futura, também mostra uma responsabilidade sem débito" (*Curso de direito civil*: obrigações em geral, cit., v. 2, p. 13). Na doutrina italiana, vale conferir as exposições de Roberto de Ruggiero. *Istituzioni di diritto civile*. Milano: Giuseppe Principato, 1935, v. 3, p. 12; e Alberto Trabucchi. *Istituzioni di diritto civile*. 34. ed. Milano: CEDAM, 1993, p. 479.

da prestação. Haveria, na estrutura da relação obrigacional, dois vínculos jurídicos, cada qual conferindo ao credor um feixe próprio de poderes.[140]

No entanto, foram dirigidas sérias críticas a essa concepção dualista. Em particular, objetou-se que débito e responsabilidade seriam aspectos do mesmo fenômeno, os quais não poderiam ser destacados um do outro sem prejudicar a correta compreensão da obrigação como um todo. A separação seria, dessa forma, tão arbitrária como aquela efetuada entre dever jurídico e coação: o dever não seria propriamente jurídico se a ordem jurídica não reagisse ao seu descumprimento.[141] Retomando as palavras de Ihering, não passaria de "fogo que não queima, de luz que não ilumina".[142]

De mais a mais, advertiu-se que os supostos exemplos de débito sem responsabilidade ou de responsabilidade sem débito poderiam ser dogmaticamente justificados sem necessidade de se recorrer ao dualismo.[143] Assim, por exemplo, a fiança não constituiria, a rigor, caso de responsabilidade sem débito, pois o fiador não seria apenas responsável, mas também devedor da obrigação acessória de quitar a dívida alheia. Nessa mesma linha, a hipoteca ou o penhor constituído por terceiro (ou tendo por objeto coisa posteriormente adquirida por terceiro) não seria hipótese de responsabilidade sem débito, traduzindo, antes disso, a constituição de direito real sobre coisa alheia que limita o domínio do dono. Ademais, o dualismo não resistiria à evidência de que a responsabilidade não surge sem uma dívida e nunca se mantém depois de extinta a dívida.[144]

---

[140] Confira-se, por todos, João de Matos Antunes Varela. *Das obrigações em geral*, cit., p. 144-145.

[141] Veja-se a célebre crítica de Francesco Ferrara. *Trattato di diritto civile italiano*, cit., p. 309 e ss.

[142] Rudolf Von Ihering. *A finalidade do direito*. Trad. José Antônio Faria Correa. Rio de Janeiro: Ed. Rio, 1979, p. 166.

[143] "Em primeiro lugar, dir-se-á não ser *necessário* recorrer ao expediente teórico do desmembramento da obrigação em duas relações distintas para explicar conceitualmente os dados facultados pelo sistema jurídico, que a famosa teoria do *débito e da responsabilidade* mobiliza a seu favor. Trata-se de soluções que podem ser perfeitamente catalogadas dentro dos quadros da chamada *doutrina clássica*, a qual, considerando a obrigação como uma relação *unitária*, está mais próxima da *unidade* vital dos fenómenos que retrata" (João de Matos Antunes Varela. *Das obrigações em geral*, cit., p. 147).

[144] V. João de Matos Antunes Varela. *Das obrigações em geral*, cit., p. 151. Veja-se também, na doutrina italiana, Pietro Rescigno. Obbligazioni (nozioni generali), cit., p. 207.

Por todos os argumentos expostos, observa-se, na doutrina mais atual, a tendência de se reconhecer à teoria dualista, além da importância histórica, utilidade didática, servindo para evidenciar dois momentos diversos da relação entre credor e devedor: a cooperação voltada ao adimplemento e a reação ao inadimplemento.[145]

De outro lado, em oposição às teorias *substanciais* examinadas acima, desenvolveu-se, notadamente no direito italiano,[146] a tese da natureza *adjetiva* da responsabilidade patrimonial, que obteria, posteriormente, grande repercussão na doutrina processualista brasileira.[147] Sustentam seus defensores que somente o débito integra a estrutura da relação obrigacional ao passo que a responsabilidade patrimonial pertence ao processo civil, uma vez que traduz, a rigor, técnica de tutela jurisdicional do crédito frente ao comportamento inadequado do devedor. Ressaltam, nessa direção, que o estado de sujeição do devedor, que caracteriza a responsabilidade, não corresponde a um poder do credor, mas do Estado, que por meio do processo executivo pode agredir os bens do devedor. Ao credor assistiria, em verdade, o direito de ação frente ao Estado para mover a cobrança judicial do crédito.[148] Desta feita, a responsabilidade patrimonial se inscreveria na *relação de natureza processual* que se instaura entre o Estado e as partes, e não na relação obrigacional.[149]

---

[145] V., nesse sentido, Pietro Rescigno. Obbligazioni (nozioni generali), cit., p. 207.

[146] O jurista italiano Francesco Carnelutti é comumente apontado como o precursor dessa teoria, embora haja também referências a autores germânicos. Confira-se a sua obra Diritto e processo nella teoria delle obbligazioni. *Studi di diritto processuale in onore di Giuseppe Chiovenda*. Padova: CEDAM, 1927, p. 220-341.

[147] Confira-se, especialmente, Enrico Tullio Liebman. *Processo de execução*, cit., p. 32-37. E, ainda, Alfredo Buzaid. *Do concurso de credores no processo de execução*. São Paulo: Saraiva, 1952, p. 19 e ss. Trata-se, com efeito, de opinião amplamente disseminada na doutrina processual pátria.

[148] Em crítica à opinião que concebe a responsabilidade como a sanção imanente ao direito de crédito, Enrico Tullio Liebman ressalta que tal posição doutrinária "está, entretanto, em contradição com a realidade, pois que o credor não tem o poder de invadir com seus próprios meios a esfera jurídica do devedor; ele tem apenas o direito de pedir que outrem (o órgão judiciário) o faça, direito que não é outra coisa que a ação. Entre o crédito, entendido estritamente como direito a conseguir a prestação do devedor, e a ação, que é o direito de pedir a intervenção do órgão público no caso do inadimplemento, não é possível configurar terceiro elemento intermediário, que objetivamente não existe. Quem põe as mãos sobre os bens do devedor é o Estado, por intermédio de seu órgão competente: ele e só ele tem os poderes para tanto" (*Processo de execução*, cit., p. 36).

[149] Nesse sentido, manifesta-se Pietro Perlingieri: "(...) o poder atribuído ao credor sobre o patrimônio do devedor tem natureza essencialmente processual: o exercício de tal

O embate em torno da natureza material ou adjetiva da responsabilidade patrimonial já foi motivo para acalorado debate entre civilistas e processualistas no contexto maior da discussão acerca das fronteiras que separam os respectivos campos de estudo. No entanto, há de se reconhecer, a bem da verdade, que a tese da natureza adjetiva mostra-se mais consentânea com o dado normativo vigente. Isto porque o poder de agressão sobre os bens do devedor traduz fenômeno eventual e incidental no curso da relação obrigacional, que se manifesta apenas com a verificação do inadimplemento do devedor.[150] Em outras palavras, cuida-se de instrumento de tutela que atua, exclusivamente, no momento patológico da relação, sem intervir no sem número de casos corriqueiros de cumprimento espontâneo do débito pelo devedor. Por isso que não constitui elemento essencial à estrutura da obrigação.[151]

De mais a mais, a tese segundo a qual a responsabilidade patrimonial traduziria elemento constitutivo do direito de crédito não resiste à observação de que, nos dias atuais, ao cabo de importante evolução do direito processual, o poder de agressão sobre os bens do devedor traduz instrumento residual de tutela, sendo preterido, sempre que possível, pelos diversos meios de tutela específica das obrigações.

É certo que, no passado, o processo civil privilegiava a execução genérica, mediante a expropriação dos bens do devedor, como meio de provimento da tutela jurisdicional em favor do credor. Prevalecia, portanto, a ótica liberal, que, sob o argumento da incoercibilidade do comportamento humano, não

---

poder tem apenas a função de pôr em movimento o processo executivo" (*Manuale di diritto civile*, cit., p. 302). Do mesmo modo, na lição de Enrico Liebman: "(...) a responsabilidade, ao invés de ser elemento da relação jurídica obrigacional, (...), é vínculo de direito público processual, consistente na sujeição dos bens do devedor a serem destinados a satisfazer o credor, que não recebeu a prestação devida, por meio da realização da sanção por parte do órgão judiciário" (*Processo de execução*, cit., p. 37). V., no mesmo sentido, Alfredo Buzaid. *Do concurso de credores no processo de execução*, cit., p. 18 e 23.

[150] É de se ver, como ressalta Alfredo Buzaid, que "o cumprimento da obrigação é a regra; o inadimplemento, a exceção" (*Do concurso de credores no processo de execução*, cit., p. 12).

[151] Nessa direção, esclarece Pietro Perlingieri que "a responsabilidade patrimonial, embora possa se manifestar – especialmente por meio das ações de conservação da garantia patrimonial – durante a fase fisiológica da relação obrigacional – é destinada a entrar em funcionamento, ainda que nem sempre e não necessariamente, após o inadimplemento; porque incide no momento patológico da relação obrigacional, não constitui aspecto característico e essencial de sua estrutura" (*Manuale di diritto civile*, cit., p. 301, tradução livre).

admitia, para a hipótese de inadimplemento, outro remédio senão a condenação do devedor ao pagamento de quantia de dinheiro.[152]

Sendo a obrigação pecuniária, a execução judicial teria por finalidade proporcionar ao credor o recebimento da soma devida. Sendo de outra espécie, a atividade executiva conduziria à obtenção do equivalente pecuniário do dano provocado ao credor pelo inadimplemento. Em todo caso, a tutela do credor se daria por meio da expropriação de bens do devedor, representando a responsabilidade patrimonial, desta forma, a resposta natural da ordem jurídica ao inadimplemento.[153]

Não tardou, entretanto, para que as insuficiências desse modelo fossem ressentidas. Criticou-se, em particular, o seu caráter reativo, uma vez que a tutela estatal sempre estaria a reboque dos fatos, procurando corrigir o mal já praticado por meio da condenação do seu autor, e ainda a sua estreiteza, visto que, nas obrigações de fazer, o pagamento de indenização quase nunca satisfaz o credor.[154]

Em reação a esses problemas, deflagrou-se intensa atividade legislativa dirigida a dotar o Judiciário de sistema de tutela de direitos mais efetivo. Expandiram-se as técnicas de tutela específica das obrigações de fazer e não fazer, que procuram oferecer ao credor o resultado útil mais próximo possível daquele que deveria obter por meio do cumprimento voluntário do débito. Ao cabo dessa evolução, "a primazia da tutela específica" tornou-se princípio fundamental do direito processual brasileiro.[155]

---

[152] Cf., a respeito, Luiz Guilherme Marinoni e Sérgio Cruz Arenhart. *Curso de processo civil.* 2. ed. São Paulo: Revista dos Tribunais, 2008, v. 3, p. 33-34.

[153] Assim, comentando o art. 879 do Código Civil de 1916, Clóvis Beviláqua ressaltava que a obrigação de fazer que se torna impossível em razão da culpa do devedor se resolve sempre em perdas e danos: "A segunda parte [do dispositivo] condena o devedor, que tornou a prestação impossível por culpa sua. Em razão da culpa, pagará perdas e danos, nas quais se resolvem sempre as obrigações de fazer, que se não executam: *in pecuniam numeratum condemnatur, sicut evenit in omnibus faciendi obligationibus*" (*Código Civil dos Estados Unidos do Brasil comentado*, cit., v. 4, p. 19).

[154] V. Luiz Guilherme Marinoni e Sérgio Cruz Arenhart. *Curso de processo civil*, cit., p. 44-46.

[155] "A execução deve ser *específica*: propiciar ao credor a satisfação da obrigação tal qual houvesse o cumprimento espontâneo da prestação pelo devedor. Trata-se do princípio da primazia da tutela específica ou da maior coincidência possível. As regras processuais devem ser adequadas a essa finalidade. A atividade jurisdicional deve orientar-se nesse sentido. O credor tem o direito à prestação devida, tem direito à tutela específica" (Fredie Didier Jr. *et al. Curso de direito processual civil.* 5. ed. Salvador: JusPodivm, 2013, v. 5, p. 53). Nesse mesmo sentido: "Toda execução,

De outra parte, em direção à maior efetividade do processo judicial, desenvolveu-se a tutela inibitória, que se destina a desestimular a prática ou a continuação de ato contrário ao direito por meio da imposição de medidas coercitivas, como a multa. Rompeu-se, dessa forma, com a tradicional lógica corretiva segundo a qual a tutela jurisdicional somente intervém uma vez consumado o evento danoso. Afirmou-se, em seu lugar, o maior comprometimento com a proteção integral dos direitos dos particulares, especialmente das situações subjetivas existenciais, cuja intangibilidade, na atual ordem constitucional, traduz valor prioritário.[156]

No atual cenário, a expropriação dos bens do devedor constitui uma das diversas técnicas judiciais disponíveis para a tutela do crédito, tendo importância limitada a determinadas hipóteses.[157] Permanece sendo a solução por excelência para a realização da obrigação pecuniária e de entregar coisa, vez que, em relação a essas, se mostra apta a realizar plenamente o interesse creditório.[158] Traduz, ainda, expediente residual de tutela das demais espécies de obrigação, intervindo, em última instância, na execução coativa

---

portanto, há de ser específica. É tão bem sucedida, de fato, quanto entrega rigorosamente ao exequente o bem perseguido, objeto da prestação inadimplida, e seus consectários, ou obtém o direito reconhecido no título executivo. Este há de ser o objetivo fundamental de toda e qualquer reforma da função jurisdicional executiva, favorecendo a realização do crédito" (Araken de Assis. *Manual da execução*. 11. ed. São Paulo: Revista dos Tribunais, 2007, p. 101). Destaque-se a propósito o disposto no art. 497 do Código de Processo Civil: "Na ação que tenha por objeto a prestação de fazer ou de não fazer, o juiz, se procedente o pedido, concederá a tutela específica ou determinará providências que assegurem a obtenção de tutela pelo resultado prático equivalente".

[156] Veja-se Luiz Guilherme Marinoni e Sérgio Cruz Arenhart. *Curso de processo civil*, cit., p. 149-153.

[157] Nesse tocante, Araken de Assis denuncia a "excessiva valorização da responsabilidade patrimonial, estatuída no art. 591, o qual, todavia, se destina, com os cabíveis temperamentos, à tutela das obrigações para entrega de coisa e pecuniária. Ela não se estende, porém, à generalidade das obrigações e, respectivamente, não abrange a totalidade do fenômeno executório" (Araken de Assis. *Manual da execução*, cit., p. 201-202).

[158] V., novamente, Araken de Assis. *Manual da execução*, cit., p. 200-201. Na doutrina italiana, Pietro Perlingieri ressalta que "a execução genérica ou por expropriação, que constitui instrumento natural de tutela, permite ao credor obter a mesma utilidade que o cumprimento espontâneo do débito lhe proporcionaria no plano substancial somente se a prestação inadimplida tivesse originalmente por objeto uma soma de dinheiro. Com exceção dessa hipótese, a expropriação forçada de bens do devedor oferece ao credor apenas o equivalente pecuniário do dano causado pelo inadimplemento. (...)" (*Manuale di diritto civile*, cit., p. 302, tradução livre).

da indenização devida pelos danos oriundos do inadimplemento, quando a tutela específica se revelar inviável ou for afastada pelo próprio credor.[159] Por fim, mantém-se relevante para a cobrança (e, consequentemente, para a efetividade) da multa que o juiz pode impor ao réu como medida coercitiva de realização das obrigações de fazer ou não fazer.[160]

Em definitivo, à luz de tal panorama evolutivo, a responsabilidade patrimonial não pode ser concebida como elemento da obrigação, muito menos como tutela *intrínseca* ao crédito, como era possível entender ao tempo em que, de fato, representava o principal remédio para o inadimplemento, qualquer que fosse a espécie de prestação. Nos dias atuais, como visto, prefere-se a tutela específica à tutela genérica. Até mesmo em matéria de responsabilidade civil, em que o remédio monetário desempenha tradicionalmente papel fundamental, preconiza-se a substituição da indenização por métodos não pecuniários de reparação, notadamente nas hipóteses que envolvem a proteção de interesses extrapatrimoniais.[161]

Cumpre ainda sublinhar, por fim, que não se deve conferir relevância exagerada à distinção entre direito substancial e adjetivo, pois, em qualquer caso, a disciplina aplicável a determinada obrigação deve ser definida à luz do ordenamento como um todo.[162] Como já se observou, "toda relação nasce

---

[159] A respeito do caráter residual dessa tutela, mostra-se eloquente o comando estabelecido no art. 499 do Código de Processo Civil: "A obrigação somente será convertida em perdas e danos se o autor o requerer ou se impossível a tutela específica ou a obtenção de tutela pelo resultado prático equivalente". Tal preceito reproduz o que dispunha o art. 461, § 1º, do diploma processual precedente, cuja importância era destacada pela doutrina assim: "o credor tem o direito de exigir o cumprimento *específico* da obrigação de fazer, não fazer e dar coisa. Há a primazia da tutela específica. Apenas se o credor não a quiser, ou se o cumprimento específico for impossível, a tutela do equivalente em dinheiro (perdas e danos) será concedida" (Fredie Didier Jr. *et al.* *Curso de direito processual civil*, cit., p. 54).

[160] A doutrina ressalta que a multa não traduz, a rigor, meio de execução forçada do crédito, constituindo-se em medida coercitiva, uma vez que não se substitui à vontade do devedor, procurando, diversamente, constrangê-lo a cumprir o débito. De todo modo, cuida-se de medida extremamente útil para a tutela do credor nas obrigações de fazer ou não fazer, o que justifica o seu exame em conjunto com os meios de execução judicial do crédito. Cf., nesse sentido, Luiz Guilherme Marinoni e Sérgio Cruz Arenhart. *Curso de processo civil*, vol. 3, cit., p. 71.

[161] Confira-se, por todos, Anderson Schreiber. *Novos paradigmas da responsabilidade civil* – da erosão dos filtros da reparação à diluição dos danos. São Paulo: Atlas, 2007, p. 187-191.

[162] Ensina Pietro Perlingieri que "qualquer instituto, matéria, etc., é sempre e somente o resultado hermenêutico de todo o direito positivo. A interpretação ou é sistemática

e vive mergulhada na ordem jurídica".[163] Nesse sentido, vale ressaltar que até mesmo os meios conducentes à responsabilidade patrimonial do devedor devem ser compreendidos a partir da função substancial que desempenham ao estimular o cumprimento espontâneo da prestação prometida. Continua, portanto, verdadeira, como sempre, a afirmação de que o débito não é apenas o dever de prestar, mas o dever de prestar sob a potencial coação da ordem jurídica.

2.4.2 Liberdade, igualdade e responsabilidade. A origem da insolvabilidade

Uma vez esclarecida a natureza da responsabilidade patrimonial, cumpre retomar o percurso investigativo inicialmente inaugurado no sentido de examinar o *risco de insolvência* do devedor, que justifica a constituição de garantias em favor do credor. A esse respeito, pode-se afirmar que tal risco é inerente ao regime da responsabilidade patrimonial. Isto porque o patrimônio constitui universalidade de direito, nos termos do art. 91 do Código Civil, correspondente ao conjunto de direitos de uma pessoa suscetíveis de avaliação pecuniária. Traduz, precisamente, a unificação ideal dessa coletividade, tendo relevância jurídica autônoma frente aos elementos que a compõem. Em suma, o patrimônio é o *continente*, e não o *conteúdo* das situações subjetivas ativas titularizadas pelo sujeito.[164]

Sendo, portanto, uma universalidade, o patrimônio caracteriza-se pela *elasticidade* de seu conteúdo, que pode alterar-se, expandindo-se ou comprimindo-se, sem que disso resulte a modificação da configuração unitária do conjunto. Em outras palavras, o titular, respeitado os limites legais, pode

---

(a trezentos e sessenta graus) ou não é interpretação" (*O direito civil na legalidade constitucional*, cit., p. 210).

[163] Enrico Tullio Liebman. *Processo de execução*, cit., p. 36. Por sua vez, Salvatore Pugliatti destaca que "è de tal modo estreito o nexo entre o aspecto substancial e o formal (processual) do direito que se pode considerá-lo indissolúvel, já que não se pode conceber um direito substancial sem o processual, e vice-versa, e essa relação de reciprocidade não compromete, contudo, a autonomia sistemática do direito processual perante o substancial, uma vez que é compreendida de uma ponto de vista sintético, do qual se pode muito bem construir a fusão de duas unidades em uma só" (*Esecuzione forzata e diritto sostanziale*. Milano: Giuffrè, 1935, p. 3, tradução livre).

[164] Acerca do conceito de patrimônio no direito pátrio, confira-se Milena Donato Oliva. *Patrimônio separado*: herança, massa falida, securitização de créditos imobiliários, incorporação imobiliária, fundos de investimento imobiliário e *trust*, cit., p. 184 e ss.

livremente alienar ou onerar os bens integrantes do patrimônio assim como nele incorporar outros, permanecendo o todo, considerado em si mesmo, inalterado, a despeito desses movimentos.[165]

Disso resulta que, para fins de satisfação coativa do direito de crédito, a responsabilidade patrimonial se mostra extremamente maleável. Se um bem sair da universalidade, não mais se sujeita ao poder de agressão do Estado. Se um novo elemento nela ingressar, submete-se automaticamente.

Como já mencionado, o disposto no art. 789 do Código de Processo Civil determina que o "devedor responde com todos os seus bens presentes e futuros para o cumprimento de suas obrigações, salvo as restrições estabelecidas em lei". Assim, todos os bens presentes no patrimônio do devedor no momento da execução judicial, com exceção daqueles resguardados pela lei, podem ser afetados à satisfação dos direitos do credor, pouco importando se foram adquiridos antes ou depois da constituição ou do vencimento do débito exigido. De outra parte, não podem ser alcançados os direitos já egressos, ressalvada a configuração de fraude (examinada mais adiante).[166]

Essa atuação dinâmica, que decorre da *elasticidade* peculiar às universalidades, explica, em grande medida, a grandeza e também a fraqueza da responsabilidade patrimonial. De um lado, faz dela um instrumento de proteção do crédito simples e prático, capaz de acompanhar, permanentemente, a evolução da esfera econômica do devedor, sem, no entanto, tolher a sua liberdade. Ademais, como toda pessoa é apta a ter patrimônio, a responsabilidade patrimonial traduz técnica universal, que pode atuar na realização de qualquer crédito pecuniário, independentemente da causa de sua constituição e da qualidade do credor ou do devedor. Por isso, costuma-se dizer que o patrimônio é a "garantia geral" de qualquer credor quirografário.

---

[165] V. novamente Milena Donato Oliva. *Patrimônio separado:* herança, massa falida, securitização de créditos imobiliários, incorporação imobiliária, fundos de investimento imobiliário e *trust*, cit., p. 188.

[166] Como esclarece Humberto Theodoro Júnior: "Na realidade, a responsabilidade não se prende à situação patrimonial do devedor no momento da constituição da obrigação, mas da sua execução. O que se leva em conta, nesse instante, são sempre os bens presentes, pouco importando existissem, ou não, ao tempo da assunção do débito. Nesse sentido, não se pode entender literalmente a fórmula legal do art. 591, quando cogita da responsabilidade executiva dos bens futuros. Jamais se poderá pensar em penhorar bens que ainda não foram adquiridos pelo devedor. Tampouco se há de pensar que os bens presentes ao tempo da constituição da obrigação permanecem indissoluvelmente vinculados à garantia de sua realização. Salvo a excepcionalidade da alienação em fraude contra credores" (*Curso de direito processual civil*. Rio de Janeiro: Forense, 2007, v. 2, p. 199).

PENHOR E AUTONOMIA PRIVADA • *Pablo Renteria*

De outro lado, o caráter dúctil do patrimônio é fonte de insegurança para o credor, pois não lhe oferece proteção consistente contra a *insolvabilidade* do devedor. Isso se deve à possibilidade de o devedor (i) livremente dispor de seus bens, dentro dos limites legais; e (ii) contrair, perante diversos credores, débitos em montante superior ao conteúdo do seu patrimônio.[167]

Cumpre reiterar que a pessoa, pelo simples fato de ser devedora, não está impedida de dispor de seus bens. Por isso, entre a constituição e o momento da cobrança do crédito, o conteúdo do seu patrimônio pode passar por mutações significativas, inclusive de maneira a se tornar insuficiente para fazer frente ao valor do débito. E, como já mencionado, não se admite, salvo hipótese de fraude, a agressão de bem que, por ter sido alienado, já não integra o patrimônio do devedor.

Essa orientação não se justifica tanto no respeito à autonomia negocial do devedor reduzido à insolvência, mas na necessidade de proteger o adquirente, que, de outro modo, seria privado do bem adquirido em virtude de débito que não lhe diz respeito. Identifica-se, nessa situação, conflito entre a posição do credor, que procura realizar o seu direito, e a do terceiro contratante, que, em direção oposta, pretende permanecer titular do bem.

Há hipóteses em que o interesse do credor prevalecerá em detrimento do adquirente, como ocorre em relação aos atos gratuitos, praticados pelo devedor, que impedem a satisfação do crédito. Dada a ausência de contraprestação pela alienação do bem, esses negócios importam sempre a diminuição do patrimônio do devedor, revelando-se, invariavelmente, nocivos para o credor. Em verdade, são benéficos apenas para o adquirente, que nada desembolsou em troca do bem. Desta feita, enquanto o credor procura evitar um prejuízo, aquele almeja a manutenção da vantagem obtida à custa do devedor então insolvente. Em razão disso, a ordem jurídica facilita a tutela do credor, autorizando a impugnação do ato, por meio da ação pauliana, mediante a simples prova de que o devedor era insolvente ao tempo de sua celebração, ou por ele teria sido reduzido à insolvência.[168] Em direção seme-

---

[167] Nas palavras de Antonio Faria Carneiro Pacheco: "O devedor conserva, com o livre desenvolvimento da sua actividade patrimonial, a faculdade de os alienar e de constituir-se, quer activa quer passivamente, em novos vinculos obrigatorios, alterando contínuamente o seu patrimonio, todo juridico abstracto, permanente apenas na sua unidade" (*Dos privilegios creditorios*. Coimbra: Imprensa da Universidade, 1913, p. 3-4).

[168] Nos termos do art. 158 do Código Civil: "Os negócios de transmissão gratuita de bens ou remissão de dívida, se os praticar o devedor já insolvente, ou por eles reduzido à insolvência, ainda quando o ignore, poderão ser anulados pelos credores

lhante, no âmbito das atividades empresariais, o art. 129 da Lei 11.101/2005 considera determinados atos "ineficazes em relação à massa falida, tenha ou não o contratante conhecimento do estado de crise econômico-financeira do devedor, seja ou não intenção deste fraudar credores".[169]

Em contrapartida, a contestação dos atos onerosos praticados pelo devedor se mostra dificílima. Afinal, ao contrário dos gratuitos, esses, de ordinário, não afetam a capacidade de solução das obrigações, haja vista o ingresso, no patrimônio do devedor, de contrapartida ao bem alienado. Sendo assim, salvo prova em contrário, não se mostram prejudiciais para o credor. Ademais, tendo o adquirente oferecido prestação em troca do bem, a impugnação do ato lhe causaria dano semelhante àquele que o credor procura evitar.[170]

---

quirografários, como lesivos dos seus direitos". Como esclarece Caio Mário da Silva Pereira: "Não há, por isto, indagar na alienação gratuita se o beneficiado conhecia o real estado do agente. (...) O que cumpre apurar, exclusivamente, é se o patrimônio do devedor é ou tornou-se insuficiente para atender aos seus débitos. E não há mister provar que o alienante estava de má-fé. Basta precisar este estado de insolvência, situar o negócio dentre dele e apurar que o credo prejudicado já o era àquele tempo, pois é evidente que aquele que se tornou credor posteriormente à alienação gratuita já encontra o patrimônio desfalcado, e não há de que se queixar" (*Instituições de direito civil*, cit., v. 1, p. 450).

[169] Confira-se o teor do dispositivo: "Art. 129. São ineficazes em relação à massa falida, tenha ou não o contratante conhecimento do estado de crise econômico-financeira do devedor, seja ou não intenção deste fraudar credores: I – o pagamento de dívidas não vencidas realizado pelo devedor dentro do termo legal, por qualquer meio extintivo do direito de crédito, ainda que pelo desconto do próprio título; II – o pagamento de dívidas vencidas e exigíveis realizado dentro do termo legal, por qualquer forma que não seja a prevista pelo contrato; III – a constituição de direito real de garantia, inclusive a retenção, dentro do termo legal, tratando-se de dívida contraída anteriormente; se os bens dados em hipoteca forem objeto de outras posteriores, a massa falida receberá a parte que devia caber ao credor da hipoteca revogada; IV – a prática de atos a título gratuito, desde 2 (dois) anos antes da decretação da falência; V – a renúncia à herança ou a legado, até 2 (dois) anos antes da decretação da falência; VI – a venda ou transferência de estabelecimento feita sem o consentimento expresso ou o pagamento de todos os credores, a esse tempo existentes, não tendo restado ao devedor bens suficientes para solver o seu passivo, salvo se, no prazo de 30 (trinta) dias, não houver oposição dos credores, após serem devidamente notificados, judicialmente ou pelo oficial do registro de títulos e documentos; VII – os registros de direitos reais e de transferência de propriedade entre vivos, por título oneroso ou gratuito, ou a averbação relativa a imóveis realizados após a decretação da falência, salvo se tiver havido prenotação anterior. Parágrafo único. A ineficácia poderá ser declarada de ofício pelo juiz, alegada em defesa ou pleiteada mediante ação própria ou incidentalmente no curso do processo".

[170] V. Caio Mário da Silva Pereira. *Instituições de direito civil*, cit., v. 1, p. 451.

Desse modo, só se afigura razoável sacrificar o adquirente quando restar demonstrada a sua cumplicidade na manobra maliciosamente realizada pelo devedor para frustrar os direitos do credor. Nessa direção, a ordem jurídica admite a impugnação de atos onerosos, por meio da ação pauliana, mediante a prova, sabidamente complicada, da má-fé do adquirente (*consilium fraudis*) bem como do desfalque patrimonial capaz de frustrar a efetividade da cobrança do crédito (*eventus damni*).[171] De maneira análoga, em matéria falimentar, o art. 130 da Lei 11.101/2005 estabelece que a revogação do ato prejudicial à massa falida depende da prova acerca do "conluio fraudulento entre o devedor e o terceiro que com ele contratar e o efetivo prejuízo sofrido pela massa falida".[172]

Cumpre sublinhar, ainda, que, no caso de o bem adquirido do devedor insolvente ser objeto de alienações consecutivas, a sua sujeição ao processo executivo requer, adicionalmente, a demonstração, a cargo do credor, da má-fé dos sucessivos contratantes.[173] Tal solução se impõe, pois em qualquer caso há de se proteger o terceiro de boa-fé que possivelmente não se relacionou com o devedor insolvente, não tendo, portanto, razões para suspeitar da proveniência irregular do bem.

---

[171] V. San Tiago Dantas. *Programa de direito civil*, cit., 2001, p. 252-253; e, ainda, Caio Mário da Silva Pereira. *Instituições de direito civil*, cit., v. 1, p. 452. Cuida-se de posição pacificamente adotada pelos tribunais brasileiros. Veja-se, por exemplo, a seguinte decisão do Tribunal de Justiça do Estado do Rio Grande do Sul: "Ação pauliana. Fraude contra credores. Inocorrência. Ônus da prova. O credor que alega fraude contra credores, por alienação de veículo que serviria de garantia do crédito, deve provar a insolvência do alienante e a intenção de fraudar, o que não restou demonstrado nos autos. Sentença de improcedência mantida. Recurso improvido" (TJRS, Ap. Civ. 70025279613, 8ª CC., Rel. Des. Claudir Fidelis Faccenda, j. 21.08.2008).

[172] "Art. 130. São revogáveis os atos praticados com a intenção de prejudicar credores, provando-se o conluio fraudulento entre o devedor e o terceiro que com ele contratar e o efetivo prejuízo sofrido pela massa falida".

[173] Como se infere da parte final do disposto no art. 161 do Código Civil, que enfatiza a exigência da prova da má-fé do terceiro que adquire o bem por meio de alienação consecutiva do bem: "A ação, nos casos dos arts. 158 e 159, poderá ser intentada contra o devedor insolvente, a pessoa que com ele celebrou a estipulação considerada fraudulenta, *ou terceiros adquirentes que hajam procedido de má-fé*" (grifou-se). Nesse particular destaca Pontes de Miranda: "O autor tem de provar a anterioridade do crédito, o ato de disposição, o estado de insolvência já existente ou ora existente, pelo fato do ato fraudulento, com o *eventus damni* e – tratando-se de ato a título oneroso – a *scientia fraudis*, por parte do adquirente ou beneficiado; eventualmente dos subadquirentes ou sub-beneficiados" (*Tratado de direito privado*. Rio de Janeiro: Borsoi, 1970, t. IV, p. 474).

Outra situação em que se admite, igualmente, a impugnação[174] do ato de disposição, seja gratuito ou oneroso, se dá quando, ao tempo da alienação, corria contra o devedor demanda judicial capaz de reduzi-lo a insolvência. Cuida-se de hipótese de *fraude à execução*, estabelecida no art. 792, IV, do Código de Processo Civil,[175] cujo teor reproduz o disposto anteriormente o art. 593, II, do Código processual precedente.

De acordo com a jurisprudência hoje dominante, além da litispendência,[176 -177] a hipótese supõe a prova do dano ao credor, isto é, de que o ato impugnado tenha comprometido a capacidade patrimonial do

---

[174] O ato praticado em fraude à execução, "embora válido entre as partes, não subtrai os bens à responsabilidade executória; eles continuam respondendo pelas dívidas do alienante, como se não tivessem saído de seu patrimônio" (Enrico Tullio Liebman. *Processo de execução*, cit., p. 108).

[175] Art. 792, IV, do Código de Processo Civil: "A alienação ou a oneração do bem é considerada fraude à execução: (...) IV – quando, ao tempo da alienação ou oneração, tramitava contra o devedor ação capaz de reduzi-lo à insolvência; (...)".

[176] De acordo com a opinião doutrinária majoritária, a litispendência, para efeito da configuração da fraude à execução, inicia-se a partir da citação do réu. Nessa direção, cf. Pontes de Miranda. *Comentários ao Código de Processo Civil*. Rio de Janeiro: Forense, 1976, t. 9, p. 462; Araken de Assis. *Comentários ao Código de Processo Civil*. Rio de Janeiro: Forense, 2009. p. 228. vol. 6. Teori Albino Zavascki. *Comentários ao Código de Processo Civil*: do processo de execução. 2. ed. São Paulo: Revista dos Tribunais, 2003, v. 8, p. 265-272; Luiz Guilherme Marinoni e Sérgio Cruz Arenhart. *Curso de processo civil*, cit., p. 265; Cândido Rangel Dinamarco. *Instituições de direito processual civil*. São Paulo: Malheiros, 2004, v. 4, p. 389-390; José Eli Salamanca. *Fraude à execução*: direitos do credor e do adquirente de boa--fé. São Paulo: Revista dos Tribunais, 2005, p. 146; Frederico F. S. Cais. *Fraude de execução*. São Paulo: Saraiva, 2005, p. 143; Nelson Nery Junior e Rosa Maria de Andrade Nery. *Código de Processo Civil comentado e legislação extravagante*. São Paulo: Revista dos Tribunais, 2007, p. 1.001-1.002. Esta também a posição do Superior Tribunal de Justiça. É ver-se: "Para caracterizar a fraude à execução não bastam o ajuizamento da ação e o despacho inicial do juiz determinando a citação, é necessário que tenha ocorrido a citação válida do devedor" (STJ, REsp 911.660/ MS, 2ª T., Rel. Min. Castro Meira, j. 10.04.2007). V., ainda, dentre outros, STJ, REsp 253.707, 4ª T., Rel. Min. Aldir Passarinho Junior, j. 14.05.2002; STJ, REsp 337.385, 3ª T., Rel. Min. Carlos Alberto Menezes Direito, j. 28.05.2002; STJ, AgRg no REsp 719.949, 3ª T., Rel. Min. Humberto Gomes de Barros, j. 21.02.2006.

[177] Caracteriza a litispendência qualquer processo judicial, e não apenas o executivo, bastando que se possa identificar a possibilidade de futura condenação do réu no pagamento de certa quantia. V. Araken de Assis. *Comentários ao Código de Processo Civil*, cit., p. 229; Teori Albino Zavascki. *Comentários ao Código de Processo Civil*: do processo de execução, cit., p. 270-271; Luiz Guilherme Marinoni e Sérgio Cruz Arenhart. *Curso de processo civil*, cit., p. 265.

devedor para solver o débito executado.[178] Ademais, como meio de proteção do terceiro de boa-fé, os tribunais têm exigido, para a caracterização da fraude nos atos onerosos, a demonstração, a ser feita pelo credor, de que o adquirente tinha ciência da demanda em curso.[179]

Em suma, verifica-se a existência, no direito brasileiro, de instrumentos destinados a preservar a efetividade da responsabilidade patrimonial. Tais mecanismos autorizam a incidência da execução coativa sobre bens que foram transferidos a terceiros. São, por isso, usualmente denominados *meios de conservação do patrimônio*.[180]

No entanto, há de se reconhecer o alcance limitado desses remédios. Em particular, a exigência da má-fé do terceiro contratante, presente em diversas hipóteses de impugnação, representa importante limite à pretensão do credor, que, no mais das vezes, deve contentar-se com os bens presentes no patrimônio do devedor ao tempo da execução. Sendo assim, fora as hipóteses específicas alcançadas pelas medidas de conservação do patrimônio, prevalece, no direito brasileiro, a autonomia do devedor para dispor de seus bens.

---

[178] Veja-se, além dos autores citados nas notas acima, Humberto Theodoro Junior. *Processo de execução e cumprimento da sentença, processo cautelar e tutela de urgência*. Rio de Janeiro: Forense, 2007, p. 207; Yussef Said Cahali. *Fraude contra credores*: fraude contra credores, fraude à execução, ação revocatória falencial, fraude à execução fiscal, fraude à execução penal. São Paulo: Revista dos Tribunais, 2002, p. 581-582.

[179] Cf., dentre outros, Luiz Guilherme Marinoni e Sérgio Cruz Arenhart. *Curso de processo civil*, cit., p. 265; e Luiz Rodrigues Wambier, Flávio Renato Correia de Almeida, Eduardo Talamini. *Curso avançado de processo civil*. São Paulo: Revista dos Tribunais, 2008, v. 2, p. 137. Tal orientação é também adotada pelo Judiciário brasileiro: "É firme o entendimento nesta Corte Superior de Justiça no sentido de que, para a demonstração da fraude à execução, prevista no inciso II do artigo 593 do Código de Processo Civil [de 1973], *não basta o ajuizamento da ação capaz de reduzir o devedor à insolvência, devendo ser demonstrada, concomitante, a presença de má-fé do terceiro adquirente*. (...)" (STJ, AgRg no REsp 737.851/CE, 6ª T., Rel. Min. Hamilton Carvalhido, j. 03.06.2008). Nessa direção, confira-se ainda o teor do enunciado nº 375 da súmula da jurisprudência dominante do Superior Tribunal de Justiça: "O reconhecimento da fraude à execução depende do registro da penhora do bem alienado ou da prova de má-fé do terceiro adquirente".

[180] V. Eduardo Espínola. *Garantia e extinção das obrigações*: obrigações solidárias e indivisíveis. Campinas: Bookseller, 2005, edição atualizada por Francisco José Galvão Bruno, p. 289-317; Luís Manuel Teles de Menezes Leitão. *Garantia das obrigações*, cit., p. 59-94; Pedro Romano Martinez e Pedro Fuzeta da Ponte. *Garantias de cumprimento*, cit., p. 50.

Acrescente-se a isso que o devedor pode contrair perante variados credores débitos cujo montante ultrapassa o valor de todos os bens penhoráveis presentes em seu patrimônio. Como todos encontram a solução para realização de seus direitos no patrimônio do devedor – por isso mesmo chamado de "garantia comum" dos credores –, todos correm o risco de não se satisfazerem plenamente. Isso pode conduzi-los a uma "corrida" em direção à execução judicial, procurando cada um se antecipar aos demais na realização da penhora dos bens do devedor, com vistas a ter prioridade no pagamento do seu crédito.[181] Nessa situação, conhecida como *concurso singular de credores*, os "últimos", preteridos pela ordem das penhoras, saem prejudicados.

Em vez disso, mostra-se viável a decretação da insolvência civil ou da falência do devedor, levando, assim, à instauração do *concurso universal*, por meio do qual se procede ao rateio do acervo patrimonial entre todos os credores, recebendo cada qual valor proporcional ao montante de seus créditos, sem a observância da anterioridade do vencimento ou da cobrança judicial.[182] Desse modo se assegura tratamento isonômico aos credores – consagrado no conhecido adágio *par conditio creditorum* –,[183] de tal maneira que, sendo o patrimônio do devedor insuficiente para solver todas as obrigações, nenhum deles recebe o valor integral de seu crédito.[184]

---

[181] Vale ressaltar que, nos termos do art. 797 do Código de Processo Civil, a penhora atribui ao exequente preferência sobre os bens penhorados. Sendo assim, recaindo mais de uma penhora sobre os mesmos bens, configura-se o concurso singular de credores e, caso todos sejam quirografários – isto é, desprovidos de privilégio legal ou garantia real – a ordem de pagamento dos créditos segue a ordem das penhoras, como estabelece o art. 908 do mesmo diploma legal: "Havendo pluralidade de credores ou exequentes, o dinheiro lhes será distribuído e entregue consoante a ordem das respectivas preferências. (...) § 2º Não havendo título legal à preferência, o dinheiro será distribuído entre os concorrentes, observando-se a anterioridade de cada penhora".

[182] De acordo com o art. 751 (ainda vigente) do Código de Processo Civil de 1973, a declaração da insolvência civil do devedor produz os seguintes efeitos: "I – o vencimento antecipado das suas dívidas; II – a arrecadação de todos os seus bens suscetíveis de penhora, quer os atuais, quer os adquiridos no curso do processo; III – a execução por concurso universal dos seus credores".

[183] A igualdade entre credores no concurso universal de credores encontra-se consagrada no art. 957 do Código Civil: "Não havendo título legal à preferência, terão os credores igual direito sobre os bens do devedor comum". Sobre o efetivo alcance do princípio do *par conditio creditorum* no direito pátrio, v. seção 3.1.1 *infra*.

[184] Supondo-se que não haja credores privilegiados. Como esclarece Enrico Tullio Liebman: "O patrimônio do devedor pode ser suficiente para satisfazer o direito do exequente, insuficiente porém se outros credores também quiserem satisfazer

140 | PENHOR E AUTONOMIA PRIVADA • *Pablo Renteria*

Vê-se, portanto, que o credor está sempre exposto, quer no concurso singular, quer no coletivo, ao perigo de não conseguir a plena satisfação do seu direito, em virtude da concorrência dos demais credores sobre o patrimônio do devedor. Dessa sorte, como toda pessoa, não obstante ser devedora, permanece livre para dispor dos seus bens e também para contrair dívidas, a possibilidade de agressão do patrimônio, que se traduz na responsabilidade patrimonial, não se mostra hábil a proteger, plenamente, o credor do risco de insolvabilidade.[185]

2.4.3 *As garantias e as técnicas de proteção diante do risco de insolvabilidade do devedor*

Isso explica, como já adiantado, a demanda por instrumentos que tornam mais certa a satisfação do crédito frente ao risco de insolvência do devedor, isto é, mecanismos capazes de içar o seu titular a uma posição privilegiada, na qual as chances de lograr a satisfação do crédito sejam superiores àquelas geralmente conferidas aos credores quirografários.

As garantias desempenham, precisamente, essa finalidade.[186] Assim, por exemplo, a hipoteca e o penhor atribuem ao titular preferência, de modo que, na hipótese de configurar-se o concurso universal ou singular de credores,

---

seus respectivos direitos. Estamos então em face do fenômeno da insolvência que é o desequilíbrio entre o ativo e o passivo do patrimônio do devedor. A aplicação do princípio da *par conditio creditorum* levará a satisfazer parcialmente todos os credores concorrentes na proporção da importância dos respectivos créditos" (*Processo de execução*, cit., p. 39).

[185] Nas palavras de Antonio Faria Carneiro Pacheco: "Não obstante o direito de rescisão (acção pauliana) conferido aos credores, os bens do devedor podem até independentemente de quaesquer negocios juridicos por elle realizados, encontrar-se insufficientes para o pagamento das dividas. O permanente risco de insolvencia, derivado da instabilidade do patrimonio do devedor, comprommetendo o *credito* deste, – isto é, no sentido etimologico e economico do termo, a confiança na solvabilidade das suas dividas –, fez introduzir na ordem juridica o instituto de garantia" (*Dos privilegios creditorios*, cit., p. 6-7).

[186] Nesse sentido, como destacado Mauro Bardawil Penteado: "Uma das principais finalidades da concessão de garantia consiste justamente em aumentar a expectativa de o credor ver o adimplemento da obrigação principal, reduzindo, por conseguinte, o risco de crédito" (*O penhor de ações no direito brasileiro*, cit., p. 24). Ver, ainda, Laurent Aynès e Pierre Crocq. *Les sûretés*: la publicité foncière. Paris: Defrénois Lextenso, 2008, p. 4; Antonio Faria Carneiro Pacheco. *Dos privilegios creditorios*, cit., p. 6-7 e 22-23.

tem ele prioridade, em relação ao quirografário, para se pagar com o preço obtido da venda do bem gravado.[187] A preferência rompe, portanto, com a *par conditio creditorum*, traduzindo importante expediente para assegurar o recebimento do valor do crédito, posto que o devedor tenha assumido débitos incompatíveis com a sua capacidade de solvência.

De outra parte, tais garantias constituem direitos reais, ficando o bem empenhado ou hipotecado sujeito, por vínculo real, à satisfação do crédito.[188] Por força da faculdade de *sequela*, que integra a estrutura desses direitos, o titular preserva a faculdade de promover a *excussão* e, dessa forma, obter a quantia devida, mesmo que o bem, alienado pelo devedor, se encontre no patrimônio de outrem.[189] Assim, o credor pignoratício ou hipotecário se resguarda do risco de não conseguir a satisfação coativa do seu crédito em razão de o devedor ter esvaziado o seu patrimônio.

Por isso, a hipoteca e o penhor, em razão da *preferência* e da *eficácia real*, protegem o titular dos efeitos da insolvência do devedor, qualquer que seja sua causa – o esvaziamento do patrimônio ou a contração de montante excessivo de débitos. Dessa forma, as consequências negativas que dessa situação podem advir aos credores quirografários não alcançam, do mesmo modo, o credor munido de uma das aludidas garantias. Este pode acreditar, com mais segurança, na satisfação do seu crédito.

No entanto, a proteção conferida por essas garantias não se afigura absoluta. Em primeiro lugar, porque o preço obtido com a venda do bem gravado pode se revelar inferior ao montante total do débito, especialmente em virtude das despesas judiciais e dos encargos moratórios que se avolumam durante o período da cobrança. É certo que, nesse caso, sendo o penhor ou a hipoteca insuficientes para a satisfação integral do crédito, o devedor

---

[187] Assim preceitua o art. 1.422 do Código Civil: "O credor hipotecário e o pignoratício têm o direito de excutir a coisa hipotecada ou empenhada, e preferir, no pagamento, a outros credores, observada, quanto à hipoteca, a prioridade no registro". V., por todos, Gustavo Tepedino, Heloisa Helena Barboza e Maria Celina Bodin de Moraes *et alii*. *Código Civil interpretado conforme a Constituição da República*, cit., v. 3, p. 859.

[188] De acordo com o art. 1.419 do Código Civil: "Nas dívidas garantidas por penhor, anticrese ou hipoteca, o bem dado em garantia fica sujeito, por vínculo real, ao cumprimento da obrigação".

[189] V., por todos, Caio Mário da Silva Pereira. *Instituições de direito civil*, cit., v. 4, p. 280.

continua responsável pela quitação do saldo remanescente.[190] No entanto, com relação a essa quantia, o credor já não dispõe mais de garantia, ficando, dessa forma, reduzido à condição de credor quirografário[191] que, como examinado, encontra-se mais exposto ao risco de não receber o devido em razão da insolvência do devedor.

Em segundo lugar, cumpre sublinhar que a preferência de que são dotados os créditos pignoratício e o hipotecário se afigura relativa, haja vista a existência de outros créditos que devem ser pagos prioritariamente no caso de se configurar a falência do devedor.[192] Com efeito, aqueles são precedidos pelos créditos trabalhistas, de acordo com a ordem estabelecida pelo art. 83 da Lei 11.101/2005.[193] Ademais, determinados créditos são reputados extraconcursais e devem ser pagos pela massa falida antes de quaisquer outros.[194]

---

[190] Assim dispõe o art. 1.430 do Código Civil: "Quando, excutido o penhor, ou executada a hipoteca, o produto não bastar para pagamento da dívida e despesas judiciais, continuará o devedor obrigado pessoalmente pelo restante".

[191] Nessa direção, em matéria falimentar, o art. 83, VI, *b*, da Lei 11.101/2005 reputa créditos quirografários "os saldos dos créditos não cobertos pelo produto da alienação dos bens vinculados ao seu pagamento".

[192] Nessa direção, o parágrafo único do art. 1.422 dispõe, em termos gerais, que: "Excetuam-se da regra estabelecida neste artigo [a preferência da hipoteca e do penhor] as dívidas que, em virtude de outras leis, devam ser pagas precipuamente a quaisquer outros créditos". Sublinhe-se, a propósito, que tal problemática interessa preponderantemente ao concurso de credores decorrente da decretação da falência do devedor empresário, visto que, na insolvência civil, disciplinada pelos arts. 955 a 965 do Código Civil, os créditos hipotecários e pignoratícios gozam de prioridade quase absoluta (art. 961), que somente cede ao privilégio especial concedido aos trabalhadores agrícolas sobre o produto da colheita, para o pagamento de seus salários (art. 964, VIII). Além disso, não há na insolvência civil créditos extraconcursais.

[193] Confira-se a redação do preceito: "Art. 83. A classificação dos créditos na falência obedece à seguinte ordem: I – os créditos derivados da legislação do trabalho, limitados a 150 (cento e cinquenta) salários mínimos por credor, e os decorrentes de acidentes de trabalho; II – créditos com garantia real até o limite do valor do bem gravado; (...)".

[194] No âmbito dos procedimentos falimentares, são extraconcursais, nos termos da art. 84 da Lei 11.101/2005, os créditos relativos a "I – remunerações devidas ao administrador judicial e seus auxiliares, e créditos derivados da legislação do trabalho ou decorrentes de acidentes de trabalho relativos a serviços prestados após a decretação da falência; II – quantias fornecidas à massa pelos credores; III – despesas com arrecadação, administração, realização do ativo e distribuição do seu produto, bem como custas do processo de falência; IV – custas judiciais relativas às ações e execuções em que a massa falida tenha sido vencida; V – obrigações resultantes

Sendo assim, não se pode menosprezar o risco de o pagamento desses créditos absorver parte considerável do valor apurado com a venda dos ativos disponíveis do devedor, inclusive dos bens empenhados ou hipotecados, de tal modo que não remanesça o suficiente para, em seguida, satisfazer os titulares das garantias reais.

Dessas razões – insuficiência do valor do bem e relatividade da preferência – resulta que o credor munido de penhor ou hipoteca não se encontra plenamente protegido do risco de insolvabilidade do devedor. Ele tem maiores chances (em comparação com o credor quirografário) de receber integralmente a quantia devida, mas não a certeza disso.

Análise semelhante cabe a respeito da anticrese. Também traduz direito real, sendo oponível aos terceiros que tenham pretensões sobre a coisa gravada.[195] Desta feita, mesmo que seja alienada a outrem, o titular, por força da sequela, pode mantê-la em sua posse e continuar a apropriar-se dos frutos por ela gerados até a plena realização do seu crédito.[196] De outra parte, não obstante faltar-lhe a *preferência*,[197] pode opor o seu direito de retenção ao

---

de atos jurídicos válidos praticados durante a recuperação judicial, nos termos do art. 67 desta Lei, ou após a decretação da falência, e tributos relativos a fatos geradores ocorridos após a decretação da falência, respeitada a ordem estabelecida no art. 83 desta Lei".

[195] A natureza real ou pessoal da anticrese se presta à controvérsia, prevalecendo, porém, no direito brasileiro a tese que lhe atribui realidade, haja vista, inclusive, a expressa orientação do legislador, que a inclui entre os direitos reais de garantia. Cf., em particular, Eduardo Espínola. *Garantia e extinção das obrigações*: obrigações solidárias e indivisíveis, cit., p. 289; Orlando Gomes. *Direitos reais*, cit., p. 406-407; Gustavo Tepedino, Heloisa Helena Barboza, Maria Celina Bodin de Moraes *et alli*. *Código Civil interpretado conforme a Constituição da República*, cit., v. 3, p. 967; Washington de Barros Monteiro. *Curso de direito civil*: direito das coisas, cit., p. 397; José Serpa Santa Maria. *Curso de direito civil*: direitos reais limitados. Rio de Janeiro: Freitas Bastos, 2001, v. 7, p. 272.

[196] Na lição de Caio Mário da Silva Pereira: "O que se deve acentuar como característico do direito real de anticrese é a sequela. O devedor é livre de confiar um imóvel ao credor, ou lhe outorgar procuração para que opere a liquidação do débito com os frutos que percebe. Mas não haverá aí uma anticrese. Esta se configura como *ius in re*, e neste caso adere à coisa, acompanhando-a em caso de transmissão *inter vivos* ou *causa mortis*, uma vez constituída como tal e inscrita. Vale dizer que a mutação da propriedade não altera a situação do credor anticrético" (*Instituições de direito civil*, cit., v. 4, p. 357).

[197] A ausência de preferência é característica marcante da anticrese, que se depreende do disposto no art. 1.422 do Código Civil, o qual reconhece tal atributo somente à hipoteca e ao penhor. Dessa forma, a principal faculdade conferida pela anticrese

outro credor que esteja demandando o devedor comum, de modo a obstar que a execução incida sobre a coisa e seus rendimentos.[198] De mais a mais, na hipótese de falência do devedor, a lei confere ao credor anticrético privilégio especial, assegurando-lhe o pagamento, antes dos credores quirografários, com o valor apurado com a venda da coisa.[199]

No entanto, também a proteção decorrente da anticrese encontra limites. A uma, porque a lei fixa em quinze anos o prazo máximo de duração dessa espécie de garantia, que se extingue impreterivelmente uma vez transcorrido o lapso temporal, ainda que o débito garantido não tenha sido integralmente satisfeito.[200] Ocorrendo tal eventualidade, o credor deve cobrar o saldo remanescente pelas vias ordinárias, expondo-se, como qualquer outro quirografário, ao risco de insolvabilidade do devedor. A duas, porque, a exemplo do que ocorre em relação à hipoteca e ao penhor, há créditos que devem ser satisfeitos antes do anticrético, sobrevindo a falência do devedor. Cuida-se não apenas dos créditos extraconcursais e trabalhistas, a que se referiu

---

ao credor consiste no poder de retenção do imóvel, como enuncia o art. 1.423: "O credor anticrético tem direito a reter em seu poder o bem, enquanto a dívida não for paga; extingue-se esse direito decorridos quinze anos da data de sua constituição". V., sobre o ponto, Caio Mário da Silva Pereira. *Instituições de direito civil*, cit., v. 4, p. 356-357; Orlando Gomes. *Direitos reais*, cit., p. 408-409.

[198] É o que se depreende do disposto no *caput* e no § 1º do art. 1.509: "O credor anticrético pode vindicar os seus direitos contra o adquirente dos bens, os credores quirografários e os hipotecários posteriores ao registro da anticrese. § 1º Se executar os bens por falta de pagamento da dívida, ou permitir que outro credor o execute, sem opor o seu direito de retenção ao exequente, não terá preferência sobre o preço". V., por todos, Gustavo Tepedino, Heloisa Helena Barboza e Maria Celina Bodin de Moraes *et al. Código Civil interpretado conforme a Constituição da República*. Rio de Janeiro: Renovar, 2011. p. 973. vol. 3.

[199] De acordo com o disposto no art. 83, II, *c*, da Lei 11.101/2005, gozam de privilégio especial os créditos "cujos titulares a lei confira o direito de retenção sobre a coisa dada em garantia". Sublinhe-se, por oportuno, que, em virtude do privilégio especial legalmente conferido, o credor anticrético tem direito a ser pago com o valor obtido com a venda da coisa gravada antes não somente dos credores quirografários, mas também daqueles com privilégio geral, como se infere da ordem dos créditos estabelecida no art. 83 da Lei 11.101/2005.

[200] Art. 1.423 do Código Civil: "O credor anticrético tem direito a reter em seu poder o bem, enquanto a dívida não for paga; extingue-se esse direito decorridos quinze anos da data de sua constituição". V. Gustavo Tepedino, Heloisa Helena Barboza e Maria Celina Bodin de Moraes *et alii. Código Civil interpretado conforme a Constituição da República*, cit., p. 860.

acima, mas também dos tributários.[201] Sendo assim, também em relação ao crédito anticrético, e até mesmo com mais intensidade do que em relação ao pignoratício e ao hipotecário, a sua integral quitação pode frustrar-se, no concurso de credores, caso o pagamento de créditos prioritários absorva parte substancial do patrimônio do insolvente.

Nesse particular, a propriedade fiduciária em garantia se revela superior, sendo de todas as garantias reais a que oferece a mais efetiva proteção contra o risco de insolvabilidade, uma vez que a coisa conferida em garantia permanece no patrimônio do credor até a plena quitação do débito, sendo mantida, assim, fora do alcance dos demais credores do devedor.[202] Desse modo, a coisa se sujeita exclusivamente à satisfação do titular da garantia, que não precisa se preocupar com o esvaziamento do patrimônio nem com o endividamento do devedor. Ainda que decretada a insolvência ou a falência, a coisa – que lhe pertence – não é atingida pelo concurso dos credores sobre os bens do devedor.[203]

A proteção contra os efeitos da insolvência só não é completa porque o preço de venda do bem pode se revelar inferior à quantia devida. Nessa hipótese, como já visto a respeito da hipoteca, do penhor e da anticrese, o credor carece de garantia para o pagamento do saldo remanescente, ostentando, nesse tocante, a qualidade de quirografário.

Em síntese, uma vez confirmado que o penhor, a hipoteca, a anticrese e a propriedade fiduciária mitigam o risco de insolvabilidade a que geralmente são expostos os credores quirografários, cumpre examinar se a fiança e, por extensão, as demais garantias fidejussórias apresentam, igualmente, essa característica. O tema se presta a controvérsia, valendo ressaltar, a propósito, a opinião segundo a qual não se trataria de verdadeira garantia, porquanto produziria apenas a "duplicação de relações jurídicas",[204] permanecendo o credor quirografário tanto em face do devedor como do fiador. Da fiança não resultaria, portanto, nenhuma segurança adicional, haja vista que o garantidor, do mesmo modo que o devedor, pode revelar-se incapaz de solver, com o seu patrimônio, o débito assumido. Haveria, assim, a simples reprodução, no

---

[201] V. art. 83, I a IV, da Lei 11.101/2005.

[202] Cf. Melhim Namem Chalhub. *Negócio fiduciário*. Rio de Janeiro: Renovar, 2009, p. 150-151.

[203] V. arts. 49, § 3º, e 85 da Lei 11.101/2005.

[204] Lelio Barbiera. *Garanzia del credito e autonomia privata*. Napoli: Editore Jovene Napoli, 1971, p. 38.

âmbito da relação acessória, dos riscos que o credor já enfrenta no contexto da relação principal. Por isso que a fiança e, de um modo geral, as garantias pessoais não aumentariam as chances de satisfação do crédito, frente ao risco de insolvabilidade do devedor.[205]

Tal opinião, contudo, mostra-se questionável, uma vez que, sem qualquer justificativa, erige o direito de preferência à condição de paradigma das garantias, afirmando a partir disso que o efeito essencial dessas figuras consiste em fortalecer a ação executiva sobre os bens do devedor. Adota, dessa maneira, perspectiva estreita, incapaz de reconhecer que a proteção contra a insolvabilidade pode se dar por meios diversos.[206] Com efeito, a fiança, embora não atribua prioridade creditícia, confere ao credor a possibilidade de se satisfazer com os bens de outrem, além daqueles do devedor. Ou seja, enquanto o credor quirografário conta apenas com o patrimônio do devedor para realizar o seu crédito em caso de inadimplemento, o credor afiançado dispõe, para o mesmo fim, de dois patrimônios, encontrando-se, portanto, em melhor posição para enfrentar o risco de insolvência do devedor. Afinal, ainda que o devedor não tenha bens suficientes para solver a quantia devida, o credor estaria autorizado a buscar a satisfação do seu direito no patrimônio do fiador.[207]

Assinale-se, ainda, que a opinião que desacredita a fiança como garantia parece basear-se, em particular, na consideração de que esta não seria suficientemente sólida, haja vista que o patrimônio do garantidor, tal como o do devedor, encontra-se sujeito a flutuações e mazelas, podendo, do mesmo modo, revelar-se insuficiente para fazer frente à cobrança do credor. Sendo assim, a situação do credor, posto que provido de fiança, permaneceria inalterada.

---

[205] Ainda segundo Lelio Barbiera, a garantia pessoal "não proporciona, como efeito constante, o acréscimo à relação obrigacional 'garantida' de um elemento capaz de facilitar a extinção satisfativa" (*Garanzia del credito e autonomia privata*, cit., p. 38, tradução livre). Para o autor, é a intensidade do poder de agressão do credor sobre os bens do devedor que caracteriza as garantias, de modo que a adição de uma relação obrigacional, ao lado da principal, não pode ser vista como espécie de garantia (p. 41-43).

[206] V. nessa direção Michele Fragali. Garanzia, cit., p. 455.

[207] Nessa direção, Michele Fragali observa que a garantia pessoal representa, para o titular, uma "preferência imprópria", uma vez que os demais credores do devedor comum, ao contrário dele, não contam com a possibilidade de buscar a satisfação de seus direitos nos bens do terceiro garantidor (Garanzia, cit., p. 454).

No entanto, tal raciocínio descura da circunstância de que a probabilidade de realização do crédito é maior quando há dois patrimônios sujeitos à ação executiva.[208] Somente na hipótese (inusitada) de o terceiro ser insolvente *ab initio*, isto é, desde a constituição da garantia pessoal, as chances do credor em obter a realização do seu crédito permaneceriam inalteradas.

Disso tudo resulta que, assim como as demais garantias examinadas (penhor, hipoteca, anticrese e propriedade fiduciária), a fiança protege o credor dos efeitos da insolvência do devedor. E, do mesmo modo, não se trata de proteção absoluta, porém relativa, já que o fiador também pode se revelar insolvente no momento de execução do crédito garantido.

2.5 A FUNÇÃO DA GARANTIA DO CRÉDITO NO DIREITO BRASILEIRO

Ao cabo da análise conduzida neste capítulo, identifica-se, no direito brasileiro, noção de *garantia do crédito* mais específica do que aquela, difusamente presente na doutrina, que denota, genericamente, os instrumentos de tutela do credor frente aos efeitos da inexecução obrigacional. Em outros sistemas jurídicos, tal ambiguidade lexical é evitada em virtude do emprego de vocábulos distintos, como ocorre no ordenamento francês, em que se diferencia *garantie* e *sûreté*.[209] No direito pátrio, entretanto, o intérprete há de prestar especial atenção ao contexto no qual o termo *garantia* é empregado de modo a não confundir as duas acepções, até mesmo em razão da diversa relevância jurídica de cada uma.

---

[208] Como ressaltam Laurent Aynès e Pierre Crocq acerca das garantias pessoais: "(...) o credor se protege do risco de insolvência repartindo-o em dois patrimônios (ou mais). Ele é beneficiado pelo terceiro que se obriga ao lado do devedor, dispondo, assim, de dois devedores em vez um. Sem dúvida, em relação ao patrimônio de cada um deles, ele tem apenas um crédito quirografário. Mas a sua garantia patrimonial foi multiplicada: é pouco provável que os dois (ou mais) devedores estejam insolventes no momento de vencimento da dívida" (*Les sûretés: la publicité foncière*, cit., p. 4, tradução livre).

[209] Naquele ordenamento, *garantie* designa genericamente os instrumentos de tutela do credor enquanto *sûreté* coincide com a acepção restrita da palavra *garantia* aqui empregada. Veja-se, a propósito, Pierre Crocq. *Propriété et garantie*, cit., p. 217-241.

Consoante se verificou, a *garantia*, em sentido restrito, compreende as situações subjetivas *acessórias* da obrigação que tenham por finalidade proporcionar *segurança* ao credor, oferecendo-lhe meio de *extinção satisfativa do crédito*, a despeito da *ausência de cooperação do devedor* e da sua *incapacidade patrimonial para solver o débito*. Cuida-se, como se vê, de definição preponderantemente funcional, vez que baseada na identificação de determinada finalidade que pode ser desempenhada por diversos arranjos jurídicos (penhor, hipoteca, alienação fiduciária em garantia, fiança, garantia autônoma etc.). Disso resulta, inclusive, o caráter dúctil e aberto do conceito em exame, que se revela hábil a acompanhar a evolução das práticas sociais, absorvendo novas espécies de garantia, que são forjadas pelos particulares para fazer frente aos imperativos da circulação do crédito e à crescente complexidade das relações negociais.[210]

Sublinhe-se que a garantia cumpre sua função ainda que, em virtude do adimplemento da obrigação, não seja necessária acioná-la. Nesse tocante, há de se afastar da perspectiva repressiva que, sobrepondo, no exame da relação jurídica, o momento patológico ao fisiológico, considera que a garantia revela a sua utilidade apenas quando é empregada para remediar à violação do crédito.

No que concerne especificamente ao penhor, tal perspectiva se revela nas construções doutrinárias que consideram como traço essencial à figura o poder de *alienação forçada do bem empenhado* que se atribui ao credor pignoratício para, com o valor obtido, satisfazer o seu crédito, com preferência a qualquer outro credor. Enquanto não verificado o inadimplemento, a garantia permaneceria em estado de latência, passando a produzir efeitos somente na hipótese de ser acionada pelo credor frente ao devedor em mora.[211]

Tal ponto de vista alcança o seu apogeu na teoria que qualifica o penhor como *instituto processual*. Sustentada inicialmente por Carnelutti,

---

[210] Nessa direção, em lição plenamente aplicável ao direito pátrio, Enrico Gabrielli destaca que "frente a diversidade e variedade de bens jurídicos objeto de operações contratuais, mostra-se possível, para produzir o efeito de garantia, utilizar, conforme o caso, os instrumentos já presentes no sistema ou aqueles forjados pelo poder criativo dos particulares, que, em respeito ao princípios ordenadores do sistema, se revelem em concreto mais idôneos a realizar aludido efeito" (*Sulle garanzie rotative*. Napoli: ESI, 1998, p. 13).

[211] Confira-se sobre essas teorias a Seção 1.2.1.

Cap. 2 • A FUNÇÃO DE GARANTIA DO CRÉDITO | 149

adentrou na doutrina brasileira por obra, sobretudo, de Enrico Liebman, segundo quem:

> A configuração do direito de garantia como direito subjetivo material e mais especialmente como direito real, embora subsista ainda no direito positivo (CC, arts. 674 e 755),[212] não representa nada mais do que resíduo histórico perfeitamente dispensável.[213]

Segundo esse entendimento, os efeitos do penhor se manifestam exclusivamente na fase de execução judicial do crédito, competindo ao juiz realizar a expropriação do bem empenhado[214] e distribuir o produto da arrematação, observando a preferência do credor pignoratício.[215] Daí a se afirmar inexistir "vestígio de relação jurídica material nos efeitos dos direitos de garantia",[216] que, a rigor, "têm natureza puramente processual, consistindo em modalidades especiais de reforço e extensão da ação executória".[217]

A tese, contudo, não se afina com a disciplina do penhor no direito brasileiro, haja vista, em primeiro lugar, a admissão da realização extrajudicial da garantia, por meio da venda amigável, de que trata o já mencionado art. 1.433, IV, do Código Civil. Como já se destacou,[218] esta difere substancialmente da expropriação, na medida em que se baseia na alienação do bem *consentida* pelo garantidor. Não se pode, portanto, considerar a expropriação – isto é, a alienação forçada do bem – essencial à relação pignoratícia.

---

[212] Referência aos dispositivos do Código Civil de 1916.

[213] Enrico Tullio Liebman. *Processo de execução*, cit., p. 88.

[214] A sequela, segundo o raciocínio, seria, a rigor, hipótese de *extensão da ação executiva*, que passa a abranger, além dos bens do devedor, a coisa objeto do penhor ou da hipoteca, quem quer que seja o seu proprietário. Desse modo, o terceiro em cujo patrimônio se encontra o bem não teria *obrigação* alguma perante o credor, sendo apenas *responsável* perante o Estado, no sentido que o seu bem está sujeito ao poder executório do Judiciário. Por isso que a situação subjetiva por ele ocupada corresponderia a uma *sujeição* eminentemente *processual*. V. Enrico Tullio Liebman. *Processo de execução*, cit., p. 87-88.

[215] A preferência seria, dessa forma, uma qualidade da ação executória, destinada a *reforçar* a intensidade da tutela judicial concedida ao credor. V. Enrico Tullio Liebman. *Processo de execução*, cit., p. 87; e, ainda, Alfredo Buzaid. *Do concurso de credores no processo de execução*, cit., p. 269, nota 83.

[216] Enrico Tullio Liebman. *Processo de execução*, cit., p. 90.

[217] Enrico Tullio Liebman. *Processo de execução*, cit., p. 88.

[218] V. Seção 1.2.1.

Além disso, essa concepção mostra-se deveras reducionista.[219] Com efeito, ao exasperar o momento de execução da garantia, deixa de apreender que esta não é o escopo almejado pelas partes,[220] podendo o penhor desempenhar inteiramente sua função de garantia sem que seja necessária a alienação do bem. O que de fato interessa é a *segurança* que a garantia proporciona ao credor, colocando à sua disposição instrumento de realização do crédito, do qual pode se valer em caso de necessidade. Ora, tal efeito se verifica desde o momento em que a garantia é constituída, e não somente no caso de verificar-se o inadimplemento.[221] Por isso que a alienação do bem representa nada mais do que um episódio eventual ao desenvolvimento regular da relação pignoratícia.[222]

---

[219] Como ressalta Salvatore Pugliatti, a natureza processual das garantias reais não passa de "mera aparência" (*Esecuzione forzata e diritto sostanziale*, cit., p. 381). V., nessa mesma direção, Alberto Montel. Garanzia (diritti reali di). *Novissimo Digesto italiano*, cit., p. 744.

[220] "Não resta dúvida que ambos os direitos de garantia podem implicar na realização do valor, mas nem esse é o objetivo do negócio pignoratício, nem dele é a consequência necessária e inelutável, porquanto, conforme vimos, frequentemente acontece preencher a garantia real, integralmente a sua finalidade sem chegar ao extremo da venda, somente pela perspectiva da alienação ou desejo de reaver a coisa" (Mario Neves Baptista. *Penhor de créditos*, cit., p. 41).

[221] De acordo com Mário Neves Baptista, o direito de penhor "atinge seu escopo de fornecer ao credor *garantia e consciência de garantia* com a sua mera existência. A final realização do valor do seu objeto, inerente à relação, é *caso de necessidade extrema*, porém, não o resultado querido ou visado pelos contratantes. Do contrário, (...) far-se-ia passar uma fase aguda, extrema, a fase última do direito de penhor, pelo seu conteúdo ordinário" (*Penhor de créditos*, cit., p. 43). V. na mesma direção, na doutrina italiana, Alberto Montel. Garanzia (Diritti reali di). *Novissimo Digesto italiano*, cit., p. 744; e Michele Fragali. Garanzia, cit., p. 464-465.

[222] Nessa direção, ressalta Orlando Gomes: "O direito de promover a venda judicial do bem não se exerce fatalmente, mas tão só se o devedor não pagar a dívida. Feito o pagamento, no tempo devido, o direito real extingue-se, sem ter apresentado, em sua existência, qualquer grau de subordinação ao direito processual. Nenhum efeito processual se produz havendo pagamento voluntário" (*Direitos reais*, cit., p. 380). Cf. tb. Mário Neves Baptista: "O penhor, como a obrigação, não se explica apenas no momento da sua realização coativa. Não são os meios de execução que decidem sobre a qualidade e essência dos direitos. A fase da execução é excepcional, eventual. Na maioria dos casos ocorre a execução voluntária da obrigação" (*Penhor de créditos*, cit., p. 41).

Com efeito, a garantia age muito antes do inadimplemento, proporcionando segurança ao credor e induzindo o devedor a cumprir a sua obrigação.[223] Mais do que isso, ao reforçar a probabilidade de satisfação do crédito, torna o credor mais propenso a emprestar capital e a fazê-lo em condições menos onerosas para o devedor. Favorece, assim, o acesso ao crédito, estimulando o financiamento das atividades econômicas. É de se reconhecer, portanto, às garantias não apenas uma vocação repressiva, relacionada à sanção da violação do crédito, mas igualmente – e prioritariamente – uma finalidade promocional.[224]

Sublinhe-se, ademais, que as opiniões que concebem a alienação do bem empenhado como elemento essencial do penhor se restringem ao exame da fase patológica, que se segue ao inadimplemento, negligenciando os importantes efeitos que são produzidos na fase (fisiológica) que antecede aquela.[225]

Nesse sentido, cumpre destacar o vínculo que se estabelece entre as partes com vistas à preservação da utilidade da garantia real enquanto não

---

[223] V., nesse sentido, Michele Fragali. Garanzia, cit., p. 454; e também Albina Candian. *Le garanzie mobiliari:* modelli e problemi nella prospettiva europea. Milano: Giuffrè, 2001, p. 62-63. A autora destaca, inclusive, que o preço de venda do bem, na execução das garantias reais, se revela usualmente muito inferior ao valor que o devedor lhe atribui. Por isso, a constituição da garantia pressiona o devedor a adimplir a obrigação assumida.

[224] Sobre a passagem da perspectiva repressiva à promocional, v. Norberto Bobbio. A função promocional do direito. In: Norberto Bobbio. *Da estrutura à função:* novos estudos de teoria do direito. Barueri: Manole, 2007, p. 1-21. V., na doutrina pátria, Gustavo Tepedino. Pelo princípio da isonomia substancial na nova Constituição – notas sobre a função promocional do direito. *Atualidades Forenses*, n. 112, 1987, p. 30-35. Seja consentido remeter ainda a Carlos Nelson Konder e Pablo Rentería. A funcionalização das relações obrigacionais: interesse do credor e patrimonialidade da prestação. In: Gustavo Tepedino e Luiz Edson Fachin. *Diálogos sobre direito civil.* Rio de Janeiro: Renovar, 2008, v. 2, p. 268, onde se destaca a superação da tradicional perspectiva repressiva no estudo do direito das obrigações.

[225] Alberto Montel destaca que "na medida em que tanto o penhor como a hipoteca surgem em uma fase precedente àquela executiva, a determinação de seu conteúdo não pode prescindir da consideração acerca dessa primeira fase" (Garanzia (diritti reali di). *Novissimo Digesto Italiano*, cit., p. 744, tradução livre). V., ainda nessa direção, Salvatore Pugliatti. *Esecuzione forzata e diritto sostanziale*, cit., p. 381-382; Michele Fragali. Garanzia, cit., p. 464-465.

for alcançado o seu objetivo, que é a satisfação integral do crédito.[226] Por isso que na hipótese de os bens se desvalorizarem a ponto de se tornarem insuficientes para a solução do débito,[227] assiste ao credor, nos termos do art. 1.425 do Código Civil, a faculdade de intimar o devedor para que reforce ou substitua a garantia.[228] Caso este não proceda desse modo, fica então o credor autorizado a exigir imediatamente o pagamento. Ao devedor impõe-se, portanto, o ônus de conservar o valor dos bens gravados.[229] A isso não se obriga, mas, se tiver interesse em evitar o vencimento antecipado da dívida, não lhe resta alternativa.[230]

Note-se que o credor pode intimar o devedor para que restaure a garantia, ainda que o desfalque no valor dos bens decorra de força maior ou caso

---

[226] Na doutrina italiana, Andrea Magazzù refere-se ao "princípio de conservação da garantia, que inspira de diversos modos variados remédios" (Surrogazione reale, cit., p. 1.515, tradução livre).

[227] Como já advertia Affonso Fraga: "Mas, não se deve perder de vista que não é qualquer deterioração ou depreciação que autoriza a antecipação do vencimento da dívida, senão as que desvalorizem a coisa, tornando-a insuficiente para assegurar a mesma dívida. Se, por exemplo, um imóvel do valor de mil contos for hipotecado pela terça parte desse valor; e se, por efeito da inundação, ficar com a sua continência reduzida a metade, é claro que, apesar da deterioração, o seu valor cobre de sobra a responsabilidade hipotecária e daí resulta que o credor por esse fato não há fundamento para pedir reforço" (*Direitos reaes de garantia*: penhor, antichrese e hypotheca, cit., p. 105).

[228] Art. 1.425 do Código Civil: "A dívida considera-se vencida: I – se, deteriorando-se, ou depreciando-se o bem dado em segurança, desfalcar a garantia, e o devedor, intimado, não a reforçar ou substituir; (...)".

[229] Tecnicamente, *ônus jurídico* traduz a situação subjetiva na qual o titular está autorizado – mas não obrigado – a praticar determinado ato, cuja omissão lhe acarretaria consequências negativas. Compete, dessa forma, ao titular avaliar discricionariamente se quer ou não se desincumbir do ônus. Sobre o conceito, v. Pietro Perlingieri. *O direito civil na legalidade constitucional*, cit., p. 698-699. O exemplo sempre lembrado é o *ônus da prova* no processo judicial, em virtude do qual as partes, embora não estejam obrigadas a comprovar os fatos que fundamentam suas pretensões, têm todo interesse em assim proceder a fim de não sucumbirem em juízo. Cf. Hernando Echandía. *Teoría general de la prueba judicial*. 5. ed. Bogotá: Temis, 2002, v. 1, especialmente p. 378.

[230] Como leciona Tito Fulgêncio: "Ao credor incumbe a prova do desfalque e ao devedor compete o direito de escolha na alternativa de pagar incontinente, ou restabelecer o estado anterior, se possível, ou suplementar a hipoteca na medida da diminuição da coisa" (*Direito real de hipoteca*. 2. ed. atual. por José de Aguiar Dias. Rio de Janeiro: Forense, 1960, v. 1, p. 89).

fortuito.[231] Nesse tocante, "as causas da insuficiência são postas de lado",[232] pois o que interessa, objetivamente, é a manutenção da utilidade da garantia.[233] Somente na hipótese em que se identifica terceiro responsável pela reparação do perecimento da coisa é que não assiste ao credor a faculdade de compelir o devedor a proceder à substituição ou ao reforço da garantia. Nesse caso, a lei lança mão de outro expediente para preservar a garantia, prevendo a sub-rogação do penhor ou da hipoteca no crédito correspondente à indenização devida, tendo o credor sobre ela "preferência até seu completo reembolso".[234]

Pode ocorrer que o terceiro responsável pela deterioração da coisa seja o seu dono, que prestou a garantia em favor de dívida alheia. Mantendo-se a coerência com a solução acima indicada, há de se reconhecer que também nessa situação não ocorre o vencimento antecipado da dívida. Em vez disso, assiste ao credor exigir do proprietário que repare o prejuízo causado ao seu direito de penhor ou de hipoteca mediante a substituição ou o reforço da

---

[231] V. Clóvis Beviláqua. *Código Civil dos Estados Unidos do Brasil comentado*, cit., v. 3, p. 265-266; Azevedo Marques. *A hypotheca*: doutrina, processo e legislação. 2. ed. São Paulo: Monteiro Lobato, 1925, p. 53; Tito Fulgêncio. *Direito real de hipoteca*, cit., p. 89; João Manuel de Carvalho Santos. *Código Civil brasileiro interpretado, principalmente do ponto de vista prático*. 12. ed. Rio de Janeiro: Freitas Bastos, 1982, v. 10, p. 65; Affonso Fraga. *Direitos reaes de garantia*: penhor, antichrese e hypotheca, cit., p. 104-105.

[232] Clóvis Beviláqua. *Código Civil dos Estados Unidos do Brasil comentado*, cit., v. 3, p. 266. Em outra sede, ressalta o autor: "A causa da insuficiência da garantia não interessa ao credor. O que lhe interessa é o fato da insuficiência. Ainda nos casos em que a diminuição do valor da garantia resulte de caso fortuito ou força maior, ao credor cabe fundar-se nesse fato, para exigir, antecipadamente, o pagamento do débito" (*Direito das coisas*. cit., p. 34).

[233] Por isso que se afirma em doutrina que, tornada insuficiente a garantia, cessa o fundamento do prazo concedido ao devedor para a realização do pagamento. V. Tito Fulgêncio. *Direito real de hipoteca*, cit., p. 89.

[234] Art. 1.425 do Código Civil: "(...) § 1º Nos casos de perecimento da coisa dada em garantia, esta se sub-rogará na indenização do seguro, ou no ressarcimento do dano, em benefício do credor, a quem assistirá sobre ela preferência até seu completo reembolso". De acordo com Clóvis Beviláqua: "Se a coisa perecer, ou se degradar, devendo alguém responder por ela, satisfazendo o dano sofrido pelo devedor, sobre o preço dessa indenização, como sobre a soma paga pelo segurador, se transfere o vínculo da garantia real. Num e noutro caso, por exceção criada em benefício do crédito, o perecimento da coisa não extingue o direito, nem a deterioração torna a dívida exigível" (*Código Civil dos Estados Unidos do Brasil comentado*, cit., v. 3, p. 267).

garantia.[235] Vale dizer, portanto, que o terceiro proprietário do bem tem a *obrigação* de não diminuir a garantia prestada, sob pena de responder pela reparação do dano daí decorrente.[236]

Em suma, as regras examinadas evidenciam que a preservação da segurança proporcionada pela garantia orienta o desenvolvimento da relação pignoratícia durante a fase fisiológica que antecede aquela executiva. Como visto, a esse objetivo estão associados diversos e importantes efeitos, como o ônus do devedor de conservar o valor dos bens gravados, a obrigação imposta ao terceiro proprietário no sentido de respeitar a integridade da garantia, e, ainda, a sub-rogação do penhor ou da hipoteca na indenização devida pelo terceiro responsável pela reparação do dano causado à coisa. Ademais, reconhece-se às partes autonomia para a estipulação de outros mecanismos voltados ao mesmo fim.[237]

Sublinhe-se, por fim, a tendência mais atual na doutrina no sentido de não qualificar o patrimônio como espécie de garantia. Embora as

---

[235] É o que se depreende da interpretação *a contrario sensu* do disposto no art. 1.427 do Código Civil: "Salvo cláusula expressa, o terceiro que presta garantia real por dívida alheia não fica obrigado a substituí-la, ou reforçá-la, *quando, sem culpa sua,* se perca, deteriore, ou desvalorize". Como esclarece Carvalho Santos, o trecho destacado revela "haver para o terceiro a obrigação de substituir ou reforçar a garantia prestada se a coisa se perder, deteriorar ou depreciar por culpa ou causa que lhe seja imputável. Não quer isso dizer que tal se verifique por ficar o terceiro obrigado pela dívida principal. Nada disso. A sua obrigação resulta da sua responsabilidade como autor do dano, que, justamente por esse motivo, deve reparar, como qualquer outro" (*Código Civil brasileiro interpretado, principalmente do ponto de vista prático*, cit., v. 10, p. 88-89). V., ainda, Tito Fulgêncio. *Direito real de hipoteca*, cit., p. 110; e Clóvis Beviláqua. *Código Civil dos Estados Unidos do Brasil comentado*, cit., v. 3, p. 268.

[236] Nesse tocante, Mario Neves Baptista ressalta que a hipoteca, "justamente por ser um direito alheio sobre a coisa, obriga o seu proprietário a certo comportamento, tendente a não diminuir e muito menos extinguir a garantia hipotecária (derrubada de matas, destruição total ou parcial de edifícios, alienação de pertences, constituição de servidões passivas, etc." (*Penhor de créditos*, cit., p. 44).

[237] Note-se, ao propósito, que a regra estabelecida no art. 1.427 tem inegavelmente natureza dispositiva, haja vista a própria dicção do texto legal ("Salvo cláusula expressa..."). Desse modo, nada impede, por exemplo, que o terceiro garantidor assuma a obrigação de substituir ou reforçar a garantia, ainda que não seja o responsável pela sua deterioração. V. João Manuel de Carvalho Santos. *Código Civil brasileiro interpretado, principalmente do ponto de vista prático*, cit., v. 10, p. 87. E na doutrina contemporânea, v. Marco Aurélio da Silva Viana. Dos direitos reais (arts. 1.225 a 1.510). In: Sálvio de Figueiredo Teixeira (coord.). *Comentários ao Novo Código Civil*, cit., p. 716.

expressões "garantia geral" e "garantia comum" sejam consagradas na linguagem jurídica, tem-se observado que, do ponto de vista técnico, mostra-se preferível não incluir o patrimônio no conceito de garantia, que, desse modo, deveria ser reservado às garantias especiais (penhor, hipoteca, fiança etc.).[238]

Argumenta-se, nessa direção, que a responsabilização patrimonial traduz técnica singular, submetendo-se a disciplina específica, que em nada se reconduziria à das garantias especiais. Isto porque o patrimônio constitui meio ordinário de tutela judicial do crédito pecuniário e de entregar coisa ao passo que as garantias, como aludido cima, são destinadas a aumentar a efetividade da reação do credor em face do devedor inadimplente. As garantias são, assim, instrumentos que aprimoram a segurança que a responsabilidade patrimonial proporciona ao credor.[239]

---

[238] Confira-se, a respeito, Luís Manuel Teles de Menezes Leitão. *Garantia das obrigações*, cit., p. 59, para quem se assiste à "proliferação de opiniões adversas à integração da responsabilidade patrimonial entre as garantias das obrigações". O autor menciona, nessa direção, diversas referências bibliográficas na doutrina portuguesa, alemã, italiana e francesa.

[239] Veja-se, nessa direção, Michele Fragali. Garanzia, cit., p. 451-453 e, ainda, p. 461-462; Salvatore Pugliatti. *Il trasferimento delle situazioni soggettive*. Milano: Giuffrè, 1964, v. 1, p. 90. Mesmo no direito francês – onde se consagrou a expressão *droit de gage général* – a doutrina define as garantias do crédito (*sûretés*) deixando de lado o patrimônio. V. Michel Cabrillac *et alii*. *Droit des sûretés*, cit., p. 2; Philippe Simler e Philippe Delebecque. *Droit civil:* les suretes – la publicite foncière. 5. ed. Paris: Dalloz, 2009, p. 5; Laurent Aynès e Pierre Crocq. *Les suretes:* la publicite foncière, cit., p. 4.

3

PENHOR E AUTONOMIA PRIVADA

3.1 A ESCOLHA DO MODO DE EXECUÇÃO DO PENHOR

Uma vez esclarecida a relevância da categoria do direito real para a qualificação do penhor e identificada a função de garantia por este desempenhada, descortinam-se novas perspectivas para o estudo do espaço reservado à autonomia privada no que tange à definição do conteúdo do contrato constitutivo de penhor. Diante disso, pretende-se neste capítulo revisitar características tidas por fundamentais no regime jurídico do penhor, de maneira a verificar em que medida, à luz da perspectiva funcional, as partes podem legitimamente alterá-las.[1]

O primeiro ponto a ser abordado consiste na possibilidade de as partes ajustarem modo de execução do penhor diverso daqueles expressamente acolhidos pelo texto legal. O Código Civil cuida apenas da execução judicial e da venda amigável, nos arts 1.420 e 1.433.[2] A doutrina costuma considerar

---

[1]   Não se pretende aqui esgotar o exame de todos os aspectos do contrato de penhor suscetíveis de modelação pelas partes contratantes. Procurou-se selecionar temas aptos a evidenciar a relevância da autonomia privada, sem prejuízo de outros que, em razão dos limites do presente trabalho, foram deixados de lado, como, por exemplo, a liberdade das partes no tocante à definição dos créditos garantidos, que, na experiência estrangeira, vem despertando vivo interesse. Cf., sobre o tema, Enrico Gabrielli. *Il pegno "anomalo"*. Padova: CEDAM, 1990, p. 43-77.

[2]   Art. 1.420 do Código Civil: "O credor hipotecário e o pignoratício têm o direito de excutir a coisa hipotecada ou empenhada e preferir, no pagamento, a outros credores, observada, quanto à hipoteca, a prioridade no registro". Por sua vez, o art. 1.433, IV,

a *excussão* do bem parte integrante do conceito do penhor. Nesse sentido, já se disse que o contrato de penhor:

> No seu núcleo fundamental, apresenta-se como um negócio tendo por conteúdo a constituição de uma garantia real sobre coisa móvel. A coisa dada em penhor fica vinculada ao cumprimento da obrigação, o que significa, o credor não satisfeito no vencimento tem o direito de excutir esta coisa e, com o produto dela, preferir no pagamento a outros credores.[3]

No entanto, tendo a alienação do bem empenhado a terceiro – seja pela via judicial, seja pela via amigável – a finalidade de proporcionar ao credor a satisfação do seu crédito, é de verificar-se se tal propósito pode ser alcançado igualmente por meio da apropriação do bem pelo credor, sem que tal hipótese configure violação ao pacto comissório. Em outras palavras, cumpre investigar a admissibilidade do *pacto marciano* no direito brasileiro.

3.1.1 Pacto marciano e pacto comissório

O *pacto marciano* consiste no ajuste que tem por efeito autorizar o credor a apropriar-se do bem conferido em garantia pelo seu *valor justo*, na hipótese de verificar-se o inadimplemento do devedor.[4] Sendo o valor aferido superior ao da dívida, incumbe ao credor entregar a diferença ao proprietário. A denominação homenageia o jurisconsulto romano Marciano,

---

estabelece que é direito do credor, entre outros, o de "promover da execução judicial, ou a venda amigável, se lhe permitir expressamente o contrato, ou lhe autorizar o devedor mediante procuração".

[3] José Xavier Carvalho de Mendonça. *Tratado de direito comercial*. Rio de Janeiro: Freitas Bastos, 1960, v. 6, 2ª parte, p. 594. Em termos semelhantes, conceitua-se o penhor como "direito real que compete ao credor sobre coisa móvel que lhe fora entregue pelo devedor ou por terceiro para segurança do seu crédito; e por força do qual, poderá retê-la até se verificar o pagamento ou aliená-la na falta deste" (Affonso Fraga. *Direitos reaes de garantia*, cit., p. 141). V., ainda, Orlando Gomes: "*penhor* é o direito real de garantia sobre coisa móvel alheia, cuja posse é transferida ao credor, que fica com a faculdade de promover a sua venda judicial, e preferir, no pagamento, a outros credores" (*Direitos reais*, cit., p. 383).

[4] Quanto à definição do pacto marciano, cf. João Manuel de Carvalho Santos. *Código Civil brasileiro interpretado, principalmente do ponto de vista prático*, cit., v. 10, p. 92-93; José Carlos Moreira Alves. *Da alienação fiduciária em garantia*, cit., p. 107; Francisco Cavalcanti Pontes de Miranda. *Tratado de direito privado*, cit., t. XX, p. 95 e 97.

autor do fragmento do Digesto onde tal ajuste é mencionado nos seguintes termos:

> Pode assim fazer-se a entrega do penhor ou da hipoteca, de sorte que, se, dentro de determinado tempo, não for pago o dinheiro, por direito do comprador, tome posse da coisa, que deve ser então avaliada pelo justo preço; neste caso a venda parece ser de certo modo condicional, e assim decidiram por rescrito os divinos Severo e Antonino.[5]

Seguindo a orientação proveniente do direito romano, o pacto foi expressamente acolhido nas Ordenações portuguesas.[6] Nesse sentido, o Título LVI do Livro IV das Ordenações Filipinas proibiu o pacto comissório ao mesmo tempo em que admitiu a licitude do marciano, nos seguintes termos:

> Se algum devedor empenhar a seu credor alguma cousa movel, ou de raiz, com condição que, não lhe pagando a dívida a dia certo, o penhor fique por ella vendido a arrematado ao credor, mandamos que tal convença seja nenhuma e de nenhum effeito. Porém, se o devedor der alguma cousa sua em penhor a seu credor sob condição, que não lhe pagando a tempo certo, fique o penhor arrematado pelo justo preço, o tal apenhamento assi feito valerá, e a convença será guardada. E em este caso, o penhor será estimado depois do tempo da paga por dous homens bons juramentados e escolhidos pelas partes, convem a saber, per cada hum seu, e ficará arrematada ao credor por o preço, em que for estimado.[7]

---

[5] D. 20, 1, 16, 9. A tradução aqui transcrita foi tomada de Isabel Andrade de Matos. *O pacto comissório*: contributo para o estudo do âmbito da sua proibição. Coimbra: Almedina, 2006, p. 82. A autora ressalta que Marciano foi um dos sete jurisconsultos clássicos a quem se devem 2.500 fragmentos do Digesto.

[6] V. Ordenações Afonsinas, Livro IV, Título XXXVIII; Ordenações Manuelinas, Livro IV, Título XXVI; e Ordenações Filipinas, Livro IV, Título LVI. Confira-se, sobre o ponto, Isabel Andrade de Matos. *O pacto comissório*: contributo para o estudo do âmbito da sua proibição, cit., p. 45-47, com referências abundantes a juristas portugueses da época.

[7] Cf., sobre o ponto, Lafayette Rodrigues Pereira. *Direito das coisas*. Rio de Janeiro: Editora Rio, 1977, v. 2, p. 21; e Visconde de Ouro Preto. *Crédito móvel pelo penhor e o bilhete de mercadorias*. 2. ed. Rio de Janeiro: Laemmert & Cia Editores, 1898, p. 30. De acordo com este autor: "É, porém, permitido ajustar-se que, vencida e não solvida a divida ou a obrigação, adquira o credor o objeto empenhado pelo preço da avaliação legitimamente feita. Esta estimação assim se faz judicial, ou extrajudicialmente, si as partes nisso convierem, por dous peritos que ellas escolheram".

No entanto, o Código Civil de 1916, em seu art. 765, limitou-se a prescrever a nulidade da "cláusula que autoriza o credor pignoratício, anticrético ou hipotecário a ficar com o objeto da garantia, se a dívida não for paga no vencimento". Em razão disso surgiu o entendimento segundo o qual o Código, rompendo com a orientação tradicional, teria considerado o pacto marciano espécie de pacto comissório, fulminado pela vedação legal. Nesse sentido, em comentário ao aludido dispositivo, Carvalho Santos aduz que:

> Em derradeira análise, toda cláusula que atribui ao credor o direito de fazer vender o imóvel sem a observância das formalidades legais é nula, por estar compreendida e ser considerada como um pacto comissório, ainda que a cláusula apenas autorizasse o credor a ficar com a garantia mediante um preço fixado por avaliação de peritos escolhidos pelas partes ou nomeados de ofício.[8]

As poucas vozes que se levantaram contra tal opinião, defendendo a validade do pacto marciano, não se aprofundaram no estudo das razões que justificariam a inclusão ou exclusão desse acordo do âmbito da proibição estabelecida no art. 765 do Código Civil.[9] Invocando acriticamente a proibição do pacto comissório, a maioria dos autores se limita a afirmar *tout court* a nulidade da cláusula que autoriza o credor a apropriar-se do bem gravado pela garantia, sem enfrentar a hipótese em que as partes preveem a aquisição

---

[8]   João Manuel de Carvalho Santos. *Código Civil brasileiro interpretado, principalmente do ponto de vista prático*, cit., v. 10, p. 92. No seguinte trecho, Clóvis Beviláqua parece adotar a mesma posição: "O nosso direito admite a venda amigável do penhor, se expressamente estipulada no contrato, ou se o devedor nela consentir, mediante procuração especial, passada ao credor. Parece-me preferível esta provisão à do Código civil português, *por ser mais fácil intervir o credor na avaliação do que na venda amigável*; e, consequentemente, menos assegurados se acham os interesses do devedor no direito português" (*Direito das coisas*, cit., p. 43).

[9]   V. Francisco Cavalcanti Pontes de Miranda. *Tratado de direito privado*, cit., t. XX, p. 95, que sustenta a validade do pacto marciano em relação ao penhor, negando-a, contudo, quanto à hipoteca e à anticrese. Cf., ainda, José Carlos Moreira Alves. *Da alienação fiduciária em garantia*, cit., p. 107, quanto à licitude do pacto no que tange à alienação fiduciária em garantia. Uma exposição mais minuciosa das razões da licitude do pacto marciano frente à proibição do pacto comissório é apresentada por Affonso Fraga. *Direitos reaes de garantia*, cit., p. 123-124. No entanto, nenhum dos autores sugere uma interpretação do disposto no art. 765 do Código Civil de 1916 (correspondente ao *caput* do art. 1.428 do Código atual) que justifique a exclusão do pacto do âmbito de aplicação da vedação ali estabelecida.

Cap. 3 • PENHOR E AUTONOMIA PRIVADA | 161

mediante preço justo. O pacto marciano acabou, dessa maneira, por cair no mais completo ostracismo.[10]

Tal cenário não se alterou com a promulgação do Código Civil de 2002, cujo art. 1.428 reproduz *ipsis litteris* o comando contido no art. 765 do diploma precedente.[11] A única inovação textual refere-se ao reconhecimento, no parágrafo único do aludido preceito, da licitude da dação em pagamento do objeto da garantia.[12] Quanto ao pacto marciano, nada é dito. A doutrina que se seguiu à vigência do novo Código também se silencia.

No entanto, ao proceder dessa maneira, a doutrina contribui para o esquecimento do pacto marciano, parecendo mesmo tratar-se de questão antiquada e sem relevância, não obstante o aceso interesse que se lhe reconhece em outros países. Destaque-se nessa direção a reforma legislativa do direito das garantias ocorrida na França por meio da *Ordonnance* de 23 de março de 2006, que, entre outros pontos, admitiu, em termos amplos, a estipulação do pacto marciano em relação ao penhor e à hipoteca.[13]

Mencione-se também a regulamentação europeia dos "contratos de garantia financeira", isto é, dos contratos de constituição de garantia sobre numerário e ativos negociados nos mercados financeiros.[14] A Diretiva

---

[10] Em pesquisa da jurisprudência dos tribunais estaduais e superiores, identificou-se uma única decisão a mencionar o pacto marciano. No entanto, a questão é ali enfrentada de maneira incidental, sem aprofundamentos e sem relevância para o mérito do julgamento. V. TJSP, Ap.Cív. 1.120.758-0/2, Seção de Direito Privado, 36ª Câmara, Rel. Des. Romeu Ricupero, j. 31.01.1998.

[11] Art. 1.428 do Código Civil: "É nula a cláusula que autoriza o credor pignoratício, anticrético ou hipotecário a ficar com o objeto da garantia, se a dívida não for paga no vencimento".

[12] Art. 1.428, parágrafo único, do Código Civil: "Após o vencimento, poderá o devedor dar a coisa em pagamento da dívida".

[13] V. Michel Cabrillac *et al. Droit des sûretés*, cit., p. 816; Philippe Simler e Philippe Delebecque. *Droit civil:* les suretes – la publicité foncière, cit., p. 551; Francine Macorig-Venier. Le pacte commissoire (et les sûretés réelles mobilières). *Revue Lamy Droit des Affaires*, n. 14, mar. 2007, p. 79-85.

[14] Apresenta-se aqui noção aproximada, pois a definição precisa dos "contratos de garantia financeira" é complexa, a exigir a verificação de requisitos objetivos e subjetivos. Cf. Enrico Gabrielli. Garanzie finanziarie, contratti d'impresa e operazione economica. *Studi in onore di Giorgio Cian*. Padova: CEDAM, 2010, t. I, p. 1.031-1.034; e, ainda, Diogo Macedo Graça. *Os contratos de garantia financeira*. Coimbra: Almeida, 2010, p. 17-44.

2002/47/CE, que fixa as diretrizes sobre o tema, estabelece como meio idôneo de execução da garantia a apropriação do ativo pelo credor, com base no valor que resultar de sua avaliação.[15] Vê-se aí a consagração do pacto marciano no âmbito europeu,[16] tendo em consideração, de acordo com o preâmbulo do Decreto-lei português 105/2004 – que transpôs a referida Diretiva para a legislação nacional – a "(...) necessidade de mecanismos de execução das garantias sobre ativos financeiros que, não pressupondo necessariamente a venda destes, permitam ver reduzidos os riscos decorrentes da potencial desvalorização do bem".[17]

Em vista disso, cumpre recuperar o debate sobre o tema e averiguar a compatibilidade desse acordo com o sistema jurídico pátrio. Cabe, a propósito, uma observação inicial. A preferência pelo critério literal e a defesa do aforismo *in claris non fit interpretatio*, herdadas do positivismo, encontram-se hoje definitivamente superadas,[18] uma vez que não respondem às novas

---

[15] V. art. 4º da Diretiva: "Os Estados-Membros assegurarão que sempre que ocorra um facto que desencadeie a execução, o beneficiário da garantia tenha a possibilidade de realizar de uma das seguintes formas qualquer garantia financeira fornecida ao abrigo de um acordo de garantia financeira com constituição de penhor e segundo as disposições nele previstas: a) Instrumentos financeiros mediante venda ou apropriação, quer compensando o seu valor, quer aplicando-o para liquidação das obrigações financeiras cobertas; (...) 2. A apropriação só é possível nos seguintes casos: a) Ter sido convencionada entre as partes no acordo de garantia financeira com constituição de penhor; e b) Ter existido acordo entre as partes sobre a avaliação dos instrumentos financeiros no quadro do acordo de garantia financeira com constituição de penhor". Sublinhe-se que, de acordo com o preceito, a adoção pelos Estados-Membros da apropriação como meio de execução da garantia não é imperativa: "3. Os Estados-Membros que, em 27 de Junho de 2002, não autorizem a apropriação, não são obrigados a reconhecê-la".

[16] "(...) o que temos aqui é a consagração do pacto marciano no âmbito do penhor financeiro e não o reconhecimento de uma abertura do nosso ordenamento jurídico a um verdadeiro pacto comissório, cuja proibição nem sequer é afastada" (Diogo Macedo Graça. *Os contratos de garantia financeira*, cit., p. 62).

[17] Faz-se referência aos riscos de a execução da garantia, por meio da venda do bem, acarretar, em uma cenário de crise financeira, pressão deflacionária sobre o preço do ativo, contribuindo, desse modo, para o agravamento da crise. V. Diogo Macedo Graça. *Os contratos de garantia financeira*, cit., p. 66.

[18] V. Pietro Perlingieri. *O direito civil na legalidade constitucional*, cit., p. 609-634, especialmente p. 615-620. O autor considera "necessário banir o ensinamento do *in claris non fit interpretativo*" (p. 619).

Cap. 3 • PENHOR E AUTONOMIA PRIVADA | 163

técnicas legislativas,[19] nem se conciliam com o caráter complexo e unitário do ordenamento, no qual as normas constitucionais prevalecem mesmo em presença de regra específica destinada ao caso.[20]

"A interpretação é, portanto, por definição, lógico-sistemático e teleológica-axiológica",[21] voltada à individuação da normativa mais adequada aos interesses e aos valores em jogo. Sendo assim, compete orientar a investigação jurídica para o exame das razões da nulidade do pacto comissório, de modo a verificar se elas conduzem igualmente à recriminação do pacto marciano, tendo em conta a coerência da ordem jurídica como um todo.

A doutrina brasileira não diverge substancialmente no que concerne às razões da proibição do pacto comissório,[22] sendo ainda hoje amplamente adotada a justificativa segundo a qual aludida vedação teria por fundamento a proteção do devedor débil frente ao abuso do credor que impõe condição leonina, da qual espera obter do devedor coisa de valor superior ao da

---

[19] Nesse sentido, Pietro Perlingieri ressalta que a suposta clareza da lei não resiste à proliferação de leis com objetivos nem sempre homogêneos, ao abuso da ab-rogação tácita prevista em grande quantidade de leis e ao uso cada vez mais disseminado de cláusulas gerais (*O direito civil na legalidade constitucional*, cit., p. 619).

[20] V., nessa direção, Gustavo Tepedino. O direito civil-constitucional e suas perspectivas atuais. In: Gustavo Tepedino. *Temas de direito civil*. Rio de Janeiro: Renovar, 2009, t. III, p. 21-40, especialmente p. 27-32; e também Unidade do ordenamento e teoria da interpretação. In: Gustavo Tepedino. *Temas de direito civil*. Rio de Janeiro: Renovar, 2009, t. III, p. 427-429, onde destaca que "a norma jurídica é um *posterius* e não um *prius* em relação ao processo interpretativo" (p. 428).

[21] Pietro Perlingieri. *O direito civil na legalidade constitucional*, cit., p. 618.

[22] Não se confunda o pacto comissório aqui aludido com o pacto homônimo a que se referia o Código Civil de 1916 em seu art. 1.163: "Do Pacto Comissório. Art. 1.163. Ajustado que se desfaça a venda, não se pagando o preço até certo dia, poderá o vendedor, não pago desfazer o contrato ou pedir o preço. Parágrafo único. Se, em dez dias de vencido o prazo, o vendedor, em tal caso, não reclamar o preço, ficará de pleno direito desfeita a venda". Como se vê, cuida-se, neste último caso, da cláusula resolutiva que se insere nos contratos sinalagmáticos, e não de cláusula acessória aos negócios constitutivos de garantia real. O Código Civil de 2002 evitou tal confusão, empregando, naquele caso, a denominação "cláusula resolutiva" (arts. 474 e 475).

dívida.[23] O legislador, portanto, buscaria impedir a espoliação do devedor e o consequente locupletamento do credor.[24]

Identificam-se nessa construção dois pressupostos. O primeiro, de ordem objetiva, consiste no *risco de desproporção* entre o valor do bem conferido em garantia e o da dívida garantida, do qual pode resultar prejuízo para o devedor.[25] Ressalte-se que não é tanto a efetiva desproporção que estaria em apreço, mas o *risco* de ela ocorrer. Desse modo, a proibição teria por finalidade impedir, precisamente, a "odiosa especulação"[26] do credor sobre o ganho que pode alcançar na hipótese de o devedor não conseguir lhe pagar.

---

[23] Tal fundamentação já se encontrava, de certo modo, implícita no édito promulgado pelo imperador Constantino em 324 d.C., que constitui marco fundamental na trajetória histórica do pacto comissório. Assim estabelecia o édito: "O Imperador Constantino Augusto ao povo. Como entre outras disposições capciosas avulta sobretudo a rigidez da lei comissória dos penhores, parece bem invalidá-la e apagar para o futuro toda a sua memória. Se portanto alguém se vê a braços com um contrato deste género, pode agora respirar com esta disposição, que afasta as disposições do passado juntamente com as do presente e proíbe as do futuro. Assim, mandamos que os credores, uma vez perdida a coisa, recuperem o que deram. Dia segundo antes das Calendas de Fevereiro. Sárdica, no consulado de Constantino Augusto, pela VII vez, e de Constâncio C". A tradução aqui transcrita foi tomada de Isabel Andrade de Matos. *O pacto comissório: contributo para o estudo do âmbito da sua proibição*, cit., p. 38. Confira-se na referida obra da autora o contexto histórico da promulgação do édito e, notadamente, a influência decisiva exercida pela ética cristã (p. 37-39).

[24] Nesse sentido, de acordo com Clóvis Beviláqua, "a proibição do pacto comissório funda-se em motivo de ordem ética. O direito protege o fraco contra o forte, impede que a pressão da necessidade leve o devedor a convencionar o abandono do bem ao credor por quantia irrisória" (*Código Civil dos Estados Unidos do Brasil comentado*, cit., v. 3, p. 269). V., ainda, Lafayette Rodrigues Pereira. *Direito das coisas*, cit., v. 2, p. 21; e Visconde de Ouro Preto. *Crédito móvel pelo penhor e o bilhete de mercadorias*, cit., p. 30. Na doutrina contemporânea, v. Marco Aurélio Bezerra de Melo. *Direito das coisas*, cit., p. 382; e Carlos Roberto Gonçalves. *Direito civil brasileiro*: direito das coisas, cit., p. 548.

[25] Tal desproporção seria presumida pelo legislador tendo em conta que, na experiência prática, o credor exige, de ordinário, bem superior ao valor da dívida para sua maior segurança. V., nessa direção, Ugo Carnevali. Patto commissorio. *Enciclopedia del Diritto*. Milano: Giuffrè, 1982, v. 32, p. 501.

[26] São as palavras de Raymond-Théodore Troplong. *Droit civil expliqué*: du nantissement, du gage et de l'antichrèse. Paris: Charles Hingray, 1847, t. XIX, p. 364. De acordo com o autor: "Mesmo na hipótese de comprovar-se que o valor da coisa não é superior ao da dívida garantida, não haveria razão para autorizar o pacto comissório. Em primeiro lugar, o preço das coisas é variável; se o objeto dado em penhor valia certa quantia no momento do contrato, é possível que o seu valor seja bem superior

A doutrina observa, a esse respeito, que o pacto comissório "se contrapõe e inutiliza a finalidade legítima das relações de segurança real",[27] na medida em que transforma a garantia em fonte de lucro para o credor, desvirtuando, desse modo, a sua função, que, como já se viu, consiste em assegurar ao credor o recebimento da *quantia devida*. A aludida cláusula, portanto, "desnatura o contrato de segurança real",[28] vez que o seu cumprimento não teria o efeito – esperado nas garantias – de produzir resultado equivalente ao adimplemento da obrigação.[29]

Nesse particular, mostra-se elucidativa a orientação do legislador brasileiro no sentido de considerar "nula a cláusula que autoriza o proprietário fiduciário a ficar com a coisa alienada em garantia, se a dívida não for paga no vencimento". O pacto comissório apresenta, na alienação fiduciária em garantia, contorno específico, vedando-se não a apropriação do bem em caso de inadimplemento – o que sequer seria concebível haja vista fundar-se tal modalidade de garantia na transmissão do domínio – mas a *manutenção* do bem na titularidade do credor após o vencimento da dívida.[30]

---

no momento do pagamento. Não seria justo privar o devedor dessa oportunidade explorando a falta de liberdade na qual se encontra em razão da sua indigência" (tradução livre).

[27] Affonso Fraga. *Direitos reaes de garantia*, cit., p. 121, o qual se refere à lição de Raymond-Théodore Troplong. *Droit civil expliqué*: du nantissement, du gage et de l'antichrèse, cit., p. 363.

[28] João Manuel de Carvalho Santos. *Código Civil brasileiro interpretado, principalmente do ponto de vista prático*, cit., v. 10, p. 91.

[29] V. Seção 2.3.1.

[30] Mencione-se a opinião doutrinária segundo a qual a proibição ao pacto comissório seria inaplicável à alienação fiduciária em garantia, pois "o que a lei proíbe é que ao outorgado da segurança se dê o direito formativo gerador ou o direito expectativo, ou a pretensão a adquirir o bem sobre que recai o direito real de garantia. Mas o outorgado em pacto de transmissão em segurança já é o proprietário: não se poderia negar tornar-se aquilo que ele já é. Pode-se vedar o vir a ser, não o ser" (Pontes de Miranda. *Tratado de direito privado*. São Paulo: Revista dos Tribunais, 2012, t. XXI, p. 450). Alega-se, nesse sentido, que se o credor "continua proprietário, é uma extravagância sujeitá-lo ao ônus de vender a coisa própria", pois "é próprio do mecanismo de tal propriedade que, não se realizando a condição resolutiva consolida-se o domínio na pessoa do fiduciário" (Orlando Gomes. *Alienação fiduciária em garantia*. 3. ed. São Paulo: Revista dos Tribunais, 1972, p. 87 e 89). Por meio de análise exclusivamente estrutural, tal opinião reduz o pacto comissório a mecanismo contratual de aquisição da propriedade condicionada ao adimplemento do devedor, deixando, contudo, de atentar para a função desempenhada pela proibição ao aludido pacto, que consiste em evitar a transformação da garantia real em fonte de enriquecimento para o credor. Ademais, a suposta incongruência entre a propriedade fiduciária em

PENHOR E AUTONOMIA PRIVADA • *Pablo Renteria*

Não obstante essa diversa configuração estrutural, o fim almejado com a proibição da cláusula é o mesmo verificado em relação aos direitos reais de garantias, qual seja, impedir que a garantia seja desvirtuada, tornando-se fonte de lucro para o credor.[31] Desse modo, procura-se evitar a especulação do credor acerca do ganho que pode ser alcançado com a manutenção do bem objeto da garantia.

Visto o primeiro pressuposto do fundamento da proibição, cumpre examinar o segundo, que, ao contrário daquele, tem caráter subjetivo. Consiste este na suposição de que, enquanto não vencida a dívida, o devedor encontra-se especialmente suscetível de ser vítima da "aspereza"[32] ou da "ganância"[33] do credor.[34] Afirma-se usualmente que essa vulnerabilidade decorre da pressão que a necessidade por dinheiro exerce sobre a autonomia do devedor, o que o conduziria a aceitar as condições iníquas impostas pelo credor.[35] No entanto, constatou-se que essa explicação é insuficiente para justificar por que se proíbe, além o pacto *in continenti*, o *ex intervallo*.[36] Afinal, se a fragi-

---

garantia e a imposição legal do ônus de vender a coisa resta superada ao se ter em conta que, após o inadimplemento, o credor "não se torna proprietário pleno desta, uma vez que continua a ser titular, apenas, do domínio fiduciário, embora esse direito, a partir de então, tenha o seu conteúdo alargado" (José Carlos Moreira Alves. *Alienação fiduciária em garantia*, cit., p. 157).

[31] Como ressalta Paulo Restiffe Neto: "Quanto à proibição do pacto comissório, (...) não colide, mas, pelo contrário, integra-se, como preceito salutar, nos propósitos que levaram o legislador a instituir a garantia da alienação fiduciária como meio assecuratório do pagamento de que lança mão, sem permitir o locupletamento do credor em detrimento do devedor, ou vice-versa" (*Garantia fiduciária*. 2. ed. São Paulo: Revista dos Tribunais, 1976, p. 196-197).

[32] Visconde de Ouro Preto. *Crédito móvel pelo penhor e o bilhete de mercadorias*, cit., p. 30, que se refere ao texto do édito de Constantino.

[33] Azevedo Marques. *A hypotheca*: doutrina, processo e legislação, cit., p. 77.

[34] Por isso mesmo, afirma-se usualmente que a cláusula comissória constitui acordo usurário e imoral. V. Gustavo Tepedino, Heloisa Helena Barboza e Maria Celina Bodin de Moraes *et al*. *Código Civil interpretado conforme a Constituição da República*, vol. 3, cit., p. 865; Washington de Barros Monteiro. *Curso de direito civil*: direito das coisas, cit., v. 3, p. 352; e Carlos Roberto Gonçalves. *Direito civil brasileiro*: direito das coisas, cit., p. 548. Na doutrina italiana, v. Ugo Carnevali. Patto commissorio. *Enciclopedia del Diritto*, cit., p. 500.

[35] De acordo com Troplong, esta seria a lição clássica de Bartolo, pois é no momento da celebração do contrato que o devedor se submete à pressão resultante da necessidade por dinheiro (Raymond-Théodore Troplong. *Droit civil expliqué*: du nantissement, dugage et de l'antichrèse, cit., p. 368).

[36] É pacífico na doutrina pátria o entendimento segundo o qual o pacto *ex intervallo* é alcançado pela nulidade legal. V., entre outros, João Manuel de Carvalho Santos.

lidade do devedor resulta, de fato, da necessidade de conseguir numerário, aquela cessaria tão logo o contrato fosse celebrado, de modo que, aceitando aludida cláusula após ter obtido o dinheiro de que carecia, não estaria mais se submetendo às exigências do credor.[37]

Em vista disso, a doutrina procurou identificar razões complementares para a proteção do devedor. Nessa direção, observou-se que, mesmo após a obtenção do crédito, o devedor age constrangido pelo "temor de ser acionado pelo credor, ao ver aproximar-se o vencimento, sem ter recursos para pagar".[38] Argumentou-se, adicionalmente, que, não obstante a concessão do empréstimo, o devedor pode permanecer em posição de dependência perante o credor em razão da necessidade de renegociar os termos do acordo ou de celebrar novos contratos. Dessa maneira pode acontecer de o pacto comissório *ex intervallo* ser exigido pelo credor em contrapartida à dilação do prazo de pagamento.[39]

Outra explicação de que se cogitou relaciona-se ao otimismo usualmente demonstrado pelo devedor que, confiando excessivamente na sua capacidade de solver a dívida, não avalia corretamente o risco de perder a coisa na hipótese

---

Código Civil brasileiro interpretado, principalmente do ponto de vista prático, cit., v. 10, p. 90; Caio Mário da Silva Pereira. *Instituições de direito civil*, cit., v. 4, p. 283; Carlos Roberto Gonçalves. *Direito civil brasileiro:* direito das coisas, cit., p. 548; Washington de Barros Monteiro. *Curso de direito civil:* direito das coisas, cit., v. 3, p. 352.

[37] No direito francês, até a reforma do direito das garantias ocorrida em 2006, tal era o raciocínio adotado pelos tribunais para reconhecer a validade do pacto *ex intervallo*. V., nesse sentido, Philippe Simler e Philippe Delebecque. *Droit civil:* les suretes – la publicite fonciere, cit., p. 550; Jacques Mestre, Emmanuel Putman e Marc Billau. Droit spécial des sûretés réelles. In: Jacques Ghestin (coord.). *Traité de droit civil*. Paris: LGDJ, 1996, p. 294; e, ainda, Marcel Planiol. *Traité élementaire de droit civil*, cit., § 3516. Após mencionada reforma legislativa, proibiu-se o pacto comissório contemporâneo ou posterior à celebração do penhor ao mesmo tempo em que se autorizou a celebração, a qualquer momento, do pacto marciano.

[38] João Manuel de Carvalho Santos. *Código Civil brasileiro interpretado, principalmente do ponto de vista prático*, cit., v. 10, p. 90. V., ainda, Visconde de Ouro Preto. *Crédito móvel pelo penhor e o bilhete de mercadorias*, cit., p. 31; e Affonso Fraga. *Direitos reaes de garantia*, cit., p. 122.

[39] De acordo com Isabel Andrade de Matos, esse é o argumento amplamente difundido na doutrina alemã e na espanhola para justificar a proibição do pacto comissório *ex intervallo* (*O pacto comissório:* contributo para o estudo do âmbito da sua proibição, cit., p. 90-91). Na doutrina italiana, v., no mesmo sentido, Cesare Massimo Bianca. Patto commissorio. *Novissimo Digesto Italiano*. Torino: UTET, 1957, v. 12, p. 717. Este autor menciona ainda que, se a proibição alcançasse apenas o pacto *ab initio*, as partes poderiam facilmente contorná-la por meio da sua celebração pré-datada.

de configurar-se o inadimplemento, aceitando irrefletidamente a estipulação da cláusula comissória. Nesse sentido, já se observou que "o devedor, deslumbrado pelas vantagens imediatas do crédito, nem sempre tem consciência de suas consequências. Em contrapartida à entrega da soma emprestada ou à concessão de um prazo – vantagens imediatas –, ele assume um compromisso cuja severidade no futuro pode escapar à sua compreensão".[40]

Em suma, todos esses argumentos apontam para a vulnerabilidade do devedor por todo o período que antecede o vencimento da dívida. E, à luz do dado normativo vigente, parece mesmo que tal estado de coisas se afigura imprescindível à compreensão do proibição ao pacto comissório. Veja-se que, ao mesmo tempo em que proíbe a aludida cláusula, o legislador expressamente reconhece a validade da dação em pagamento do bem conferido em garantia, *uma vez vencida a dívida*, muito embora também seja possível por meio desse acordo liberatório atribuir ao credor bem superior à importância devida. Tal diversidade entre os regimes jurídicos somente se justifica tendo em vista a premissa de que, *após o vencimento*, não persistem as razões da fragilidade do devedor frente ao credor.[41]

Em síntese, de acordo com a justificativa ainda hoje dominante na doutrina brasileira, a vedação ao pacto comissório estaria baseada em duas razões. Em primeiro lugar, porque deturpa a legítima função desempenhada pelas garantias reais, transformando-as em instrumento de *especulação* sobre

---

[40] Laurent Aynès e Pierre Crocq. *Les sûretés:* la publicité foncière, cit., p. 6, tradução livre. Na doutrina pátria, Washington de Barros Monteiro aduz que "premido pela necessidade, iludido quanto à possibilidade de pagar a dívida e resgatar a coisa dada em garantia, o devedor pode facilmente concordar com a cláusula" (Washington de Barros Monteiro. *Curso de direito civil:* direito das coisas, cit., v. 3, p. 352). V., ainda, na doutrina italiana, Angelo Luminoso. Alla ricerca degli arcani confini del patto commissorio. *Rivista di Diritto Civile*, 1990, I, p. 221 e 234).

[41] V. Gladston Mamede. Direito das coisas: penhor, hipoteca, anticrese (artigos 1.419 a 1.510). In: Álvaro Villaça Azevedo (coord.). *Código Civil comentado*, cit., p. 116; também Gustavo Tepedino, Heloisa Helena Barboza e Maria Celina Bodin de Moraes *et al. Código Civil interpretado conforme a Constituição da República*, cit., v. 3, p. 865; e Marco Aurélio da Silva Viana. Dos direitos reais (arts. 1.225 a 1.510). In: Sálvio de Figueiredo Teixeira (coord.). *Comentários ao Novo Código Civil*, cit., p. 718. Tal posição já vinha sendo sustentada pela doutrina ao tempo da vigência do Código Civil de 1916, não obstante a ausência do permissivo legal. V., por todos, Caio Mário da Silva Pereira. *Instituições de direito civil*, cit., v. 4, p. 283. Os tribunais também vinham admitindo a validade da dação em pagamento. V. STJ, REsp 10.952/MG, 3ª T., Rel. Min. Eduardo Ribeiro, j. 29.10.1991; STJ, REsp 41.233/SP, 3ª T., Rel. Min. Eduardo Ribeiro, j. 22.03.1994; TJRJ, Ap.Cív. 10740/2002, 2ª Câmara Cível, Rel. Des. Leila Mariano, j. 28.08.2002.

o ganho que pode ser alcançado com o inadimplemento do devedor. Em segundo lugar, porque, em consideração à sua vulnerabilidade, a ordem jurídica confere especial proteção ao devedor, protegendo-lhe, preventivamente, do acordo que pode lhe acarretar sérios prejuízos.

A principal objeção dirigida à tese acima exposta se refere à suposta incongruência com o fato de o legislador ter previsto a sanção de nulidade para a cláusula comissória. Argumenta-se, nesse direção, que o aludido ajuste consubstanciaria *negócio defeituoso*, baseado em *consentimento viciado*, a exemplo do que se observa nas hipóteses de lesão ou estado de perigo. Sendo assim, a sanção legal apropriada deveria ser, de acordo com a lógica do sistema, a anulabilidade, a depender, portanto, da demonstração, no caso concreto, do efetivo prejuízo sofrido pelo devedor (qual seja, a desproporção entre o valor do bem e o da dívida). No entanto, o que se verifica é a cominação *tout court* da nulidade, o que, de acordo com o raciocínio, revelaria a incompatibilidade da justificativa doutrinária com o regime legalmente estabelecido para o pacto comissório.[42]

De acordo com a crítica, a sanção legal seria, portanto, excessivamente intensa para se afirmar que a finalidade perseguida pelo legislador se exaure na tutela do devedor.[43] Diante disso, deflagrou-se em outros ordenamentos, notadamente no italiano, amplo debate doutrinário com vistas à identificação, a partir da análise sistemática do dado normativo vigente, do fundamento apto a justificar a *nulidade* do pacto comissório. Nessa esteira, surgiram novas propostas teóricas que se afastam da perspectiva tradicional acima exposta.

No entanto, antes de examiná-las, cumpre desde logo ressaltar que, ao menos à luz do direito brasileiro, não se mostra decisiva a crítica acima apontada segundo a qual a decretação da nulidade do ajuste contratual não seria apropriada para a tutela dos interesses do devedor vulnerável. Ao

---

[42] Nessa direção, no direito italiano, Cesare Massimo Bianca destaca que "a tutela do sujeito que contrata em estado de necessidade se expressa em nosso ordenamento, via de regra, (...) por um remédio que não envolve a sanção radical da nulidade, mas que é, ao contrário, proporcional ao efetivo dano sofrido pelo sujeito interessado, além de depender da sua iniciativa. Desse modo, a afirmação segundo a qual o pacto comissório seria vedado porque usurário (e nesse particular imoral) não leva em conta que, no caso concreto, o pacto comissório pode não ser prejudicial ao devedor e, por conseguinte, não explica por que a nulidade atinge, invariavelmente, o pacto, independentemente de qualquer consideração acerca da desproporção entre o valor do bem e do crédito" (Patto commissorio. *Novissimo Digesto Italiano*, cit., p. 717).

[43] Nesse sentido, v. Ugo Carnevali. Patto commissorio. *Enciclopedia del Diritto*, cit., p. 500.

reverso, identificam-se, no direito pátrio vigente, diversos institutos destinados a proteger a parte mais fraca da relação contratual que se baseiam, precisamente, nessa técnica. Sublinhe-se, nessa direção, que a fixação de juros acima do limite legal, que constitui hipótese por excelência de abuso do credor contra o devedor, reputa-se, nos termos do Decreto 22.626, de 1933, nula.[44] Destaque-se, ainda, que a mesma sanção é estabelecida, no âmbito das relações de trabalho e de consumo, para as cláusulas contratuais abusivas.[45]

Depreende-se, portanto, do exame do dado normativo que a cominação da nulidade para determinado ajuste contratual traduz matéria afeta à política legislativa, que pode ser empregada, inclusive, para fins de invalidação de acordo considerado *a priori* abusivo para uma das partes contratantes.[46] Sendo assim, o fato de o legislador ter estabelecido a nulidade do pacto comissório não se mostra suficiente para se concluir a improcedência da fundamentação que associa a vedação ao referido acordo à defesa dos interesses econômicos do devedor débil.

De mais a mais, as propostas doutrinárias que procuram justificá-la em outras bases não se afiguram, ao menos à luz do direito brasileiro, procedentes. Assim, em uma primeira direção, alegou-se que o pacto seria nulo porque contrário ao princípio do *par conditio creditorum*.[47] Mais precisamente, argumentou-se que por meio do pacto comissório poderia ser subtraído do patrimônio do devedor bem superior à quantia devida, sem que incumba ao credor restituir o excedente. Dessa maneira, aludido acordo teria por efeito

---

[44] V. Orlando Gomes. *Contratos*, cit., p. 393.

[45] A propósito, Anderson Schreiber ressalta que "os novos elementos da autonomia privada manifestam-se, no plano legislativo, por meio, por exemplo, dos estatutos que asseguram ampla proteção a setores sociais reconhecidamente vulneráveis, como os consumidores e os trabalhadores, determinando a nulidade de certas cláusulas consideradas *a priori* como abusivas da condição de vulnerabilidade, e atribuindo expressamente caráter irrenunciável a uma série de direitos considerados necessários ao equilíbrio da relação jurídica em foco" (*A proibição de comportamento contraditório: tutela da confiança e venire contra factum proprium*, cit., p. 59-60). Nesse tocante, Pietro Perlingieri destaca: "A disciplina dos contratos do consumidor, do contratante vulnerável, subverte a teoria clássica da nulidade e reforça a ideia de que a composição concreta de interesses exige, também sob o perfil patológico, uma disciplina que se deduz não da mera recondução ao tipo, mas da peculiaridade do caso" (*O direito civil na legalidade constitucional*, cit., p. 375).

[46] V., em sentido semelhante, na doutrina italiana, Angelo Luminoso. Alla ricerca degli arcani confini del patto commissorio, cit., p. 229-230.

[47] V. as abundantes referências mencionadas por Mauro Bussani. *Il problema del patto commissorio*. Torino: Giappichelli Editore, 2000, p. 220 e ss.

desfalcar, na exata medida da diferença entre o valor do bem e o do crédito, o acervo remanescente sobre o qual recairiam as pretensões executivas dos demais credores.[48]

Embora sugestiva, tal tese recebeu críticas contundentes. Observou-se que a proposta de erguer a proibição do pacto comissório sobre o princípio geral do *par conditio creditorum* não seria convincente, haja vista a limitada relevância normativa desse comando.[49] Tal objeção mostra-se especialmente significativa à luz da experiência brasileira, na qual a ideia de isonomia entre os credores perante o devedor insolvente, subjacente ao mencionado princípio, possui importância relativa ante as diversas hipóteses em que se admite o tratamento desigual entre eles.

Nessa direção, cabe destacar inicialmente que, antes da abertura do concurso de credores, o devedor em estado de insolvência é livre para decidir a ordem pela qual pretende pagar as suas dívidas *vencidas*, ainda que ao proceder dessa maneira deixe de satisfazer certos credores.[50] Pode acontecer,

---

[48] Um dos mais importantes defensores dessa tese é Francesco Carnelutti, de acordo com quem "o motivo da nulidade não reside, com efeito, no vício de consentimento do devedor, mas na tutela do próprio devedor e dos demais credores (quirografários), os quais poderiam ser prejudicados caso fosse transmitida em pagamento a coisa empenhada sem avaliação (dado que normalmente o valor da coisa dada em penhor supera consideravelmente o do crédito garantido) ou fosse liquidado o valor da coisa sem as formalidades previstas na lei (...) retirando, assim, do devedor e, por conseguinte, dos demais credores uma parte do patrimônio superior àquela que devesse ser destinada à satisfação do crédito pignoratício ou hipotecário" (Note sul patto comissorio (studi di diritto processuale). *Rivista del Diritto Commerciale e del Diritto Generale delle Obbligazioni*, v. 14, parte II, 1916, p. 890, tradução livre).

[49] V. Mauro Bussani. *Il problema del patto commissorio*, cit., p. 222-228, o qual ressalta a tendência da doutrina italiana em rever a posição dominante segundo a qual o *pars conditio creditorum* consubstanciaria princípio geral do direito, haja vista admitir a ordem jurídica o tratamento desigual dos credores em diversos aspectos.

[50] Sublinhe-se que o art. 162 do Código Civil cuida especificamente da hipótese em que o credor quirografário recebe "do devedor insolvente o pagamento da dívida *ainda não vencida*". Ressalta a propósito Pontes de Miranda: "Se a dívida já se vencera e a paga o devedor, o art. 110 [do Código Civil de 1916, equivalente ao art. 162 do Código vigente] não incide. Nem pode ser imposta a devolução do pagamento nem anulado o ato jurídico da quitação, por invocação do art. 107, se ainda não se abriu o concurso de credores, ou a falência, porque nenhum dever tem o devedor, antes disso, de tratar igualmente os seus credores; não há, ainda, o dever decorrente da *par conditio creditorum*" (Francisco Cavalcanti Pontes de Miranda. *Tratado de direito privado*. São Paulo: Revista dos Tribunais, 2013. t. IV, p. 601). Veja-se também o art. 129 da Lei de Falências (Lei 11.101/2005), que considera ineficaz a realização, dentro do termo legal, do pagamento de dívida não vencida assim como de dívida

PENHOR E AUTONOMIA PRIVADA • *Pablo Renteria*

inclusive, que uma delas absorva quase todo o seu patrimônio, inviabilizando, assim, a satisfação das demais. O direito pátrio, portanto, não assegura aos credores *igual direito ao pagamento*. Nessa direção, já se salientou que:

> (...) o pagamento feito em dinheiro, para solver obrigação exigível e vencida subsiste válido e eficaz, não podendo ser impugnado com a ação pauliana *pelos demais credores com igual direito ao recebimento de prestações vencidas,* ainda que o devedor e o credor satisfeito tenham conhecimento preciso da insolvência daquele, produzida ou aumentada *pela arbitrária escolha feita pelo devedor comum em favor de um dos seus credores.*[51]

No que tange aos procedimentos judiciais, também se verificam diversas formas de discriminação entre credores. A propósito, já se viu que, no concurso singular, a distribuição entre os exequentes do produto resultante da expropriação obedece à ordem cronológica das penhoras.[52] No concurso universal, por sua vez, há tantas as causas de prelação creditícia[53] e tantos os créditos extraconcursais[54] que o princípio *par conditio creditorum* só se manifesta genuinamente, determinando o rateio do ativo

---

    vencida e *exigível,* "por qualquer forma que não seja a prevista pelo contrato". Disso se infere que se reputa eficaz o cumprimento pelo devedor empresário da prestação devida, ainda que efetuado dentro do termo legal.

[51]   Yussef Said Cahali. *Fraude contra credores,* cit., p. 287. V. também Orosimbo Nonato. *Fraude contra credores (da ação pauliana).* Rio de Janeiro: Editora Jurídica e Universitária, 1969, p. 92; Humberto Theodoro Júnior. Dos fatos jurídicos: do negócio jurídico. In: Sálvio de Figueiredo Teixeira. *Comentários ao Novo Código Civil,* cit., p. 362-364.

[52]   Cf. Seção 2.4.2.

[53]   O art. 83 da Lei 11.101/2005, que estabelece a ordem de satisfação dos créditos na falência (a chamada classificação dos créditos), prevê, além da preferência de que gozam os direitos reais de garantia (inciso II), quatro fontes de privilégio (incisos I, III, IV e V) e duas espécies de créditos subordinados (incisos VI e VIII), que são satisfeitos após os credores quirografários (inciso V). A seu turno, o Código Civil reconhece, em relação à insolvência civil, oito causas de privilégio especial (art. 964), oito de privilégio geral (art. 965), além da preferência dos direitos reais de garantia (art. 961).

[54]   Os créditos extraconcursais são aqueles definidos no art. 84 da Lei 11.101/2005 que devem ser pagos com precedência em relação àqueles mencionados na classificação dos créditos (art. 83). Sublinhe-se ainda que muitos credores sequer são alcançados pela falência (ou pela insolvência civil), uma vez que são proprietários fiduciários dos bens que lhe foram cedidos em garantia dos seus direitos.

Cap. 3 • PENHOR E AUTONOMIA PRIVADA | 173

proporcional ao valor das dívidas, no que concerne aos credores de uma mesma classe.[55]

Sendo esta, portanto, a relevância efetivamente reconhecida ao princípio no direito pátrio, não se vê como se possa, com base nele, fundamentar a proibição do pacto comissório. Além disso, a tese não consegue justificar satisfatoriamente por que a ordem jurídica proíbe o pacto comissório ao mesmo tempo em que permite a dação em pagamento do bem dado em garantia, após o vencimento.[56] Afinal, como já destacado, tal negócio também pode se revelar prejudicial aos demais credores do devedor na medida em que o valor do bem seja superior ao da dívida. No entanto, em vez de prever a sua nulidade, a ordem jurídica reconhece, a princípio, a sua validade, admitindo a sua impugnação apenas em determinadas circunstâncias, isto é, quando preenchidos os requisitos da ação pauliana e, no caso de falência, da declaração de ineficácia, se feita dentro do termo legal, ou da ação revocatória, se anterior ao termo.[57]

Tais expedientes, diga-se a propósito, são destinados a proteger os credores contra atos do devedor que possam conduzir ou agravar o seu estado de insolvência ao passo que a nulidade do pacto comissório intervém independentemente da situação financeira do devedor, podendo ser declarada ainda que haja bens suficientes para pagar todos os credores.[58] Tudo isso, portanto, parece confirmar que a tutela dos credores não é o verdadeiro fundamento da referida nulidade.

De acordo com outra corrente doutrinária, a proibição estaria radicada no caráter imperativo da execução judicial da garantia real. Alega-se nesse sentido que "somente o procedimento jurisdicional assegura a equilibrada

---

[55] Como prevê o art. 962 do Código Civil: "Quando concorrerem aos mesmos bens, e por título igual, dois ou mais credores da mesma classe especialmente privilegiados, haverá entre eles rateio proporcional ao valor dos respectivos créditos, se o produto não bastar para o pagamento integral de todos". Na falência, assim se procederia em relação aos credores com privilégio geral (Lei 11.101/2005, art. 83, V), quirografários (inciso VI) e titulares de créditos subordinados (inciso VIII).

[56] V. Mauro Bussani. *Il problema del patto commissorio*, cit., p. 228-229; e também Cesare Massimo Bianca. Patto commissorio. *Novissimo Digesto Italiano*, cit., p. 717.

[57] V., nesse sentido, Pontes de Miranda. *Tratado de direito privado*, cit., t. IV, p. 582; e Yussef Said Cahali. *Fraude contra credores*, cit., p. 732-735.

[58] V. Ugo Carnevali. Patto commissorio. *Enciclopedia del Diritto*, cit., p. 501; Mauro Bussani. *Il problema del patto commissorio*, cit., p. 229.

tutela dos interesses das partes envolvidas".[59] Aduz-se ainda que a função de tutela dos direitos é exclusiva do Estado, não sendo admissível, na atual ordem pública, a "sujeição convencional do devedor ao poder de autotutela do credor".[60]

No entanto, ao menos à luz do direito brasileiro, a tese não merece prosperar, haja vista a ampla admissão dos meios extrajudiciais de execução das garantias reais.[61] No que tange especificamente ao penhor, como se destacou repetidas vezes, a lei expressamente autoriza a venda privada, de modo que não se pode considerar o procedimento judicial essencial ao penhor.[62]

Segundo outra proposta doutrinária, a proibição ao aludido pacto traduziria, em termos mais abrangentes, a reprovação de qualquer negócio

---

[59] De acordo com Mauro Bussani, tal argumento é comumente sustentado na doutrina alemã para justificar a proibição do pacto comissório em relação ao direito real de hipoteca (*Il problema del patto commissorio*, cit., p. 154). Na doutrina pátria, reproduz tal argumento Pontes de Miranda. *Tratado de direito privado*, cit., t. XX, p. 97. Dele se aproxima Azevedo Marques quando, ao examinar o fundamento da proibição do pacto comissório, aduz que "a licitação pública, na execução, concilia os interesses revelando o verdadeiro valor venal do imóvel" (*A hypotheca:* doutrina, processo e legislação, cit., p. 76).

[60] Emilio Betti. Su gli oneri e i limiti dell'autonomia privata in tema di garanzia e modificazione di obbligazioni. *Rivista del Diritto Commerciale e Diritto Generale delle Obbligazione*, v. 39, parte II, 1931, p. 699, tradução livre. A tese, elaborada inicialmente por Betti, foi seguida na Itália por diversos outros juristas – cf. as referências indicadas em Mauro Bussani. *Il problema del patto commissorio*, cit., p. 230, nota 47.

[61] Em relação à hipoteca, o Decreto-lei 70/1966 (arts. 30 a 38) autoriza a realização de procedimento extrajudicial no qual o leilão público é conduzido pelo agente fiduciário indicado no contrato constitutivo da garantia. Sublinhe-se, contudo, que a recepção deste diploma pela Constituição da República de 1988 se encontra *sub judice*, sendo objeto dos Recursos Extraordinários 556.520 e 627.106, cujo julgamento ainda não foi concluído. Em relação à propriedade fiduciária em garantia, a alienação extrajudicial é admitida para as mais diversas espécies de bens, como se depreende dos seguintes dispositivos legais: Código Civil, art. 1.364, Lei 4.728, art. 66-B, § 3º; Decreto-lei 911/1969, art. 2º; Lei 9.514/1997, art. 27 (que trata do leilão público do imóvel promovido pelo credor fiduciário). Mencione-se ainda a cessão fiduciária de créditos pecuniários, disciplinada no art. 19 da Lei 9.514/1997, na qual o credor fica autorizado, independentemente de qualquer procedimento judicial, a receber diretamente dos devedores os créditos cedidos, competindo-lhe imputar os respectivos valores no pagamento da quantia que lhe é devida.

[62] V. nessa direção Cesare Massimo Bianca. Patto commissorio. *Novissimo Digesto Italiano*, cit., p. 717; e Mauro Bussani. *Il problema del patto commissorio*, cit., p. 231-232. Do mesmo modo, relativamente ao direito português, Isabel Andrade de Matos. *O pacto comissório: contributo* para o estudo do âmbito da sua proibição, cit., p. 67-69.

translativo de propriedade celebrado sob condição suspensiva ou resolutiva de configurar-se o inadimplemento do devedor.[63] O fundamento não estaria na proteção do devedor, mas na incompatibilidade com a ordem pública do instrumento de garantia baseado na transmissão do domínio.[64] Por isso que, prescindindo do exame do prejuízo efetivamente ocasionado ao devedor no caso concreto, a lei estabeleceria a sua nulidade.[65]

Embora tenha encontrado forte adesão no direito italiano, tal tese não se coaduna com o sistema jurídico pátrio, haja vista a opção legislativa favorável à admissão da técnica da propriedade fiduciária em garantia.[66] Nesse ponto, o direito brasileiro distancia-se do italiano, onde a validade da alienação com escopo de garantia não é, em linha de princípio, acolhida pelos tribunais nem pela doutrina dominante.[67] Desta feita, ao menos aqui, não se pode interpretar a proibição ao pacto comissório como manifestação da suposta contrariedade do ordenamento à técnica da transmissão da propriedade para fins de garantia.[68]

---

[63] V. Cesare Massimo Bianca. Patto commissorio. *Novissimo Digesto Italiano*, cit., p. 714-717.

[64] Isto porque a alienação com escopo de garantia traduziria privilégio creditório não previsto em lei, que destoa das demais garantias reais. V., nesse sentido, Ugo Carnevali. Patto commissorio. *Enciclopedia del Diritto*, cit., p. 502.

[65] V. Cesare Massimo Bianca. Patto commissorio. *Novissimo Digesto Italiano*, cit., p. 718. V., ainda, a síntese do argumento formulada por Mauro Bussani. *Il problema del patto commissorio*, cit., p. 233-234.

[66] Introduzida inicialmente no âmbito do mercado de capitais em relação às coisas móveis (Lei 4.728/1965, art. 66), a titularidade fiduciária em garantia é, hoje, admitida como técnica de garantia das obrigações em geral, alcançando praticamente qualquer espécie de bem jurídico patrimonial disponível. Cf. sobre o ponto a Seção 3.4.

[67] V., sobre o ponto, as considerações críticas de Mauro Bussani. *Il problema del patto commissorio*, cit., p. 260 e ss.; e Franco Anelli. *L'alienazione in funzione di garanzia*. Milano: Giuffrè, 1996, p. 3-35. V., ainda, Maria Cristina de Cicco. *Alienazione fiduciaria in garanzia:* il modello brasiliano. Napoli: ESI, 1996, p. 204 e ss., a qual expõe a potencial utilidade da experiência brasileira para o estudo do tema no direito italiano.

[68] Os tribunais brasileiros rejeitam a assimilação entre o pacto comissório e a alienação fiduciária em garantia. Veja-se nesse sentido: "Segundo entendimento sumulado do tribunal (enunciado n. 28), o contrato de alienação fiduciária em garantia pode ter por objeto bens já integrantes do patrimônio do devedor. Não obstante as finalidades, a alienação fiduciária em garantia não pode ser qualificada como 'penhor mascarado e pacto comissório antecipado' pela circunstância de sustentar-se também em bens já pertencentes ao devedor" (STJ, REsp 5.528/RS, 4ª T., Rel. Min. Sálvio de Figueiredo Teixeira, j. 19.11.1991). V. também REsp 162.942/MS, 4ª T., Rel. Min. Sálvio de Figueiredo Teixeira, j. 30.04.1998.

PENHOR E AUTONOMIA PRIVADA • *Pablo Renteria*

Em síntese, as teses acima analisadas – que procuram justificar a nulidade da cláusula comissória afastando-se do fundamento tradicional baseado na proteção do devedor – não se revelam compatíveis com a ordem jurídica brasileira, haja vista assumirem premissas que não correspondem ao dado normativo vigente. Tal consideração corrobora o entendimento segundo o qual, no direito pátrio, aquele fundamento permanece válido e útil para a compreensão da vedação de que se cuida. Sendo assim, e à luz de todas as considerações até aqui desenvolvidas, é de se concluir que a nulidade do pacto comissório, no ordenamento brasileiro, vincula-se à proteção do devedor.

3.1.2 A validade do pacto marciano inserido no contrato constitutivo de penhor

Uma vez examinados os fundamentos da nulidade da cláusula, é possível sustentar que a estipulação do pacto marciano no âmbito do contrato de penhor se afigura válida no direito pátrio, na medida em que impõe ao credor a devolução do montante sobressalente apurado com base na avaliação objetiva do bem.[69] Afinal, sendo a coisa transmitida pelo seu preço justo e tendo o credor o dever de entregar ao garantidor a eventual diferença entre esse valor e o do crédito, o resultado alcançado por meio do ajuste em caso de inadimplemento do devedor é rigorosamente equivalente ao que o credor teria obtido por meio do adimplemento. Vale dizer, o mencionado ajuste não desvirtua a garantia, transformando-a em fonte de enriquecimento para o credor, nem se se presta ao abuso da vulnerabilidade do devedor.

Enquanto a *especulação* acerca do ganho que pode ser obtido com a apropriação do bem é inerente ao pacto comissório, de outro lado, no ajuste marciano, a *equivalência* entre o valor recebido pelo credor com o bem e a importância da dívida constitui o próprio fim almejado pelas partes.[70] As razões que justificam a nulidade do primeiro – a desnaturação da função desempenhada pela garantia e a proteção do devedor vulnerável diante de acordo potencialmente lesivo aos seus interesses – não se aplicam ao segundo. A diferença entre os dois pactos é, de fato, marcante.

---

[69] Embora a questão se coloque também em relação às demais espécies de garantia real (hipoteca, anticrese e propriedade fiduciária em garantia), pretende-se examinar a validade do pacto marciano apenas em relação ao penhor, tendo em vista ser este o tema central deste trabalho.

[70] V. nesse sentido, na doutrina italiana, Cesare Massimo Bianca. Patto commissorio. *Novissimo Digesto Italiano*, cit., p. 718. Na doutrina portuguesa, cf. Diogo Macedo Graça. *Os contratos de garantia financeira*, cit., p. 62.

De outra parte, é inegável a utilidade social do pacto marciano, haja vista consubstanciar expediente destinado a proporcionar às partes meio eficiente de execução da garantia – poupando-os da morosidade e dos custos usualmente associados à venda do bem – sem, no entanto, sacrificar os interesses do devedor.[71] Daí a se concluir que a aposição de tal ajuste no contrato constitutivo de penhor se afigura legítima e merecedora de tutela na atual ordem jurídica.

Nem se alegue que, não sendo expressamente admitida na lei, a estipulação do pacto marciano teria por efeito desfigurar o direito real de penhor, transformando-o em garantia atípica, desprovida, portanto, de sequela e de preferência. Tal argumento não colhe. A apropriação do bem empenhado pelo credor não colide com a essência do penhor, haja vista tal efeito ser igualmente alcançável, na hipótese de execução judicial, por meio da adjudicação da coisa pelo credor pignoratício.[72] A isso se poderia objetar que somente a apropriação judicial (e não a privada) seria compatível com a tipicidade do penhor. No entanto, tal opinião não se mostra convincente, já que, como visto, o procedimento judicial pode ser derrogado pelas partes contratantes (em favor, por exemplo, da venda amigável).

---

[71] V. nesse sentido, na doutrina francesa, Philippe Simler e Philippe Delebecque. *Droit civil:* les suretes – la publicite fonciere, cit., p. 551; e, ainda, Francine Macorig-Venier. Le pacte commissoire (et les sûretés réelles mobilières), cit., p. 79-80. Na doutrina italiana, Ugo Carnevali destaca que o pacto marciano se mostra "não apenas admissível como também vantajoso para o devedor na medida em que o valor alcançado por meio da expropriação e da alienação coativa se mostra, via de regra, inferior ao efetivo valor do bem" (Patto commissorio. *Enciclopedia del Diritto*, cit., p. 505, tradução livre). V., no mesmo sentido, na doutrina portuguesa, Diogo Macedo Graça. *Os contratos de garantia financeira*, cit., p. 67; e Isabel Andrade de Matos. *O pacto comissório:* contributo para o estudo do âmbito da sua proibição, cit., p. 153.

[72] A adjudicação "corresponde ao recebimento do bem penhorado pelo exequente, descontando-se o valor da execução do valor da coisa". Constitui mecanismo que "simplifica a execução, além de permitir-lhe ficar com o bem em troca da dívida ou aliená-lo fora do processo" (Luiz Guilherme Marinoni e Sérgio Cruz Arenhart. *Curso de processo civil*, cit., p. 320). Nos termos do art. 876 do Código de Processo Civil: "É lícito ao exequente, oferecendo preço não inferior ao da avaliação, requerer lhe sejam adjudicados os bens penhorados". De acordo com § 4º do mesmo preceito legal: "Se o valor do crédito for: I – inferior ao dos bens, o requerente da adjudicação depositará de imediato a diferença, que ficará à disposição do executado; II – se superior ao dos bens, a execução prosseguirá pelo saldo remanescente". A possibilidade de adjudicação do bem empenhado e penhorado por parte do credor pignoratício encontra-se prevista no § 5º.

Cumpre reiterar que o intérprete não deve aceitar servilmente a leitura exegética do texto legal. Deve, ao reverso, valorar o ato de autonomia à luz do ordenamento como um todo, de modo a verificar sua idoneidade a produzir efeitos.[73] E, nesse tocante, o pacto marciano atende plenamente aos ditames da ordem jurídica, haja vista a sua já destacada utilidade social, pois possibilita, a um só tempo, a ágil execução da garantia e a preservação dos interesses do devedor frente ao credor.

Enfim, estabelecida a validade do pacto marciano no direito pátrio, cumpre aprofundar o estudo do seu regime jurídico. Identificam-se nessa figura negocial, basicamente, três aspectos fundamentais: (i) a aquisição do bem conferido em garantia condicionada à configuração do inadimplemento do devedor; (ii) a aquisição pelo seu valor justo; e (iii) a obrigação de o credor entregar ao proprietário a eventual diferença entre esse valor e a importância devida (*superfluum*).

Esclareça-se inicialmente que se admite a estipulação tanto do pacto *in continenti* como do *ex intervallo*, contanto que preceda o vencimento do crédito.[74] Por evidente, nada impede que, após o vencimento, as partes procedam à extinção da dívida mediante a celebração de acordo que preveja a transmissão do bem conferido em garantia pelo seu valor justo. No entanto, tal negócio consubstanciaria dação em pagamento, distanciando-se do pacto marciano na medida em que a sua eficácia não se subordina ao implemento da condição do inadimplemento do devedor.

Sublinhe-se que se mostra admissível tanto a cláusula que atribui ao credor a faculdade de apropriar-se do bem como aquela por meio da qual aquele se obriga a tanto.[75] No primeiro caso, se quiser, o credor pode preferir a alienação do bem, de modo a pagar-se com o preço obtido. No segundo, não lhe resta alternativa senão adquirir o bem, o que, diga-se por oportuno, pode ser efetuado mediante tradição ficta. Desse modo, uma vez constituído

---

[73] V. Seção 1.6.5.

[74] Nesse sentido, na doutrina francesa, v. Laurent Aynès e Pierre Crocq. *Les sûretés:* la publicité foncière, cit., p. 23; e Francine Macorig-Venier. Le pacte commissoire (et les sûretés réelles mobilières), cit., p. 81.

[75] Nesse sentido, quanto ao pacto marciano estipulado na alienação fiduciária em garantia, v. José Carlos Moreira Alves. *Da alienação fiduciária em garantia*, cit., p. 157. Na doutrina francesa, em relação ao penhor, cf. Laurent Aynès e Pierre Crocq. *Les sûretés:* la publicité foncière, cit., p. 231; Francine Macorig-Venier. Le pacte commissoire (et les sûretés réelles mobilières), cit., p. 83.

Cap. 3 • PENHOR E AUTONOMIA PRIVADA | **179**

em mora o devedor, o credor se tornaria automaticamente dono da coisa.[76] Ainda no que tange ao momento de transmissão do domínio, as partes podem condicioná-la à realização da avaliação pelo terceiro contratado ou ao pagamento do *superfluum* pelo credor.[77]

Quanto à determinação do valor justo do bem, cumpre mencionar que o modo mais comum para alcançá-lo consiste na avaliação *fundamentada*[78] por terceiro independente, escolhido de comum acordo pelas partes.[79] No entanto, o que importa é que seja definido de maneira objetiva, a salvo da influência das partes contraentes, sob pena de recair na nulidade estabelecida para o pacto comissório. Por isso que, ao tempo das Ordenações Filipinas, já não se admitia que o credor se apropriasse do bem pelo preço previamente estabelecido no contrato ou por valor por ele unilateralmente determinado.[80] Além disso, colhe-se na doutrina estrangeira que também compromete a idoneidade do procedimento a avaliação baseada em critérios injustificados.[81]

De outra parte, em se tratando de bens como ações de companhia aberta e *commodities*, intensamente negociados em mercados organizados, mostra-se válida a estipulação contratual determinando a sua avaliação de acordo

---

[76] Assim, no penhor comum, em que o bem se encontra na posse do credor, é lícito estipular, conjuntamente ao pacto marciano, a *traditio brevi manu*, de modo que, vencida e não paga a dívida, o credor se torna proprietário do bem empenhado. Já nos penhores especiais, para se alcançar esse mesmo resultado, seria possível associar ao pacto marciano a cláusula do *constituto possessório*. Acerca dessas modalidades de tradição ficta, confira-se, por todos, Gustavo Tepedino. Direito das coisas (arts. 1.196 a 1.276). In: Antônio Junqueira de Azevedo (coord.). *Comentários ao Código Civil*, cit., p. 441-446.

[77] No direito francês, v. Francine Macorig-Venier. Le pacte commissoire (et les sûretés réelles mobilières), cit., p. 84.

[78] V., nesse sentido, Isabel Andrade de Matos. *O pacto comissório*: contributo para o estudo do âmbito da sua proibição, cit., p. 154, que se refere a critérios de avaliação objetivos e conformes com os ditames da boa-fé. Ainda de acordo com esta autora, (...) só quando a avaliação é feito 'corretamente' é que acaba por ser indiferente para o devedor que o credor satisfaça o seu direito e se pague mediante a apropriação do objecto dado em penhor". Na mesma direção, na doutrina italiana, v. Fulvio Mastropaolo. I contratti di garanzia, cit., t. II, p. 1.806.

[79] As partes podem, alternativamente, estabelecer no contrato o critério de escolha do perito. V. Cesare Massimo Bianca. Patto commissorio. *Novissimo Digesto Italiano*, cit., p. 718; Ugo Carnevali. Patto commissorio. *Enciclopedia del Diritto*, cit., p. 505.

[80] Livro IV, Título LVI. Cf. Visconde de Ouro Preto. *Crédito móvel pelo penhor e o bilhete de mercadorias*, cit., p. 29.

[81] V. Cesare Massimo Bianca. Patto commissorio. *Novissimo Digesto Italiano*, cit., p. 718.

com a cotação oficial divulgada pela entidade administradora do respectivo mercado.[82] Cuida-se de solução louvável, vez que traduz expediente confiável de precificação, que não impõe às partes os custos usualmente associados à contratação do perito avaliador.[83]

Sublinhe-se, ainda, que a avaliação deve ser realizada contemporânea ao vencimento da dívida.[84] Não obstante as vozes em sentido diverso,[85] esta é a única maneira de assegurar a correspondência entre o valor do bem e o do débito, que, como visto, constitui o fim do pacto marciano. Afinal, realizando-se a avaliação antes do vencimento, as partes estariam expostas à variação do preço do bem, de modo que a equivalência entre os valores da coisa e do débito se tornaria incerta. Daí resulta que tal acordo não constituiria pacto marciano, traduzindo, ao reverso, pacto comissório, nulo nos termos do art. 1.428 do Código Civil.[86]

Como examinado, o dever de restituir a diferença entre o valor estimado do bem empenhado e o montante da dívida, associado à avaliação objetiva do preço justo da coisa posterior ao vencimento da obrigação, singulariza o pacto marciano em relação ao comissório, assegurando que o resultado alcançado por meio da execução do penhor corresponda àquele que o credor teria obtido com o pagamento espontâneo do débito pelo devedor. Por isso

---

[82] Como, por exemplo, a cotação divulgada pela BM&FBOVESPA para as ações negociadas no mercado de bolsa sob sua supervisão.

[83] No direito francês, tal solução encontra-se acolhida no art. 2.348 do Código Civil, que assim estabelece: "Se não estiver disponível a cotação oficial do bem em mercado organizado, no sentido estabelecido no Código Monetário e Financeiro, o valor do bem deve ser determinado no dia da transferência por um perito nomeado pelas partes, mediante acordo, ou pelo juiz. Toda disposição contratual em sentido contrário é considerada não escrita" (tradução livre). V., a propósito, Philippe Simler e Philippe Delebecque. *Droit civil:* les suretes – la publicite fonciere, cit., p. 551; Francine Macorig-Venier. Le pacte commissoire (et les sûretés réelles mobilières), cit., p. 84.

[84] No direito francês, tal regra decorre do disposto no art. 2.348 do Código civil, transcrito acima. No direito italiano, embora não haja regra legal referente à questão, prevalece o mesmo entendimento. V Ugo Carnevali. Patto commissorio. *Enciclopedia del Diritto,* cit., p. 505.

[85] V. Affonso Fraga. *Direitos reaes de garantia,* cit., p. 124, de acordo com o qual: "Pouco importa que a estimação do justo preço seja feita *ex tunc* ou *ex nunc,* pois, em qualquer dos casos, essa convenção, não podendo ser parificada a *lex commissoria* visto o justo preço não ser o da dívida ou o imposto pelo credor, é válida para todos os efeitos de direito". V., ainda nessa direção, José Carlos Moreira Alves. *Da alienação fiduciária em garantia,* cit., p. 107 e 157.

[86] Nesse sentido, na doutrina italiana, Ugo Carnevali. Patto commissorio. *Enciclopedia del Diritto,* cit., p. 505.

que as partes não podem afastar-se de tais pressupostos, sob pena de nulidade do ajuste contratual.

Ressalte-se, por fim, que o *superfluum* é calculado tendo em conta não apenas o valor do capital emprestado e dos juros, mas também de outras verbas devidas ao credor que tenham relação com a obrigação garantida, como, por exemplo, a cláusula penal estipulada no contrato e, na hipótese do penhor comum, as despesas de guarda e conservação da coisa.

3.2 A INDIVIDUAÇÃO DO OBJETO DO PENHOR

Uma vez examinada a possibilidade de os particulares definirem o modo de execução do penhor – expropriação, venda amigável ou apropriação pelo preço justo do bem – cumpre investigar o espaço reservado à autonomia privada no que tange à individuação do objeto da garantia. A questão é de suma importância, pois a definição do objeto em desconformidade com as regras legais pode resultar na constituição de direito atípico, desprovido dos efeitos peculiares ao direito real de penhor, quais sejam, a sequela e a preferência creditória.

Nos termos do art. 1.431 do Código Civil, "constitui-se o penhor pela transferência efetiva da posse que, em garantia do débito ao credor ou a quem o represente, faz o devedor, ou alguém por ele, de uma *coisa móvel, suscetível de alienação*". Além disso, conforme estabelece o art. 1.451, "podem ser objeto de penhor direitos, suscetíveis de cessão, sobre coisas móveis". E de acordo com o art. 1.424, IV, o contrato constitutivo de penhor deve declarar, sob pena de não ter eficácia real, "o bem dado em garantia com as suas especificações". Da análise conjunta desses preceitos infere-se que o objeto do penhor há de ser bem móvel, disponível e individualizado.[87]

Quanto ao primeiro requisito, registre-se que, ao tempo do Código Civil de 1916, prevalecia o entendimento de que o penhor agrícola constituía "forma anormal ou mista entre o penhor comum e a hipoteca", "discrepante

---

[87] De toda parte se ressalta a abrangência do objeto do penhor: "(...) as coisas móveis suscetíveis de alienação podem ser objeto do direito de penhor, sejam corpóreas, como produtos industriais, mercadorias, dinheiro, ou o amoedado ou em barra, coisas fungíveis ou infungíveis, uma universalidade de móveis, etc., seja incorpóreas, como títulos de crédito, nominativos, à ordem ou ao portador, títulos de créditos civis ou comerciais, quirografários, hipotecários, a prazo, ações de sociedades anônimas, patentes de invenção etc. Os títulos ainda não integrados podem se dados em penhor, desde que possam ser negociados" (José Xavier Carvalho de Mendonça. *Tratado de direito comercial*, cit., p. 597 e ss.).

da pureza dos princípios",[88] haja vista incidir sobre bens que, acedendo ao solo, seriam inegavelmente imóveis, como máquinas e instrumentos de agricultura, colheitas pendentes ou em via de formação, e animais empregados no serviço ordinário do estabelecimento agrícola.

Tal posição, que era corroborada pelo comando do art. 44, I, do diploma revogado, segundo o qual seriam bens imóveis, para os efeitos legais, "os direitos reais sobre imóveis, inclusive *o penhor agrícola*", não se justifica mais, tendo em conta a atual conformação do dado normativo vigente. Alterando a dogmática anterior, o Código Civil de 2002 não recepcionou a categoria dos bens imóveis por acessão intelectual, de sorte que não se qualificam como imóveis as máquinas, instrumentos e animais que, não sendo partes integrantes do solo, se destinam ao serviço permanente do estabelecimento agrícola. Constituem, ao revés, bens móveis reputados, em razão do vínculo instrumental mantido com o imóvel rural, *pertenças*.[89]

Além disso, o Código Civil, em seu art. 95, estabelece que "apesar de ainda não separados do bem principal, os frutos e produtos podem ser objeto de negócio jurídico". Significa dizer que, enquanto não separados do solo, colheitas pendentes ou em via de formação integram o imóvel e não existem *de per si*. Não obstante, em atenção à sua eventual e futura existência – iniciada no momento em que são destacadas do bem principal – podem ser, na qualidade de bens móveis, objeto de negócio constitutivo de garantia pignoratícia, conforme autorizado pelo aludido preceito legal.[90] Cuida-se,

---

[88] Clóvis Beviláqua. *Direito das coisas*, cit., p. 91. Nesse sentido, veja-se ainda Washington de Barros Monteiro. *Curso de direito civil:* direito das coisas, cit., v. 3, p. 366-367.

[89] V., sobre o ponto, Francisco Amaral. *Direito civil:* introdução, cit., p. 356. Ainda, Gustavo Tepedino, Heloisa Helena Barboza e Maria Celina Bodin de Moraes *et al. Código Civil interpretado conforme a Constituição da República*, cit., v. 1, p. 177; e Marcelo Junqueira Calixto. Dos bens. In: Gustavo Tepedino. *A parte geral do novo Código Civil:* estudos na perspectiva civil-constitucional, cit., p. 172.

[90] Como ressalta a doutrina: "o artigo abre oportunidade aos chamados 'móveis por antecipação', doutrina já levantada pelos franceses e que vinha sendo aplicada por nossos tribunais, inclusive pelas cortes superiores" (Gustavo Tepedino, Heloisa Helena Barboza e Maria Celina Bodin de Moraes *et al. Código Civil interpretado conforme a Constituição da República*, cit., v. 1, p. 198). De acordo com Francisco Amaral, os móveis por antecipação são "aqueles que, naturalmente imóveis porque ligados à terra, se destinam a ser mobilizados, como, por exemplo, os frutos ainda não colhidos e as árvores destinados a corte" (*Direito civil:* introdução, cit., p. 359).

Cap. 3 • PENHOR E AUTONOMIA PRIVADA | 183

portanto, de negócio sobre coisa futura, cujo efeito – a constituição de direito real de penhor – se realiza (e apenas se realiza) caso aquela venha a existir.[91]

Em definitivo, o penhor traduz garantia real *mobiliária*. A doutrina ressalta o seu amplo alcance, vez que abrangeria qualquer bem móvel, corpóreo ou incorpóreo, singular ou coletivo, fungível ou não. Embora correta em termos gerais, tal afirmativa merece ser examinada tendo em vista as especificidades das diversas modalidades de penhor estabelecidas em lei.

Da exigência de transferência da posse da coisa ao credor (ou a quem o represente), decorre que, no penhor comum, o objeto há de ser necessariamente não fungível. Admite-se, como se sabe, o chamado *penhor irregular*, por meio do qual são entregues ao credor coisas fungíveis. Trata-se, a rigor, de instituto análogo ao penhor que com ele não se confunde, mais se aproximando de negócio de alienação celebrado com escopo de garantia.[92] O objeto passa para a propriedade do credor, o qual, na hipótese de configurar-se o inadimplemento do devedor, fica autorizado a reter tanto quanto necessário à satisfação da dívida, restituindo o (eventual) saldo excedente ao garantidor.[93] Vencida e paga a dívida, compete-lhe então devolver o equivalente em coisas da mesma espécie e quantidade. Assim é que, conforme ressalta a doutrina, "o credor pode, consequentemente, alienar a coisa fungível empenhada; a sua obrigação é entregar coisa do mesmo gênero".[94]

---

[91] O direito real de penhor só se constitui com o ingresso da coisa no patrimônio do garantidor e com o preenchimento de todos os requisitos de constituição. V., nesse sentido, Sebastiano Ciccarello. Pegno (diritto privato). *Enciclopedia del Diritto*. Milano: Giuffrè, 1982, v. 32, p. 686; e, ainda, Enrico Gabrielli. *Il pegno "anomalo"*, cit., p. 176.

[92] Cf., nessa direção, Federico Martorano. Cauzione e pegno irregolare. *Rivista del Diritto Commerciale e del Diritto Generale delle Obbligazioni*, I, 1960, p. 120 e 128; e Fulvio Mastropaolo. I contratti di garanzia, cit., t. II, p. 1.348.

[93] V. novamente Federico Martorano. Cauzione e pegno irregolare, cit., p. 95. Destaca o autor que o penhor irregular não constitui pacto comissório na medida em que (i) os bens transmitidos são fungíveis (dinheiro, títulos de crédito, mercadorias etc.) e, por conseguinte, possuem valor de mercado facilmente determinável, e (ii) o credor assume a obrigação de restituir bens da mesma qualidade e na quantidade equivalente ao valor excedente ao da dívida. Sendo assim, encontra-se assegurada a correspondência entre o valor dos bens subtraídos do patrimônio do devedor e o valor do crédito violado, o que torna inaplicável a *ratio* que determina a proibição do pacto comissório (p. 119-120). V., ainda no mesmo sentido, Ugo Carnevali. Patto commissorio. *Enciclopedia del Diritto*, cit., p. 505; e Fulvio Mastropaolo. I contratti di garanzia, cit., t. II, p. 1.803.

[94] Clóvis Beviláqua. *Código Civil dos Estados Unidos do Brasil comentado*, cit., v. 3, p. 275.

Quanto aos penhores especiais, que prescindem do desapossamento do devedor, a lei estabelece taxativamente as coisas sobre as quais podem recair, de sorte que, em relação às demais, que não figuram nas enumerações legais, admite-se apenas a constituição do penhor comum, exigindo-se, por conseguinte, a transferência da posse.[95] É certo, no entanto, que o efeito excludente dessa técnica legislativa é, em larga medida, mitigado pela extensão do elenco dos bens contemplados por cada um dos penhores especiais, os quais, em conjunto, alcançam praticamente toda a riqueza gerada pelas atividades produtivas.[96]

O segundo requisito do objeto do penhor é o caráter disponível do bem, o qual se justifica pela função desempenhada pelo penhor, vez que, em caso de inadimplemento do devedor, o bem é alienado para satisfazer a dívida.[97]

O terceiro e último requisito consiste na especificação do bem empenhado. Em termos históricos, esta representa "conquista decisiva"[98] do direito moderno contra a disseminação nociva da hipoteca geral, figura herdada do direito romano[99] e resgatada no direito medieval, por meio da qual eram

---

[95] Na lição de Caio Mário da Silva Pereira: "Se pode incidir o penhor tradicional sobre qualquer coisa móvel suscetível de alienação, para os penhores especiais não milita a mesma liberdade. Ao revés, estão eles sujeitos a discriminação objetiva delimitada em função da particularidade da espécie, e em conformidade com a sua regulamentação específica" (*Instituições de direito civil*, cit., v. 4, p. 272).

[96] Veja-se, por exemplo, a significativa extensão do penhor industrial e mercantil, que, nos termos do art. 1.447 do Código Civil, pode ter por objeto: "máquinas, aparelhos, materiais, instrumentos, instalados e em funcionamento, com os acessórios ou sem eles; animais, utilizados na indústria; sal e bens destinados à exploração das salinas; produtos de suinocultura, animais destinados à industrialização de carnes e derivados; matérias-primas e produtos industrializados".

[97] "Destinando-se o penhor a assegurar a solução de uma dívida, é pressuposto seu a circunstância de ser alienável a coisa empenhada, pois do contrário em nada aproveitaria ao credor. Na verdade, o que lhe oferece segurança de pagamento é a excussão da coisa e sua venda, na falta de cumprimento do obrigado. E isto não se obteria se fosse ela indisponível" (Caio Mário da Silva Pereira. *Instituições de direito civil*, cit., v. 4, p. 290).

[98] Jacques Mestre, Emmanuel Putman e Marc Billau. Droit commun des sûretés réelles. In: Jacques Ghestin. *Traité de Droit Civil*, cit., p. 299, tradução livre.

[99] Na lição de Ebert Chamoun, no direito romano, "podia-se constituir uma hipoteca geral sobre todos os bens presentes e futuros do devedor, sobre uma *universitas rerum*, como o rebanho ou todo o patrimônio, caso esse último em que ficavam excluídos todos os objetos mais necessários à vida" (Ebert Chamoun. *Instituições de direito romano*, cit., p. 285).

gravados todos os bens presentes e futuros do devedor.[100] De acordo com o Tito Fulgêncio, os inconvenientes da hipoteca geral eram:

> *a)* não atender suficientemente ao crédito do devedor; *b)* complicar singularmente as ordens e acarretar despesas consideráveis, devido ao concurso sobre os mesmos bens por grande número de credores, *c)* entravar ou complicar a circulação dos bens, o que é contra o interesse geral.[101]

A essas razões relacionadas à condenação da hipoteca geral, costuma-se acrescentar que a especificação, associada à publicidade, visa proteger a coletividade, já que, por meio da individuação do objeto da garantia no ato constitutivo (que é levado ao registro), permite-se que os terceiros com quem o devedor pretenda negociar tenham conhecimento do seu estado financeiro e da parcela do seu patrimônio comprometida com a satisfação de débitos anteriores.[102] Além disso, sendo a garantia real fonte de privilégio, a especificação procura evitar que o devedor e o credor, em conluio, substituam (ou acrescentem) os objetos inicialmente gravados por outros mais valiosos, prejudicando, assim, a posição dos credores quirografários em eventual concurso.[103]

Diante disso, pode-se dizer que, em perspectiva histórica, a imposição da regra legal da especificação revela a aversão da ordem jurídica à constituição de garantias reais que, por terem objeto indefinido, se revelam impróprias

---

[100] Cf. Jacques Mestre, Emmanuel Putman e Marc Billau. Droit commun des sûretés réelles. In: Jacques Ghestin. *Traité de Droit Civil*, cit., p. 299-300. Os autores ressaltam que a regra da especialização foi estabelecida pelo Código Civil francês apenas em relação à hipoteca, tendo a doutrina estendido o seu âmbito de aplicação ao penhor. No direito brasileiro, as hipotecas gerais foram abolidas pela Lei 169-A de 1890, que "estabeleceu a especialização como preliminar da inscrição, esta como condição essencial para que as hipotecas legais, judiciais ou convencionais possam valer contra terceiros" (Affonso Fraga. *Direitos reaes de garantia*, cit., p. 458). Antes dessa lei do período republicano, a Lei 1.237, de 1864, já havia restringido a abrangência das hipotecas gerais, admitindo a falta de especialização do bem apenas nas hipotecas constituídas em favor das mulheres casadas, dos menores e dos interditados. V., sobre o ponto, Lafayette Rodrigues Pereira. *Direito das coisas*, cit., v. 2, p. 49-51.

[101] Tito Fulgêncio. *Direito real de hipoteca*, cit., p. 83.

[102] V. Affonso Fraga. *Direitos reaes de garantia*, cit., p. 95.

[103] V., nesse sentido, Domenico Rubino. La responsabilità patrimoniale – Il pegno. *Trattato di Diritto Civile Italiano sotto la Direzione di Filippo Vassalli*, cit., p. 226. V., ainda, Gino Gorla e Pietro Zanelli. Del pegno, delle ipoteche, cit., p. 60; e Enrico Gabrielli. *Il pegno "anomalo"*, cit., p. 173; e Paolo Piscitello. *Le garanzie bancarie flottanti*. Torino: Giappichelli, 1999, p. 39-53.

à realização dos fins a que se destinam – o acesso do devedor ao crédito e a segurança do credor quanto à satisfação do seu direito – e prejudiciais a terceiros – potenciais adquirentes da coisa e credores quirografários do devedor comum.

No direito civil brasileiro, a especificação, que inicialmente era exigida apenas para a hipoteca, foi estendida ao penhor e à anticrese pelo Código Civil de 1916,[104] que estabeleceu regra única para as três modalidades de garantia:[105]

> Art. 761. Os contratos de penhor, anticrese e hipoteca declararão, sob pena de não valerem contra terceiros:
>
> (...)
>
> IV – A coisa dada em garantia, com as suas especificações.

Assim, o Código Civil de 1916, no que foi seguido pelo Código Civil de 2002,[106] erigiu a especificação em condição de eficácia do negócio pignoratício. A consequência da inobservância desse requisito é atipicidade do direito constituído pelas partes contratantes, que, desse modo, não produz os efeitos associados ao tipo real do penhor, quais sejam, a sequela e a preferência.[107]

A previsão de uma única norma para as três espécies de direito real de garantia, contudo, acaba por favorecer a leitura generalizante da especificação que, tomando por base a hipoteca, não tem em mente as peculiaridades

---

[104] V. Clóvis Beviláqua. *Código Civil dos Estados Unidos do Brasil comentado*, cit., v. 3, p. 264.

[105] O Código Civil de 1916, além do disposto no art. 761, continha regra específica para o penhor no art. 770, *in verbis*: "O instrumento do penhor convencional determinará precisamente o valor do débito e o objeto empenhado, em termos que o discriminem dos seus congêneres. Quando o objeto do penhor for coisa fungível, bastará declarar-lhe a qualidade e quantidade". A parte final do preceito refere-se ao penhor irregular, no qual, como já se mencionou, se verifica a transferência dos bens para o domínio do credor, que, na hipótese de pagamento da dívida, obriga-se a restituir coisas do mesmo gênero. Daí porque basta, nesse caso, a declaração da qualidade e da quantidade dos bens. V. Clóvis Beviláqua. *Código Civil dos Estados Unidos do Brasil comentado*, cit., v. 3, p. 275; João Manuel de Carvalho Santos. *Código Civil brasileiro interpretado, principalmente do ponto de vista prático*, cit., v. 10, p. 122.

[106] De acordo com art. 1.424 do Código Civil: "Os contratos de penhor, anticrese ou hipoteca declararão, sob pena de não terem eficácia: (...) IV – o bem dado em garantia com as suas especificações".

[107] V. Caio Mário da Silva Pereira. *Instituições de direito civil*, cit., v. 4, p. 278-279; e Affonso Fraga. *Direitos reaes de garantia*, cit., p. 230.

do objeto do penhor.[108] Daí a se dizer que, até mesmo nessa garantia, seria necessária a exata identificação no contrato de cada bem empenhado. Assim é que, conforme destacado, "a coisa sobre que deve recair a garantia pignoratícia, seja qual for a sua espécie, deve ser especificada de modo inconfundível, declarando-se minuciosamente a espécie, qualidade, sinais ou marcas distintivas".[109]

A rigor, contudo, tal abordagem se ajusta apenas à hipoteca e à anticrese, modalidades de garantia destinadas a incidir sobre bem individualizado por meio da matrícula inscrita em assentamento público, revelando-se, contudo, inadequada em relação aos penhores especiais e de direitos – cada vez mais utilizados na prática – que recaem sobre bens fungíveis *massificados* ou futuros, por natureza incompatíveis com a sua singularização no ato constitutivo da garantia.[110]

Tendo a especificação a finalidade de assegurar a efetividade da garantia e de proteger devedor e terceiros da criação de privilégio de extensão indeterminada, é de se reconhecer que tal propósito pode ser atendido por técnicas diversas da singularização, mais afinadas com a realidade fática.[111] Nessa direção, tem-se afirmado, na doutrina contemporânea, que satisfaz o requisito da especificação – e, por conseguinte, atende a tipicidade do penhor – o objeto *determinável* a partir de critérios ou procedimentos estabelecidos no contrato constitutivo. A esse respeito já se observou na doutrina italiana que:[112]

> A reconstrução dogmática do sistema conduz a considerar suficientemente identificado o objeto da garantia – e por conseguinte do contrato – na medida em que, com base nas normas e nas técnicas de interpretação do contrato – e tendo em conta a valoração da concreta operação econômica realizada – esteja determinado mediante a indicação no regulamento das modalidades para a sua individuação.

---

[108] Na mesma direção, na doutrina italiana, advertindo acerca do perigo da leitura da especificação do penhor à luz da hipoteca, Davide Messinetti. Le strutture formali della garanzia mobiliare. *Revista Critica del Diritto Privato*, n. 1, mar. 1991, p. 790-793; e Paolo Piscitello. *Le garanzie bancarie flottanti*, cit., p. 38 e nota 10.

[109] Affonso Fraga. *Direitos reaes de garantia*, cit., p. 230.

[110] Em relação aos bens fungíveis, Clóvis Beviláqua salienta que "não têm existência individual, existem como representativas do gênero, a que pertencem" (*Código Civil dos Estados Unidos do Brasil comentado*, cit., v. 3, p. 275).

[111] Como adverte Darcy Bessone: "A individuação variará conforme as particularidades da coisa dada em garantia (móvel, semovente, imóvel, coisa incorpórea)" (*Direitos reais*, cit., p. 315). V., na doutrina italiana, Paolo Piscitello. *Le garanzie bancarie flottanti*, cit., p. 52.

[112] Enrico Gabrielli. *Il pegno "anomalo"*, cit., p. 173, tradução livre.

Opera-se, desse modo, a *funcionalização* do princípio da especialização, que, não se confundindo mais com a mera identificação da coisa, passa a significar, mais precisamente, a suficiente individuação do bem jurídico para a realização dos fins do penhor.[113] Tal evolução vem sendo enaltecida pela doutrina no direito pátrio:[114]

> Para que o penhor cumpra sua função, a autonomia privada vem desenvolvendo diversos expedientes aptos a tornar concreta e executável a garantia prestada, permitindo-se, com isso, a delimitação do seu objeto e, em consequência, a satisfação do crédito garantido.

Daí a se reconhecer à autonomia privada significativo espaço de atuação no desenvolvimento de técnicas contratuais destinadas a compatibilizar os fins almejados por meio do penhor com a natureza específica dos bens empenhados.[115] Na experiência brasileira, tal evolução do princípio da especificação pode ser ilustrada por três hipóteses, a seguir examinadas: (i) o penhor pecuário rotativo; (ii) o penhor mercantil e industrial sobre universalidades; e (iii) o penhor de créditos futuros.

3.2.1 O penhor pecuário rotativo

O penhor pecuário é espécie de penhor rural que tem por objeto animais da atividade pastoril, agrícola ou de laticínios.[116] Introduzido no ordenamento pátrio pelo art. 1º do Decreto 2.687, de 1875,[117] encontra-se atualmente disciplinado nos arts. 1.444 a 1.446 do Código Civil.

---

[113] V. Enrico Gabrielli. Diritti reali: Il pegno. In: Rodolfo Sacco (org.). *Trattato di Diritto Civile*, cit., p. 133-136.

[114] Gustavo Tepedino e Anderson Schreiber. Caução de créditos no direito brasileiro: possibilidades do penhor sobre direitos creditórios. In: Gustavo Tepedino. *Soluções práticas de direito*: pareceres – novas fronteiras do direito civil. São Paulo: Revista dos Tribunais, 2012, v. 1, p. 450.

[115] Na doutrina italiana, aduz Enrico Gabrielli que "i privati possono pertanto disciplinare i loro interessi anche in ordine ad operazioni future o meramente eventuali, superando la necessaria attualità del dato fenomenico attraverso la configurazione del suo modello o delle sue note caratterizzanti" (Enrico Gabrielli. *Il pegno "anomalo"*, cit., p. 180).

[116] Art. 1.444 do Código Civil: "Podem ser objeto de penhor os animais que integram a atividade pastoril, agrícola ou de lacticínios".

[117] Posteriormente disciplinado pelos Decretos 3.272, de 1885 (art. 10), 9.549, de 1886 (arts. 106 a 118), 370/1890 (arts. 362 a 374), pelo Código Civil de 1916 (arts. 784 a 788); Lei 492/1937 (arts. 10 a 13). A distinção entre o penhor agrícola e o pecuário

Nessa modalidade de penhor, as coisas empenhadas permanecem na posse do devedor, que as deve guardar e conservar.[118] Delas não pode dispor sem prévio consentimento, por escrito, do credor.[119] Tal restrição se justifica pelo receio de o devedor esvaziar a garantia prestada, vendendo todo o gado sem satisfazer o credor pignoratício.[120] Por isso, quando houver provas de que o devedor pretenda alienar o gado, o credor pode exigir o pagamento imediato da dívida ou requerer que se depositem os animais sob a guarda de terceiro.[121]

Anuindo o credor, exclui-se o animal alienado do vínculo pignoratício, o qual subsiste em relação ao rebanho remanescente. Se todos forem vendidos, extingue-se a garantia por falta de objeto.[122] Assim é que, de ordinário, o credor condiciona o seu consentimento a que os recursos obtidos com o negócio sejam direcionados ao pagamento do seu crédito.[123] A doutrina adverte que, sem a autorização do credor, tampouco se admite que os animais empenhados sejam retirados do estabelecimento onde se encontram, pois de outro modo o devedor poderia facilmente fraudar a garantia, levando os animais a local desconhecido do credor.[124]

---

foi introduzida pelo Código Civil de 1916. V., sobre o ponto, Clóvis Beviláqua. *Código Civil dos Estados Unidos do Brasil comentado*, cit., v. 3, p. 286.

[118] V. art. 1.431, parágrafo único. Sublinhe-se, a propósito, que, nos termos do art. 1.441, "tem o credor direito a verificar o estado das coisas empenhadas, inspecionando-as onde se acharem, por si ou por pessoa que credenciar".

[119] Art. 1.445 do Código Civil: "O devedor não poderá alienar os animais empenhados sem prévio consentimento, por escrito, do credor".

[120] V. Aldemiro Rezende Dantas Júnior. Direito das coisas (arts. 1.390 a 1.510). In: Arruda Alvim e Thereza Alvim. *Comentários ao Código Civil brasileiro*. Rio de Janeiro: Forense, 2004, p. 288. O que não significa que o credor não tenha o direito de perseguir os bens nas mãos de terceiro, por força da sequela inerente à eficácia real do penhor. No entanto, atento às dificuldades práticas para a localização dos animais, o legislador condicionou a venda ao prévio consentimento do credor. Cf., sobre o ponto, Francisco Cavalcanti Pontes de Miranda. *Tratado de direito privado*, cit., t. XXI, p. 103 e, ainda, p. 146, com os comentários, em sentido semelhante, acercado penhor mercantil.

[121] Art. 1.445, parágrafo único, do Código Civil: "Quando o devedor pretende alienar o gado empenhado ou, por negligência, ameace prejudicar o credor, poderá este requerer se depositem os animais sob a guarda de terceiro, ou exigir que se lhe pague a dívida de imediato".

[122] V. Affonso Fraga. *Direitos reaes de garantia*, cit., p. 202-203.

[123] Cf., nesse sentido, Clóvis Beviláqua. *Código Civil dos Estados Unidos do Brasil comentado*, cit., v. 3, p. 287.

[124] Esse era o entendimento que prevalecia à luz do disposto no art. 785 do Código anterior, de teor idêntico ao do art. 1.445 do Código vigente. V. João Manuel de

Outro traço característico do penhor pecuário é a substituição, prevista no art. 1.446 do Código Civil, dos animais mortos ou extraviados por outros de propriedade do garantidor. Dessa maneira, evita-se o decréscimo do número de bens empenhados e, por conseguinte, o desfalque da garantia prestada.[125] Para surtir efeitos perante terceiros, a troca deve ser declarada em aditivo contratual, a ser levado ao registro competente, identificando-se nesse instrumento os animais incluídos no objeto do penhor.[126]

Como se vê, considerando a natureza fungível e perecível dos bens empenhados, admite o legislador a sua reposição à medida que forem se perdendo. Desse modo, configurado o inadimplemento do devedor, a excussão recai sobre animais então existentes, e não necessariamente sobre aqueles identificados ao tempo da constituição da garantia. O que significa que o objeto não se define estaticamente, apresentando, ao reverso, feição dinâmica, relacionada à rotação das coisas empenhadas.

Justifica-se usualmente esse traço do penhor pecuário sustentando que o seu objeto constitui universalidade de fato, isto é, o rebanho, a manada ou a tropa.[127] Tal construção, contudo, não se coaduna com a figura em apreço,

---

Carvalho Santos. *Código Civil brasileiro interpretado, principalmente do ponto de vista prático*, cit., v. 10, p. 182.

[125] Art. 1.446 do Código Civil: "Os animais da mesma espécie, comprados para substituir os mortos, ficam sub-rogados no penhor". Embora o dispositivo mencione apenas os animais mortos, tem-se admitido a sub-rogação também em relação aos extraviados, uma vez que corresponde a outra hipótese de perecimento da coisa. V. João Manuel de Carvalho Santos. *Código Civil brasileiro interpretado, principalmente do ponto de vista prático*, cit., v. 10, p. 186; Affonso Fraga. *Direitos reaes de garantia*, cit., p. 201.

[126] "Art. 1.446. (...) Parágrafo único. Presume-se a substituição prevista neste artigo, mas não terá eficácia contra terceiros, se não constar de menção adicional ao respectivo contrato, a qual deverá ser averbada". Como esclarece Carvalho Santos: "(...) se a lei exige a menção no contrato, é por entender que, com relação a terceiros, é preciso tornar notório que o que depois foi agregado à *grex* faz parte do todo penhorado" (*Código Civil brasileiro interpretado, principalmente do ponto de vista prático*, cit., v. 10, p. 187, grifos no original). V., ainda, Aldemiro Rezende Dantas Júnior. Direito das coisas (arts. 1.390 a 1.510). In: Arruda Alvim e Thereza Alvim. *Comentários ao Código Civil brasileiro*, cit., p. 303-304.

[127] "O penhor pecuário, tendo por objeto um todo coletivo (*universitas rerum*), se distingue de toda e qualquer garantia pignoratícia que recaia sobre coisa singular pela singularidade da sua índole metaléptica. Com efeito, a eficácia das garantais singulares se estende aos frutos e acessões do bem apenhado, mas nunca à coisa que, como sub-rogado, venha substituir a do contrato no caso de venda, perda ou destruição. O penhor pecuário, ao contrário, não só envolve os frutos, mas os animais que forem continuamente adquiridos para substituir os mortos ou destraviados, ainda que, por

Cap. 3 • PENHOR E AUTONOMIA PRIVADA | **191**

já que os animais são considerados *de per si*, sendo singularizados nos instrumentos contratuais levados ao registro.[128] Ademais, na medida em que os animais não podem ser alienados sem autorização do credor, não se opera o traço característico da universalidade, qual seja, a autonomia dos elementos em relação à coletividade, que se traduz, precisamente, na possibilidade de serem objeto de relações jurídicas próprias, independentemente do destino da coletividade.[129] No direito vigente, tal requisito de qualificação das universidades encontra-se estabelecido no parágrafo único do art. 90 do Código Civil.[130]

Sendo assim, mostra-se mais correto qualificar o penhor pecuário como direito incidente sobre pluralidade de coisas que podem ser substituídas por outras da mesma natureza, por meio da técnica da *sub-rogação real*,[131] a que alude, textualmente, o art. 1.446 do Código Civil. Entendida

---

tal modo, o todo se venha a renovar completamente" (Affonso Fraga. *Direitos reaes de garantia*, cit., p. 201).

[128] Nesse particular, o art. 10, parágrafo único, da Lei 492/1937 determinava, sob pena de nulidade, a designação dos "animais com, a maior precisão, indicando o lugar onde se encontrem e o destino que têm, *mencionando de cada um* a espécie, denominação comum ou científica, raça, grau de mestiçagem, marca, sinal, nome, se tiver todos os característicos por que se identifique".

[129] V., a propósito, Inocêncio Galvão Teles. *Das universalidades*, cit., p. 97-99; e, na doutrina pátria, Milena Donato Oliva. *Patrimônio separado*: herança, massa falida, securitização de créditos imobiliários, incorporação imobiliária, fundo de investimento imobiliário e *trust*, cit., p. 121 e ss.

[130] Art. 90 do Código Civil: "Constitui universalidade de fato a pluralidade de bens singulares que, pertinentes à mesma pessoa, tenham destinação unitária. Parágrafo único. Os bens que formam essa universalidade podem ser objeto de relações jurídicas próprias".

[131] Emprega-se a expressão sub-rogação real em duas acepções distintas. Em sentido restrito, significa a mutação objetiva da relação jurídica, a qual mantém inalterada a sua estrutura e função. Em sentido amplo, refere-se às hipóteses em que a mudança de objeto é de tal ordem que não se mostra possível a conservação da relação jurídica preexistente, surgindo, portanto, uma nova relação jurídica para desempenhar a mesma função daquela. V. Francesco Santoro-Passarelli. *Dottrine generali del diritto civile*. Napoli: Eugenio Jovene, 1983, p. 98-99. Ressalte-se que essa acepção ampla é objeto de grande controvérsia, sendo objetada por diversos autores, uma vez que parece contrariar a própria essência da sub-rogação real, que é a continuidade da relação jurídica. Cf. Andrea Magazzù. Surrogazione reale, cit., p. 1.503 e ss. Neste trabalho, emprega-se o termo em seu sentido restrito, o qual parece corresponder ao uso disseminado na doutrina pátria. De acordo com Francisco Amaral: "Sub-rogar significa substituir o bem objeto da relação jurídica por outro, no caso, pelo seu valor, permanecendo o mesmo regime jurídico da coisa sub-rogada" (*Direito civil*: introdução, cit., p. 366).

tradicionalmente como espécie de ficção jurídica,[132] a sub-rogação real é hoje concebida como mutação objetiva da situação jurídica subjetiva, por meio da qual se substitui a coisa contida em seu objeto, com vistas à preservação da função desempenhada por aquela situação.[133] Diferencia-se da novação, uma vez que não acarreta a extinção da situação subjetiva e o surgimento de outra.[134]

Cumpre sublinhar que a sub-rogação não modifica o objeto da situação subjetiva nem altera o regulamento de interesses subjacente à relação jurídica.[135] Produz, mais precisamente, a substituição da coisa contida no objeto por outra de igualmente apta a satisfazer o interesse humano, em relação ao qual é qualificada a situação jurídica subjetiva preexistente.[136] A sub-rogação pressupõe, portanto, a fungibilidade da coisa objeto da relação jurídica, tendo em conta a utilidade que o titular dela espera obter.[137]

Na hipótese do penhor pecuário, o credor considera o valor dos animais, uma vez que o seu interesse se volta à possibilidade de aliená-los, em caso de inadimplemento do devedor. Daí porque a reposição dos animais mortos por outros igualmente idôneos a satisfazer o interesse do credor não descaracteriza o direito pignoratício, operando, ao revés, a mutação objetiva da relação jurídica.[138]

---

[132] V., nesse sentido, Francesco Santoro-Passarelli. *La surrogazione reale*. Roma: Attilio Sampaolesi, 1926, p. 34.

[133] V. Andrea Magazzù. Surrogazione reale, cit., p. 1.503-1.504; Lucio Valério Moscarini. Surrogazione reale. *Novissimo Digesto Italiano*. Torino: UTET, 1971, t. XVIII, p. 969; Véronique Ranouil. *La subrogation réelle en droit civil français*, cit., p. 25.

[134] Cf. Andrea Magazzù. Surrogazione reale, cit., p. 1.503; Véronique Ranouil. *La subrogation réelle en droit civil français*, cit., p. 148 e também 155-156.

[135] V. novamente Andrea Magazzù. Surrogazione reale, cit., p. 1.504.

[136] Acerca da distinção entre coisa, entendida como substrato material pertencente à realidade pré-jurídica, e bem, em sentido jurídico, confira-se a lição de Gustavo Tepedino: "(...) os bens da vida – *lebensgüter* –, quando submetidos à tutela jurídica, originando os bens jurídicos – *rechtsgüter* –, tornam-se ponto de referência objetivo de determinado interesse humano, em relação ao qual corresponde uma situação subjetiva atribuída ao titular para assegurá-los. (...) Não se pode confundir, portanto, a coisa, como *suporte físico de incidência do direito*, elemento material, com a coisa objeto do domínio, assim qualificada pelo ordenamento em face de um interesse por este tutelado" (*Multipropriedade imobiliária*, cit., p. 92, grifos no original).

[137] V., nesse sentido, Andrea Magazzù. Surrogazione reale, cit., p. 1.503-1.504.

[138] V., assim, Enrico Gabrielli. *Sulle garanzie rotative*, cit., p. 120; e Melissa Magnano. L'autonomia privata e le garanzie reali: il tentativo di un superamento del principio di tipicità. *La Nuova Giurisprudenza Civile Commentata*, II, 2002, p. 582.

Da qualificação da substituição dos animais como hipótese de sub-rogação real extraem-se importantes consequências. A primeira é que não há novação e tampouco extinção do penhor preexistente mediante a criação de outro. Verifica-se, ao contrário, a continuidade do penhor inicialmente constituído, não obstante as sucessivas reposições que o garantidor tenha de fazer. Cuida-se, portanto, de figura à qual se pode dar o nome de *penhor rotativo*.[139]

Tal aspecto é crucial, haja vista a relevância do momento de constituição da garantia real para a fixação no tempo da preferência do credor pignoratício. Em particular, vindo o devedor a falir, o penhor pode se revelar ineficaz perante a massa falida caso tenha sido constituído dentro do termo legal, como se depreende do disposto no art. 129, III, da Lei 11.101/2005, *in verbis*:

> Art. 129. São ineficazes em relação à massa falida, tenha ou não o contratante conhecimento do estado de crise econômico-financeira do devedor, seja ou não intenção deste fraudar credores:
>
> (...)
>
> III – a constituição de direito real de garantia, inclusive a retenção, dentro do termo legal, tratando-se de dívida contraída anteriormente, (...).

De mais a mais, sendo concedida ao tempo em que o devedor já era insolvente, a garantia real reputa-se fraudulenta, de acordo com o art. 163 do Código Civil.[140] Assim, quanto mais a sua constituição se aproximar da declaração de insolvência do devedor, maior o risco de sua impugnação, o que evidencia a importância de se interpretar o penhor pecuário como operação negocial unitária, não obstante as reposições que o devedor tenha realizado.[141]

---

[139] Cuida-se da denominação consagrada no direito italiano para designar "(...) aquela espécie de garantia que admite a substituição e a mutabilidade no tempo do objeto do vínculo jurídico sem acarretar, a cada mutação, a renovação do cumprimento das condições exigidas para a constituição da garantia ou para o surgimento do direito de preferência, e sobretudo sem que tal mutação dê origem à revogação, ordinária ou falimentar, da operação econômica em questão" (Enrico Gabrielli. Diritti reali: Il pegno. In: Rodolfo Sacco (org.). *Trattato di Diritto Civile*, cit., p. 224, tradução livre). V., ainda, na doutrina italiana, Paolo Piscitello. *Le garanzie bancarie flottanti*, cit., p. 33 e ss.; e Matteo Rescigno. Le garanzie "rotative" convenzionale: fattispecie e problemi di disciplina. *Banca, Borsa e Titoli di Credito*, Parte I, 2001, p. 1-4.

[140] Art. 163 do Código Civil: "Presumem-se fraudatórias dos direitos dos outros credores as garantias de dívidas que o devedor insolvente tiver dado a algum credor".

[141] V., nesse mesmo sentido, no direito italiano, Enrico Gabrielli. *Sulle garanzie rotative*, cit., p. 121; Melissa Magnano. L'autonomia privata e le garanzie reali: il tentativo di un

A segunda consequência é que a reposição dos animais deve conduzir à conservação da garantia. Não se admite o seu desfalque, já que isso não atenderia ao interesse do credor, nem o seu acréscimo em prejuízo dos credores quirografários.[142] Via de regra, como prevê o art. 1.446 do Código Civil, a substituição se dá por meio da aquisição de animais da mesma espécie e quantidade que aqueles falecidos.

3.2.2 O penhor industrial e mercantil sobre universalidades

Nos termos do art. 1.447 do Código Civil, o penhor industrial e mercantil é aquele que tem por objeto:

> máquinas, aparelhos, materiais, instrumentos, instalados e em funcionamento, com os acessórios ou sem eles; animais, utilizados na indústria; sal e bens destinados à exploração das salinas; produtos de suinocultura, animais destinados à industrialização de carnes e derivados; matérias-primas e produtos industrializados.

Corresponde tal modalidade à consolidação de duas figuras que, antes da codificação, eram tratadas separadamente na legislação: o penhor mercantil, regido pelos arts. 271 a 279 do Código Comercial, e o industrial, criado pelo Decreto-lei 1.271/1939.[143]

Cuidando-se de bens dos quais o empresário necessita para o desempenho de sua atividade, a constituição do penhor não os retira da posse do

---

superamento del principio di tipicità, cit., p. 588-589; Matteo Rescigno. Le garanzie "rotative" convenzionale: fattispecie e problemi di disciplina, cit., p. 25-28.

[142] A mesma orientação prevalece no direito italiano em relação ao penhor rotativo. Cf. Enrico Gabrielli. *Sulle garanzie rotative*, cit., p. 132; Melissa Magnano. L'autonomia privata e le garanzie reali: il tentativo di un superamento del principio di tipicità, cit., p. 586; Matteo Rescigno. Le garanzie "rotative" convenzionale: fattispecie e problemi di disciplina, cit., p. 10-16.

[143] Inicialmente, nos termos do referido diploma legislativo, o penhor industrial incidia sobre máquinas e aparelhos utilizados na indústria. Posteriormente, ampliou-se a outros bens empregados na indústria nacional, como os produtos da suinocultura, banha, carnes de porco salgadas, congeladas, fiambres, presuntos e outros derivados (Decreto-lei 1.697/1939); o sal e as coisas destinadas à exploração de salinas (Decreto-lei 3.169/1941); animais e materiais utilizados na industrialização de carnes (Decreto-lei 4.312/1942). V., sobre a evolução do penhor industrial, Francisco Cavalcanti Pontes de Miranda. *Tratado de direito privado*, cit., t. XXI, p. 123-127.

devedor.[144] No entanto, os efeitos do vínculo pignoratício variam consideravelmente conforme os bens empenhados sejam máquinas e instrumentos utilizados permanentemente na empresa do devedor ou matérias-primas e mercadorias destinadas a serem transformadas ou comercializadas em curto prazo.[145]

Quanto ao primeiro grupo, aplica-se o disposto no art. 1.449 do Código Civil, segundo o qual não pode o devedor, "sem o consentimento por escrito do credor, alterar as coisas empenhadas ou mudar-lhes a situação, nem delas dispor".[146] De modo semelhante ao que se observa no penhor pecuário, tal regra protege a efetividade da garantia real contra o devedor que vende ou move as coisas empenhadas para local desconhecido do credor, frustrando a execução, em caso de inadimplemento. No entanto, considerando a necessidade ou a conveniência de o devedor renovar as ferramentas e os aparelhos utilizados no seu estabelecimento antes do vencimento da dívida, o mencionado dispositivo estabelece que "o devedor que, anuindo o credor, alienar as coisas empenhadas, deverá repor outros bens da mesma natureza, que ficarão sub-rogados no penhor".[147]

Admite-se, desta feita, a celebração de acordo por meio do qual se ajusta a substituição dos bens gravados pelo penhor por outros da mesma natureza, quando o devedor houver de vendê-los. Os efeitos desse pacto se assemelham

---

[144] Art. 1.431, parágrafo único, do Código Civil.

[145] Mostra-se pertinente a distinção elaborada pelas normas contábeis entre o *ativo imobilizado* e o *ativo circulante* das sociedades. De acordo com o Pronunciamento Técnico 27 do Comitê de Pronunciamentos Contábeis, *ativo imobilizado* é o "item tangível que: (a) é mantido para uso na produção ou fornecimento de mercadorias ou serviços, para aluguel a outros, ou para fins administrativos; e (b) se espera utilizar por mais de um período". A seu turno, o ativo circulante vem definido no art. 179, I, da Lei 6.404/1976, como compreendendo "as disponibilidades, os direitos realizáveis no curso do exercício social subsequente".

[146] Assim já estabelecia o art. 3º do Decreto-lei 1.271, aplicável ao penhor industrial constituído sobre máquinas e aparelhos utilizados na indústria, instalados e em funcionamento: "O devedor, que continuará na posse e utilização das causas empenhadas, é equiparado ao depositário, para todos os efeitos legais, e não poderá delas dispor, alterá-las ou mudar-lhes a situação, ainda que no mesmo estabelecimento onde se acharem, sem consentimento por escrito do credor".

[147] Tal regra é inspirada na Lei 1.697/1939, que disciplinava o penhor sobre produtos da suinocultura, banha, carnes de porco salgadas, congeladas, fiambres, presuntos e outros derivados. Nos termos do art. 2º do referido diploma: "o devedor não poderá vender os produtos empenhados, salvo se, com o consentimento escrito do credor, repuser, no lugar deles, outros produtos da mesma natureza, que ficarão sub-rogados no penhor".

196 PENHOR E AUTONOMIA PRIVADA • Pablo Renteria

àqueles examinados por ocasião do estudo do penhor pecuário,[148] já que se baseiam igualmente na técnica da sub-rogação. Sendo assim, é de se concluir que a rotação das coisas empenhadas não constitui novação, traduzindo, ao revés, mera mutação objetiva do direito pignoratício preexistente, que continua eficaz. Além disso, a substituição deve ser realizada de modo a respeitar o valor da garantia, o que, de acordo com a regra do Código Civil, é alcançado por meio da reposição no vínculo pignoratício de coisas da mesma natureza e quantidade daquelas que foram alienadas. Caso as partes decidam sujeitar ao penhor coisas mais valiosas do que as anteriores, desvirtua-se a sub-rogação real, operando-se, ao revés, verdadeira novação, da qual resultará novo direito de preferência para o credor.

Sublinhe-se, ainda, que, a despeito da ausência de regra específica, incumbe às partes a celebração de aditivo contratual, a ser posteriormente averbado no registro competente, com a identificação das coisas ingressas no vínculo pignoratício, de modo a conferir publicidade ao direito real que incide sobre elas.[149] Segue-se, desse modo, a mesma regra estabelecida para o penhor pecuário, mantendo-se, assim, a coerência do sistema.

De outra parte, recaindo sobre matérias-primas ou mercadorias do devedor, o penhor industrial e mercantil se submete a regramento jurídico diverso, que leva em conta a natureza peculiar do objeto. Com efeito, sendo destinados à alienação ou à transformação industrial, tais bens reputam-se consumíveis, nos termos do art. 86 do Código Civil.[150]

---

[148] Prevalece na doutrina o entendimento de que o funcionamento do penhor industrial se assemelha ao do pecuário, V., nesse sentido, Francisco Cavalcanti Pontes de Miranda. *Tratado de direito privado*, cit., t. XXI, p. 135; p. 330; Aldemiro Rezende Dantas Júnior. Direito das coisas (arts. 1.390 a 1.510). In: Arruda Alvim e Thereza Alvim. *Comentários ao Código Civil brasileiro*, cit., p. 288; e Gladston Mamede. Direito das coisas: penhor, hipoteca, anticrese (artigos 1.419 a 1.510). In: Álvaro Villaça Azevedo (coord.). *Código Civil comentado*, cit., p. 116.

[149] V., nesse sentido, Aldemiro Rezende Dantas Júnior. Direito das coisas (arts. 1.390 a 1.510). In: Arruda Alvim e Thereza Alvim. *Comentários ao Código Civil brasileiro*, cit., p. 334. O autor ressalva, contudo, que a celebração do aditivo não seria necessária "no caso de haver total coincidência entre os bens alienados e os que foram repostos em seu lugar. Assim, por exemplo, se o bem empenhado, e que foi alienado pelo devedor, consistia em uma certa quantidade de matéria-prima (...)" (p. 334). Como se verá adiante, o tratamento diferenciado quanto às matérias primas se justifica no caráter coletivo do penhor que nelas incide.

[150] De acordo com o art. 86 do Código Civil, "são consumíveis os bens móveis cujo uso importa destruição imediata da própria substância, sendo também considerados tais os destinados à alienação".

Mais do que isso, tais bens se inserem no giro da atividade do devedor, que deles deve dispor para dar continuidade à sua empresa e, assim, obter recursos para si e para o pagamento do credor. Daí porque não se concebe a imposição ao devedor do dever de guarda estabelecido no art. 1.431, parágrafo único, do Código Civil. Tampouco se mostra aplicável à hipótese a regra do art. 1.449 que submete à prévia autorização do credor a alteração e a alienação dos bens apenhados. A propósito, ao enfrentar caso em que se discutia a eficácia do penhor mercantil, o Superior Tribunal de Justiça ressaltou que:[151]

> Isso decorre da própria essência das coisas, pois o comerciante ou o produtor rural que têm os bens dados em garantia para a venda não podem ficar privados da sua atividade negocial, indispensável à sua sobrevivência econômica. Por isso, não se pode dizer que tenham sido infiéis à garantia ao tê-los alienado.

Diante disso, a solução elaborada pelos tribunais para viabilizar o penhor sobre os estoques das empresas, compondo o interesse do devedor – ao máximo aproveitamento do seu patrimônio para fins de acesso ao crédito – com aquele do credor – à obtenção de efetiva garantia do seu direito – consistiu em admitir a incidência da garantia sobre bens da mesma natureza e quantidade que os indicados no contrato constitutivo, que estejam em poder do devedor ao tempo da execução. Nesse sentido, no mesmo julgado acima aludido, o Superior Tribunal de Justiça asseverou que:

> Se os bens fungíveis e comerciáveis já não existem ao tempo do vencimento e da execução do débito, a garantia pode se estender sobre outros bens da mesma natureza e qualidade. (...) é preciso reconhecer que a venda permitida não pode prejudicar o credor, que continua com a garantia sobre outros bens da mesma natureza. Do contrário, o ato do devedor, alienando os bens, seria causa de sua exoneração, em prejuízo do credor.

---

[151] STJ, REsp 230.997/SP, 4ª T., Rel. Min. Ruy Rosado de Aguiar Junior, j. 23.11.1999, *DJ* 17.12.1999, trecho do voto proferido pelo relator.

A jurisprudência do Superior Tribunal de Justiça é pacífica nessa direção, podendo-se consultar, entre outros, o seguinte julgado:[152]

> Penhor mercantil garantido por bens fungíveis e consumíveis. O desaparecimento de tais bens não descaracteriza a garantia real, admitindo-se a substituição por outros da mesma natureza e, consequentemente, o prosseguimento da execução, mesmo estando a devedora em regime de concordata.

É de se notar que o interesse do credor, que qualifica o objeto da relação jurídica, não se prende às coisas individualizadas no contrato constitutivo da garantia, mas, antes, ao conjunto de bens definidos pela qualidade e a quantidade.[153] Desse modo, preserva-se o funcionamento da atividade do devedor, que permanece livre para dispor de seus estoques de produtos e matérias-primas, ao mesmo tempo em que se assegura a efetividade da garantia real do credor, admitindo-se, na hipótese de configurar-se o inadimplemento do devedor, a incidência da execução sobre quaisquer bens da mesma natureza que estejam em poder do devedor. Cuida-se, portanto, de expediente ao mesmo tempo seguro e flexível, que se amolda plenamente ao ciclo produtivo da empresa.

Dadas essas características, chega-se à constatação de que, a rigor, o penhor industrial e mercantil sobre coisas fungíveis constitui penhor sobre *universalidade de fato*, uma vez que se encontram presentes todos os elementos de qualificação desse bem jurídico, estabelecidos no já invocado art. 90 do Código Civil. São eles (i) a pluralidade de bens concebidos unitariamente, (ii) pertencentes ao mesmo titular, e (iii) com a já mencionada autonomia jurídica em relação à coletividade.[154]

---

[152] REsp 199.671/SP, 4ª T., Rel. Min. Luis Felipe Salomão, j. 21.08.2008, *DJ* 01.09.2008. V., ainda, REsp 169.963/SP, 4ª T., Rel. Min. Ruy Rosado de Aguiar Junior, j. 25.06.1998, *DJ* 09.11.1998; AgRg no Ag 199.761/SP, 3ª T., Rel. Min. Waldemar Zveiter, j. 08.06.1999, *DJ* 02.08.1999.

[153] Embora não seja mencionado em nenhuma das decisões judiciais aqui aludidas, o art. 44 do Decreto-lei 413/1969, que trata do penhor cedular industrial, estabelece textualmente mecanismo semelhante ao consagrado pelo STJ: "Quando, do penhor cedular fizer parte matéria-prima, o emitente se obriga a manter em estoque, na vigência da cédula, uma quantidade desses mesmos bens ou dos produtos resultantes de sua transformação suficiente para a cobertura do saldo devedor por ela garantido".

[154] De acordo com Milena Donato Oliva, "(...) no ordenamento pátrio a universalidade, seja de fato ou de direito, forma ente distinto de seus elementos, os quais podem ser objeto de relação jurídica própria, diversa daquela que incide sobre a universalidade em si considerada. Em linhas gerais, a universalidade de fato constitui o agregado

Com efeito, nessa modalidade de penhor, os bens pertencem à mesma pessoa – o devedor garantidor – e se destinam ao mesmo fim, que é a garantia do crédito pignoratício. Além disso, na medida em que se reconhece ao devedor o poder para dispor das coisas empenhadas, caracteriza-se a aludida autonomia. Sublinhe-se, ainda, que se a garantia permanece inalterada a despeito da livre circulação das coisas empenhadas é porque o seu objeto consiste, precisamente, no todo unitário (universalidade) composto por determinada quantidade de bens da mesma qualidade.[155]

Sendo este o seu objeto, verifica-se que a segurança (a utilidade) proporcionada pelo penhor ao credor supõe que o devedor mantenha permanentemente em seu estabelecimento a quantidade e a qualidade de bens convencionada. Conserva-se, assim, o valor da garantia e, por conseguinte, a sua aptidão a satisfazer o interesse do credor. Daí resulta que, na hipótese de o estoque reduzir-se a ponto de não ser suficiente para a satisfação do débito, o valor do bem (a universalidade) sofre depreciação, desfalcando a garantia. Assiste, portanto, ao credor a faculdade de intimar o devedor para que, nos termos do art. 1.425, I, do Código Civil, restabeleça a quantidade inicialmente determinada, sob pena do vencimento antecipado da dívida.[156]

---

de bens que, em virtude do ato volitivo do seu titular, tenham destinação unitária" (Milena Donato Oliva. *Patrimônio separado:* herança, massa falida, securitização de créditos imobiliários, incorporação imobiliária, fundos de investimento imobiliário, *trust,* cit., p. 139-140). Cf., na doutrina portuguesa, Inocêncio Galvão Teles. *Das universalidades,* cit., p. 97-132.

[155] Nesse particular, o direito brasileiro se aproxima do direito francês, no qual a técnica da universalidade foi adotada pelo legislador, na reforma ocorrida em 2006, para viabilizar o penhor especial (sem desapossamento) sobre bens fungíveis, notadamente sobre os estoques das empresas. Nesse sentido, o art. 2.333 do Código Civil francês prevê: "O penhor é uma convenção por meio da qual o constituinte confere a um credor o direito de pagar-se, com preferência em relação aos demais credores, com um bem ou um conjunto de bens móveis corpóreos, presentes ou futuros". Na doutrina francesa, já se observou que o dispositivo tornou "possível a outorga de penhor sobre uma universalidade de fato cujos os elementos poderão ser renovados sem que se possa interpretar tal operação como a constituição de novo penhor (um estoque de mercadorias, um rebanho, uma coleção)" (Michel Cabrillac *et al. Droit des sûretés,* cit., p. 556, tradução livre). De acordo com estes autores, a inovação permite adaptar o penhor aos ativos circulantes que constituem frequentemente a principal riqueza das empresas (p. 572). V., ainda sobre o tema, Patrice Bouteiller. Le gage de stocks de biens ou de marchandises. *Juris-Classeur Périodique – La Semaine Juridique – Éditions Entreprise et Affaires,* n. 18, 4 maio 2006, p. 808-810.

[156] Nesse particular, o Código Comercial francês estabelece regra específica (art. 524-7, alínea 3), prevendo que, no caso de constatar-se diminuição igual ou superior a vinte por cento do valor do estoque dado em penhor, o credor pode exigir do devedor o

Note-se, ademais, que, sendo definida pela quantidade e qualidade dos bens abrangidos, a universalidade de fato satisfaz o requisito da especificação do objeto do penhor. A uma, porque a universalidade, como todo unitário, resta inalterada ao longo do desenvolvimento da relação jurídica pignoratícia, a despeito da flutuação dos elementos que a compõem. Cuida-se, portanto, de bem determinado e imutável.[157] A duas, porque por meio dela se delimita exatamente, no patrimônio do devedor, a base material de incidência do direito pignoratício. Com efeito, verificando-se o inadimplemento do devedor, a garantia recairá necessariamente sobre coisas da qualidade e da quantidade estabelecidas no contrato constitutivo.

Sublinhe-se, por fim, que a técnica da universalidade não se confunde com a substituição dos bens empenhados mediante o emprego da sub-rogação real, de que se cuidou ao se examinar o penhor industrial e mercantil sobre as ferramentas e as máquinas do devedor. Como visto, esta traduz a mutação objetiva da situação jurídica subjetiva mediante a substituição da coisa contida em seu objeto. Em contrapartida, quando se alteram os elementos da universalidade, nada se passa no âmbito do objeto da relação jurídica, que permanece sendo a própria universalidade.[158]

Em suma, sub-rogação real e universalidade de fato constituem técnicas jurídicas distintas, que, no âmbito do direito de penhor, são destinadas a solucionar o mesmo problema prático, qual seja, a necessidade de viabilizar a constituição da garantia real sobre ativos que o devedor tenha de dispor antes de transcorrido o prazo de vencimento do crédito pignoratício.[159] No

---

pagamento parcial do crédito (na proporção do desfalque ocorrido na garantia) ou a recomposição do estoque. Caso não seja atendido, o credor pode exigir antecipadamente o pagamento integral do crédito. V., sobre o ponto, Michel Cabrillac *et al. Droit des sûretés*, cit., p. 576.

[157] V., sobre o ponto, Milena Donato Oliva. *Patrimônio separado:* herança, massa falida, securitização de créditos imobiliários, incorporação imobiliária, fundos de investimento imobiliário, *trust*, cit., p. 141; e Inocêncio Galvão Teles. *Das universalidades*, cit., p. 103-104.

[158] V. Milena Donato Oliva. *Patrimônio separado:* herança, massa falida, securitização de créditos imobiliários, incorporação imobiliária, fundos de investimento imobiliário, *trust*, cit., p. 247. Na doutrina italiana, v. Francesco Santoro-Passarelli. *La surrogazione reale*, cit., p. 46; e na doutrina francesa, Véronique Ranouil. *La subrogation réelle en droit civil français*, cit., p. 31-32 e 147.

[159] Para uma análise, em perspectiva comparatista, das diversas soluções elaboradas nos países da Europa para o enfrentamento desse problema, cf. Anna Veneziano. *Le garanzie mobiliari non possessorie*: profili di diritti comparato e di diritto del commercio internazionale. Milano: Giuffrè, 2000, p. 11-63 e 198-216; e, ainda, Paolo

Cap. 3 • PENHOR E AUTONOMIA PRIVADA | **201**

entanto, divergem em seus efeitos jurídicos, notadamente no que concerne ao nível de ingerência reservado ao credor sobre a circulação dos bens empenhados. Enquanto no penhor rotativo – baseado na sub-rogação real – o credor controla a alienação dos bens, podendo condicioná-la à satisfação do seu crédito, no penhor de universalidades, o devedor pode livremente dispor dos elementos que compõem a coletividade, obrigando-se, todavia, a manter em seu estabelecimento determinado estoque – definido pela quantidade e pela qualidade dos bens. Nesta perspectiva, a técnica da universalidade se revela mais afinada com o atual dinamismo das atividades produtivas, proporcionando solução jurídica atenta à natureza *consumível* dos bens que, de ordinário, compõem o ativo circulante das empresas.

3.2.3 O penhor de créditos futuros

Na Seção VII do Capítulo dedicado ao penhor, o Código Civil trata do penhor de direitos e títulos de créditos. Como salientado pela doutrina, o penhor de títulos de crédito incide, a rigor, sobre coisa corpórea, qual seja, a cártula que incorpora o crédito. Aproxima-se, dessa sorte, do penhor comum, cuja constituição, como visto, requer a transferência da posse da coisa empenhada.[160] Assim é que, como estabelece o art. 1.458, faz-se necessária a tradição do título ao credor,[161] que tem direito a conservar a posse até o pagamento da dívida garantida.[162]

A constituição do penhor sobre títulos de crédito pode ser realizada desacompanhada da celebração de qualquer instrumento contratual entre as partes, bastando o endosso pignoratício por meio da assinatura do devedor pignoratício no título, a indicar que a tradição se faz com o intuito de garantia.

Piscitello. *Le garanzie bancarie flottanti*, cit., p. 16-32; e do mesmo autor, Costituzione in pegno di beni dell'impresa e spossessamento. *Banca, Borsa e Titoli di Credito – Revista Bimestrale di Dottrina e Giurisprudenza*, 2001, I, p. 155-179.

[160] V., nessa direção, Francisco Cavalcanti Pontes de Miranda. *Tratado de direito privado*, cit., t. XX, p. 573; José Manuel de Carvalho Santos. *Código Civil brasileiro interpretado, principalmente do ponto de vista prático*, cit., v. 10, p. 190.

[161] Art. 1.458 do Código Civil: "O penhor, que recai sobre título de crédito, constitui-se mediante instrumento público ou particular ou endosso pignoratício, com a tradição do título ao credor, regendo-se pelas Disposições Gerais deste Título e, no que couber, pela presente Seção".

[162] Art. 1.459 do Código Civil: "Ao credor, em penhor de título de crédito, compete o direito de: I – conservar a posse do título e recuperá-la de quem quer que o detenha; (...) IV – receber a importância consubstanciada no título e os respectivos juros, se exigíveis, restituindo o título ao devedor, quando este solver a obrigação".

Disso resulta que a única forma de publicidade exigida para a sua eficácia é a posse do título pelo credor, dispensada a prática de qualquer ato junto ao Registro de Títulos e Documentos.[163]

Quanto ao penhor de direitos, o seu objeto pode consistir, como já mencionado, em qualquer bem móvel e incorpóreo, desde que alienável. Sendo o bem imaterial insuscetível de posse, a constituição do penhor realiza-se "mediante instrumento público ou particular, registrado no Registro de Títulos e Documentos", conforme disposto no art. 1.452 do Código Civil. Em se tratando de créditos, a eficácia do penhor requer, adicionalmente, nos termos do art. 1.453, a notificação do devedor do crédito empenhado.[164]

Além disso, o parágrafo único do art. 1.452 determina que "o titular de direito empenhado deverá entregar ao credor pignoratício os documentos comprobatórios desse direito, salvo se tiver interesse legítimo em conservá--los". Procura-se, dessa maneira, subtrair o direito empenhado do poder de disposição do garantidor, evitando-se a prática de ato incompatível com a garantia constituída, e munir o credor de documentos que podem ser úteis ao exercício do direito pignoratício.[165] Não se trata, contudo, de requisito indispensável à constituição do direito pignoratício, como se infere da permissão, contida na regra legal, para o garantidor guardar consigo os documentos.[166]

---

[163] V. Gustavo Tepedino, Heloisa Helena Barboza e Maria Celina Bodin de Moraes *et al. Código Civil interpretado conforme a Constituição da República*, cit., v. 3, p. 902.

[164] Art. 1.453 do Código Civil: "O penhor de crédito não tem eficácia senão quando notificado ao devedor; por notificado tem-se o devedor que, em instrumento público ou particular, declarar-se ciente da existência do penhor".

[165] Regra semelhante encontra-se estabelecida no art. 2.801 do Código Civil italiano, ressalvada a ausência, neste preceito, de previsão da hipótese na qual os documentos são mantidos com o devedor: "Se o crédito outorgado em penhor resulta de um documento, incumbe ao outorgante entregá-lo ao credor" (tradição livre). Acerca desse dispositivo, v. Gino Gorla e Pietro Zanelli. Del pegno, delle ipoteche, cit., p. 155-156.

[166] Quanto à parte final do dispositivo, tem-se ressaltado que "o interesse do titular do direito empenhado em conservá-lo em seu poder pode surgir concomitante ou posteriormente à instituição do penhor, devendo, para tanto, ser valoradas todas as circunstâncias do caso concreto, tais como o equilíbrio das partes, os usos e costumes, os motivos da recusa do credor em devolver os documentos etc., sempre à luz do princípio da boa-fé objetiva" (Gustavo Tepedino, Heloisa Helena Barboza e Maria Celina Bodin de Moraes *et al. Código Civil interpretado conforme a Constituição da República*, cit., v. 3, p. 896).

Como adverte a doutrina, a especificação traduz problema maior no âmbito do penhor de direitos, haja vista a possibilidade de recair sobre créditos futuros, cujos valor e vencimento são desconhecidos ao tempo da constituição da garantia.[167] A questão reveste inegável interesse prático, tendo em vista a disseminação nas relações empresariais do chamado *penhor de recebíveis*, isto é, do penhor em garantia de certo financiamento que incide sobre créditos que integram o futuro resultado econômico da atividade do devedor. Trata-se, no mais das vezes, de valores que o devedor pretende receber em razão de contratos celebrados ou em vias de serem celebrados com clientes.[168]

Em vista disso, assistiu-se na experiência estrangeira, notadamente na italiana, à profunda transformação do significado da regra da especificação em matéria de penhor de créditos. Operou-se, naquele país, o progressivo abandono da concepção rígida e formalista que considerava indispensável para

---

[167] Acerca do penhor de créditos, Mário Neves Baptista ressalta que "a dificuldade no caso é encontrar um meio que importe na especialização da garantia. Desde que seja ele encontrado, como acontece na hipoteca, no penhor agrícola, etc., pode ser caucionado o crédito, ou a cousa futura" (*Penhor de créditos*, cit., p. 184). Na doutrina francesa, faz-se a mesma avaliação. V. Michel Cabrillac *et al. Droit des sûretés*, cit., p. 585, os quais ressaltam que "essa exigência [a individuação dos créditos empenhados] é a principal fonte de dificuldade para a celebração do ato e limita, sensivelmente, as possibilidades de aproveitamento do penhor sobre créditos futuros" (tradução livre). Outro importantíssimo problema refere-se à exigência de notificação do devedor para a eficácia do penhor de créditos quando a receita da sociedade provêm de grande número de devedores, "como é o caso de um projeto de distribuição de energia elétrica, em que são clientes todos os consumidores cativos de certa região, ou ainda um projeto de exploração de rodovia mediante a cobrança de pedágio dos usuários. Nesse caso, a notificação de cada um dos consumidores ou usuários – mediante declaração de ciência a esse respeito – pode ser demasiadamente onerosa, para não dizer impraticável. No caso de projeto de distribuição de energia elétrica, a solução pode passar pela limitação do penhor a alguns poucos grandes consumidores, ou ainda alguma tentativa de notificação via fatura de energia. No caso do concessionário de rodovia, nem isso pode ser feito. A solução então pode repousar no abandono do penhor de recebíveis e na adoção de mecanismo alternativo de garantias mediante a centralização da arrecadação em contas correntes empenhadas e administradas por instituição depositária" (José Vergílio Lopes Enei. Project Finance: financiamento com foco em empreendimentos: (parcerias público-privadas, *leveraged buy-outs* e outras figuras afins). São Paulo: Saraiva, 2007, p. 365).

[168] "As receitas empenhadas compreendem, via de regra, não só os créditos já originados – ou seja, aqueles incorporados definitivamente ao patrimônio da sociedade devedora, e, portanto, passíveis de contabilização embora ainda não recebidos – como também os créditos futuros, a serem apropriados à medida que os bens ou serviços de que se originam forem prestados no curso normal das atividades da sociedade do projeto" (José Vergílio Lopes Enei. Project Finance, cit., p. 364).

204 | PENHOR E AUTONOMIA PRIVADA • *Pablo Renteria*

a eficácia da garantia real a menção, no ato constitutivo, do nome, da quantia devida e do prazo de vencimento *de cada um* dos créditos empenhados, o que, na prática, inviabilizava a operação negocial pretendida pelas partes. Em seu lugar, firmou-se o entendimento de que não se mostra necessária a exata descrição dos créditos, bastando que sejam *determináveis* com base nas indicações constantes do ato constitutivo.[169]

Também no direito francês observou-se evolução semelhante. Assim é que naquele ordenamento se admite a constituição de penhor sobre créditos futuros, cujo valor e vencimento sejam indeterminados, desde que no ato constitutivo da garantia seja indicado o contrato do qual proveem.[170] Aceita-se, inclusive, que sejam apenhados créditos resultantes de contratos futuros, cuja celebração seja previsível tendo em conta o fluxo regular de negócios do devedor.[171]

Tal itinerário foi consagrado pelo legislador francês que, por ocasião da já mencionada reforma do direito das garantias ocorrida em 2006, estabeleceu no art. 2356 do *Code* que, no caso de penhor sobre créditos futuros, "o ato constitutivo deve permitir a sua individualização ou conter elementos que a tornem possível, *tais como* a indicação do devedor, o lugar do pagamento, o montante dos créditos ou sua avaliação e, se for o caso, a data de vencimento".[172]

A propósito, a doutrina francesa destaca o amplo espaço assegurado à autonomia privada pelo dispositivo legal, uma vez que os elementos de identificação ali mencionados são apenas exemplificativos, nada impedindo, portanto, que os créditos empenhados sejam indicados por apenas um deles ou por outro não contemplado no enunciado normativo.[173]

Em relação ao direito pátrio, mostra-se imperativo reconhecer, tal como ocorre em outros ordenamentos, que a estipulação no ato constitutivo do modo de determinação dos créditos futuros empenhados satisfaz a regra da especificação do objeto do penhor, desde que o mecanismo escolhido pelas

---

[169] Cf. Enrico Gabrielli. *Il pegno "anomalo"*, cit., p. 173-174, nota 119.

[170] V. Dominique Legeais. Le nantissement de créances. *Droit & Patrimoine*, n. 161, jul.-ago. 2007, p. 55.

[171] V. Jacques Mestre, Emmanuel Putman e Marc Billau. Droit commun des sûretés réelles. In: Jacques Ghestin. *Traité de Droit Civil*, cit., p. 295.

[172] Tradução livre.

[173] Como se ressalta na doutrina daquele ordenamento jurídico, o aludido dispositivo fornece "exemplos que não são exaustivos nem necessários" (Michel Cabrillac e Séverine Cabrillac. Formes particulières de nantissement commercial. *Juris Classeur Commercial*, Fasc. 398, 2011, p. 4).

Cap. 3 • PENHOR E AUTONOMIA PRIVADA | 205

partes atenda ao propósito daquela: a delimitação do objeto da garantia, com vistas a assegurar a efetividade da garantia e a impedir o conluio fraudulento entre devedor e credor pignoratício prejudicial aos credores quirografários.

Tal posição já foi, entre nós, sustentada por Gustavo Tepedino e Anderson Schreiber em parecer concernente à eficácia de penhor constituído sobre os créditos detidos pelo devedor pignoratício em face de sociedade operadora de cartão de crédito pelas vendas parceladas realizadas a seus clientes. De acordo com os autores:[174]

> Se a venda de produtos já é objeto de contrato específico celebrado entre a empresa devedora e a operadora de cartões de créditos, revelando a deflagração do fluxo rotativo de valores, estimado com base na análise do histórico de vendas por utilização de cartões de crédito, sendo as receitas de tais vendas vinculadas à conta-corrente previamente constituída, mostra-se evidente que o penhor contém a necessária especialização. Como já visto, a futuridade dos direitos creditórios empenhados – a depender, na hipótese, de venda a se realizar – em nada poderia obstar a validade e eficácia do penhor, desde que instituídos os mecanismos necessários à sua especialização. Tais mecanismos encontram-se presentes na medida em que não se trate de crédito meramente eventual e hipotético, cuja inexistência poderia vir a frustrar a garantia pignoratícia, mas, antes, de créditos especializados em título contratual, e que adquirem concretude na análise histórica do fluxo de caixa derivado de vendas do produto da empresa devedora com cartões de crédito.

3.3 A PLURALIDADE DE PENHORES SOBRE O MESMO BEM

3.3.1 *Ampla admissão do penhor de segundo grau no direito brasileiro*

Outro tema de grande atualidade diz respeito à possibilidade de constituição de várias garantias reais sobre um mesmo bem, em favor de credores diversos. Em relação à hipoteca, o fenômeno não é novo[175] e a sua

---

[174] Gustavo Tepedino e Anderson Schreiber. Caução de créditos no direito brasileiro: possibilidades do penhor sobre direitos creditórios. In: Gustavo Tepedino. *Soluções práticas de direito*: pareceres – novas fronteiras do direito civil, cit., p. 454-455.

[175] Desde a promulgação da Lei 1.237, de 1864, admite-se no Brasil a constituição de múltiplas hipotecas sobre os bens passíveis dessa espécie de garantia – as coisas imóveis e determinados móveis, como as embarcações. Nos termos do art. 4º, § 7º, da aludida Lei: "O devedor não fica pela hypotheca inhibido de hypothecar de novo o immovel, cujo valor exceder ao da mesma hypotheca, mas neste caso realizando-se o pagamento de qualquer das dividas, o immovel permanece hypothecado ás

disciplina encontra-se delineada nos arts. 1.476 a 1.478 do Código Civil, que reproduzem, substancialmente, as regras estabelecidas na codificação anterior. Admite-se, amplamente, a constituição de tantas hipotecas[176] quantas comportarem o valor do bem, uma vez que se "procura dar expressão às necessidades econômicas e às riquezas territoriais, desenvolvendo o crédito".[177]

Sequer se aceita que o contrato da primeira hipoteca proíba a instituição de outra,[178] já que tal cláusula obstaria o dono do bem a tirar "de sua propriedade toda a utilidade jurídica que pode produzir, estancando-lhe uma fonte de crédito ainda em plena capacidade de produção",[179] sem proporcionar, em contrapartida, qualquer vantagem ao credor hipotecário que, de resto, não sofre qualquer prejuízo em razão da criação de outra hipoteca.

Com efeito, o credor hipotecário encontra-se plenamente protegido dos efeitos das hipotecas subsequentes. Em primeiro lugar, porque, em observância ao princípio da preferência temporal – *prior in tempore, potior in iure* –, o parágrafo único do art. 1.493 do Código Civil estabelece que a numeração no protocolo do Cartório de Registro de Imóveis "determina a prioridade, e esta a preferência entre as hipotecas". É essa graduação que orienta o concurso entre os credores hipotecários na hipótese de excussão da coisa, de tal modo que ao credor da hipoteca mais recente assiste prelação apenas sobre o valor que remanescer após a plena satisfação das hipotecas precedentes. Por isso que o credor sub-hipotecário "não passa de quirografário em face

---

restantes não só em parte mas na sua totalidade". Cf., sobre o ponto, Affonso Fraga. *Direitos reaes de garantia*, cit., p. 556.

[176] Não obstante o art. 1.476 do Código Civil empregar o singular, referindo-se a "outra hipoteca", é interpretação unânime que o texto não veda a constituição de duas ou mais hipotecas. Por todos, v. Gustavo Tepedino, Heloisa Helena Barboza, Maria Celina Bodin de Moraes *et al. Código Civil interpretado conforme a Constituição da República*, cit., v. 3, p. 928.

[177] São as palavras de Clóvis Beviláqua. *Código Civil dos Estados Unidos do Brasil comentado*, cit., v. 3, p. 312.

[178] V. sobre o ponto Azevedo Marques. *A hypotheca*: doutrina, processo e legislação, cit., p. 93-94. O autor destaca, contudo, que a criação de uma segunda hipoteca é na prática indiretamente inibida por meio da estipulação do vencimento antecipado da dívida, caso o devedor venha a sub-hipotecar o imóvel.

[179] João Manuel de Carvalho Santos. *Código Civil brasileiro interpretado, principalmente do ponto de vista prático*, cit., v. 10, p. 315.

dos anteriores",[180] não podendo de modo algum competir com a preferência assegurada a esses últimos.[181]

Em segundo lugar, porque, nos termos do art. 1.477 do Código Civil, "salvo o caso de insolvência do devedor, o credor da segunda hipoteca, embora vencida, não poderá executar o imóvel antes de vencida a primeira". Significa dizer que, com exceção da hipótese aludida no dispositivo, o credor da primeira hipoteca não pode ser compelido a participar do concurso referente à excussão da coisa e a receber a prestação antes de vencido o seu crédito.[182] Desse modo, procura a lei evitar que, em razão da iniciativa do titular de uma hipoteca posterior a sua, seja constrangido a receber a prestação antes do tempo avençado, fazendo jus a valor inferior ao que obteria no vencimento, haja vista serem descontados os juros correspondentes ao período não transcorrido, como manda o art. 1.426 do Código Civil.[183]

Tais regras fazem da sub-hipoteca instrumento, ao mesmo tempo, eficiente e seguro, vez que assegura ao proprietário a plena utilização do bem para fins de garantia sem, no entanto, abalar a segurança proporcionada aos credores das hipotecas anteriores.

No que tange à possibilidade de constituição de pluralidade de penhores sobre o mesmo bem, observa-se, ao reverso, a timidez do legislador brasileiro, que sempre enfrentou o tema de maneira fragmentária. Com efeito, tal figura foi reconhecida pela primeira vez no art. 109 do Regulamento anexo ao Decreto 9.549, de 23 de janeiro de 1886,[184] cuja aplicação, contudo, se limitava ao penhor agrícola. Tal disposição, reproduzida no art. 366 do Regulamento

---

[180]   Azevedo Marques. *A hypotheca:* doutrina, processo e legislação, cit., p. 93.

[181]   Como ressalta San Tiago Dantas, "(...) seria injusto que, hoje, oferecêssemos a alguém a hipoteca de um bem e, amanhã, lhe diminuíssemos a garantia, constituindo outra hipoteca sobre ele. Podemos constituir as outras hipotecas, mas não diminuindo a garantia dos credores hipotecários anteriores" (*Programa de direito civil*. Rio de Janeiro: Editora Rio, 1984, v. 3, p. 387).

[182]   V. Clóvis Beviláqua. *Código Civil dos Estados Unidos do Brasil comentado*, cit., v. 3, p. 313.

[183]   Art. 1.426 do Código Civil: "Nas hipóteses do artigo anterior, de vencimento antecipado da dívida, não se compreendem os juros correspondentes ao tempo ainda não decorrido".

[184]   Assim prescrevia o dispositivo legal: "O devedor não fica inibido de fazer novo penhor quanto o valor dos bens exceder o debito anterior; mas neste caso, effectuado o pagamento de qualquer das dívidas, permanecerão os bens empenhados pelas restantes em sua totalidade".

208 | PENHOR E AUTONOMIA PRIVADA • *Pablo Renteria*

do Decreto 370, de 2 de maio de 1890,[185] seria, no entanto, abandonada pelo Código Civil de 1916,[186] que disciplinou as diversas modalidades de penhor civil sem aludir ao subpenhor.[187]

Na década de 30 do século passado, na esteira de política pública de estímulo às atividades produtivas, o penhor de segundo grau foi reintroduzido na legislação, surgindo na regulamentação do penhor rural – que abrange, além do agrícola, o pecuário – nos seguintes termos: "pode o devedor, independentemente de consentimento do credor, constituir novo penhor rural se o valor dos bens ou dos animais exceder ao da dívida anterior, ressalvada para esta a prioridade de pagamento".[188] Nesse mesmo período, também é acolhido o subpenhor a respeito do penhor industrial, embora, nesse caso, de modo incompleto, já que o Decreto-lei 1.271/1939 admitiu a constituição de outra garantia sobre o mesmo bem em favor apenas do credor originário.[189]

Era de se esperar que o Código Civil de 2002, realizando a sua proposta de sistematizar o regime das diversas modalidades de penhor, tivesse ordenado, de uma vez por todas, o penhor de segundo grau. O que se verifica, no entanto, é que, nesse particular, o Código procedeu de maneira obscura, limitando-se a enfrentar o assunto em dois dispositivos esparsos. O primeiro é o parágrafo único do art. 1.443, que, reproduzindo a regra antes contida

---

[185] "Art. 366. O devedor fica inhibido de fazer novo penhor, quando o valor dos bens exceder o debito anterior; mas, neste caso, effectuado o pagamento de qualquer das dívidas, permanecerão os bens empenhados pelas restantes em sua totalidade". Como esclarece Visconde de Ouro Preto, o texto legal publicado na imprensa oficial contém manifesto erro material, uma vez que omitiu "não" antes de "inhibido". Sem tal palavra, "o artigo estaria em oposição à doctrina geralmente aceita e nem se compreenderia a segunda parte" (*Crédito móvel pelo penhor e o bilhete de mercadorias*, cit., p. 24, nota 14).

[186] No entanto, admitindo a constituição de múltiplos penhores rurais, v. Clóvis Beviláqua. *Direito das coisas*, cit., p. 111.

[187] Emprega-se o termo *subpenhor* (*subpignus*) no sentido de penhor de segundo grau, que grava coisa já empenhada. Encontra-se na doutrina o uso da expressão em sentido diverso para designar a hipótese em que o devedor garante dívida constituindo em favor do seu credor penhor sobre o direito de penhor de que é titular face a devedor seu – *pignus pignori datum*. A propósito, Clóvis Beviláqua esclarece que, no direito pátrio, tal figura traduz, a rigor, "a transferência do direito pignoratício do primeiro credor ao seu próprio credor" (Clóvis Beviláqua. *Direito das coisas*, cit., p. 56-57).

[188] V. Lei 492/1937, art. 4º, § 1º.

[189] Na dicção do art. 5º do referido diploma legal: "os mesmos bens podem ser objeto de novo penhor em favor do credor originário, para garantia de outra dívida, mas a cessão de um crédito não se fará isoladamente enquanto não houver especificação de garantias".

no § 1º do art. 7º da Lei 492/1937,[190] cuida da constituição de um segundo penhor agrícola tendo em conta a situação especialíssima de *quebra da safra empenhada*.[191] O segundo é o art. 1.456 que, de modo inédito na legislação pátria, disciplina a pluralidade de penhores sobre um mesmo *crédito*.[192]

Frente a esse quadro legal, são muitas as questões a serem investigadas pela doutrina. Estaria a constituição de um segundo penhor sobre o mesmo bem adstrita às hipóteses especificamente contempladas no Código? Ou, ao reverso, cuidar-se-ia de expediente técnico de amplo alcance que se aplicaria a qualquer modalidade de penhor? Ademais, quais seriam as regras a reger a *concorrência* entre os diversos credores pignoratícios?

A doutrina dominante, nada obstante, permanece insensível a tais indagações, silenciando-se sobre o tema. Quando muito, limita-se ao exame superficial dos dois dispositivos que mencionam o penhor de segundo grau, sem se aprofundar no estudo do regime jurídico correspondente. Tal postura se explica, provavelmente, em razão da importância exagerada ainda reconhecida aos princípios da taxatividade e da tipicidade dos direitos reais, o que, como já se destacou,[193] teve por efeito a disseminação da falsa ideia segundo a qual as regras que regem os tipos reais seriam de ordem pública,

---

[190] De acordo com o referido preceito legal: "§ 1º Sendo objeto do penhor agrícola a colheita pendente ou em via de formação, abrange ele a colheita imediatamente seguinte no caso de frustrar-se ou ser insuficiente a dada em garantia. Quando, porém, não quiser ou não puder o credor, notificado com 15 dias de antecedência, financiar a nova safra, fica o devedor com o direito de estabelecer com terceiro novo penhor, em quantia máxima equivalente ao primitivo contrato, considerando-se, qualquer excesso apurado na colheita, apenhado à liquidação da dívida anterior".

[191] Art. 1.443 do Código Civil: "O penhor agrícola que recai sobre colheita pendente, ou em via de formação, abrange a imediatamente seguinte, no caso de frustrar-se ou ser insuficiente a que se deu em garantia. Parágrafo único. Se o credor não financiar a nova safra, poderá o devedor constituir com outrem novo penhor, em quantia máxima equivalente à do primeiro; o segundo penhor terá preferência sobre o primeiro, abrangendo este apenas o excesso apurado na colheita seguinte". De acordo com Washington de Barros Monteiro: "(...) é criado um mecanismo de proteção ao primeiro credor pignoratício, cuja garantia se perde com o insucesso da colheita, sem, contudo, inviabilizar eventual financiamento de terceiro para que o agricultor invista na próxima safra" (*Curso de direito civil*: direito das coisas, cit., v. 3, p. 375, grifos no original).

[192] Assim prescreve o art. 1.456 do Código Civil: "Se o mesmo crédito for objeto de vários penhores, só ao credor pignoratício, cujo direito prefira aos demais, o devedor deve pagar; responde por perdas e danos aos demais credores o credor preferente que, notificado por qualquer um deles, não promover oportunamente a cobrança".

[193] V. Seção 1.6.5.

de maneira que os particulares não poderiam agir senão dentro dos limites do texto legal. Tal raciocínio, aplicado acriticamente ao exame do penhor de segundo grau, conduz à conclusão que tal expediente seria admissível somente nas hipóteses especificamente previstas em lei.

Contra isso, contudo, já se ressaltou que o silêncio do legislador quanto à possibilidade de as partes procederem a determinado ajuste não deve ser presumido a favor nem contra sua admissão. Somente a interpretação sistemática e axiológica do ordenamento com um todo é apta a revelar se o arranjo é merecedor de tutela e compatível com a tipicidade do direito real em apreço. Procedendo-se dessa maneira, dissipam-se as dificuldades que se antepõem ao reconhecimento do penhor de segundo grau como expediente técnico de amplo alcance, aplicável a qualquer modalidade de penhor.

O penhor de segundo grau (ou de grau mais elevado) não se desfigura por incidir sobre bem já empenhado, nem mesmo na hipótese do penhor comum. Como nessa modalidade se exige do proprietário a transferência efetiva da posse, pode parecer inviável conferi-la, ao mesmo tempo, a mais de um credor.[194] No entanto, a observação da experiência estrangeira sobre o tema, notadamente a francesa, indica que tal dificuldade é contornável, haja vista as legislações admitirem, via de regra, que o bem seja entregue a terceiro, e não ao credor. Dessa maneira, no caso de pluralidade de penhores comuns, os credores podem consentir com a atribuição da posse a um terceiro que, agindo a conta de todos, torna-se depositário da coisa.[195]

Tal solução mostra-se plenamente compatível com o direito pátrio, já que, nos termos do art. 1.431 do Código Civil, o penhor comum se constitui mediante a transferência da posse da coisa empenhada "ao credor ou a quem o represente". Nada obsta, assim, a criação de diversos penhores em favor de credores distintos, mediante a nomeação de representante comum, que deve guardar e conservar a coisa até que se extinga a última das garantias incidentes sobre o bem.[196]

---

[194] V., nessa direção, Pontes de Miranda. *Tratado de direito privado*, cit., t. XXI, p. 108-109. V., ainda, Paulo Nader. *Curso de direito civil: direito das coisas*. 2. ed. Rio de Janeiro: Forense, 2008, v. 4, p. 416.

[195] V., nesse sentido, no direito francês, Marcel Planiol. *Traité élémentaire de droit civil*, cit., p. 1.066. Veja-se também, no direito argentino, Ricardo Papaño *et al. Manual de derechos reales*. Buenos Aires: Astrea, 2007, p. 632.

[196] A questão é resumida nos seguintes termos por Darcy Bessone: "A posse é essencial à constituição do penhor e à sua conservação. Tal dificuldade tem levado alguns juristas à conclusão da inviabilidade do segundo penhor. Outros entendem que essa dificuldade pode ser contornada, através da atribuição, consentida pelos credores,

Em definitivo, o penhor de segundo grau (ou de grau mais elevado), qualquer que seja a sua modalidade, preserva a natureza de penhor. Significa dizer que a liberdade para sua constituição tem por fundamento a própria tipicidade reconhecida a essa espécie de direito real na ordem jurídica vigente. Por isso que, apesar da ausência de específica regulamentação no Código Civil, afigura-se viável a constituição de pluralidade de penhores comuns, mercantis, agrícolas, pecuários e de direitos.

De outra parte, é inegável que a constituição de outro penhor sobre bem já empenhado traduz arranjo socialmente útil e, por isso mesmo, merecedor de tutela. Como já se destacou, é por meio dele que o dono do bem pode tirar pleno proveito da sua propriedade para ter amplo acesso ao crédito. Se não lhe fosse autorizada a prática do segundo penhor, ficaria limitado a conferir o bem em garantia uma única vez, por mais elevado que seja o seu valor, em claro desperdício de sua utilidade econômica.

Além disso, não haveria razão para se restringir a constituição de múltiplos gravames sobre um mesmo bem ao âmbito das hipotecas. Talvez em passado remoto, quando os imóveis representavam os bens de maior valor e, portanto, mais propensos a serem utilizados em garantia de diversos créditos, se poderia admitir tal disparidade de regimes. No entanto, o que se verifica nos dias atuais é que são os móveis, como créditos, valores mobiliários, marcas e patentes, que formam parte considerável do patrimônio das pessoas.[197] Desse modo, não se justifica mais qualquer diferenciação entre imóveis e móveis no que concerne às potencialidades de aproveitamento econômico para fins de garantia do crédito. Daí a se concluir que a admissão em termos amplos do penhor de segundo grau traduz não só a solução normativa mais eficiente como também a mais coerente com o sistema jurídico.

3.3.2 Aspectos fundamentais do regime do penhor de segundo grau

Admitida, portanto, a possibilidade de constituição sobre o mesmo bem de mais de um penhor (de qualquer espécie), cumpre investigar as normas que disciplinam o exercício concorrente dos diversos direitos pignoratícios.

---

da posse a terceiro, estranho às duas relações pignoratícias, e constituído depositário da coisa apenhada" (*Direitos reais*, cit., p. 327).

[197] Já em 1943 Clovis Paulo da Rocha ressaltava que "o que vemos hoje são as coisas móveis terem mais valia que a terra" (Clovis Paulo da Rocha. *Das construções na teoria geral da acessão*. Rio de Janeiro: Jornal do Commercio, 1943, p. 6). Esse fenômeno de "transformação das fortunas" é exaltado por Georges Ripert em sua obra *Aspectos jurídicos do capitalismo moderno*. Rio de Janeiro: Freitas Bastos, 1947, p. 138-141.

Nesse particular, há de se destacar que não se mostra lícito ao dono da coisa prejudicar, unilateralmente, a situação de que goza o credor pignoratício por meio da criação de outro penhor sobre a mesma coisa. Desse modo, mostram-se aplicáveis também ao penhor as regras, acima mencionadas, que buscam proteger o primeiro credor hipotecário dos efeitos das hipotecas subsequentes.[198] Disso resulta que, pelas razões já indicadas, salvo a hipótese de insolvência do devedor, não pode o credor do segundo penhor, ainda que vencido o seu crédito, excutir a coisa antes de vencido o crédito do primeiro credor pignoratício.

De outra parte, as prelações dos diversos credores pignoratícios devem ser graduadas de acordo com o princípio da preferência temporal, ou seja, segundo a ordem de constituição dos penhores,[199] a qual pode ser aferida com base na data do registro de cada instrumento contratual no cartório competente.[200] Sendo assim, na hipótese de excussão do bem, assiste ao credor do penhor mais recente prioridade apenas sobre o valor que sobrar após satisfação dos credores precedentes.

Sublinhe-se, a propósito, que a preferência temporal não traduz norma de ordem pública, sendo consentido às partes envolvidas – proprietário e credores – estabelecer de maneira diversa a graduação das prelações.[201] Isto porque a ordem das preferências é questão pertinente exclusivamente aos interesses dos credores pignoratícios, sem relevância para os credores quirografários. Tal observação não é inovadora, pois, em relação à hipoteca, a doutrina sempre destacou o espaço reservado à autonomia privada na modulação da ordem das preferências conferidas aos credores hipotecários. Por identidade de razões, há de se reconhecer a mesma liberdade no que tange ao penhor.

---

[198] Ainda que sejam evidentes as diferenças no que concerne aos requisitos constitutivos, penhor e hipoteca apresentam importantes efeitos comuns. Ambos são dotados de sequela, alcançando a coisa no patrimônio do terceiro adquirente, e asseguram ao titular preferência, no pagamento, em relação aos demais credores (Código Civil, art. 1.423). Como a questão ora em foco é a graduação das preferências, e o respeito às posições de garantia previamente constituídas sobre a coisa, justifica-se a transposição para o penhor das regras legais estabelecidas para a hipoteca.

[199] V., nesse sentido, Darcy Bessone. *Direitos reais*, cit., p. 327. Na doutrina estrangeira, Marcel Planiol. *Traité élémentaire de droit civil*, cit., p. 1.074.

[200] Nesse sentido, em relação especificamente ao penhor de créditos, v. Gustavo Tepedino, Heloisa Helena Barboza e Maria Celina Bodin de Moraes *et al. Código Civil interpretado conforme a Constituição da República*, cit., v. 3, p. 900.

[201] V. Pontes de Miranda. *Tratado de direito privado*, cit., t. XX, p. 210.

Desse modo, mostra-se lícito pactuar, mediante um único título, pluralidade de penhores, em favor de distintos credores, e definir livremente a ordem dos pagamentos em caso de excussão do bem.[202] Também se mostra possível colocar os credores pignoratícios em pé de igualdade, por meio da constituição de um direito de penhor comum a todos. Nessa hipótese, sendo executada a garantia, procede-se ao rateio do valor da coisa entre eles, na proporção de seus respectivos créditos.[203]

Admite-se ainda o *pacto de reserva prelatícia*,[204] por meio do qual o dono da coisa, ao constituir o primeiro penhor, conserva o direito de conceder a outrem penhor prioritário àquele até determinado valor. Veja-se o seguinte exemplo: A outorga a B penhor em razão de uma dívida de R$ 100.000,00, mas se reserva o direito de conferir a outrem um segundo penhor, que será preferencial até R$ 30.000,00. Se A não se valer da prerrogativa, o primeiro será o único penhor. Se, no entanto, A outorgar a C um segundo penhor para garantir empréstimo no valor de R$ 50.000,00, o valor apurado com a excussão do bem apenhado será destinado, em primeiro lugar, a C até R$ 30.000,00, em seguida, a B até R$ 100.000,00 e, por fim, a C novamente para satisfação do saldo remanescente. Ressalta-se que se afigura indispensável para a validade do pacto a indicação, no contrato constitutivo da primeira

---

[202] Como esclarece Affonso Fraga: "A pluralidade de hypotheca que, conforme se viu, póde constar de um mesmo ou de diferentes titulos, dá, pois, logar a duas especies de prelação: *a)* a legal que resulta da ordem de inscripções, como no caso em que, mediante novos titulos, o devedor constitue sobre o mesmo prédio, diversas hypothecas para garantia de diferentes creditos; *b)* a convencional que provém de acordo das partes, estabelecendo entre si o modo de graduação na ordem dos pagamentos" (*Direitos reaes de garantia*, cit., p. 557).

[203] V., a propósito do direito de hipoteca, Affonso Fraga: "Não se deve confundir a pluralidade de hypothecas com a hypothese dessa garantia ser prestada pelo mesmo bem dado em segurança a varios credores, e ser inscripta sob o mesmo numero de ordem e sem que as partes hajam convencionado no instrumento a graduação na ordem do pagamento. Nessa hypothese que tambem é muito frequente, a hypotheca é una, quer do ponto de vista do titulo que a constitue, quer da situação juridica em que ficam collocados os créditos em face da inscripção, portanto, estando todos os credores collocados no mesmo pé de egualdade no que concerne á preferencia, pagam-se egualmente se os seus créditos forem de egual valor ou proporcionalmente se forem desiguaes" (*Direitos reaes de garantia*, cit., p. 558).

[204] V. João Manuel de Carvalho Santos. *Código Civil brasileiro interpretado, principalmente do ponto de vista prático*, cit., v. 10, p. 269; Pontes de Miranda. *Tratado de direito privado*, cit., t. XX, p. 210-211.

garantia, da importância máxima a ser contemplada, preferencialmente, pela segunda garantia.[205]

Cabe aqui uma palavra sobre a possibilidade de o credor munido de subpenhor remir o penhor anterior, pagando a importância devida ao respectivo credor, de modo a sub-rogar-se nos direitos deste último. Tal faculdade, que em matéria de hipoteca se encontra disciplinada no art. 1.478 do Código Civil,[206] também assiste ao credor do penhor de segundo grau, uma vez que o pagamento que este faz ao primeiro credor pignoratício traduz hipótese de sub-rogação legal (Código Civil, art. 346, I).[207] A remição tem inegável interesse prático, especialmente no caso de o crédito garantido pelo segundo penhor vencer-se após o crédito do primeiro credor, pois é por meio dela que o segundo credor pode evitar a excussão do bem antes de vencido o seu crédito.

Por fim, importa examinar como se dá o exercício concorrente de diversos penhores na hipótese de o bem ser um crédito. Dado que nessa espécie de penhor a realização da garantia se traduz no recebimento da dívida empenhada, surge a questão de saber a qual dos credores pignoratícios o devedor deve pagar. Por evidente, não se pode aceitar que pague a qualquer deles, porque haveria risco de tumulto e de insegurança, notadamente para o primeiro credor que aceitou a garantia sem saber que outras pessoas poderiam ser habilitadas a cobrar o crédito apenhado. Em vista disso, o art. 1.456 do Código Civil, adotando a solução preconizada pela doutrina,[208] estabelece que somente o primeiro credor pignoratício está legitimado a embolsar a dívida, sendo vedado ao devedor pagar a qualquer um dos outros.[209]

---

[205] João Manuel de Carvalho Santos. *Código Civil brasileiro interpretado, principalmente do ponto de vista prático*, cit., v. 10, p. 269.

[206] Confira-se: "Art. 1.478. Se o devedor da obrigação garantida pela primeira hipoteca não se oferecer, no vencimento, para pagá-la, o credor da segunda pode promover-lhe a extinção, consignando a importância e citando o primeiro credor para recebê-la e o devedor para pagá-la; se este não pagar, o segundo credor, efetuando o pagamento, se sub-rogará nos direitos da hipoteca anterior, sem prejuízo dos que lhe competirem contra o devedor comum".

[207] De acordo com o aludido preceito: "Art. 346. A sub-rogação opera-se, de pleno direito, em favor: I – do credor que paga a dívida do devedor comum".

[208] V. Pontes de Miranda. *Tratado de direito privado*, cit., t. XXI, p. 108.

[209] De acordo com o aludido preceito legal: "Art. 1.456. Se o mesmo crédito for objeto de vários penhores, só ao credor pignoratício, cujo direito prefira aos demais, o devedor deve pagar; (...)". Como adverte a doutrina: "Se o devedor, ciente da existência de diversos penhores recaindo sobre o mesmo crédito, pagar a qualquer um dos outros pignoratícios, pode ser constrangido a efetuar novo pagamento ao credor preferencial, pois em face deste seu pagamento anterior reputa-se ineficaz" (Gustavo

Uma vez recebida a dívida, cumpre ao primeiro credor, de acordo com o disposto no art. 1.455, depositar a importância e, uma vez vencido o seu crédito, reter a quantia que lhe é devida.[210] O saldo remanescente é então destinado aos demais credores pignoratícios, seguindo a ordem das preferências.

Para que a graduação seja respeitada, não se admite que o titular de penhor posterior, ainda que vencido o seu crédito, receba o que lhe é devido antes dos titulares dos penhores anteriores. Ao final, uma vez satisfeitos todos os credores pignoratícios, o que sobrar no depósito deve ser restituído ao devedor.

Sublinhe-se que, diferentemente do que ocorre nas demais espécies de penhor, em que cada credor pignoratício mantém o direito de excutir o bem, desde que respeite o vencimento dos créditos que preferem ao seu, no penhor de crédito, a execução da garantia – isto é, o recebimento do pagamento do crédito empenhado – compete exclusivamente ao primeiro credor pignoratício. Cabe a ele, portanto, o "poder-dever de cobrar o crédito empenhado",[211] no seu interesse e no dos demais credores. Por essa razão, prescreve a parte final do art. 1.456 que o primeiro credor responde pelos danos causados aos demais credores caso seja notificado por qualquer um deles e, mesmo assim, não promova oportunamente a cobrança. É o que se verificaria na hipótese de ele deixar prescrever o crédito empenhado.

3.4 PERSPECTIVA FUNCIONAL E POTENCIALIDADES DO PENHOR NO SISTEMA DE GARANTIAS CONTEMPORÂNEO

Tudo quanto se disse acima acerca das potencialidades funcionais do penhor não teria importância se tal figura estivesse destinada a cair em desuso diante do formidável desenvolvimento da técnica da propriedade fiduciária em garantia. Como já mencionado, afirma-se difusamente na doutrina que as garantias reais tradicionais, dentre as quais se incluem o penhor, apresentam diversos inconvenientes, de tal modo que não seriam mais aptas a satisfazer

---

Tepedino, Heloisa Helena Barboza e Maria Celina Bodin de Moraes *et al. Código Civil interpretado conforme a Constituição da República*, cit., v. 3, p. 900).

[210] Caso a dívida empenhada consistir na entrega da coisa, o penhor de crédito transmuda-se em penhor de coisa, regendo-se o concurso de penhores pelas regras acima examinadas. V. Código Civil, art. 1.455.

[211] Gustavo Tepedino, Heloisa Helena Barboza e Maria Celina Bodin de Moraes *et al. Código Civil interpretado conforme a Constituição da República*, cit., v. 3, p. 900.

as necessidades de acesso ao crédito nas sociedades atuais, que se mostram cada vez mais dependentes do sistema financeiro.[212]

Por isso que o legislador, levando a cabo política de estímulo à atividade econômica, teria introduzido, na ordem jurídica pátria, a figura da alienação fiduciária em garantia. Como se sabe, por meio desse negócio, transfere-se a propriedade da coisa ao credor que a conserva até que o seu crédito seja satisfeito. Uma vez quitado o débito, resolve-se a propriedade em favor do devedor ou do terceiro que tenha conferido o bem em garantia. Ocorrendo, contudo, o inadimplemento, o credor pode vender a (sua) coisa para se pagar com o preço obtido, restituindo ao devedor o eventual saldo remanescente.[213]

Porquanto se baseia na transmissão do domínio sobre a coisa, o credor pode deferir a posse direta ao devedor, permitindo, assim, o aproveitamento imediato da coisa mesmo antes de quitado o débito.[214] Por outro lado, na hipótese de o devedor tornar-se inadimplente, sua posse direta torna-se injusta e o credor tem direito a reaver a coisa imediatamente para, em seguida,

---

[212] Nessa direção, José Carlos Moreira Alves destaca: "O que é certo, portanto, é que, a partir, precipuamente, do século passado, se tem sentido, cada vez mais, a necessidade da criação de novas garantias reais para a proteção do direito de crédito. As existentes nos sistemas jurídicos de origem romana – e são elas a hipoteca, o penhor e a anticrese – não mais satisfazem a uma sociedade industrializada, nem mesmo nas relações creditícias entre pessoas físicas, pois apresentam graves desvantagens pelo custo e o morosidade em executá-las, ou pela superposição a elas de privilégios em favor de certas pessoas (...)" (*Da alienação fiduciária em garantia*, cit., p. 3). V., na mesma direção, Maria Cristina de Cicco. *Alienazione fiduciaria in garanzia:* il modello brasileiro, cit., p. 16.

[213] Como esclarece José Carlos Moreira Alves: "Transferindo-lhe a propriedade resolúvel da coisa móvel que era do devedor, ficava aquele a salvo de credores cujo privilégio se antepunha até às *garantias* reais disciplinadas no Código Civil: e, se não fosse pago o débito, tinha o credor a faculdade de vender a coisa, pagar-se, e restituir o saldo, acaso existente, ao devedor" (*Da alienação fiduciária em garantia*, cit., p. 10). Na mesma direção, Orlando Gomes destaca que "em vez de dar o bem em penhor ou de caucionar títulos, o devedor transmite ao credor a propriedade de mercadorias, admitindo que, se não pagar a dívida, possa ele vendê-las e aplicar o preço da venda no pagamento do seu crédito, ou que, paga, lhe volte a propriedade das mesmas mercadorias. Para logo, se percebe a singularidade da garantia oferecida com a alienação fiduciária. Enquanto o *penhor*, a *caução*, a *anticrese* e a *hipoteca* são direitos reais de garantia constituídos na coisa alheia, eis que o devedor pignoratício, anticrético ou hipotecário continua dono do bem dado em segurança, na alienação fiduciária transfere a sua propriedade ao credor" (*Alienação fiduciária em garantia*, cit., p. 20-21). No mesmo sentido, mais recentemente, veja-se Melhim Namem Chalhub. *Negócio fiduciário*, cit., p.156-159.

[214] V. Orlando Gomes. *Alienação fiduciária em garantia*, cit., p. 160.

vendê-la, dispensando-se, nessa fase, qualquer intervenção judicial.[215] Por fim, visto que a coisa se encontra no seu patrimônio, e não no do devedor, o credor fica protegido contra os efeitos da eventual falência ou insolvência civil daquele, podendo, mesmo nesse caso, vender a coisa para satisfazer, com exclusividade, o seu crédito.[216]

Admitida, inicialmente, pela Lei 4.728/1965, para os bens móveis, a propriedade fiduciária obteria, pelas razões acima apontadas, rápido sucesso, o que levaria à paulatina extensão de seu âmbito de aplicação. É assim que, atualmente, após a edição das Leis 4.864/1965, 9.514/1997, 10.931/2004, 11.481/2007, entre outras, a alienação fiduciária pode ter por objeto bem móvel ou imóvel, corpóreo ou incorpóreo, fungível ou infungível.[217]

A propriedade fiduciária constitui, na atualidade, notável instrumento de garantia, seja em razão de admitir como objeto amplo espectro de bens, seja em virtude da segurança que atribui ao credor. Daí a se afirmar que "a alienação fiduciária em garantia atende melhormente às exigências do comércio jurídico do que os clássicos direitos reais de garantia, tudo indicando que os substituirá na generalidade dos casos".[218]

No entanto, tal prognóstico não se mostra conclusivo. O fato de a alienação fiduciária dispensar a transferência da posse da coisa ao credor representa vantagem apenas sobre o penhor comum, visto que, nos especiais, "as coisas empenhadas continuam em poder do devedor".[219] Haveria, assim, diferença somente no que tange à abrangência dos institutos. Enquanto a alienação fiduciária pode incidir sobre praticamente qualquer coisa móvel

---

[215] V. novamente Orlando Gomes. *Alienação fiduciária em garantia*, cit., p. 161.

[216] Como destaca Orlando Gomes: "em caso de falência, o proprietário-fiduciário tem o direito de pedir a restituição do bem. Arrecadado que seja, não integrará a massa falida, eis que o falido o alienará, tendo, sobre ele, tão somente, *posse nomine alieno*. É óbvio, consequentemente, o direito do proprietário fiduciário de reclamá-lo (*Alienação fiduciária em garantia*, cit., p. 133-134). V. também Cristiano Chaves de Farias e Nelson Rosenvald. *Direitos reais*, cit., p. 386-387.

[217] Acerca da atual abrangência do instituto, cf. Melhim Namem Chalub. *Negócio fiduciário*, cit., p. 133-135.

[218] Orlando Gomes. *Alienação fiduciária em garantia*, cit., p. 160. V., no mesmo sentido, porém em perspectiva econômica, Pedro Fachada, Luiz Fernando Figueiredo e Eduardo Lundberg. Sistema judicial e mercado de crédito no Brasil. *Notas Técnicas do Banco Central do Brasil*, n. 35, maio 2003, os quais apresentam dados empíricos quanto à disseminação da alienação fiduciária em garantia nas práticas negociais.

[219] V. Código Civil, art. 1.431, parágrafo único.

suscetível de alienação, os penhores especiais se sujeitam à discriminação objetiva, recaindo apenas sobre os bens taxativamente indicados em lei.[220]

No entanto, tal disparidade não deve ser sobrevalorizada, pois, como já mencionado,[221] a restrição que recai sobre os penhores especiais é, em grande medida, compensada pelo amplo alcance das enumerações legais. Dessa maneira, ao menos no âmbito do financiamento das atividades produtivas, tais instrumentos de garantia podem recair praticamente sobre qualquer bem integrante da empresa do devedor, tendo, portanto, abrangência semelhante à da alienação fiduciária em garantia.

Sendo assim, a principal vantagem que se pode reconhecer à propriedade (ou titularidade) fiduciária em garantia frente ao penhor especial diz respeito especificamente à mais intensa proteção que esta confere ao credor contra os efeitos da insolvência do devedor (ou do terceiro garantidor). De fato, permanecendo no patrimônio deste último, a coisa empenhada é, na hipótese da falência, arrecadada para a massa falida e o credor deve então habilitar seu crédito, sujeitando-se aos percalços e à morosidade do processo falimentar. E ainda, posto que tenha preferência para receber a quantia devida do preço obtido na alienação da coisa, o credor corre o risco de ser preterido no rateio dos haveres do falido em razão da prioridade conferida pela lei a outros créditos, como aqueles que decorrem das relações trabalhistas.[222]

Já na alienação fiduciária, os efeitos da falência do devedor não alcançam o bem conferido em garantia, que se encontra no patrimônio do credor. Por isso que lhe assiste o direito de executar, por via autônoma, a garantia, solicitando à massa falida a restituição do bem e promovendo, em seguida, a sua alienação para, com o preço obtido, satisfazer o seu crédito, antes de qualquer outro credor. O seu risco, portanto, limita-se à eventual insuficiência do valor do bem para cobrir a quantia devida.[223]

---

[220] Cf. Seção 3.2.

[221] Cf. Seção 3.2.

[222] Como destacam Cristiano Chaves de Farias e Nelson Rosenvald, "apesar de a hipoteca e penhor serem oponíveis *erga omnes*, na prática acabam tornando-se meramente *erga aliquos* (contra alguns), diante de uma série de situações em que os titulares de direitos reais de garantia sobre coisa alheia são preteridos por outros credores, o que acaba por estimular a migração de muitos para a propriedade fiduciária, modelo que confere maior segurança jurídica" (*Direitos reais*, cit., p. 581). Na mesma direção, veja-se Carlos Roberto Gonçalves. *Direito civil brasileiro:* direito das coisas, cit., p. 500-501.

[223] Tal risco, que se verifica em qualquer garantia real (baseada na afetação do valor do objeto à realização do crédito) não é, contudo, desprezível, tendo-se ressaltado, a

Se essa vantagem da alienação fiduciária em garantia é indiscutível, como parece ser, dela não se segue, contudo, que a hipoteca e o penhor, garantias tradicionais, estão com os dias contados. Somente se poderia chegar a tal conclusão a partir de perspectiva unilateral, voltada exclusivamente para a defesa dos interesses do credor. Em larga medida, tal raciocínio resulta da percepção, ainda bastante disseminada, segundo a qual toda garantia especial seria imposição feita ao devedor premido pela carência de recursos financeiros e, por isso mesmo, instrumento constituído no interesse exclusivo do credor. Tal visão, que em algumas situações pode ser correta, não deve, contudo, ser estendida à generalidade dos casos, obscurecendo a variedade de razões e de circunstâncias que podem conduzir à constituição de uma garantia.

De fato, a contração de empréstimo não responde apenas a necessidades de primeira ordem. No contexto empresarial, em particular, financiamentos são realizados para viabilizar o desenvolvimento das atividades produtivas e, ao menos nessas relações, não faz sentido conceber a garantia como uma imposição.[224] Ao revés, cumpre compreendê-la como parte integrante do regulamento contratual que as partes negociaram tendo em vista certo escopo prático comum. Assim, se é verdade que o credor almeja a mais efetiva proteção para o seu direito, também é verdade que o devedor deseja conceder a garantia menos onerosa. Nesse sentido, na literatura estrangeira sobre contratos de financiamento de empresas pré-operacionais, já se observou que "os acordos de garantia são elaborados de modo a se ajustarem às características econômicas do projeto e às expectativas de retorno financeiro das diversas partes envolvidas no projeto".[225]

---

propósito, que "em diversas espécies de financiamento de projetos pré-operacionais, o mutuante tem pouca expectativa de recuperar o valor integral do empréstimo por meio da execução da garantia. Muitos desses projetos têm valor apenas no local onde estão situados e apenas se estiverem operacionais e gerando receita. Custos de transação elevados e outros 'soft costs' tornam extremamente improvável, no período inicial do financiamento de um projeto pré-operacional altamente alavancado, que os ativos possam ser vendidos por montante equivalente ao valor integral do empréstimo. Mesmo nos anos finais do financiamento, se os donos do projeto não forem capazes de operá-lo de modo lucrativo, é improvável que outra pessoa seja capaz" (Scott L. Hoffman. *The law and business of international project finance*. Nova Iorque: Cambridge University Press, 2009, p. 364, tradução livre).

[224] V., nesse sentido, em perspectiva comparatista, Albina Candian. *Le garanzie mobiliari: modelli e problemi nella prospettiva europea*, cit., p. 56. V., ainda, Franco Anelli. *L'alienazione in funzione di garanzia*, cit., p. 6.

[225] John D. Finnerty. *Asset-based financial engineering*. Nova Jersey: Wiley, 2013, p. 130, tradução livre.

Em realidade, a relevância da tutela dos interesses do devedor encontra-se implícita em toda a evolução das garantias reais. Nessa direção, cabe mencionar não apenas a proibição do pacto comissório, que constitui a sua mais notória ilustração, como também o surgimento de figuras que dispensam a transferência da posse do bem ao credor, como a *conventio pignoris* (a qual se daria posteriormente o nome de *hypotheca*), no início do período imperial romano,[226] e, ainda, os penhores especiais no século XIX.[227] São instrumentos que se desenvolveram porque oferecem ao credor a mesma segurança que o *pignus* clássico, porém em termos menos onerosos para o devedor, a quem asseguram o direito de continuar a utilizar as coisas gravadas, que podem ser indispensáveis até para obter os recursos necessários ao pagamento da dívida.

Sublinhe-se, ainda nessa direção, que a *fiducia cum creditore*, hoje festejada como o futuro das garantias reais, entrou em declínio no direito romano, porque "operava sempre em detrimento do devedor".[228] O maior inconveniente, com efeito, era o "risco de abuso" a que se submetia o devedor fiduciante que, conseguindo pagar a dívida, tinha contra o credor fiduciário somente uma ação pessoal para reaver a coisa ou o valor dela.[229] Não dispunha, portanto, de meios adequados para a tutela específica da sua pretensão restituitória, não tendo alternativa senão *confiar* na boa índole do credor.[230]

Não por outra razão, quando a figura foi disciplinada no direito brasileiro pelo art. 66 da Lei 4.728/1965, cuidou-se da proteção dos interesses do devedor, limitando-se sobremaneira os poderes do credor sobre o bem. Com efeito, além do seu conteúdo restringir-se à realização do escopo de garantia para o qual foi criada, a propriedade fiduciária é resolúvel, sendo, portanto, recuperada *ipso iure* pelo devedor ao efetuar o pagamento da dívida.[231]

---

[226] V. Ebert Chamoun. *Instituições de direito romano*, cit., p. 284.

[227] V. Ulrich Drobnig. The law governing credit security. In: European Parliament. The private law systems in the EU: discrimination on grounds of nationality and the need for an European Civil Code. Comparative study of the system of private law of the EU Member States, with regard to discrimination on grounds of nationality and on the scope and need for the creation of an European Civil Code. *Working Paper, Legal Affairs Series*, JURI – 103 EN, Oct. 1999-Jun. 2000. Disponível em: <www.europarl. europa.eu/workingpapers/juri/pdf/103_en.pdf>. Acesso em: 21 fev. 2012, p. 71-72.

[228] Ebert Chamoun. *Instituições de direito romano*, cit., p. 282.

[229] V. Marcel Planiol. *Traité élémentaire de droit civil*, cit., p. 1004. Além desse inconveniente, indique-se ainda a impossibilidade de o devedor utilizar o bem para garantir mais de um crédito ao mesmo tempo. Esta é examinada mais adiante.

[230] V. Orlando Gomes. *Alienação fiduciária em garantia*, cit., p. 49-50. V., ainda, José Carlos Moreira Alves. *Da alienação fiduciária em garantia*, cit., p. 22-23.

[231] V. Orlando Gomes. *Alienação fiduciária em garantia*, cit., p. 59-60.

Em suma, pode-se dizer que a *proporcionalidade*[232] é a medida das garantias reais, não sendo possível apreendê-las senão tendo em conta os interesses do devedor (ou do terceiro constituinte), além daqueles do credor. Tal conclusão, diga-se de passagem, encontra-se em sintonia com a orientação metodológica, tantas vezes exaltada neste trabalho, segundo a qual os direitos de garantia, à luz do princípio da solidariedade social, traduzem situações complexas que conferem ao respectiva titular não apenas faculdades e poderes, mas também deveres e ônus.[233]

Seguindo tal perspectiva, identifica-se, ao menos, dois aspectos que, a depender das circunstâncias do caso concreto, podem fazer do penhor instrumento mais adequado do que a propriedade fiduciária para atender aos legítimos interesses do devedor. Em primeiro lugar, a alienação fiduciária traduz espécie de garantia que acarreta restrições mais severas à autonomia do devedor empresário. Este último não somente perde a possibilidade de dispor da coisa, como também – e principalmente – se encontra absolutamente adstrito à satisfação dos créditos nas condições convencionadas com os credores fiduciários, ainda que esteja enfrentando uma gravíssima crise econômico-financeira. Nesse tocante, a Lei 11.101/2005 exclui expressamente do alcance da recuperação judicial os créditos garantidos por propriedade (ou titularidade) fiduciária, os quais, desse modo,[234] não se sujeitam às medidas aprovadas no plano de recuperação, tais como a alteração de prazo de

---

[232] Proporcionalidade entendida como expressão da solidariedade social que projeta nas relações negociais a exigência de adequação entre as vantagens e desvantagens que resultam do regulamento contratual para cada uma das partes. Nessa direção, à luz do direito italiano, confira-se Pietro Perlingieri. *O direito civil na legalidade constitucional*, cit., p. 404-418. Na doutrina francesa, o princípio da proporcionalidade é comumente invocado para justificar o controle judicial exercido sobre a legitimidade das cláusulas inseridas nos contratos constitutivos de garantias assim como sobre o exercício pelas partes das prerrogativas contratuais. Sobre o tema, v. Pierre Crocq. Sûretés et proportionnalité. *Études offertes au Doyen Philippe Simler.* Paris: Dalloz-LexisNexis, 2006, p. 297-313.

[233] V. Seção 1.2.3.

[234] Art. 49 da Lei 11.101/2005: "Estão sujeitos à recuperação judicial todos os créditos existentes na data do pedido, ainda que não vencidos. (...) § 3º Tratando-se de credor titular da posição de proprietário fiduciário de bens móveis ou imóveis, de arrendador mercantil, de proprietário ou promitente vendedor de imóvel cujos respectivos contratos contenham cláusula de irrevogabilidade ou irretratabilidade, inclusive em incorporações imobiliárias, ou de proprietário em contrato de venda com reserva de domínio, seu crédito não se submeterá aos efeitos da recuperação judicial e prevalecerão os direitos de propriedade sobre a coisa e as condições contratuais, observada a legislação respectiva, não se permitindo, contudo, durante o prazo de suspensão a

vencimento das dívidas ou dos respectivos encargos financeiros. Essa rigidez pode dificultar sobremaneira – a depender do vulto desses créditos no passivo do devedor – a superação da crise e, em última análise, a preservação da empresa.[235]

Se para uma sociedade com uma sólida situação financeira esse risco pode parecer remoto, em empreendimentos de maior risco, a questão se apresenta em termos diversos, competindo, nesses casos, à administração avaliar os meios de que deve dispor para fazer frente à eventual renegociação de suas dívidas. Por isso que a concessão de garantia real tradicional, como o penhor, pode se mostrar mais apropriada do que a alienação fiduciária em garantia.

Em segundo lugar, nesses mesmos empreendimentos a que se aludiu, não é incomum a estipulação, nos contratos de financiamento, de *protective covenants*, isto é, de restrições à liberdade de gestão da sociedade devedora destinadas a evitar o agravamento do risco de inadimplemento, dentre as quais se destaca a imposição de limites à constituição de ônus sobre os ativos da empresa.[236] Desse modo, a sociedade pode se comprometer, perante determinado credor, a não conceder em favor de outrem a propriedade (ou a titularidade) fiduciária em garantia de bens seus, e, nessa hipótese, o recurso ao penhor ou à hipoteca pode ser o único meio disponível – a menos

---

que se refere o § 4º do art. 6º desta Lei, a venda ou a retirada do estabelecimento do devedor dos bens de capital essenciais a sua atividade empresarial".

[235] Não por acaso, a exclusão de tais créditos dos efeitos da recuperação judicial, comumente apelidada de *trava bancária*, vem sendo objeto de acalorado debate na doutrina e nos tribunais, como noticia Manoel Justino Bezerra Filho. *Lei de Recuperação de Empresas e Falências comentada*. 5. ed. São Paulo: Revista dos Tribunais, 2008, p. 148. Discute-se, em particular, se o dispositivo abrangeria também os créditos garantidos por cessão fiduciária de direitos, tendo em vista que, em sua literalidade, se refere unicamente à propriedade fiduciária, terminologia usualmente reservada às coisas corpóreas. Nesse tocante, tem prevalecido no STJ a tese favorável à interpretação expansiva do preceito legal, como se vê no seguinte acórdão, proferido por maioria de votos, vencida a Ministra Nancy Andrighi: "A alienação fiduciária de coisa fungível e a cessão fiduciária de direitos sobre coisas móveis, bem como de títulos de crédito, possuem a natureza jurídica de propriedade fiduciária, não se sujeitando aos efeitos da recuperação judicial, nos termos do art. 49, § 3º, da Lei nº 11.101/2005" (REsp 1.202.918/SP, 3ª Turma, Rel. Min. Ricardo Villas Bôas Cueva, j. 07.03.2013, *DJe* 10.04.2013). V. tb. REsp 1.263.500/ES, 4ª Turma, Rel. Min. Maria Isabel Gallotti, j. 05.02.2013, *DJe* 12.04.2013. Sublinhe-se que, nessa decisão, o Ministro Luis Felipe Salomão ressalvou que, em seu entendimento, cumpre ao juízo da recuperação autorizar a execução da garantia fiduciária, dentro do prazo a que se refere a parte final do § 3º do art. 49 da Lei.

[236] Sobre o tema, confira-se a Seção 2.1.

que pretenda descumprir o acordo anteriormente firmado[237] – para garantir novo empréstimo.

Tais considerações sugerem, portanto, que o emprego da propriedade fiduciária não significa a suplantação dos direitos reais de garantia. Traduz, a rigor, mais uma técnica que integra, ao lado daqueles, o conjunto de garantias posto à disposição dos particulares para a realização de seus legítimos interesses. Pode-se concluir, nessa direção, que as duas técnicas – alienação fiduciária e direito real de penhor –se complementam, de sorte que, conforme sejam os centros de interesses presentes na concreta relação jurídica, uma pode se revelar mais adequada do que a outra.

Convém registrar a opinião segundo a qual a propriedade fiduciária consubstanciaria espécie de garantia menos eficiente do que as garantias tradicionais – a hipoteca e o penhor – visto ser inconcebível, à luz do princípio da exclusividade da propriedade,[238] atribuir o domínio de um mesmo bem a pessoas diversas. Por isso seria inviável ao devedor tirar máximo proveito de seu bem, conferindo-lhe em garantia de créditos pertencentes a credores diversos. Como o valor do bem pode superar significativamente o da dívida, a propriedade fiduciária representaria significativo "desperdício do crédito do devedor".[239] Nesse tocante, portanto, se revelaria inferior ao penhor e à hipoteca, nos quais o credor passa a ser titular de um direito real sobre a coisa alheia, nada impedindo, a princípio, a constituição de múltiplos gravames sobre o mesmo bem em favor de distintos credores.[240]

A experiência estrangeira, contudo, mostra que tal opinião não procede. Com efeito, é extremamente desenvolvida no direito alemão a técnica que,

---

[237] Via de rega, o descumprimento do *covenant* tem graves consequências para o devedor, como o vencimento antecipado do empréstimo e até mesmo dos demais empréstimos obtidos de terceiros, de tal modo que não representa, na prática, uma opção viável.

[238] Veja-se, nessa direção, Caio Mário da Silva Pereira: "A propriedade, como expressão da senhoria sobre a coisa, é excludente de outra senhoria sobre a mesma coisa, é *exclusiva*: *plures eamdem rem in solidum possidere non possunt*" (*Instituições de direito civil*, cit., v. 4, p. 68). Cf. tb. Miguel Maria de Serpa Lopes. *Curso de direito civil*, cit., v. 6, p. 309; San Tiago Dantas, *Programa de Direito Civil*, vol. 3, cit., p. 127.

[239] Pierre Crocq. *Propriété et garantie*, cit., p. 433, tradução livre. O autor também cita a opinião expressiva de Philippe Malaurie, para quem a propriedade fiduciária em garantia "arrisca o estrangulamento dos devedores" (tradução livre).

[240] A impossibilidade de utilizar o bem em garantia de mais de um credor é apontada como uma das causas do declínio do *fiducia cum creditore* no direito romano, ao lado do risco de abuso, do qual já se falou acima. V., nesse sentido, Ebert Chamoun. *Instituições de direito romano*, cit., p. 282.

preenchendo função análoga ao penhor e à hipoteca de segundo grau, permite realizar sucessivas transmissões fiduciárias *a partir* de um mesmo bem.[241]

Cuida-se do aproveitamento, para fins de garantia, da posição jurídica do devedor fiduciante. Uma vez alienada fiduciariamente a coisa, e enquanto não vencida a dívida, o devedor tem o direito eventual ou expectativo (*Anwartsschaftsrecht*) a recuperar a propriedade da coisa, na hipótese de a dívida ser paga. Tal direito, como qualquer outra situação patrimonial, pode ser cedido fiduciariamente em favor de outro credor, permitindo, dessa maneira, que o valor da coisa seja utilizado em garantia de um segundo crédito. Note-se que dessa cessão fiduciária surgirá novo direito eventual, de conteúdo semelhante ao primeiro, que, a seu turno, poderá ser atribuído em garantia. Torna-se viável desse modo a constituição de sucessivas garantias a partir de um único bem, até o limite do seu valor.[242]

Tal expediente mostra-se plenamente compatível com a ordem jurídica brasileira, em que a posição do devedor fiduciante, enquanto pendente o vencimento do crédito garantido, também é qualificada como *direito eventual* à devolução da propriedade do bem transmitido fiduciariamente, subordinada ao pagamento da dívida.[243]

A figura do *direito eventual ou expectativo*, longe de ser desconhecida, encontra-se assimilada ao sistema jurídico pátrio. A doutrina ressalta, a propósito, que a posição de quem espera a aquisição de um direito, sujeita ao

---

[241] Confira-se sobre o tema Rolf Serick. *Les sûretés réelles mobilières en droit allemand* – Vue d'ensemble et principes généraux. Paris: LGDJ, 1990, p. 31-32; Claude Witz. Le droit des sûretés réelles mobilières en République Fédérale d'Allemagne. *Revue Internationale de Droit Comparé*, n. 1, jan.-mar. 1985, p. 27-68, especialmente p. 39. Confira-se Pierre Crocq. *Propriété et garantie*, cit., p. 433-434; e Ulrich Drobnig. The law governing credit security, cit., p. 80-81.

[242] Sublinhe-se que essa técnica – cessão em garantia do direito eventual do devedor para a garantia de um segundo crédito – também era admitida no direito inglês em relação ao *chattel mortgage* (hipoteca mobiliária), que segundo certos autores seria a figura mais próxima da propriedade fiduciária em garantia do direito pátrio (v., nesse sentido, José Carlos Moreira Alves. *Da alienação fiduciária em garantia*, cit., p. 28-32; Maria Cristina de Cicco. *Alienazione fiduciaria in garanzia:* il modello brasiliano, cit., p. 32-34). Acerca da cessão em garantia do direito eventual de restituição oriundo do *chattel mortgage*, v. Pierre Crocq. *Propriété et garantie*, cit., p. 433-434.

[243] V., nesse sentido, José Carlos Moreira Alves. *Da alienação fiduciária em garantia*, cit., p. 129-132. De acordo com o autor: "o expectante é titular de direito expectativo à aquisição da propriedade, que é o direito expectado" (José Carlos Moreira Alves. *Da alienação fiduciária em garantia*, cit., p. 131). V., ainda, Orlando Gomes. *Alienação fiduciária em garantia*, cit., p. 92.

Cap. 3 • PENHOR E AUTONOMIA PRIVADA | 225

implemento de fato futuro e incerto, traduz, em si mesma, situação subjetiva jurídica.[244] Ou seja, antes mesmo da verificação do fato, o sujeito é titular de direito cuja função é instrumental e preparatória à aquisição do direito *expectado* (no caso da alienação fiduciário, o domínio do bem).[245] Nessa direção, o art. 130 do Código Civil estabelece que o *direito eventual* assegura ao respectivo titular a prática de atos destinados a resguardar o exercício futuro do direito que ainda não nasceu.[246]

Além disso, tratando-se de direito dotado de valor econômico – vez que atinente à aquisição de um direito patrimonial – e incorporado ao patrimônio do titular desde o momento em que se estipulou a condição, admite-se que

---

[244] Como ressalta Vicente Ráo: "O direito sujeito a condição suspensiva é, pois, um *direito condicional adquirido*, direito adquirido, isto é, à titularidade do direito visado pelo ato jurídico, quando se realizar a condição" (*Ato jurídico*. 4. ed. atual. por Ovídio Rocha Barros Sandoval. São Paulo: Revista dos Tribunais, 1997, p. 281). Por sua vez, Pontes de Miranda esclarece que: "a eficácia do direito expectativo é anterior e inconfundível com a do direito expectado. O direito expectado é futuro; ainda não tem efeitos; é efeito, ele-mesmo, que ainda não se produziu" (*Tratado de direito privado*. Rio de Janeiro: Borsoi, 1971, t. V, p. 349).

[245] Como esclarece Eduardo Espínola: "O titular dum direito eventual é autorizado, em regra, a praticar os atos que assegurem a formação do direito esperado e que lhe facilitem o reconhecimento integral no momento que se verificar a plena aquisição, isto é, em que fique perfeito o fato aquisitivo complexo" (*Manual do Código Civil brasileiro*. Rio de Janeiro: Jacintho Ribeiro dos Santos, 1923, v. 3, 1ª parte, p. 100).

[246] Nessa direção, prescreve o citado dispositivo: "ao titular do direito eventual, nos casos de condição suspensiva ou resolutiva, é permitido praticar os atos destinados a conservá-lo". Há quem entenda que a expressão "direito expectativo" é preferível ao termo "direito eventual" já que traduz de maneira mais precisa o caráter atual dessa situação subjetiva. Assim é ver-se: "Se alguém é titular de um direito é porque esse existe. Eventual, entretanto, é o fortuito, aquilo que depende, para ter existência, de um acontecimento incerto. Direito eventual, por conseguinte, é aquele que ainda não existe, embora possa vir a existir. Se assim é, não se pode dizer que alguém seja titular de direito eventual. O caráter fortuito, a nota de eventualidade são próprios do direito que nascerá, caso realizada a condição. Enquanto não implementada, ele não se terá formado. (...) Diferente é o direito expectativo. Traduz o direito de adquirir-se um direito, uma vez efetivada a condição. A expressão 'expectativo', é certo, ainda não encontrou guarido nos dicionários. Vem sendo, entretanto, empregada pela doutrina para referir-se ao direito, que tem indiscutível significado patrimonial, de adquirir aquele outro, sujeito a condição" (Eduardo Ribeiro de Oliveira. Dos bens. Dos fatos jurídicos. Do negócio jurídico. Disposições gerais da representação. Da condição. Do termo e do encargo. In: Sálvio de Figueiredo Teixeira (coord.). *Comentários ao Novo Código Civil*. Rio de Janeiro: Forense, 2008, v. 2, p. 349-350).

seja transmitido *entre vivos* ou *mortis causa*.[247] Nesse sentido, o art. 1.365, parágrafo único, do Código Civil, que trata da propriedade fiduciária em garantia de coisa móvel infungível, reconhece o caráter *patrimonial e disponível* desse direito ao prever que "o devedor pode, com a anuência do credor, dar seu direito eventual à coisa em pagamento da dívida, após o vencimento desta".[248]

Sendo assim, não há óbice a que seja objeto de negócio destinado a transmiti-lo em garantia.[249] Aliás, a cessão fiduciária do direito eventual resultante da alienação em garantia de bens móveis encontra-se expressamente amparada pela legislação vigente, haja vista o teor do art. 66-B, § 3º, da Lei

---

[247] Nesse sentido, v. José Carlos Moreira Alves. *Da alienação fiduciária em garantia*, cit., p. 131-132; Pontes de Miranda. *Tratado de direito privado*, cit., t. V, p. 354; e Vicente Ráo. *Ato jurídico*, cit., p. 281.

[248] O que se dá em pagamento é o direito eventual à restituição da coisa que, em caso de inadimplemento absoluto, se converte no direito a receber o excedente do produto da alienação da coisa. V. Gleydson Kleber Lopes de Oliveira. Da propriedade, da superfície e das servidões (arts. 1.277 a 1.389). In: Arruda Alvim e Thereza Alvim (coord.). *Comentários ao Código Civil brasileiro*. Rio de Janeiro: Forense, 2004, v. 12, p. 246. V., ainda nessa direção, Gustavo Tepedino, Heloisa Helena Barboza e Maria Celina Bodin de Moraes *et al. Código Civil interpretado conforme a Constituição da República*, cit., v. 3, p. 743; e Luiz Edson Fachin. Do direito das coisas (arts. 1.277 a 1.368). In: Antonio Junqueira de Azevedo (coord.). *Comentários ao Código Civil*, cit., p. 361-362.

[249] Em relação ao negócio fiduciário, pesaram por muito tempo suspeitas de fraude e da simulação. No entanto, a doutrina vem reconhecendo a sua autonomia em relação a essas figuras e a sua idoneidade a produzir efeitos na ordem jurídica. V., nesse sentido, Orlando Gomes. *Alienação fiduciária em garantia*, cit., p. 23-24; Nestor José Forster. *Alienação fiduciária em garantia*. Porto Alegre: Sulina, 1976, p. 25-37; Paulo Restiffe Neto. *Garantia fiduciária*, cit., p. 7-8; Antonio Junqueira de Azevedo. Negócio fiduciário. Frustração da fidúcia pela alienação indevida do bem transmitido. Oponibilidade ao terceiro adquirente dos efeitos da fidúcia germânica e de procuração em causa própria outorgada ao fiduciante. In: Antonio Junqueira de Azevedo. *Novos estudos e pareceres de direito privado*. São Paulo: Saraiva, 2009, p. 112-114; João Manuel de Carvalho Santos. *Código Civil brasileiro interpretado, principalmente do ponto de vista prático*. Rio de Janeiro: Freitas Bastos, 1964, v. 2, p. 385; José Xavier Carvalho de Mendonça. *Tratado de direito comercial brasileiro*, cit., p. 85; Caio Mário da Silva Pereira. *Instituições de direito civil*, cit., v. 3, p. 369; Álvaro Villaça Azevedo. Negócio fiduciário. In: Rubens Limongi França (coord.). *Enciclopédia Saraiva do Direito*. São Paulo: Saraiva, 1977, v. 54, p. 166-167; Eduardo Espínola. *Manual do Código Civil brasileiro*, cit., p. 473; Humberto Theodoro Júnior. Dos fatos jurídicos: do negócio jurídico. In: Sálvio de Figueiredo Teixeira. *Comentários ao Novo Código Civil*, cit., p. 479-480; e Luiz Gastão Paes de Barros Leães. O acordo de acionistas como negócio fiduciário. In: Luiz Gastão Paes de Barros Leães. *Pareceres*. São Paulo: Singular, 2004, v. 2, p. 1.374.

4.728/1965, que cuida da cessão fiduciária de (quaisquer) direitos sobre coisas móveis.[250]

Assim, vencido e pago o crédito do primeiro credor, opera-se a condição resolutiva da alienação fiduciária em garantia e o domínio do bem é atribuído ao segundo credor, titular do direito eventual cedido pelo devedor fiduciante. Nesse momento, o direito eventual sub-roga-se na coisa, regendo-se doravante pelas regras estabelecidas na legislação vigente para a propriedade fiduciária em garantia.[251]

Na hipótese, contudo, de o seu crédito não ser pago no vencimento, o primeiro credor fica autorizado a vender, judicial ou extrajudicialmente, a coisa alienada fiduciariamente, para pagar-se. Se, após a satisfação integral do débito, houver saldo a ser devolvido, neste crédito se sub-roga o direito eventual, aplicando-se, daí em diante, o disposto no art. 19 da Lei 9.514/1997.[252] Desse modo, o segundo credor fica legitimado a receber diretamente do primeiro credor o saldo remanescente e, uma vez vencido o seu crédito, pode deduzir da importância recebida a quantia que lhe é devida, devendo, ao final, restituir o que sobejar ao devedor fiduciante.[253]

Sublinhe-se, ainda, que o problema da proteção da posição do credor da primeira garantia, que foi exaustivamente examinado a propósito do penhor de segundo grau,[254] não se coloca na cessão fiduciária do direito eventual do devedor fiduciante, uma vez que tal direito não atribui ao titular o poder de promover a alienação da coisa. Como já se mencionou, cuida-se de direito voltado para a aquisição da propriedade, que se condiciona ao pagamento da dívida ao primeiro credor. Por isso que, enquanto não se verificar essa condição, o seu titular não é a proprietário da coisa e, por conseguinte, não pode vendê-la.

---

[250] De acordo com aludido preceito legal: "É admitida a alienação fiduciária de coisa fungível e a cessão fiduciária de direitos sobre coisas móveis (...)".

[251] V., em relação ao direito alemão, Claude Witz. Le Droit des Sûretés Réelles Mobilières en République Fédérale d'Allemagne, cit., p. 39.

[252] Aplicável à cessão fiduciária de direitos sobre coisas móveis por força do disposto no § 4º do art. 66-B da Lei 4.728/1965: "No tocante à cessão fiduciária de direitos sobre coisas móveis ou sobre títulos de crédito aplica-se, também, o disposto nos arts. 18 a 20 da Lei no 9.514, de 20 de novembro de 1997".

[253] "Art. 19. Ao credor fiduciário compete o direito de: (...) IV – receber diretamente dos devedores os créditos cedidos fiduciariamente. § 1º As importâncias recebidas na forma do inciso IV deste artigo, depois de deduzidas as despesas de cobrança e de administração, serão creditadas ao devedor cedente, na operação objeto da cessão fiduciária, até final liquidação da dívida e encargos, responsabilizando-se o credor fiduciário perante o cedente, como depositário, pelo que receber além do que este lhe devia".

[254] Cf. Seção 3.3.2.

Visto, portanto, o cabimento de sucessivas transmissões fiduciárias em garantia a partir de um mesmo bem, cumpre, retomando a análise acerca da utilidade do penhor, reiterar que a alienação fiduciária é instrumento complementar e não substitutivo ao penhor. Com efeito, a partir da perspectiva funcional, empregada em toda a tese, torna-se possível resgatar toda a vivacidade e a flexibilidade do penhor, que fazem dele instrumento ímpar de garantia do crédito, ao lado da alienação fiduciária em garantia.

4

CONSIDERAÇÕES FINAIS

A trajetória até aqui percorrida, pautada no exame funcional de institutos e conceitos jurídicos, permite alcançar as seguintes conclusões:

1. Os direitos reais não apresentam conteúdo uniforme, verificando-se, ao reverso, a heterogeneidade estrutural desses direitos. Alguns deles, como o usufruto e a servidão positiva, realizam o interesse do titular mediante o exercício de poder imediato sobre a coisa, sem a intervenção de outrem. Outros, em contrapartida, satisfazem o interesse do titular por meios diversos, como se observa na servidão negativa, na hipoteca e no penhor.

2. A excussão judicial do bem empenhado não traduz o exercício pelo credor de poder imediato sobre a coisa, já que a expropriação constitui ato típico da autoridade judicial. Nem mesmo na hipótese de venda amigável se verificaria o poder imediato do credor, uma vez que, neste caso, a alienação é realizada em nome do proprietário do bem, com base nos poderes outorgados por este último. Não altera tal conclusão o fato de a lei exigir para a constituição do penhor comum a entrega da coisa ao credor pignoratício, uma vez que, nesse caso, o exercício possessório não se volta para a satisfação do direito do credor.

3. Toda situação subjetiva, por expressar tanto a liberdade individual como a solidariedade social, é reconhecida pela ordem jurídica para a tutela de interesses não apenas do titular, mas também da coletividade. Todos esses interesses participam da sua essência, contribuindo para a identificação de sua função social e dando origem a situação subjetiva complexa, que é composta tanto por poderes quanto por deveres, obrigações e ônus. Daí decorre que deve ser afastada a opinião que restringe o fenômeno da cooperação social ao âmbito das relações pessoais, por entender que somente nesse domínio os

sujeitos se encontram ligados por recíprocos direitos e deveres. Especialmente no âmbito dos direitos reais na coisa alheia, em que se verifica a presença de dois centros de interesses bem definidos – o dono da coisa gravada e o titular do direito real limitado – identifica-se conjunto de direitos e deveres recíprocos que integra e qualifica o direito real constituído pelas partes.

4. O direito de penhor traduz situação subjetiva complexa, no âmbito da qual se identifica feixe de direitos e deveres para as partes envolvidas. Tal fenômeno se manifesta em aspectos fundamentais do regime jurídico do penhor, tais como a conservação da utilidade da garantia (em caso de perecimento ou deterioração da coisa), o dever de custódia da coisa empenhada e o dever a cargo do credor de realizar a venda amigável zelando pelos interesses do garantidor.

5. As normas do direito das obrigações mostram-se aplicáveis às relações jurídicas reais naquilo que forem pertinentes para a disciplina do dever de colaboração entre os diversos centros de interesses envolvidos. Destaca-se, nesse sentido, o amplo espectro de incidência da boa-fé objetiva nas relações contratuais constitutivas de direitos reais sobre a coisa alheia, a exigir do proprietário e do titular do direito real limitado que adotem comportamentos adequados aos parâmetros de lealdade, honestidade e colaboração com vistas a alcançarem os fins perseguidos na concreta relação jurídica. Disso decorre a proibição não apenas dos atos emulativos, que visam agravar a posição do outro sujeito sem proporcionar utilidade ao titular, mas também do exercício que, apesar de orientado à realização do interesse individual do titular, não seja conforme as finalidades do acordo constitutivo do direito real.

6. De outra parte, não basta para a qualificação do direito real a consideração de sua eficácia absoluta. A uma, porque se trata de critério puramente formal, que não permite apreender as funções que os direitos reais são chamados a desempenhar no ordenamento jurídico. A duas, porque o dever negativo de abstenção, que pesaria sobre todas as pessoas, não é outra coisa senão o dever de respeito à integridade da esfera jurídica alheia – *alterum non laedere* – que deve ser observado em relação a todas as situações subjetivas, inclusive aos direitos de crédito, e não apenas em relação aos direitos reais. Dessa maneira, a eficácia contra terceiros, que segundo a teoria personalista caracterizaria o direito real, constitui, a rigor, atributo de qualquer situação subjetiva.

7. Na esteira da teoria desenvolvida por Michele Giorgianni, pode-se identificar como traço característico do direito real a aderência, a qual traduz o vínculo especialmente intenso que se estabelece entre a situação subjetiva real e a coisa. Esta se projeta na *sequela*, isto é, na proteção concedida ao titular do direito real contra as interferências que terceiros poderiam causar

no exercício do seu direito. Dessa maneira, o direito real traduz, no atual estágio da experiência jurídica, expediente destinado a tutelar *a estabilidade* da relação jurídica que tem por referência objetiva uma coisa.

8. No entanto, não se mostra consentânea com o dado normativo vigente a opinião que associa a *tutela específica* aos direitos reais e a *tutela genérica* aos direitos pessoais. Hoje, a tutela judicial capaz de proporcionar o resultado útil que satisfaz o interesse do titular do direito, seja real ou pessoal, se mostra sempre preferível à tutela genérica, que conduz ao ressarcimento do prejuízo sofrido.

9. Também deve ser relativizada, no direito brasileiro, a tese segundo a qual se identificaria no direito real a estreita correlação entre as vicissitudes da coisa e as da situação subjetiva. A uma, porque o direito real não constitui fenômeno ontologicamente associado ao aproveitamento da *res* – entendida como coisa corpórea – haja vista a admissão de direitos reais sobre bens imateriais. A duas, porque a ideia da inseparabilidade da coisa e do direito real – sustentada por essa tese – não resiste à evidência de que a sub-rogação real traduz fenômeno jurídico de amplo alcance, especialmente no âmbito dos direitos reais de garantia.

10. A taxatividade dos direitos reais traduz, no direito pátrio, princípio de ordem pública. Não significa, contudo, a supressão da liberdade contratual em matéria de direitos reais. Com efeito, se é verdade que a criação de uma nova figura real depende do legislador, certo é também que a autonomia negocial manifesta-se de diversas outras maneiras no âmbito dos tipos de direitos reais admitidos na lei.

11. Os tipos reais são *abertos*, coexistindo, no interior de cada tipo, regras essenciais e outras que podem ser livremente modificadas pelas partes. Embora não possa desrespeitar as regras essenciais que são fixadas pela lei, sob pena de subverter o tipo real, a autonomia privada pode atuar de sorte a moldar o conteúdo aos seus legítimos interesses. Além disso, reconhece-se aos particulares liberdade na escolha do objeto do direito real. Identifica-se, em relação a cada tipo real, significativo espaço reservado à autonomia negocial no que tange à *individuação* do bem que serve de referência objetiva à relação jurídica real.

12. Não se pode admitir, no direito brasileiro, a pretensa especificidade interpretativa das normas que disciplinam os tipos reais. Da unidade axiológica do ordenamento jurídico decorre o caráter unitário do processo hermenêutico de valoração do ato de autonomia. Por isso que, independentemente da sua natureza real ou pessoal, qualquer situação subjetiva jurídica é tutelada pelo ordenamento somente se for orientada à realização de interesses que estejam em consonância com os valores inscritos na Constituição da República.

13. Disso decorre que não é aceitável a opinião segundo a qual, no âmbito do direito das coisas, as normas seriam, em princípio, cogentes, a menos que o legislador expressamente tenha consignado o oposto no texto legal. A qualidade imperativa ou derrogável de uma norma não é um dado que precede à atividade interpretativa, resultando, ao reverso, do seu caráter essencial ou não para a caracterização do respectivo tipo real, o que somente pode ser estabelecido por meio da interpretação axiológica e sistemática da disciplina global do tipo no ordenamento. Do mesmo modo, o silêncio do legislador quanto à possibilidade de as partes procederem a determinado ajuste no conteúdo do direito real não deve ser presumido nem contra nem a favor da sua admissão.

14. Colhe-se da doutrina a utilização do vocábulo garantia em sentido deveras amplo, para designar variados instrumentos jurídicos voltados a assegurar a realização ou o pleno exercício de um direito subjetivo patrimonial. Seriam, à luz dessa concepção, abrangidos pela palavra garantia os mecanismos que asseguram ou facilitam a tutela dos interesses do credor em caso de inadimplemento do devedor, como a resolução contratual, a cláusula penal, a faculdade de retenção, a compensação de créditos, entre outros. Há de se atentar, nada obstante, para a excessiva abrangência dessa noção de garantia, que compreenderia institutos variados e heterogêneos, não reconduzíveis a uma disciplina unitária. Diante disso, mostra-se de duvidosa utilidade a formulação de categoria tão ampla de garantia, que, por compreender em seu seio institutos tão díspares entre si sem lograr reuni-los em normativa comum, acaba por esvaziar-se completamente.

15. Identifica-se, no direito brasileiro, noção de garantia do crédito mais específica do que aquela, difusamente presente na doutrina, que denota, genericamente, os instrumentos de tutela do credor frente aos efeitos da inexecução obrigacional. A garantia, nesta acepção, compreende as situações subjetivas acessórias da obrigação que tenham por finalidade proporcionar segurança ao credor, oferecendo-lhe meio de extinção satisfativa do crédito, a despeito da ausência de cooperação do devedor e da sua incapacidade patrimonial para solver o débito.

16. Sendo acessória do crédito, a garantia desempenha, necessariamente, finalidade instrumental em relação àquele, não sendo, portanto, concebível o seu emprego senão de maneira associada ao crédito. No entanto, as repercussões do vínculo de acessoriedade são variáveis de acordo com a normativa específica aplicável à garantia. Assim, há garantias cujo regime jurídico é fortemente dependente das vicissitudes ocorridas na relação obrigacional, enquanto outras ostentam, neste particular, maior autonomia.

17. Uma vez que a garantia se destina à produção do resultado útil que satisfaz o interesse do credor, não se admite que proporcione vantagem maior do que aquela que decorreria do cumprimento da prestação pelo devedor. Embora não esteja expressamente consagrado na legislação pátria, tal orientação encontra-se refletida em regras importantes, como a vedação ao pacto comissório, a proibição da fiança por valor superior ao da dívida e a obrigação do credor de restituir ao garantidor o excedente após a execução da garantia real (*superfluum*).

18. O risco de insolvência do devedor é inerente ao regime da responsabilidade patrimonial. Isto porque o patrimônio constitui, no direito pátrio, universalidade de direito, que se caracteriza pela elasticidade do seu conteúdo, que pode alterar-se, expandindo-se ou comprimindo-se, sem que disso resulte a modificação da configuração unitária do conjunto. Daí decorre que o devedor pode livremente dispor de seus bens, dentro dos limites legais, e contrair, perante diversos credores, débitos em montante superior ao conteúdo do seu patrimônio.

19. Não altera tal situação a existência de instrumentos destinados a preservar a efetividade da responsabilidade patrimonial, autorizando a incidência da execução coativa sobre bens que foram transferidos a terceiros, haja vista o alcance limitado desses remédios. Em particular, a exigência da má-fé do terceiro contratante, presente em diversas hipóteses de impugnação, representa importante restrição à pretensão dos credores, que, no mais das vezes, devem se contentar com os bens presentes no patrimônio do devedor ao tempo da execução.

20. Além disso, o credor está sempre exposto, quer no concurso singular, quer no coletivo, ao perigo de não conseguir a plena satisfação do seu direito em virtude da concorrência dos demais credores sobre o patrimônio do devedor. Dessa sorte, como toda pessoa, não obstante ser devedora, permanece livre para dispor dos seus bens e também para contrair novas dívidas, a possibilidade de agressão do patrimônio, que se traduz na responsabilidade patrimonial, não se mostra hábil a proteger, plenamente, o credor do risco de insolvabilidade.

21. Disso resulta a demanda por instrumentos que, mitigando tal risco, tornam mais certa a satisfação do crédito, mesmo diante da possibilidade de configurar-se a insolvência do devedor. Cuida-se de mecanismos capazes de içar o seu titular a uma posição privilegiada, na qual as chances de lograr a satisfação do crédito sejam superiores àquelas geralmente conferidas aos credores quirografários. O penhor e a hipoteca alcançam tal finalidade em razão da preferência e da sequela de que são dotados.

22. No entanto, a proteção conferida por essas garantias não se afigura absoluta. Em primeiro lugar, porque o preço obtido com a venda do bem gravado pode se revelar inferior ao montante total do débito exigido, especialmente em virtude das despesas judiciais e dos encargos moratórios que se avolumam durante o trâmite da cobrança. Em segundo lugar, porque a preferência de que são dotados os créditos pignoratício e hipotecário se afigura relativa, haja vista a existência de outros créditos que devem ser pagos prioritariamente no caso de falência do devedor.

23. A garantia cumpre sua função ainda que, em virtude do adimplemento da obrigação, não seja necessária acioná-la. O que de fato interessa é a segurança que a garantia proporciona ao credor, colocando à sua disposição instrumento de realização do crédito, do qual pode se valer em caso de necessidade. Desse modo, a garantia age muito antes do inadimplemento, proporcionando segurança ao credor e induzindo o devedor a cumprir a sua obrigação. Mais do que isso, ao reforçar a probabilidade de satisfação do crédito, torna o credor mais propenso a emprestar capital e a fazê-lo em condições menos onerosas para o devedor. Favorece, assim, o acesso ao crédito, estimulando o financiamento das atividades econômicas. As garantias desempenham, portanto, não apenas uma função repressiva, relacionada ao remédio da violação do crédito, mas igualmente – e prioritariamente – uma finalidade promocional.

24. Afigura-se lícito e legítimo no direito brasileiro a estipulação, no contrato constitutivo de penhor, do pacto marciano, em virtude do qual se autoriza o credor a apropriar-se da coisa empenhada em caso de inadimplemento, contanto que se obrigue a entregar ao garantidor a diferença entre o montante da dívida e o valor justo da coisa. Tal ajuste difere substancialmente da cláusula comissória, não incidindo, portanto, na nulidade estabelecida para esta última.

25. A vedação ao pacto comissório está baseada em duas razões. Em primeiro lugar, é proibida porque deturpa a legítima função desempenhada pelas garantias reais, transformando-as em instrumento de especulação sobre o ganho que pode ser alcançado com o inadimplemento do devedor. Em segundo lugar, porque, em consideração à sua vulnerabilidade, a ordem jurídica confere especial proteção ao devedor, protegendo-lhe, preventivamente, do acordo que pode lhe acarretar sérios prejuízos.

26. De outra parte, o pacto marciano, ao impor ao credor o dever de entregar ao garantidor a diferença entre o valor justo do bem e a quantia devida, assegura que o resultado alcançado por meio da execução do penhor seja rigorosamente equivalente àquele que o credor teria obtido com o pagamento da obrigação. Desse modo, o mencionado ajuste não desvirtua a garantia,

Cap. 4 • CONSIDERAÇÕES FINAIS | 235

transformando-a em fonte de enriquecimento para o credor, nem se presta ao abuso da vulnerabilidade do devedor. Além disso, é inegável a utilidade social do pacto marciano, haja vista consubstanciar expediente destinado a proporcionar às partes meio eficiente de execução da garantia – poupando-as dos custos usualmente associados à venda do bem – sem, no entanto, sacrificar os interesses do devedor.

27. Tendo a regra legal de especificação do objeto do penhor a finalidade de assegurar a efetividade da execução da garantia e de proteger o devedor e terceiros da criação de um privilégio de extensão indeterminada, é de se reconhecer que tal propósito pode ser atendido por técnicas diversas da singularização de cada bem empenhado no contrato constitutivo da garantia. Desse modo, satisfaz o requisito da especificação – e, por conseguinte, atende à tipicidade do penhor – o objeto determinável a partir de critérios ou procedimentos estabelecidos no contrato constitutivo. Daí a se reconhecer à autonomia privada significativo espaço de atuação no desenvolvimento de técnicas contratuais destinadas a compatibilizar os fins almejados por meio do penhor com a natureza específica dos bens empenhados.

28. Saliente-se, nessa direção, a liberdade reconhecida às partes, no penhor pecuário e no industrial mercantil, para a reposição dos bens empenhados por outros. Desse modo, configurado o inadimplemento do devedor, a excussão recai sobre os bens então em poder do devedor, e não necessariamente sobre aqueles identificados ao tempo da constituição da garantia. O que significa que o objeto não se define estaticamente, apresentando, ao reverso, feição dinâmica, relacionada à rotação das coisas empenhadas.

29. Nessas hipóteses, a substituição dos bens empenhados baseia-se na técnica da sub-rogação real, por meio da qual se substitui a coisa objeto da situação jurídica subjetiva, com vistas à preservação da função desempenhada pela situação. Daí resulta que não há novação e tampouco extinção do penhor preexistente mediante a criação de outro. Verifica-se, ao contrário, a continuidade do penhor inicialmente constituído, não obstante as sucessivas reposições que o garantidor tenha de fazer.

30. No entanto, recaindo sobre matérias primas e mercadorias, o penhor industrial e mercantil se submete a regramento jurídico diverso, que leva em conta a peculiar natureza do objeto. De acordo com a jurisprudência que se formou sobre o tema, admite-se que o devedor disponha livremente de tais bens, recaindo a execução sobre bens da mesma natureza e quantidade existentes ao tempo da execução. Desse modo, preserva-se o funcionamento da atividade do devedor ao mesmo tempo em que se assegura a efetividade da garantia real do credor.

31. Tal solução baseia-se na técnica de constituição de penhor sobre universalidade de fato. Nessa modalidade de penhor, os bens pertencem à mesma pessoa – o devedor garantidor – e se destinam ao mesmo fim, que é a garantia do crédito pignoratício. Além disso, assiste ao devedor o poder de dispor das coisas empenhadas. Se a garantia permanece inalterada a despeito da livre circulação das coisas empenhadas é porque o seu objeto consiste, precisamente, no todo unitário (universalidade) composto por determinada quantidade de bens da mesma qualidade.

32. A especificação traduz problema maior no âmbito do penhor de direitos, haja vista a possibilidade de recair sobre créditos futuros, cujos valor e vencimento são desconhecidos ao tempo da constituição da garantia. Nesse tocante, há de superar-se a concepção rígida e formalista que considera indispensável a exata identificação dos créditos no contrato constitutivo da garantia. Em vez disso, é de se reconhecer que a estipulação do modo de determinação dos créditos futuros empenhados satisfaz a regra da especificação do objeto do penhor, desde que o mecanismo escolhido pelas partes atenda ao propósito daquela: a delimitação do objeto da garantia, com vistas a assegurar a sua efetividade e a impedir o conluio fraudulento entre devedor e credor pignoratício prejudicial aos credores quirografários.

33. Afigura-se legítima e típica a constituição de penhor de segundo grau (ou de grau mais elevado), qualquer que seja a sua modalidade (comum, especial e de direitos). Até mesmo a criação de múltiplos penhores comuns sobre um mesmo bem se mostra viável, haja a vista a possibilidade de os credores nomearem representante comum, que deve guardar e conservar a coisa até que se extinga a última das garantias incidentes sobre o bem.

34. Aplicam-se à disciplina do penhor de segundo grau as regras da hipoteca pertinentes à proteção do credor hipotecário frente aos credores posteriores. Daí resulta que, ressalvada a hipótese de insolvência do devedor, não pode o credor do segundo penhor, ainda que vencido o seu crédito, excutir a coisa antes de vencido o crédito do primeiro credor pignoratício. Além disso, as prelações dos diversos credores pignoratícios devem ser graduadas de acordo com o princípio da preferência temporal, ou seja, segundo a ordem de constituição dos penhores, a qual pode ser aferida com base na data do registro de cada instrumento contratual no cartório competente. Sendo assim, na hipótese de excussão do bem, assiste ao credor do penhor mais recente prioridade apenas sobre o valor que sobrar após satisfação dos credores precedentes.

Cap. 4 • CONSIDERAÇÕES FINAIS | 237

35. A constituição de múltiplos penhores sobre um mesmo crédito submete-se à disciplina específica estabelecida no art. 1.456 do Código Civil. Diferentemente do que ocorre nas demais espécies de penhor, em que cada credor pignoratício mantém o direito de excutir o bem, desde que respeite o vencimento dos créditos que preferem ao seu, no penhor de crédito, a execução da garantia – isto é –o recebimento do pagamento do crédito empenhado – compete exclusivamente ao primeiro credor pignoratício. Cabe a ele, portanto, o poder-dever de cobrar o crédito empenhado, no seu interesse e no dos demais credores.

36. Não se mostra conclusivo o prognóstico segundo o qual o penhor estaria destinado a cair em desuso diante do formidável desenvolvimento da técnica da propriedade fiduciária em garantia. Somente se poderia chegar a tal conclusão a partir de perspectiva unilateral, voltada exclusivamente para a defesa dos interesses do credor. No entanto, notadamente no contexto empresarial, cumpre compreender a garantia como parte integrante do regulamento contratual que as partes negociam tendo em vista certo escopo prático comum. Nesse cenário, a garantia deve atender não apenas aos anseios do credor mas também aos do devedor e, nesse particular, o penhor continua a se mostrar, em diversas circunstâncias, mais adequado do que a alienação fiduciária. As duas técnicas – alienação fiduciária e direito real de penhor – se complementam, de sorte que, conforme sejam os centros de interesses presentes na concreta relação jurídica, uma pode se revelar mais apropriada do que a outra.

BIBLIOGRAFIA

ABRÃO, Nelson. Insolvência. *Enciclopédia Saraiva de Direito*. São Paulo: Saraiva, 1977. v. 44.

AGUIAR JÚNIOR, Ruy Rosado de. Da extinção do contrato. In: TEIXEIRA, Sálvio de Figueiredo (coord.). *Comentários ao novo Código Civil*. Rio de Janeiro: Forense, 2011. v. 6, t. 2.

ALLARA, Mario. *Le nozioni fondamentali del diritto civile*. Torino: Giappichelli, 1953. v. 1.

ALVES, José Carlos Moreira. *Alienação fiduciária em garantia*. Rio de Janeiro: Forense, 1979.

ALVES, Vilson Rodrigues. *Alienação fiduciária:* ações de busca e apreensão e depósito na atual Lei 10.931/04. Belo Horizonte: Leme, 2006.

AMARAL, Francisco. *Direito civil:* introdução. Rio de Janeiro: Renovar, 2008.

ANDRADE, Manuel A. Domingues de. *Teoria geral da relação jurídica*. Coimbra: Almedina, 1997. v. 1.

ANDRADE, Olavo de. *Notas sobre o direito de retenção*. São Paulo: Saraiva, 1922.

ANELLI, Franco. *L'alienazione in funzione di garanzia*. Milano: Giuffrè, 1996.

ANTUNES, João Tiago Morais. *Do contrato de depósito* escrow. Coimbra: Almedina, 2007.

ARANGIO-RUIZ, Vincenzo. Ius in re aliena. *Dizionario pratico del diritto privato*. Milano: Dottor Francesco Vallardi, 1934.

ASCENSÃO, José de Oliveira. *A tipicidade dos direitos reais*. Lisboa: Petrony, 1968.

ASSIS, Araken de. *Comentários ao Código de Processo Civil*. Rio de Janeiro: Forense, 2009. vol. 6.

_____. *Manual da execução*. São Paulo: Revista dos Tribunais, 2007.

_____; ANDRADE, Ronaldo Alves de; ALVES, Francisco Glauber Pessoa. Do direito das obrigações (arts. 421 a 578). In: ALVIM Arruda; ALVIM Thereza (coord.). *Comentários ao Código Civil brasileiro*. Rio de Janeiro: Forense, 2007. v. 5.

ATIAS, Christian. *Droit civil – les biens*. 9. ed. Paris: LexisNexis, 2007.

AYNES, Laurent; CROCQ, Pierre. *Les sûretés:* la publicite foncière. Paris: Defrénois Lextenso, 2008.

240 | PENHOR E AUTONOMIA PRIVADA • *Pablo Renteria*

AZEVEDO, Álvaro Villaça. Negócio fiduciário. *Enciclopédia Saraiva do Direito*. São Paulo: Saraiva, 1977. v. 54.

AZEVEDO, Antonio Junqueira de. Bens acessórios. *Estudos em homenagem ao Professor Washington de Barros Monteiro*. São Paulo: Saraiva, 1982.

_____. Negócio fiduciário. Frustração da fidúcia pela alienação indevida do bem transmitido. Oponibilidade ao terceiro adquirente dos efeitos da fidúcia germânica e de procuração em causa própria outorgada ao fiduciante. In: AZEVEDO, Antonio Junqueira de. *Novos estudos e pareceres de direito privado*. São Paulo: Saraiva, 2009.

_____. Princípios do novo direito contratual e desregulamentação do mercado, direito de exclusividade nas relações contratuais de fornecimento, função social do contrato e responsabilidade aquiliana do terceiro que contribui para inadimplemento contratual. *Revista dos Tribunais*, São Paulo, n. 750, p. 113-120, abr. 1998.

AZEVEDO, Filadelpho. *Destinação do imóvel*. 2. ed. São Paulo: Max Limonad, 1957.

BANDEIRA, Paula Greco. Fundamentos da responsabilidade civil do terceiro cúmplice. *Revista Trimestral de Direito Civil*, v. 30, abr.-jun. 2007, p. 92-110.

BAPTISTA, Mário Neves. *Penhor de créditos*. Recife: [s.n.], 1947.

BARBIERA, Lelio. *Garanzia del credito e autonomia privata*. Napoli: Editore Jovene Napoli, 1971.

BARBOSA, Rui. Os actos inconstitucionais do Congresso e do Executivo ante a Justiça Federal. *Ministério da Educação e Cultura* (Brasil). *Obras completas de Rui Barbosa*: trabalhos jurídicos. Rio de Janeiro: [s.n.], 1958. v. 20, t. 5. Disponível em: <http://docvirt.com/docreader.net/docreader.aspx?bib=ObrasCompletas RuiBarbosa&PagFis=9093>. Acesso em: 14 nov. 2013.

BECCARIA, Marquês de. *Dos delitos e das penas*. São Paulo: Revista dos Tribunais, 2006.

BELFIORE, Angelo. *Interpretazione e dommatica nella teoria dei diritti reali*. Milano: Giuffrè, 1979.

BESSONE, Darcy. *Da compra e venda*: promessa & reserva de domínio. São Paulo: Saraiva, 1988.

_____. *Direitos reais*. São Paulo: Saraiva, 1996.

BETTI, Emilio. Su gli oneri e i limiti dell'autonomia privata in tema di garanzia e modificazione di obbligazioni. *Rivista del Diritto Commerciale e Diritto Generale delle Obbligazione*, [S.l], v. 39, parte II, p. 689-702, 1931.

_____. *Teoria generale delle obbligazioni*. Milano: Giuffrè, 1953-1955. v. I.

BIBLIOGRAFIA | **241**

BEVILÁQUA, Clóvis. *Código Civil dos Estados Unidos do Brasil comentado.* Rio de Janeiro: Francisco Alves, 1955. v. 1.

_____. *Código Civil dos Estados Unidos do Brasil comentado.* Rio de Janeiro: Francisco Alves, 1956. v. 3.

_____. *Código Civil dos Estados Unidos do Brasil comentado.* Rio de Janeiro: Francisco Alves, 1958. v. 4.

_____. *Direito das coisas.* Rio de Janeiro: Freitas Bastos, 1942. v. 2.

_____. *Teoria geral do direito civil.* Rio de Janeiro: Editora Rio, 1975.

BEZERRA FILHO, Manoel Justino. *Lei de Recuperação de Empresas e Falências comentada.* 5. ed. São Paulo: Revista dos Tribunais, 2008.

BIRENBAUM, Gustavo. *Teoria da aparência.* Porto Alegre: Sergio Fabris, 2012.

BOBBIO, Norberto. A função promocional do direito. In: BOBBIO, Norberto. *Da estrutura à função:* novos estudos de teoria do direito. Barueri: Manole, 2007.

BONAVIDES, Paulo. *Curso de direito constitucional.* São Paulo: Malheiros, 2001.

BORGES, Luiz Ferreira Xavier. Covenants – instrumento de garantia em *project finance. Revista de Direito Bancário e Mercado de Capitais*, São Paulo, n. 5, p. 123-135, maio-ago. 1999.

BOUTEILLER, Patrice. Le gage de stocks de biens ou de marchandises. *Juris-Classeur Périodique – La Semaine Juridique – Éditions Entreprise et Affaires*, n. 18, 4 maio 2006, p. 808-810.

BRANCA, Giuseppe. *Servitù prediale.* Bologna: Zanichelli, 1964. v. 3, t. 3.

BURDESE, Alberto. Pegno (diritto romano). *Enciclopedia del Diritto.* Milano: Giuffrè, 1982. v. 23.

BUSNELLI, Francesco Donato. *La lesione del credito da parte di terzi.* Milano: Giuffré, 1964.

BUSSANI, Mauro. Il diritto delle garanzie reali nella prospettiva transnazionale. *Studi in onore di Piero Schlesinger.* Milano: Giuffrè, 2004. t. 2.

_____. *Il problema del patto commissorio.* Torino: Giappichelli, 2000.

BUZAID, Alfredo. *Do concurso de credores no processo de execução.* São Paulo: Saraiva, 1952.

CABRILLAC, Michel *et al. Droit des sûretés.* Paris: LexisNexis, 2010.

_____; CABRILLAC, Séverine. Formes particulières de nantissement commercial. *JurisClasseur Commercial*, v. 3, n. 398, p. 1-14, 2011.

CAHALI, Yussef Said. *Fraude contra credores:* fraude contra credores, fraude à execução, ação revocatória falencial, fraude à execução fiscal, fraude à execução penal. São Paulo: Revista dos Tribunais, 2002.

CAIS, Frederico F. S. *Fraude de execução.* São Paulo: Saraiva, 2005.

CALIXTO, Marcelo Junqueira. Dos bens. In: TEPEDINO, Gustavo (coord.). *A parte geral do novo Código Civil*: estudos na perspectiva civil-constitucional. Rio de Janeiro: Renovar, 2007.

_____. Reflexões em torno do conceito de obrigação, seus elementos e suas fontes. In: TEPEDINO, Gustavo (coord.). *Obrigações*: estudos na perspectiva civil--constitucional. Rio de Janeiro: Renovar, 2005.

CÂMARA, Alexandre Freitas. *Lições de direito processual civil*. São Paulo: Atlas, 2012. v. 3.

CANDIAN, Albina. *Le garanzie mobiliari*: modelli e problemi nella prospettiva europea. Milano: Giuffrè, 2001.

CARNELUTTI, Francesco. Diritto e processo nella teoria delle obbligazioni. *Studi di diritto processuale in onore di Giuseppe Chiovenda*. Padova: CEDAM, 1927.

_____. Note sul patto commissorio (studi di diritto processuale). *Rivista del Diritto Commerciale e del Diritto Generale delle Obbligazioni*, v. 14, parte II, 1916.

CARNEVALI, Ugo. Patto commissorio. *Enciclopedia del Diritto*. Milano: Giuffrè, 1982. v. 32.

CARPENA, Heloísa. O abuso de direito no Código de 2002: relativização de direitos na ótica civil-constitucional. In: TEPEDINO, Gustavo. *O Código Civil na perspectiva civil-constitucional* – parte geral. Rio de Janeiro: Renovar, 2013.

CENEVIVA, Walter. *Lei de Registros Públicos comentada*. São Paulo: Saraiva, 2008.

CERQUEIRA, Gustavo Vieira da Costa. O cumprimento defeituoso nos contratos de compra e venda internacional de mercadorias: uma análise comparativa entre o direito brasileiro e a Convenção de Viena de 1980. In: MARQUES Claudia Lima, ARAÚJO Nádia de (orgs.). *O novo direito internacional*: estudos em homenagem a Erik Jayme. Rio de Janeiro: Renovar, 2005.

CHALUB, Melhim Namem. *Negócio fiduciário*. 4. ed. Rio de Janeiro: Renovar, 2009.

CHAMOUN, Ebert. *Direito civil*: aulas do 4º ano proferidas na Faculdade de Direito da Universidade do Distrito Federal. Rio de Janeiro: Aurora, 1955.

_____. *Instituições de Direito Romano*. 4. ed. Rio de Janeiro: Forense, 1962.

CHIRONI, Giampietro. *Trattato dei privilegi, delle ipoteche e del pegno*. Torino, 1917. v. 1.

CICCARELLO, Sebastiano. Pegno (diritto privato). *Enciclopedia del Diritto*. Milano: Giuffrè, 1982. v. 32.

CICCO, Maria Cristina de. *Alienazione fiduciaria in garanzia*: il modello brasiliano. Napoli: ESI, 1996.

COMPARATO, Fábio Konder. *Essai d'analyse dualiste de l'obligation en droit privé*. Paris: Dalloz, 1964.

COMPORTI, Marco. *Contributo allo studio del diritto reale*. Milano: Giuffrè, 1977.

CORDEIRO, António Menezes. Da natureza do direito do locatário. *Revista da Ordem dos Advogados*, Lisboa, p. 61-136 e 349-415, 1980.

_____. *Direitos reais*. Lisboa: Lex, 1993.

CORTIANO JUNIOR, Eroulths. *O discurso jurídico da propriedade e suas rupturas*: uma análise do ensino do direito de propriedade. Rio de Janeiro: Renovar, 2002.

COUTO E SILVA, Clóvis Veríssimo. *A obrigação como processo*. Rio de Janeiro: FGV, 2006.

COVIELLO, Leonardo. *Ipoteche*. Roma: Foro Italiano, 1936.

CROCQ, Pierre. *Propriété et garantie*. Paris: LGDJ, 1995.

_____. Sûretés et proportionnalité. *Études offertes au Doyen Philippe Simler*. Paris: Dalloz, 2006.

DANTAS, San Tiago. *Programa de direito civil*. Rio de Janeiro: Editora Rio. 1978, v. 3.

_____. *Programa de direito civil*. Rio de Janeiro: Editora Rio, 1984. v. 3.

_____. *Programa de direito civil*. Rio de Janeiro: Forense, 2001.

DANTAS JÚNIOR, Aldemiro Rezende. Direito das coisas (arts. 1.390 a 1.510). In: ALVIM Arruda; ALVIM Thereza (coords.). *Comentários ao Código Civil brasileiro*. Rio de Janeiro: Forense, 2004. v. 13.

DELGADO, José Augusto. Das várias espécies de contrato: da constituição de renda, do jogo e da aposta, da fiança, da transação, do compromisso. In: TEIXEIRA, Sálvio de Figueiredo (coord.). *Comentários ao Código Civil*. Rio de Janeiro: Forense, 2004. v. 11, t. 2.

DEMOLOMBE, Charles. Traité de la distinction des biens. In: DEMOLOMBE, Charles. *Cours de Code Napoléon*. Paris: Auguste Durand & L. Hachette et Cie, 1870. v. 9, t. 1.

DIDIER JUNIOR, Fredie *et al. Curso de direito processual civil*. Salvador: JusPodivm, 2013. v. 5.

DINAMARCO, Cândido Rangel. *Instituições de direito processual civil*. São Paulo: Malheiros, 2004. v. 4.

DINIZ, Carlos Francisco Sica. Sequela. In: FRANÇA, Rubens Limongi (coord.). *Enciclopédia Saraiva de Direito*. São Paulo: Saraiva, 1977. v. 56.

DINIZ, Maria Helena. *Curso de direito civil brasileiro*. São Paulo: Saraiva, 2002.

_____. *Sistemas de registros de imóveis*. São Paulo: Saraiva, 2012.

DIP, Ricardo Henry Marques. Sobre a qualificação no Registro de Imóveis. In: PÉREZ, Diego Selhane. *Títulos judiciais e o Registro de Imóveis*. Rio de Janeiro: Instituto de Registro Imobiliário do Brasil, 2005.

DROBNIG, Ulrich. Security rights in movables. In: HARTKAMP, Arthur *et al.* (org.). *Towards a European Civil Code.* 4. ed. Alphen aan den Rijn: Wolters Kluwer, 2011.

_____. The law governing credit security. In: European Parliament. *The private law systems in the EU*: discrimination on grounds of nationality and the need for a European Civil Code. Comparative study of the system of private law of the EU Member States, with regard to discrimination on grounds of nationality and on the scope and need for the creation of a European Civil Code. DG Research. Working Paper, Legal Affairs Series, JURI – 103 EN, Oct. 1999-Jun. 2000, p. 57-82. Disponível em: <www.europarl.europa.eu/workingpapers/juri/pdf/103_en.pdf>. Acesso em: 21 fev. 2012.

ECHANDÍA, Hernando. *Teoría general de la prueba judicial.* Bogotá: Temis, 2002. v. 1.

ENEI, José Virgílio Lopes. Project Finance: financiamento com foco em empreendimentos: (parcerias público-privadas, *leveraged buy-outs* e outras figuras afins). São Paulo: Saraiva, 2007.

ENNECCERUS, Ludwig Von; KIPP, Theodor; WOLFF, Martín. *Derecho de obligaciones.* Barcelona: Bosch, 1947. t. 2.

ESPÍNOLA, Eduardo. *Dos contratos nominados no direito civil brasileiro.* Rio de Janeiro: Gazeta Judiciária, 1953.

_____. *Garantia e extinção das obrigações:* obrigações solidárias e indivisíveis. Campinas: Bookseller, 2005.

_____. *Manual do Código Civil brasileiro.* Rio de Janeiro: Jacintho Ribeiro dos Santos, 1923. v. 3, 1ª parte.

_____. *Posse, propriedade, compropriedade ou condomínio, direitos autorais.* Campinas: Bookseller, 2002.

FACHADA, Pedro; FIGUEIREDO, Luiz Fernando; LUNDBERG, Eduardo. Sistema judicial e mercado de crédito no Brasil. *Notas Técnicas do Banco Central do Brasil*, n. 35, p. 5-21, maio 2003.

FACHIN, Luiz Edson. Do Direito das coisas (arts. 1.277 a 1.368). In: AZEVEDO, Antonio Junqueira de (coord.). *Comentários ao Código Civil.* São Paulo: Saraiva, 2003. v. 15.

_____. *Teoria crítica do direito civil.* Rio de Janeiro: Renovar, 2000.

FARIAS, Cristiano Chaves de; ROSENVALD, Nelson. *Direitos reais.* Rio de Janeiro: Lumen Juris, 2009.

FERRARA, Francesco. *Trattato di diritto civile italiano.* Roma: Athenaeum, 1921. v. 1.

FINNERTY, John D. *Asset-based financial engineering.* Nova Jersey: Wiley, 2013.

FONSECA, Arnoldo Medeiros da. *Direito de retenção.* Rio de Janeiro: Forense, 1957.

FORSTER, Nestor José. *Alienação fiduciária em garantia.* Porto Alegre: Sulina, 1976.

FRAGA, Affonso. *Direitos reaes de garantia:* penhor, antichrese e hypotheca. São Paulo: Saraiva, 1933.

FRAGALI, Michele. Garanzia. *Enciclopedia del Diritto.* Milano: Giuffrè, 1969. v. 18.

FULGÊNCIO, Tito. *Direito real de hipoteca.* 2. ed. atual. por José de Aguiar Dias. Rio de Janeiro: Forense, 1960. v. 1.

GABRIELLI, Enrico. Diritti Reali: Il pegno. In: SACCO, Rodolfo (org.). *Trattato di Diritto Civile.* Torino: UTET Giuridica, 2005. t. V.

_____. Garanzie finanziarie, contratti d'impresa e operazione economica. *Studi in onore di Giorgio Cian.* Padova: CEDAM, 2010. t. 1.

_____. *Il pegno "anomalo".* Padova: CEDAM, 1990.

_____. *Sulle garanzie rotative.* Napoli: ESI, 1998.

GALBETTI, Luiz Mario; VANZELLA Rafael. Contratos de garantia e garantias autônomas. *Revista de Direito Mercantil, Industrial, Econômico e Financeiro,* São Paulo, n. 157, p. 44-69, jan.-mar. 2011.

GIORGANNI, Michele. *Contributo alla teoria dei diritti di godimento su cosa altrui.* Milano: Giuffrè, 1940.

_____. Tutela del creditore e tutela "reale". In: GIORGANNI, Michele. *Scritti minori.* Napoli: ESI, 1988.

GOMES, Orlando. *Alienação fiduciária em garantia.* São Paulo: Revista dos Tribunais, 1971.

_____. *Contratos.* Rio de Janeiro: Forense, 2007.

_____. *Direitos reais.* Rio de Janeiro: Forense, 2008.

_____. *Introdução ao direito civil.* Rio de Janeiro: Forense, 2001.

_____. *Obrigações.* Rio de Janeiro: Forense, 2002.

_____. *Obrigações.* 16. ed. atual. por Edvaldo Brito. Rio de Janeiro: Forense, 2004.

GONÇALVES, Carlos Roberto. *Direito civil brasileiro:* direito das coisas. São Paulo: Saraiva, 2011. v. 5.

GONÇALVES, Luiz da Cunha. *Tratado de direito civil:* em comentário ao Código Civil português. São Paulo: Max Limonad, 1955. v. 1, t. 1.

_____. *Tratado de direito civil:* em comentário ao Código Civil português. São Paulo: Max Limonad, 1956. v. 5, t. 1.

_____. *Tratado de direito civil:* em comentário ao Código Civil português. São Paulo: Max Limonad, 1957. v. 12, t. 2.

GONDINHO, André Pinto da Rocha Osório. *Direitos reais e autonomia da vontade*: o princípio da tipicidade dos direitos reais. Rio de Janeiro, Renovar, 2001.

GORLA, Gino. *Le garanzie reali delle obbligazioni:* parte generale. Milano: Giuffrè, 1935.

_____; ZANELLI, Pietro. Del pegno, delle ipoteche: art. 2784-2899. In: GALGANO, Francesco (org.). *Commentario del Codice Civile Scialoja-Branca*. Bologna: Zanichelli Editore, 1992.

GRAÇA, Diogo Macedo. *Os contratos de garantia financeira*. Coimbra: Almeida, 2010.

GUIMARÃES, Carlos Roberto Teixeira. *Comentários ao tabelionato de notas e ao registro de imóveis*. Rio de Janeiro, 2006.

GUIMARÃES, Paulo Jorge Scartezzini. *Vícios do produto e do serviço por qualidade, quantidade e insegurança:* cumprimento imperfeito do contrato. São Paulo: Revista dos Tribunais, 2004.

HESPANHA, António M. *Panorama histórico da cultura jurídica europeia*. Lisboa: Publicações Europa-América, 1997.

HOFFMAN, Scott L. *The law and business of international project finance*. Nova Iorque: Cambridge University Press, 2009.

IHERING, Rudolf Von. *A finalidade do direito*. Rio de Janeiro: Editora Rio, 1979.

JOSSERAND, Louis. *De l'esprit des droits et de leur relativité:* théorie dite de l'abus de droit. Paris: Dalloz, 1939.

KONDER, Carlos Nelson. *Contratos conexos*. Rio de Janeiro: Renovar, 2006.

_____; RENTERIA, Pablo. A funcionalização das relações obrigacionais: interesse do credor e patrimonialidade da prestação. In: TEPEDINO, Gustavo; FACHIN, Luiz Edson (org.). *Diálogos sobre direito civil*. Rio de Janeiro: Renovar, 2008. v. 2.

LARENZ, Karl. *Derecho de obligaciones*. Madrid: Revista de Derecho Privado, 1958. t. 1.

LEÃES, Luiz Gastão Paes de Barros. O acordo de acionistas como negócio fiduciário. In: LEÃES, Luiz Gastão Paes de Barros. *Pareceres*. São Paulo: Singular, 2004. v. 2.

LEGEAIS, Dominique. Le nantissement de créances. *Droit & Patrimoine*, n. 161, p. 54-60, jul.-ago. 2007.

LEITÃO, Luís Manuel Teles de Menezes. *Garantia das obrigações*. Lisboa: Almedina, 2008.

LEONARDO, Rodrigo Xavier. *Redes contratuais no mercado habitacional*. São Paulo: Revista dos Tribunais, 2003.

LIEBMAN, Enrico Tullio. *Processo de execução*. São Paulo: Saraiva, 1980.

LIQUIDATO, Alexandre Gaetano Nicola. *O contrato de penhor*. 2012. 217 f. Tese. (Doutorado em Direito Civil) – Faculdade de Direito, Universidade de São Paulo, São Paulo, 2012.

LÔBO, Paulo. *Direito civil:* contratos. São Paulo: Saraiva, 2011.

BIBLIOGRAFIA | **247**

LOJACONO, Vincenzo. *Il patto commissorio nei contratti di garanzia*. Milano: Giuffrè, 1952.

LOPEZ, Teresa Ancona. Das várias espécies de contratos (arts. 565 a 652). In: AZEVEDO, Antônio Junqueira de (coord.) *Comentários ao Código Civil*. São Paulo: Saraiva, 2003. v. 7.

LUISI, Luiz. La función de garantía del derecho penal moderno. *Anuario de Filosofía del Derecho*, Madrid: Ministerio de Justicia, Boletin Oficial del Estado, Sociedad Española de Filosofia Jurídica y Política, n. 17, p. 215-224, 1973-1974.

LUMINOSO, Angelo. Alla ricerca degli arcani confini del patto commissorio. *Rivista di Diritto Civile*, Padova, n. 36, p. 219-242, 1990.

MACORIG-VENIER, Francine. Le pacte commissoire (et les sûretés réelles mobilières). *Revue Lamy Droit des Affaires*, Paris, n. 14, p. 79-85, mar. 2007.

MAGAZZÙ, Andrea. Surrogazione reale. *Enciclopedia del Diritto*. Milano: Giuffrè, 1990. v. 43.

MAGNANO, Melissa. L'autonomia privata e le garanzie reali: il tentativo di un superamento del principio di tipicità. *La Nuova Giurisprudenza Civile Commentata*, Padova, v. 2, p. 576-589, 2002.

MAIA, Roberta Mauro Medina. *Teoria geral dos direitos reais*. São Paulo: Revista dos Tribunais, 2013.

MAJO, Adolfo di. Delle obbligazioni in generale: art. 1.173-1.176. In: GALGANO, Francesco (coord.). *Commentario del Codice Civile Scialoja-Branca*. Bologna: Nicola Zanichelli, 1988.

_____. *La tutela civile dei diritti*. Milano: Giuffrè, 1993.

MAMEDE, Gladston. Direito das coisas: penhor, hipoteca, anticrese. In: AZEVEDO, Álvaro Villaça (coord.). *Código Civil comentado*. São Paulo: Atlas, 2003. v. 14.

MARCHI, Eduardo C. Silveira. Das pertenças no âmbito do regime dos bens principais e acessórios no CC/2002. *Revista Trimestral de Direito Civil*, v. 52, p. 45-59, out.-dez. 2012.

MARIA, José Serpa Santa. *Curso de direito civil*: direitos reais limitados. Rio de Janeiro: Freitas Bastos, 2001. v. 7.

MARINONI, Luiz Guilherme. *Tutela inibitória*. São Paulo: Revista dos Tribunais, 2006.

_____; ARENHART, Sérgio Cruz. *Curso de processo civil*. São Paulo: Revista dos Tribunais, 2008. v. 3.

MARQUES, Azevedo. *A hypotheca:* doutrina, processo e legislação. São Paulo: Monteiro Lobato, 1925.

MARTINEZ, Pedro Romano; PONTE, Pedro Fuzeta da. *Garantias de cumprimento*. Coimbra: Almedina, 2006.

MARTINS, Fran. *Comentários à Lei das Sociedades Anônimas*. Rio de Janeiro: Forense, 1977. v. 1.

MARTINS-COSTA, Judith. Do inadimplemento das obrigações (arts. 389-420). In: TEIXEIRA, Sálvio de Figueiredo (coord.). *Comentários ao Código Civil*. Rio de Janeiro: Forense, 2003. v. V, t. 2.

MARTORANO, Federico. Cauzione e pegno irregolare. *Rivista del Diritto Commerciale e del Diritto Generale delle Obbligazioni*, Padova, v. 3-4, p. 94-130, 1960.

MASSIMO BIANCA, Cesare. Patto Commissorio. *Novissimo Digesto Italiano*. Torino: UTET, 1957. v. 12.

MASTROPAOLO, Fulvio. I contratti di garanzia. In: RESCIGNO, Pietro; GABRIELLI, Enrico (org.). *Trattato dei contratti*. Torino: UTET Giuridca, 2006. t. 1.

_____. Il deposito. In: RESCIGNO, Pietro (org.). *Trattato di diritto privato*. Torino: UTET, 1985. v. 12.

MATOS, Isabel Andrade de. *O pacto comissório:* contributo para o estudo do âmbito da sua proibição. Coimbra: Almedina, 2006.

MELLO, Henrique Ferraz Corrêa de. A tipicidade dos direitos reais. *Revista de Direito Imobiliário*, São Paulo, n. 52, p. 75-135, 2002.

MELO, Marcelo Augusto Santana de. A qualificação registral como tutela preventiva de conflitos. *Revista de Direito Imobiliário*, São Paulo, n. 68, p. 62-86, 2010.

_____. Breves anotações sobre o registro de imóveis. In: TUTIKIAN, Cláudia Fonseca; TIMM, Luciano Benetti; PAIVA, João Pedro Lamana (org.). *Novo direito imobiliário registral*. São Paulo: Quartier Latin, 2008.

MELO, Marco Aurélio Bezerra de. *Direito das coisas*. Rio de Janeiro: Lumen Juris, 2008.

MENDONÇA, José Xavier Carvalho de. *Tratado de direito comercial*. Rio de Janeiro: Freitas Bastos, 1960. v. 6, 2ª parte.

MENDONÇA, Manuel Inácio Carvalho de. *Contratos no direito civil brasileiro*. 3. ed. Rio de Janeiro: Forense, 1955. t. 2.

MENGONI, Luigi. Obbligazioni "di risultato" e obbligazioni "di mezzi". *Rivista del Diritto Commerciale e del Diritto Generale delle Obbligazioni*, Padova, v. 1, 1954.

MESQUITA, José Andrade. *Direitos pessoais de gozo*. Coimbra: Almedina, 1999.

MESSINETTI, Davide. Le strutture formali della garanzia mobiliare. *Rivista Critica del Diritto Privato*, Napoli, v. 1, 783-827, mar. 1991.

MESTRE, Jacques; PUTMAN, Emmanuel; BILLAU, Marc. Droit commun des sûretés réelles. In: GHESTIN, Jacques. *Traité de Droit Civil*. Paris: LGDJ, 1996.

_____; _____; _____. Droit spécial des sûretés réelles. In: GHESTIN, Jacques (coord.). *Traité de droit civil*. Paris: LGDJ, 1996.

MONTEIRO, Washington de Barros. *Curso de direito civil*: direito das coisas. São Paulo: Saraiva, 2003. v. 3.

_____. *Curso de direito civil*: direito das obrigações: dos contratos em geral, das várias espécies de contrato, dos atos unilaterais, da responsabilidade civil. São Paulo: Saraiva, 2007. v. 5, 2ª parte.

_____. *Curso de direito civil*: parte geral. São Paulo: Saraiva, 2007. v. 1.

MONTEIRO FILHO, Carlos Edison do Rêgo; BIANCHINI, Luiza Lourenço. Breves considerações sobre a responsabilidade civil do terceiro que viola o contrato (tutela externa do crédito). In: TEPEDINO, Gustavo; FACHIN, Luiz Edson (coord.). *Diálogos sobre direito civil*. Rio de Janeiro: Renovar, 2012. v. 3.

MONTEL, A. Garanzia (diritti reali di). *Novissimo Digesto italiano*. 3. ed. Torino: UTET, 1957. v. 7.

MOSCARINI, Lucio Valerio. Surrogazione reale. *Novissimo Digesto Italiano*. Torino: UTET, 1971. t. 18.

NADER, Paulo. *Curso de direito civil*: direito das coisas. Rio de Janeiro: Forense, 2008. v. 4.

NATUCCI, Alessandro. *La tipicità dei diritti reali*. Padova: CEDAM, 1982. v. 1.

NEGREIROS, Teresa. *Teoria do contrato*: novos paradigmas. Rio de Janeiro: Renovar, 2002.

NERY JUNIOR, Nelson; NERY, Rosa Maria de Andrade. *Código de Processo Civil comentado e legislação extravagante*. São Paulo: Revista dos Tribunais, 2007.

NEVES, Gustavo Kloh Muller. O princípio da tipicidade dos direitos reais ou a regra do *numerus clausus*. In: MORAES, Maria Celina Bodin de (coord.). *Princípios do direito civil contemporâneo*. Rio de Janeiro: Renovar, 2006.

NEVITT, Peter K.; FABOZZI, Frank J. *Project Financing*. London: Euromoney Books, 2000.

NICTOLIS, Rosanna de. *Nuove garanzie personali e reali*. Padova: CEDAM, 1998.

NONATO, Orosimbo. *Fraude contra credores (da ação pauliana)*. Rio de Janeiro: Editora Jurídica e Universitária, 1969.

NORONHA, Fernando. *Direito das obrigações*. São Paulo: Saraiva, 2003. v. 1.

NUNES, Marcio Tadeu Guimarães. *Considerações sobre as novas formas de organização patrimonial no direito brasileiro*. Disponível em: <http://www.bicharalaw.com.br/midia/Artigo_Marcio_Tadeu_organizacao_patrimonial.pdf>. Acesso em: 19 nov. 2013.

OLIVA, Milena Donato. *Patrimônio separado:* herança, massa falida, securitização de créditos imobiliários, incorporação imobiliária, fundos de investimento imobiliário, *trust.* Rio de Janeiro: Renovar, 2009.

_____. Transmissão da propriedade imobiliária por meio de contratos atípicos. *Revista Forense,* Rio de Janeiro, v. 418, p. 455-464, jul.-dez. 2013.

OLIVEIRA, Eduardo Ribeiro de. Dos bens. Dos fatos jurídicos. Do negócio jurídico. Disposições gerais da representação. Da condição. Do termo e do encargo. In: TEIXEIRA, Sálvio de Figueiredo (coord.). *Comentários ao novo Código Civil.* Rio de Janeiro: Forense, 2008. v. 2.

OLIVEIRA, Gleydson Kleber Lopes de. Da propriedade, da superfície e das servidões (arts. 1.277 a 1.389). In: ALVIM, Arruda; ALVIM, Thereza (coord.). *Comentários ao Código Civil brasileiro.* Rio de Janeiro: Forense, 2004. v. 12.

PACHECO, Antonio Faria Carneiro. *Dos privilegios creditorios.* Coimbra: Imprensa da Universidade, 1913.

PAPAÑO, Ricardo *et al. Manual de derechos reales.* Buenos Aires: Astrea, 2007.

PEIXOTO, Carlos Fulgêncio da Cunha. *Sociedades por ações.* São Paulo: Saraiva, 1972. v. 1.

PENTEADO, Mauro Bardawil. *O penhor de ações no direito brasileiro.* São Paulo: Malheiros, 2008.

PEREIRA, Alexandre Pimenta Batista. *Bens acessórios:* acessões, partes integrantes e pertenças. Curitiba: Juruá, 2010.

PEREIRA, Caio Mário da Silva. *Instituições de direito civil.* Rio de Janeiro: Forense, 2011. v. 1.

_____. *Instituições de direito civil.* Rio de Janeiro: Forense, 2011. v. 2.

_____. *Instituições de direito civil.* Rio de Janeiro: Forense, 2012. v. 4.

_____. *Instituições de direito civil.* Rio de Janeiro: Forense, 2013. v. 3.

PEREIRA, Lafayette Rodrigues. *Direito das coisas.* Rio de Janeiro: Editora Rio, edição histórica, v. 1.

_____. *Direito das coisas.* Rio de Janeiro: Editora Rio, 1977. v. 2.

PERLINGIERI, Pietro. *Introduzione alla problematica della "proprietà".* Napoli: ESI, 2011.

_____. *Manuale di diritto civile.* Napoli: ESI, 1997.

_____. *O direito civil na legalidade constitucional.* Rio de Janeiro: Renovar, 2008.

_____. *Perfis do direito civil:* introdução ao direito civil constitucional. Rio de Janeiro: Renovar, 2002.

BIBLIOGRAFIA | **251**

PINHEIRO, Rosalice Fidalgo; GLITZ, Frederico Eduardo Zenedin. A tutela externa do crédito e a função social do contrato: possibilidades do caso "Zeca Pagodinho". In: TEPEDINO, Gustavo; FACHIN, Luiz Edson (coord.). *Diálogos sobre direito civil*. Rio de Janeiro: Renovar, 2008. v. 2.

PISCITELLO, Paolo. Costituzione in pegno di beni dell'impresa e spossessamento. *Banca, Borsa e Titoli di Credito – Rivista Bimestrale di Dottrina e Giurisprudenza*, Milano, v. 1, p. 155-179, 2001.

_____. *Le garanzie bancarie flottanti*. Torino: Giappichelli, 1999.

PLANIOL, Marcel. *Traité élémentaire de droit civil*. Paris: LGDJ, 1952. t. 2.

_____; RIPERT, Georges. *Traité pratique de droit civil français*: les biens. Paris: LGDJ, 1952. t. 3.

PONTES DE MIRANDA, Francisco Cavalcanti. *Comentários ao Código de Processo Civil*. Rio de Janeiro: Forense, 1976. t. 9.

_____. *Tratado de direito privado*. Rio de Janeiro: Borsoi, 1954. t. 2.

_____. *Tratado de direito privado*. Rio de Janeiro: Borsoi, 1970. t. 4.

_____. *Tratado de direito privado*. Rio de Janeiro: Borsoi, 1971. t. 5.

_____. *Tratado de direito privado*. São Paulo: Revista dos Tribunais, 2012. t. 18.

_____. *Tratado de direito privado*. São Paulo: Revista dos Tribunais, 2012. t. 20.

_____. *Tratado de direito privado*. São Paulo: Revista dos Tribunais, 2012. t. 21.

_____. *Tratado de direito privado*. São Paulo: Revista dos Tribunais, 2012. t. 34.

_____. *Tratado de direito privado*. São Paulo: Revista dos Tribunais, 2012. t. 40.

_____. *Tratado de direito privado*. São Paulo: Revista dos Tribunais, 2013. t. 4.

_____. *Tratado de direito privado*. São Paulo: Revista dos Tribunais, 2013. t. 44.

PUGLIATTI, Salvatore. *Esecuzione forzata e diritto sostanziale*. Milano: Giuffrè, 1935.

_____. *Il trasferimento delle situazioni soggettive*. Milano: Giuffrè, 1964. v. 1.

_____. Precisazioni in tema di vendita a scopo di garanzia. In: PUGLIATTI, Salvatore. *Diritto civile*: metodo – teoria – pratica. Milano: Giuffrè, 1951.

PUGLIESE, Giovanni. Diritti reali. *Enciclopedia del Diritto*. Milano: Giuffrè, 1964. v. 12.

RANOUIL, Véronique. *La subrogation réelle en droit civil français*. Paris: LGDJ, 1985.

RÁO, Vicente. *Ato jurídico*. São Paulo: Revista dos Tribunais, 1997.

RENTERIA, Pablo. Considerações acerca do atual debate sobre o princípio da função social do contrato. In: MORAES, Maria Celina Bodin de (coord.). *Princípios do direito civil contemporâneo*. Rio de Janeiro: Renovar, 2006.

_____. *Obrigações de meios e de resultado*: análise crítica. São Paulo: Método, 2011.

RESCIGNO, Matteo. Le garanzie "rotative" convenzionale: fattispecie e problemi di disciplina. *Banca, Borsa e Titoli di Credito*, Milano, v. 1, p. 1-29, 2001.

RESCIGNO, Pietro. Obbligazioni (nozioni generali). *Enciclopedia del Diritto*. Milano: Giuffré, 1979. v. 39.

_____. Proprietà, diritto reale e credito. *Jus – Rivista di Scienze Giuridiche*, Milano, n. 5, p. 472-480, 1965.

RESTIFFE NETO, Paulo. *Garantia fiduciária*. São Paulo: Revista dos Tribunais, 1976.

RIPERT, Georges. *Aspectos jurídicos do capitalismo moderno*. Rio de Janeiro: Freitas Bastos, 1947.

RIZZARDO, Arnaldo. *Direito das coisas*. Rio de Janeiro: Forense, 2007.

ROCHA, Clovis Paulo da. *Das construções na teoria geral da acessão*. Rio de Janeiro: Jornal do Commercio, 1943.

RODRIGUES, Silvio. *Direito civil*: direito das coisas. São Paulo: Saraiva, 2007. v. 5.

_____. *Direito civil*: dos contratos e das declarações unilaterais da vontade. São Paulo: Saraiva, 2004. v. 3.

ROSA JUNIOR, Luiz Emygdio F. da. *Títulos de crédito*. Rio de Janeiro: Renovar, 2000.

RUBINO, Domenico. La responsabilità patrimoniale – Il pegno. *Trattato di Diritto Civile Italiano sotto la Direzione di Filippo Vassalli*. 2. ed. Torino: UTET, 1952. v. 14, t. I.

RUDDEN, Bernard. La teoria economica contro la "property law": il problema del "numerus clausus". *Rivista Critica del Diritto Privato*, Napoli, v. 3, p. 451-481, set. 2000.

RUGGIERO, Roberto de. *Istituzioni di diritto civile*. Milano: Giuseppe Principato, 1935. v. 3.

SALAMANCA José Eli. *Fraude à execução*: direitos do credor e do adquirente de boa-fé. São Paulo: Revista dos Tribunais, 2005.

SALOMÃO NETO, Eduardo. Financiamento de projetos com recursos internacionais (*project finance*). *Revista de Direito Bancário e Mercado de Capitais*, São Paulo, n. 23, p. 53-92, 2004.

SANTORO-PASSARELLI, Francesco. *Dottrine generali del diritto civile*. Napoli: Eugenio Jovene, 1983.

_____. *La surrogazione reale*. Roma: Attilio Sampaolesi, 1926.

SANTOS, João Manuel de Carvalho. *Código Civil brasileiro interpretado, principalmente do ponto de vista prático*. Rio de Janeiro: Francisco Alves, 1962. v. 2.

_____. *Código Civil brasileiro interpretado, principalmente do ponto de vista prático*. Rio de Janeiro: Freitas Bastos, 1955. v. 3.

_____. *Código Civil brasileiro interpretado, principalmente do ponto de vista prático.* Rio de Janeiro: Freitas Bastos, 1982. v. 9.

_____. *Código Civil brasileiro interpretado, principalmente do ponto de vista prático.* Rio de Janeiro: Freitas Bastos, 1982. v. 10.

SANTOS, Lucy Rodrigues dos. Acessório(s). *Enciclopédia Saraiva do Direito.* São Paulo: Saraiva, 1977. v. 4.

SANTOS, Moacyr Amaral. *Primeiras linhas de direito processual civil.* São Paulo Saraiva, 2013. v. 3.

SCHREIBER, Anderson. *A proibição de comportamento contraditório:* tutela da confiança e *venire contra factum proprium.* Rio de Janeiro: Renovar, 2005.

_____. Função social da propriedade na prática jurisprudencial brasileira. *Revista Trimestral de Direito Civil,* Rio de Janeiro, v. 6, p. 159-182, abr.-jun. 2001.

_____. *Novos paradigmas da responsabilidade civil:* da erosão dos filtros da reparação à diluição dos danos. São Paulo: Atlas, 2007.

SERICK, Rolf. *Les sûretés réelles mobilières en droit allemand* – Vue d'ensemble et principes généraux. Paris: LGDJ, 1990.

SERPA LOPES, Miguel Maria de. *Contrato de locação de coisas.* Rio de Janeiro: Freitas Bastos, 1956.

_____. *Curso de direito civil:* direito das coisas. Rio de Janeiro: Freitas Bastos, 2001. v. 6.

_____. *Curso de direito civil:* fontes das obrigações: contratos. 4. ed. Rio de Janeiro: Freitas Bastos, 1993. v. 4.

_____. *Curso de direito civil:* obrigações em geral. 6. ed. Rio de Janeiro: Freitas Bastos, 1995. v. 2.

SILVA, João Calvão da. *Compra e venda de coisas defeituosas:* conformidade e segurança. Coimbra: Almedina, 2008.

SILVA, José Afonso da. *Curso de direito constitucional positivo.* São Paulo: Malheiros, 1998.

SIMLER, Philippe; DELEBECQUE, Philippe. *Droit civil:* les sûretés – la publicité foncière. Paris: Dalloz, 2009.

SOARES, Danielle Machado. *Condomínio de fato:* incidência do princípio da autonomia privada nas relações jurídicas reais. Rio de Janeiro: Renovar, 1999.

SOUZA, Sylvio Capanema de. Das várias espécies de contrato: da troca ou permuta, do contrato estimatório, da doação, da locação de coisas. In: TEIXEIRA, Sálvio de Figueiredo (coord.). *Comentários ao novo Código Civil.* Rio de Janeiro: Forense, 2004. v. 8.

TEDESCHI, Vittorio. Anticresi. *Novissimo Digesto Italiano.* Torino: UTET, 1957. v. 1, t. 1.

TELES, Inocêncio Galvão. *Das universalidades*. Lisboa: Minerva, 1940.

TEPEDINO, Gustavo. Autonomia privada e obrigações reais. In: TEPEDINO, Gustavo. *Temas de direito civil*. Rio de Janeiro: Renovar, 2006. t. 2.

_____. *Código Civil interpretado conforme a Constituição da República*. Rio de Janeiro: Renovar, 2011. v. 3.

_____. Contornos constitucionais da propriedade privada. In: TEPEDINO, Gustavo. *Temas de direito civil*. Rio de Janeiro: Renovar, 2008.

_____. Das várias espécies de contrato, do mandato, da comissão, da agência e distribuição, da corretagem, do transporte. In: TEIXEIRA, Sálvio de Figueiredo (coord.). *Comentários ao novo Código Civil*. Rio de Janeiro: Forense, 2008. v. 10.

_____. Direito das coisas (arts. 1.196 a 1.276). In: AZEVEDO, Antônio Junqueira de (coord.). *Comentários ao Código Civil*. São Paulo: Saraiva, 2011. v. 14.

_____. *Multipropriedade imobiliária*. São Paulo: Saraiva, 1993.

_____. O direito civil-constitucional e suas perspectivas atuais. In: TEPEDINO, Gustavo. *Temas de direito civil*. Rio de Janeiro: Renovar, 2009. t. III.

_____. Pelo princípio da isonomia substancial na nova Constituição: notas sobre a função promocional do direito. *Atualidades forenses*. Rio de Janeiro, 1987. v. 112.

_____. Premissas metodológicas para a constitucionalização do direito civil. In: TEPEDINO, Gustavo. *Temas de direito civil*. Rio de Janeiro: Renovar, 2008.

_____. Unidade do ordenamento e teoria da interpretação. In: TEPEDINO, Gustavo. *Temas de direito civil*. Rio de Janeiro: Renovar, 2009. t. III.

_____. *Usufruto legal do cônjuge viúvo*. Rio de Janeiro: Forense, 1991.

_____; BARBOZA, Heloisa Helena; MORAES, Maria Celina Bodin de et al. *Código Civil interpretado conforme a Constituição da República*. Rio de Janeiro: Renovar, 2007. v. 1.

_____; _____; _____ et al. *Código Civil interpretado conforme a Constituição da República*. Rio de Janeiro: Renovar, 2006. v. 2.

_____; _____; _____ et al. *Código Civil interpretado conforme a Constituição da República*. Rio de Janeiro: Renovar, 2011. vol. 3.

_____; SCHREIBER, Anderson. Caução de créditos no direito brasileiro: possibilidades do penhor sobre direitos creditórios. In: TEPEDINO, Gustavo. *Soluções práticas de direito*: pareceres – novas fronteiras do direito civil. São Paulo: Revista dos Tribunais, 2012. v. 1.

_____; _____. Direito das obrigações (artigos 233 a 420). In: AZEVEDO, Álvaro Villaça (coord.). *Código Civil comentado*. São Paulo: Atlas, 2008. v. 4.

TERRÉ, François; SIMLER, Philippe. *Droit Civil. Les biens*. 8. ed. Paris: Dalloz, 2010.

THEODORO JUNIOR, Humberto. *Curso de direito processual civil.* Rio de Janeiro: Forense, 2007. v. 2.

_____. Dos fatos jurídicos: do negócio jurídico. In: TEIXEIRA, Sálvio de Figueiredo (coord.). *Comentários ao novo Código Civil.* Rio de Janeiro: Forense, 2008. v. 3, t. 1.

_____. *Processo de execução e cumprimento da sentença, processo cautelar e tutela de urgência.* Rio de Janeiro: Forense, 2007.

TORRES, Marcelo Krug Fachin. A publicidade no sistema registral imobiliário. *Revista de Direito Imobiliário,* São Paulo, n. 72, p. 201-263, jan.- jun. 2012.

TRABUCCHI, Alberto. *Istituzioni di diritto civile.* 34. ed. Milano: CEDAM, 1993.

TROPLONG, Raymond-Théodore. *Droit civil expliqué*: des privilèges et hypothèques. Paris: Charles Hingray, 1854.

_____. *Droit civil expliqué*: du nantissement, du gage et de l'antichrèse. Paris: Charles Hingray, 1847. t. 19.

VARELA, João de Matos Antunes. *Das obrigações em geral.* 10. ed. Coimbra: Almedina, 2000. v. 1.

VARGAS, Daniela Trejos. O princípio da publicidade. In: MORAES, Maria Celina Bodin de (coord.). *Princípios do direito civil contemporâneo.* Rio de Janeiro: Renovar, 2006.

VASCONCELOS, Pedro Pais de. *Contratos atípicos.* Coimbra: Almedina, 2009.

VENEZIANO, Anna. *Le garanzie mobiliari non possessorie*: profili di diritti comparato e di diritto del commercio internazionale. Milano: Giuffrè, 2000.

VENOSA, Sílvio de Salvo. Direito das coisas. Posse. Direitos reais. Propriedade. In: AZEVEDO, Álvaro Villaça (coord.). *Código Civil comentado.* São Paulo: Atlas, 2003. v. 12.

VIANA, Marco Aurelio da Silva. Dos direitos reais (arts. 1.225 a 1.510). In: TEIXEIRA, Sálvio de Figueiredo. *Comentários ao Novo Código Civil.* Rio de Janeiro: Forense, 2003. v. 16.

VILLELLA, Aquila. *Per un diritto comune delle situazioni patrimoniali.* Napoli: ESI, 2000.

VISCONDE DE OURO PRETO. *Crédito móvel pelo penhor e o bilhete de mercadorias.* Rio de Janeiro: Laemmert & Cia Editores, 1898.

WALD, Arnoldo. *Direito civil*: contratos em espécie. 18. ed. São Paulo: Saraiva, 2009. v. 3.

_____. *Direito das obrigações*: teoria geral das obrigações e contratos civis e comerciais. São Paulo: Malheiros, 2001.

WAMBIER, Luiz Rodrigues. Teoria da aparência na alienação de bens. In: WAMBIER, Luiz Rodrigues. *Pareceres:* processo civil. São Paulo: Revista dos Tribunais, 2012. v. 1.

_____; ALMEIDA, Flávio Renato Correia de; TALAMINI, Eduardo. *Curso avançado de processo civil*. São Paulo: Revista dos Tribunais, 2008. v. 2.

WIEACKER, Franz. *História do direito privado moderno*. Lisboa: Fundação Calouste Gulbenkian, 1980.

WINDSCHEID, Bernardo. *Diritto delle Pandette*. Trad. Carlo Fadda e Paolo Emilio Bensa. Torino: Unione Tipografico-Editrice, 1902.

WITZ, Claude. Le droit des sûretés réelles mobilières en République Fédérale d'Allemagne. *Revue Internationale de Droit Comparé*, Paris, v. 1, p. 27-68, jan.--mar. 1985.

ZAVASCKI, Teori Albino. *Comentários ao Código de Processo Civil:* do processo de execução. São Paulo: Revista dos Tribunais, 2003. v. 8.

www.grupogen.com.br

2016

Pré-impressão, impressão e acabamento

grafica@editorasantuario.com.br
www.editorasantuario.com.br
Aparecida-SP

Cód.: 4200400